Studien- und Karriere-Ratgeber für Juristen

Norman M. Spreng · Stefan Dietrich

Studien- und Karriere-Ratgeber für Juristen

Studium
Referendariat
Beruf

 Springer

Norman M. Spreng
Heisinger Straße 1
45134 Essen
anwaltspreng@aol.com

Stefan Dietrich
Lohmanns Kamp 36
45359 Essen

ISBN-10   3-540-23642-2 Springer Berlin Heidelberg New York
ISBN-13   978-3-540-23642-9 Springer Berlin Heidelberg New York

Bibliografische Information Der Deutschen Bibliothek
Die Deutsche Bibliothek verzeichnet diese Publikation in der Deutschen Nationalbibliografie; detaillierte bibliografische Daten sind im Internet über <http://dnb.ddb.de> abrufbar.

Springer ist ein Unternehmen von Springer Science+Business Media

springer.de

© Springer-Verlag Berlin Heidelberg 2006

Umschlaggestaltung: Erich Kirchner, Heidelberg

SPIN 11340799   64/3153-5 4 3 2 1 0 – Gedruckt auf säurefreiem Papier

Vorwort

Dieser Karriere-Ratgeber kann zwar keine Garantie für das begehrte Prädikatsexamen bieten, er enthält jedoch wertvolle Tipps und gibt zuverlässig Auskunft zu den wichtigsten und häufigsten Fragen, die beim jungen Juristen im Laufe seiner Ausbildung und im späteren Job entstehen. Die Beantwortung dieser Fragen ist für eine effektiv organisierte Karriere unerlässlich. Dieses Buch soll also nicht nur die erste Orientierung geben, sondern den angehenden Juristen durch seine ganze Ausbildung hindurch begleiten.

Der Anspruch dieses sicherlich konkurrenzlosen Ratgebers ist nicht auf Vollständigkeit gerichtet, sondern auf die punktuelle exemplarische Darstellung, die Sie anregen soll zu einer weiteren eigenständigen und intensiven Informationsbeschaffung, zu einer zielgerichteten Gestaltung Ihrer Bewerbungsaktivitäten und zur Unterstützung und Hilfestellung für das Studium, das Referendariat und den Berufseinstieg.

Wegen der Vielfalt der Gestaltungsmöglichkeiten der Ausbildung versteht sich das Buch darüber hinaus als Datenbank mit zahlreichen Adress- und Literaturangaben sowie mit Verweisen auf andere Informationsträger. Der ganzheitliche Ansatz hilft dem Leser, der sich rechtzeitig auf das Juristen-Dasein vorbereiten will, wirklich allen Fragen nachzugehen.

Obwohl der Autor *Norman M. Spreng* sein Referendariat in NRW absolviert hat, beschränkt sich seine Darstellung nicht auf dieses Bundesland, sondern umfasst die Referendariatsausbildung in ganz Deutschland.

Der Mitautor *Stefan Dietrich* ist demnächst selbst Referendar und kann daher als aktuell Betroffener seine Erfahrungen Gewinn bringend beisteuern.

Wer Jura studieren möchte, steht zunächst vor der Frage, welcher Weg der richtige ist. *Kapitel 1* als Einführung gibt u.a. einen Überblick über die in Frage kommenden Alternativen zum allgemeinen Hochschulstudium und zur aktuellen Reform der Juristenausbildung.

In *Kapitel 2* geht es um das Hochschulstudium an sich und den damit verbundenen Ablauf. Ein wesentlicher Punkt ist dabei die Finanzierung des Studiums mit detaillierten Informationen.

Weiterhin wird das außeruniversitäre Engagement genauso erörtert wie ein mögliches Auslandsstudium.

Das Erste Staatsexamen und insbesondere seine einzelnen Prüfungen sowie die sich daraus ergebenden Schwierigkeiten, ob rechtlicher oder tatsächlicher Art, sind Gegenstand dieses Kapitels.

Abgerundet wird dieses Kapitel mit Ausführungen zu Weiterbildungsmöglichkeiten während und nach dem Studium. Dazu gehören u.a. ein Zweitstudium, ein Doktor-, LL.M.- oder MBA-Titel.

Kapitel 3 behandelt das Referendariat. Es bleibt kein Thema unerwähnt. So wird darauf eingegangen, wie und wo man sich für eine Stelle als Referendar zu bewerben hat, wie man am besten die Wartezeit überbrückt und wie man sich während des Referendariats sozial richtig absichert.

Selbstverständlich werden auch die einzelnen Referendarstationen und das anstehende Zweite Staatsexamen ausführlich erläutert. Im Anschluss daran enthält das Kapitel Informationen über anzustrebende Zusatzqualifikationen wie etwa als Fachanwalt, Steuerberater oder Mediator.

Das *Kapitel 4* zeigt Ihnen in aller Breite, wie Sie sich als fertiger Jurist professionell (auch auf Englisch) bewerben, was im Vorstellungsgespräch beim Personalmanager erwartet wird, mit welchen personellen Auswahlverfahren (Assessment-Center) Sie rechnen müssen und wie Sie diese erfolgreich meistern.

Sollte Ihr Bewerbungsverfahren zunächst nicht erfolgreich verlaufen, so finden Sie am Ende dieses Kapitels Hinweise gegen eine drohende Arbeitslosigkeit.

Der Zeit nach dem Assessorexamen widmet sich das folgende Kapitel. In *Kapitel 5* werden Ihnen zunächst die typischen juristischen Berufe, z.B. die des Rechtsanwalts, Richters und Staatsanwalts, mit den jeweiligen Anforderungsprofilen, Zukunftsaussichten und Verdienstmöglichkeiten dargestellt.

Im Anschluss lesen Sie den ausführlichen Teil zu den Branchen in der freien Wirtschaft, in denen ebenfalls Juristen benötigt werden.

Diverse Kanzlei- und Unternehmensprofile finden Sie in *Kapitel 6*. Interessant sind hierbei die Kurzdarstellungen und Anforderungsprofile vieler Unternehmen und Kanzleien einschließlich ihrer Startprogramme für Juristen. Aufgrund der für alle Unternehmen und Kanzleien gleichen Fragestellungen, etwa zu den Einstellungsvoraussetzungen, den Karrieremöglichkeiten und dem Verdienst, ist es für Sie einfacher, Ihre jeweiligen persönlichen und fachlichen Qualifikationen im Vergleich einzubringen und zu bewerten.

Auf diese Weise erhalten Sie Anhaltspunkte, wo Sie sich am besten bewerben können. Die Angabe von Adressen und Ansprechpartnern erleichtert Ihnen zudem die persönliche Kontaktaufnahme, die sich oft auch schon während des Studiums lohnt.

Nach einer ausführlichen Darstellung der Vielfältigkeit juristischer Berufe wird in *Kapitel 7* das Thema der Niederlassung als Rechtsanwalt behandelt, die für viele Juristen eine Alternative zum Angestelltenverhältnis z.B. in einem Wirtschaftsunternehmen darstellt. Ziel ist es, dem Existenzgründer alle wesentlichen Bausteine für eine erfolgreiche Karriere aufzuzeigen. So sollten Sie die für Sie richtige Gesellschaftsform der Kanzleigründung wählen, einen umfänglichen Businessplan erstellen und die Finanzierung für Ihr Unterfangen auf solide Füße stellen können.

Nicht unerwähnt bleiben dürfen nähere Ausführungen zu den Themen soziale Absicherung, Fortbildung und Nebentätigkeit des Rechtsanwalts.

Am Ende dieses Ratgebers, nämlich in *Kapitel 8*, finden Sie einen sehr umfassenden Teil mit nützlichen Internet-Links für den juristischen Alltag. Schließlich wird das Internet als modernes Kommunikationsmittel nahezu unentbehrlich.

Immer mehr Informationen sind hier aktuell und schnell verfügbar. Die entsprechenden Internet-Hinweise in diesem Ratgeber sind selbstverständlich.

In den einzelnen Kapiteln sowie am Ende dieses Ratgebers im Anhang finden Sie in einem sehr umfassenden Adressenteil zahlreiche Anschriften, die Ihnen bei der Fülle von Fragen zu einer bestimmten Problematik sicherlich weiterhelfen. Es handelt sich hierbei nicht nur um Adressen von Unternehmen, bei denen Sie sich bewerben können, sondern auch von Institutionen, die Stipendien vergeben, von Kontaktmessen, von Interessenverbänden der Wirtschaft, von Anlaufstellen für Auslandsaufenthalte, um nur einige zu nennen.

In diesem Buch finden sich an vielen Stellen auch Hinweise zu weiterführender Literatur, die Ihnen einen vertieften Einblick in die einzelnen Themen ermöglichen.

Die Autoren wünschen Ihnen viel Spaß beim Durcharbeiten dieses Karriere-Ratgebers und für Ihre Zukunft alles Gute.

Essen, im Juli 2005   Norman M. Spreng
                                                            Stefan Dietrich

Inhaltsverzeichnis

Wichtiger Hinweis

1 Einführung

Juristen sind zwar darin geschult, Entscheidungen zu treffen. Allerdings werden die Weichen für die eigene berufliche Zukunft erst sehr spät gestellt. Das hat damit zu tun, dass die berufliche Praxis noch in weiter Ferne scheint und die Studenten sich deshalb nur auf das Erste Staatsexamen konzentrieren.

Selbst wenn das Erste Staatsexamen erfolgreich bewältigt wurde, gibt es immer noch keinen intensiven Gedanken an den Berufseinstieg, denn im Referendariat gilt das Hauptaugenmerk nunmehr dem Zweiten Staatsexamen, und letzteres möglichst noch mit Prädikat.

Und plötzlich ist sie da, die Orientierungslosigkeit nach bestandener Prüfung.

Also muss sich der angehende Jurist mit Weitblick mit dieser Thematik ernsthaft befassen, will er nicht schon durch falsche Entscheidungen während des Studiums und Referendariats seine (beruflichen) Weichen falsch stellen und nach dem Zweiten Staatsexamen auf dem großen Arbeitsmarkt gnadenlos untergehen.

Hilfreich hierbei sind natürlich Bücher, die sich als Karriere-Ratgeber qualifizieren. Nun gibt es viele Ratgeber für Juristen, sei es für das Studium, das Referendariat oder den Beruf. Allerdings können nur wenige wirklich als nützlich und effizient bezeichnet werden. Dieser Ratgeber unterscheidet sich von den meisten Ratgebern durch die Komplexität, die spezifische Ausrichtung auf die juristische Berufsgruppe und die ganzheitliche Aufarbeitung des Themas Jura.

Die Autoren *Norman M. Spreng* und *Stefan Dietrich* beschränken sich dabei nicht nur auf die üblichen Hinweise zu den Themen Studium, Referendariat und Beruf. Dieser Ratgeber setzt bereits vor dem Studium an und zeigt auf, wie und wo man seine juristische Karriere erfolgreich planen kann.

Dieser Karriere-Ratgeber beschreibt eher einen idealtypischen organisatorischen Ablauf des Referendariats und gibt viele sinnvolle Tipps und Hinweise, wie man selbiges am Besten organisiert. Er ist vollgepackt mit Adressen und Internet-Links für verschiedene, selbst zu wählende Szenarien der Ausbildung. Soweit man noch keine konkrete Vorstellung bezüglich der eigenen Gestaltung des Referendariates hat, nach der Lektüre dieses Ratgebers erscheint vieles klarer. Mit viel Mühe haben die Autoren die Informationen aus ihren eigenen Erfahrungen und denen anderer Kollegen gesammelt. Das Buch eignet sich sowohl zum „Durchlesen" als auch – aufgrund des systematischen Aufbaus – als perfektes Nachschlagewerk.

Er regt an, frühzeitig über Probleme nachzudenken, die ansonsten vergessen zu werden drohen und später umso deutlicher zuschlagen.

Mit Blick auf das Wesentliche und mit viel Verständnis für die großen und kleinen Probleme des angesprochenen Leserkreises geben die Autoren einen konzentrierten Überblick über die wichtigsten Regelungen zum Thema Rechtswissenschaften.

1.1   Alternativen zum universitären Jura-Studium

Für einige muss es nicht immer das juristische Studium an einer Hochschule sein, um (Voll-) Jurist zu werden. So gibt es besondere juristische Ausrichtungen, für die man zum Teil noch nicht einmal die Hochschulzugangsberechtigung (Abitur) benötigt.

Das erfolgreich abgeschlossene juristische Studium an einer Hochschule qualifiziert den Absolventen für eine Laufbahn des höheren Dienstes, die Fachhochschulausbildung zu der des gehobenen Dienstes.

Interessant ist letztgenannte Möglichkeit deshalb, weil der Bewerber sich bereits während der Ausbildung in einem Beamtenstatus befindet und Anwärterbezüge erhält.

An den Fachhochschulen werden Regierungsinspektoren, Rechtspfleger, Finanzinspektoren und Polizeikommissare als Anwärter des gehobenen Dienstes in der Rechtspflege und in der öffentlichen Verwaltung ausgebildet.

Das Studium Jura lässt sich aber auch mit Wirtschaftswissenschaften kreuzen; heraus kommt dann das Studium Wirtschaftsrecht, das nicht nur an Fachhochschulen, sondern auch an Hochschulen angeboten wird.

Folgende Alternativen zum klassischen Jurastudium kommen daher in Betracht:

1.1.1   Gehobene Laufbahn im Öffentlichen Dienst

Beamte des gehobenen Dienstes arbeiten meist in kleinen Gemeindeverwaltungen oder Bundesbehörden.

Die Ausbildung im gehobenen (nichttechnischen) Dienst dauert in der Regel drei Jahre. Die Fachstudien an einer Fachhochschule für öffentliche Verwaltung des Bundes werden dabei im Wechsel mit berufsbegleitenden Studienzeiten in den Dienststellen der Behörden absolviert. Ein Unterschied zur universitären Ausbildung liegt darin, dass es keine Semesterferien gibt.

Das Studium an einer Fachhochschule für öffentliche Verwaltung soll den Beamten des gehobenen Dienstes die wissenschaftlichen Erkenntnisse und Methoden sowie die berufspraktischen Erfahrungen und Kenntnisse vermitteln, die zur Erfüllung der Aufgaben in ihrer Laufbahn erforderlich sind.

Hierbei werden Tätigkeitsfelder unterschieden, z.B.:

- Allgemeine Verwaltung
- Arbeitsvermittlung / Berufsberatung
- Arbeitsverwaltung
- Auswärtiger Dienst
- Bundesbank
- Bundesgrenzschutz
- Bundeskriminalamt
- Bundesnachrichtendienst

- Finanzwesen
- Justizdienst (Rechtspfleger)
- Sozialversicherung / Versorgungsverwaltung
- Steuerverwaltung
- Verfassungsschutz
- Wehrverwaltung des Bundes

Am Ende der Ausbildung wird man diplomiert, und zwar zum „Diplom-Verwaltungs(fach)wirt" (bzw. „Diplom-Verwaltungswirt FH"), zum „Diplom-Finanzwirt" (bzw. „Diplom-Finanzwirt FH") und zum „Diplom-Rechtspfleger" (bzw. „Diplom-Rechtspfleger FH").

Rechtspfleger sind Beamte des gehobenen Justizdienstes. Sie sind überwiegend bei den Gerichten der ordentlichen Gerichtsbarkeit und den Staatsanwaltschaften tätig. Das Berufsbild des Rechtspflegers hat sich jedoch in der letzten Zeit erheblich gewandelt, da er im Zuge der Entlastung der Richter mehr Tätigkeiten übertragen bekommen hat. Er ist jedoch weiterhin ein selbstständiges Organ der Rechtspflege und ist in den ihm nach dem Rechtspflegergesetz übertragenen Aufgaben in seinen Entscheidungen nur an Recht und Gesetz gebunden und grundsätzlich sachlich unabhängig. Auch er erledigt die ihm übertragenen Aufgaben wie der Richter frei von Weisungen Dienstvorgesetzter.

Die Tätigkeit des Rechtspflegers erstreckt sich auf zahlreiche Rechtsbereiche der streitigen Gerichtsbarkeit und insbesondere der freiwilligen Gerichtsbarkeit.

In der streitigen Gerichtsbarkeit ist der Rechtspfleger z.B. im Mahnverfahren tätig. Er erlässt den Mahnbescheid sowie den Vollstreckungsbescheid.

Nach Abschluss eines Prozesses ist er zuständig für die Festsetzung der Kosten, die der obsiegenden Partei gegen die unterlegene Partei zustehen.

Der Rechtspfleger ist zudem in der Zwangsvollstreckung zuständig für den Erlass von Beschlüssen über die Pfändung von Geldforderungen (z.B. Lohnpfändungen), für die Entscheidung über eine vorläufige Einstellung der Zwangsvollstreckung und für die Zwangsvollstreckung von Grundstücken und Wohnungseigentum. Nach Eröffnung des Insolvenzverfahrens führt er das Verfahren selbstständig weiter.

In der freiwilligen Gerichtsbarkeit ist er tätig in:

- Grundbuchsachen
- Registersachen
- Vormundschaftssachen
- Nachlasssachen

Zur Rechtspflegerausbildung kann zugelassen werden, wer

1. die Hochschulreife oder die Fachhochschulreife oder einen als gleichwertig anerkannten Bildungsstand besitzt und
2. das 35. Lebensjahr, im Fall der Schwerbehinderung das 40. Lebensjahr, noch nicht vollendet hat.

Die Rechtspflegerausbildung besteht aus einem dreijährigen Fachhochschulstudium. Das Studium umfasst Fachstudien von 24 Monaten und berufspraktische Studienzeiten von zwölf Monaten Dauer, die bei Amtsgerichten und Staatsanwaltschaften durchgeführt werden.

Die Fachhochschule verleiht den Absolventinnen und Absolventen der Rechtspflegerprüfung den Diplomgrad „Diplom-Rechtspfleger (FH)". Damit ist dieser Beruf kein direkter Bildungsweg, welcher ein Jurastudium erfordert, sondern nur eine Alternative.

Während der Ausbildung ist man Anwärter (Beamter auf Widerruf). In dieser Zeit erhält man so genannte Anwärterbezüge.

Nach bestandener Rechtspflegerprüfung können die Beamten in das Beamtenverhältnis auf Probe übernommen werden. Sie führen dann die Dienstbezeichnung „Justizinspektor z.A." (z.A. = zur Anstellung).

Ein relativ neuer Studiengang an Fachhochschulen ist das Studium „Verwaltungsmanagement (FH)". Hier werden neben juristischen auch betriebswirtschaftliche und sozialkommunikative Kompetenzen vermittelt.

Der Abschluss dieses Studienganges ist der „Diplom-Betriebswirt (FH)".

Dieser Studiengang wird auch von privaten Akademien angeboten. Hierzu gibt es ein großes Angebot, das im Internet zu ermitteln ist.

1.1.2 Studiengang Wirtschaftsrecht (FH)

An Fachhochschulen gibt es keinen reinen Studiengang Rechtswissenschaften – aber ein völlig neues Angebot. Als Alternative zum universitären Jurastudium wurde an Fachhochschulen der Studiengang Wirtschaftsrecht eingerichtet. Der Studiengang wird gemeinsam von der juristischen und der wirtschaftswissenschaftlichen Fakultät getragen, Lerninhalte gibt es deshalb aus beiden Disziplinen.

Wie eine unter deutschen Unternehmen durchgeführte Umfrage ergab, entspricht die herkömmliche juristische Universitätsausbildung, insbesondere durch die Länge des Studiums und die starke Orientierung am Bild des Richters nicht den Anforderungen der Wirtschaft.

Um diesen Defiziten zu begegnen, wurde seit 1993 dieser Studiengang Wirtschaftsrecht an einer Vielzahl deutscher Fachhochschulen (und mittlerweile auch an zwei Universitäten) fest etabliert und nach Abschluss der Titel „Diplom-Wirtschaftsjurist" verliehen.

Eigentlich war jedem Juristen von Anfang an klar, dass mit diesem Titel ein krasser „Etikettenschwindel" betrieben wurde. Denn auch zehn Jahre nach dem Beginn dieser Studiengänge wird in der gesamten Fachwelt unter einem Wirtschaftsjuristen weiterhin ein Volljurist mit zusätzlicher wirtschaftsrechtlicher Fortbildung oder Spezialisierung durch längerfristige einschlägige Berufspraxis verstanden. So gibt es heute an verschiedenen Universitäten für Volljuristen einen Weiterbildungsstudiengang „Wirtschaftsjurist", wie an späterer Stelle noch erörtert wird.

Diplom-Wirtschaftsjuristen (FH) werden derzeit an mehr als 20 Fachhochschulen ausgebildet. Neben den Fächern Arbeitsrecht, Steuerrecht, Gesellschaftsrecht und dem juristischen Gestalten von Verträgen stehen zu einem Drittel Betriebs- und Volkswirtschaft auf dem Stundenplan der Wirtschaftsjuristen. Das Spektrum reicht von Rechnungswesen über Personalführung, Marketing und Personalwirtschaft bis hin zur Steuerlehre.

Darüber hinaus haben die Studierenden meist die Möglichkeit, sich zu spezialisieren. Die Fachhochschulen vermitteln zudem eine Reihe von Schlüsselqualifikationen wie beispielsweise Arbeitstechniken, Rhetorik, Teamfähigkeit, Fremdsprachen und EDV-Kenntnisse.

Die beruflichen Einsatzfelder der Absolventen sind Tätigkeiten in der privaten Wirtschaft, die durch eine starke Verknüpfung von rechtlichen und betriebswirtschaftlichen Aufgabenstellungen gekennzeichnet sind.

Entsprechend der interdisziplinären Ausbildung sind mögliche Einsatzgebiete nicht nur die Rechtsabteilungen, sondern vor allem kaufmännische Abteilungen von Unternehmen in den Bereichen Finanzen und Steuern, Industrie, Handel, Banken, Versicherungen, Personal, Beschaffung und Vertrieb.

Einsatzfelder sind:

- Industrie-, Handels- und Dienstleistungsunternehmen
- Kammern
- Steuerberater
- Beratungsgesellschaften
- Wirtschaftsverbände
- Kreditinstitute und Banken
- Öffentliche Verwaltungen
- Versicherungsunternehmen
- Mediation und Schiedsgerichtswesen

Die Studiendauer beträgt acht Semester und der Abschluss lautet: „Diplom-Wirtschaftsjurist (FH)". Sogar Promotionen sind grundsätzlich möglich, jedoch ist dies mit einigen schweren Hürden versehen.

Die meisten Fachhochschulen haben als Zulassungsvoraussetzung einen Numerus Clausus verhängt, der zwischen 1,5 und 2,8 liegt.

Eine Zulassung zum Anwalt ist grundsätzlich nicht vorgesehen, dennoch sind die Chancen am Arbeitsmarkt gut. Ein Studium an einer Fachhochschule ist allerdings nur eingeschränkt für eine Karriere in der Führungsetage zu empfehlen.

Die Studiengänge bereiten zwar gut auf die Praxis vor, sind jedoch bei weitem noch nicht so angesehen wie die rechtswissenschaftliche Ausbildung an Hochschulen.

Durch die Ansiedlung des Studiengangs an Fachhochschulen ergeben sich eine Reihe wesentlicher organisatorischer und inhaltlicher Vorteile, insbesondere gegenüber der universitären juristischen Ausbildung:

- kürzeres Studium, daher jüngeres Berufseintrittsalter
- Kombination fachspezifischer betriebswirtschaftlicher und rechtswissenschaftlicher Kenntnisse

- steter Praxisbezug durch studienintegrierte Praxissemesters
- Verzahnung juristischer Lösungsmuster und unternehmerischer Zielsetzung
- Beherrschung von Datenverarbeitungssystemen, z.B. juris-Datenbank, SAP-Kenntnisse
- internationale Ausrichtung durch vertiefte Fremdsprachenkenntnisse (Englisch und oft weitere Fremdsprachen)
- Vermittlung weiterer Schlüsselqualifikationen, z.B. soziale Kompetenz, Verhandlungs- und Argumentationstechniken, Rhetorik

Nähere Informationen hierzu erhalten Sie unter *www.wjfh.de.*

1.1.3 Bachelor-Studiengang

Studiengänge z.B. an der *Universität Greifswald* und an der *Universität Osnabrück* führen zum Abschluss *Bachelor of Laws* (LL.B.). Dieses Studium ist auf sechs Semester ausgelegt. Nach diesen drei Jahren erwerben die Studenten den akademischen Grad „LL.B.", der berufsqualifizierend ist.

Der Bachelor-Studiengang vermittelt Kernkompetenzen im Bereich der Rechtswissenschaften, Basiswissen auf dem Gebiet der Ökonomie und *General Skills* wie Rhetorik und Textanalyse. Hinzu kommen Praktika, damit die Studierenden einen ersten Einblick in das Berufsleben gewinnen. Dieses Studium wendet sich vor allem an Studieninteressenten, die abseits der herkömmlichen Ausbildung zum Volljuristen zügig einen berufsqualifizierenden Abschluss auf dem Gebiet des Wirtschaftsrechts erwerben wollen. Nähere Informationen dazu erhalten Sie unter *www.uni-greifswald.de* und *www.jura.uni-osnabrueck.de.*

Die *Fern-Universität Hagen* bietet seit dem Wintersemester 2002/03 einen wirtschaftsorientierten Studiengang an. In ca. drei Jahren (Vollstudium) bzw. sechs Jahren (Teilzeitstudium) können Studenten den Abschluss *Bachelor of Laws* (LL.B.) erwerben. Aufbauend auf den Bachelor-Abschluss soll es künftig auch die Möglichkeit geben, in einem breiten Spektrum von Spezialgebieten einen Mastergrad zu erwerben.

Nach dem Hagener Modell einer *Virtual Law School* sollen Juristen künftig auf universitärem Niveau zügig, praxisnah und wirtschaftsorientiert ausgebildet werden. Juristisches Fachwissen, das stark an den Bedürfnissen von Wirtschaft und Verwaltung ausgerichtet ist, eine internationale Orientierung und ein Grundlagenteil mit juristischen Arbeitstechniken prägen das Curriculum dieses neuen Angebots.

☞ Fern-Universität Hagen
Gesamthochschule in Hagen
Studentensekretariat
Konkordiastraße 5
58084 Hagen
Fon 02331 / 987 – 2555
Fax 02331 / 987 – 2460
www.fernuni-hagen.de

Die *Universität Bremen*, die *Rijksuniversiteit Groningen* und die *Carl-von-Ossietzky Universität Oldenburg* führten im Wintersemester 2002/03 in Kooperation das internationale rechtswissenschaftliche Studienprogramm *Hanse Law School* ein. Damit bieten erstmals drei Universitäten in zwei EU-Mitgliedsstaaten einen juristischen Studiengang mit gemeinsamem Doppelabschluss an.

Das Besondere an dem Studium ist, dass rechtsvergleichend-integriert in deutscher und englischer Sprache deutsches Recht sowie Anteile des niederländischen, englischen und europäischen Rechts gelehrt und miteinander verglichen werden. Fachspezifische Sprachkurse gehören zur Ausbildung dazu. Das Studium umfasst ein Auslandsstudium sowie Praktika im internationalen Umfeld.

Das Studium endet sowohl in Bremen und Oldenburg wie auch in Groningen nach drei Jahren mit dem Abschluss *Bachelor of Comparative and European Law* (LL.B.). Ein Masterstudium *Hanse Law School* mit dem gemeinsamen Doppelabschluss *Master of Comparative and European Law / meester in de rechten* (LL.M.) ist in Planung.

Die *Hanse Law School* in Bremen ist eine Studienalternative für alle, die gezielt die Karrieremöglichkeiten für Juristen im internationalen Bereich nutzen wollen. Die Ausbildung richtet sich an alle, die in internationalen Organisationen, europäischen Behörden, im diplomatischen Dienst, in multinationalen Wirtschaftsunternehmen und Verbänden oder der Wissenschaft tätig sein wollen.

Die anschließende praktische Ausbildung zum *advocaat* in einer niederländischen oder deutschen Sozietät eröffnet aber auch – unter Berücksichtigung des Gesetzes über die Tätigkeit der europäischen Rechtsanwälte in Deutschland (EuRAG) – den Weg zur deutschen Rechtsanwaltschaft.

Einschreibungsunterlagen und weitere Informationen sind über die *Universität Bremen* oder über das Internet erhältlich unter *www.sfs.uni-bremen.de* und *http://hls.rechten.rug.nl*.

☞ Hanse Law School Bremen
Universität Bremen
Fachbereich Rechtswissenschaft
Fon 0421 / 218 – 2783
Fax 0421 / 218 – 3494

☞ Hanse Law School Oldenburg
Carl-von-Ossietzky Universität Oldenburg
Fachbereich 4 Juristisches Seminar
Fon 0441 / 798 – 4198
Fax 0441 / 798 – 4136

1.2 Perspektiven der Juristenausbildung

Studenten der Fachrichtung Jura werden in Deutschland zum so genannten Einheitsjuristen ausgebildet. Er gilt als „zum Richteramt befähigt" und sollte im Idealfall in allen nur denkbaren rechtlichen Bereichen einsatzfähig sein. Diese Zielrichtung weicht von der Praxis allerdings immer wieder ab. Denn in der Praxis ist eine

Spezialisierung im Anschluss an das Studium unumgänglich, wenngleich nicht vergessen werden darf, dass einen wirklich guten Juristen nicht zuletzt seine Vielfältigkeit ausmacht. Hier sind schon seit langem immense Reformbestrebungen im Gange, denn die Nachteile dieser Einheitsausbildung liegen auf der Hand.

Der Nachteil am System des Einheitsjuristen liegt zum einen darin, dass man eben primär zum Richter ausgebildet wird, und zum anderen vor allem darin, dass im Jurastudium, im Vergleich zu vielen anderen Fächern, der Stoff nicht abgearbeitet wird, sondern sich bis zum Staatsexamen in immer größeren Bergen vor einem auftürmt, die im Examen dann vollumfänglich abgefragt werden.

Schon seit längerem besteht der Wunsch nach einer besseren Ausbildung junger Juristen für den Anwaltsberuf. Denn die Ausrichtung von Studium und Referendariat auf das Richteramt ist überholt. Immerhin 80 Prozent aller Juristen möchten den Beruf des Rechtsanwalts ergreifen. Besonders die als Karrieresprungbrett für Spitzenjuristen geltenden Großkanzleien beklagen die Diskrepanz zwischen Ausbildung und Arbeitserfordernissen in einer international ausgerichteten Kanzlei. Obwohl man hier ohnehin nur die besten Absolventen einstellt, reicht den Kanzleien auch deren Profil oft nicht aus (vergleiche auch *Financial Times* vom 16.10.2002).

Am 01.07.2003 ist das „Gesetz zur Reform der Juristenausbildung" in Kraft getreten. Schon die universitäre Ausbildung soll die angehenden Juristen besser auf den Rechtsanwaltsberuf vorbereiten. Der Präsident des DAV, *Rechtsanwalt Hartmut Kilger*, hat anlässlich des 83. Deutschen Juristen-Fakultätentages in München die Bedeutung der ersten Stufe des rechtswissenschaftlichen Studiums betont. Es solle den Studierenden ermöglichen, eine Berufsentscheidung früher zu treffen als bisher. Sie müssten schon an der Universität das Notwendige über den Anwaltsberuf erfahren, denn sonst fehle ihnen die erforderliche Orientierung.

Auf dem Arbeitsmarkt müssen sich die Absolventen zudem gegen „Diplom-Wirtschaftjuristen" mit Fachhochschulabschluss durchsetzen, die im Durchschnitt zwei Jahre jünger in den Beruf einsteigen und betriebswirtschaftliches Know-how mitbringen. Insofern war die Reform zwingend notwendig.

1.2.1 Allgemeines

Ziel des Gesetzes ist die Verbesserung der Juristenausbildung. Unter Beibehaltung der Zweistufigkeit der juristischen Ausbildung und der Einheitlichkeit der Berufsqualifikation für alle Juristen (Einheitsjurist) soll besser auf den jeweiligen juristischen Beruf, insbesondere den des Anwalts, vorbereitet werden:

- Die Juristenausbildung wird von Anfang an stärker berufsfeldorientiert und fächerübergreifend sein. Die anwaltsorientierte Ausbildung wird bereits in das Studium integriert.
- Die Studieninhalte werden um die Vermittlung der erforderlichen Schlüsselqualifikationen erweitert (z.B. Verhandlungsmanagement, Gesprächsführung, Rhetorik, Mediation, Vernehmungslehre und Kommunikationsfähigkeit).

- Die Fremdsprachenkompetenz aller Studierenden wird gefördert (fremd-sprachige, rechtswissenschaftliche Veranstaltung oder rechtswissenschaft-lich ausgerichteter Sprachkurs).
- Das Gewicht der Wahlfächer („Schwerpunktbereiche mit Wahlmöglichkei-ten") steigt. Die Schwerpunktbereichsprüfung wird vollständig auf die Uni-versitäten verlagert, die staatliche Prüfung beschränkt sich auf die Pflicht-fächer.
- Das Ergebnis der universitären Schwerpunktbereichsprüfung geht zu 30 Prozent in die Gesamtnote der ersten Prüfung ein.
- Der Vorbereitungsdienst dauert weiterhin zwei Jahre. Neben jeweils min-destens dreimonatigen Pflichtstationen bei einem Zivilgericht, einer Staats-anwaltschaft und einer Verwaltungsbehörde haben alle Referendarinnen und Referendare eine mindestens neunmonatige Pflichtausbildung beim Anwalt zu absolvieren.

  Das Landesrecht kann bestimmen, dass die Ausbildung bei einem An-walt bis zu einer Dauer von drei Monaten bei einem Unternehmen, einem Verband oder bei einer sonstigen Ausbildungsstelle stattfinden kann, bei der eine sachgerechte rechtsberatende Ausbildung gewährleistet ist.
- Soziale Kompetenz wird zur ausdrücklichen Einstellungsvoraussetzung für den Richterdienst.

1.2.2 Änderungen auf Bundesebene

Mit der Änderung des *Deutschen Richtergesetzes* (DRiG) sowie der *Bundes-rechtsanwaltsordnung* (BRAO) durch das *Gesetz zur Reform der Juristenausbil-dung* vom 11. Juli 2002 (BGBl. 2002, Bd. I, S. 2592) versucht der Bundesgesetz-geber auf die immer stärker werdende Kritik an der zu wenig international, zu we-nig interdisziplinär, zu wenig auf Vertragsgestaltung ausgerichteten Ausbildung deutscher Juristen zu reagieren. Konsequenzen zeigt das Gesetz zur Reform der Juristenausbildung aber nicht nur auf Ebene des juristischen Studiums und der Studienabschlussprüfung. Ebenso betroffen sind der juristische Vorbereitungs-dienst und das Zweite Staatsexamen.

Studium

Artikel 3 Abs. 1 S. 1 des Gesetzes zur Reform der Juristenausbildung legt fest, dass auf Studierende, die vor Inkrafttreten dieses Gesetzes das Studium aufge-nommen und sich bis zum 01.07.2006 zur ersten Staatsprüfung gemeldet haben, die Vorschriften des DRiG in der bisherigen Fassung Anwendung finden, das Ers-te Staatsexamen damit nach den bisher geltenden Voraussetzungen abgelegt wer-den kann. Nach Abs. 2 S. 2 kann das Landesrecht den Studierenden eine Options-Möglichkeit gewähren, sich nach neuem Recht prüfen zu lassen. Studierende, die nach dem 01.07.2003 ein rechtswissenschaftliches Studium an einer deutschen

Hochschule begonnen haben, müssen nach den folgenden Ausbildungsänderungen ihr Studium sowie das Erste Staatsexamen absolvieren.

Nach § 5 a Abs. 1 S. 1 DRiG beträgt die Studienzeit nunmehr vier Jahre. Damit wird diese um ein halbes Jahr erhöht. Eine Unterschreitung soll dann möglich sein, sobald die für die Ablegung des ersten Staatsexamens erforderlichen Prüfungsleistungen vorliegen. Nach § 5 d Abs. 2 S. 1 DRiG soll das Studium nach viereinhalb Studienjahren abgeschlossen werden können – damit ändert sich die bisher geltende Regelstudienzeit von neun Semestern nicht.

In der Neufassung des § 5 a Abs. 2 DRiG gliedert sich das rechtswissenschaftliche Studium in Pflichtfächer, die die Kernbereiche des Bürgerlichen Rechts, des Strafrechts, des Öffentlichen Rechts und des Verfahrensrechts einschließlich der europarechtlichen Bezüge, der rechtswissenschaftlichen Methoden und der philosophischen, geschichtlichen und gesellschaftlichen Grundlagen umfassen. Daneben soll ein Schwerpunktbereich der Ergänzung des Studiums dienen, internationale sowie interdisziplinäre Bezüge des Rechts vermitteln und vertiefen. Dieser Bereich löst den Wahlfach- bzw. Seminarschein ab. Die so genannten Schlüsselqualifikationen werden in § 5 a Abs. 3 S. 1 DRiG aufgenommen:

Verhandlungsmanagement, Gesprächsführung, Rhetorik, Mediation, Vernehmungslehre und Kommunikationsfähigkeit sollen berücksichtigt werden.

Alle diese zusätzlichen Inhalte sollen nach Möglichkeit nicht zur Verlängerung des Studiums führen. Der Umfang der Pflichtfächer wird also reduziert werden müssen.

§ 5 a Abs. 2 S. 2 DRiG sieht den erfolgreichen Besuch einer fremdsprachigen rechtswissenschaftlichen Veranstaltung oder eines rechtswissenschaftlich ausgerichteten Sprachkurses als obligatorischen Nachweis für die Meldung zum Staatsexamen vor. Das Landesrecht kann bestimmen, dass die Fremdsprachenkompetenz auch anderweitig nachgewiesen werden kann.

Die erste Prüfung besteht gemäß § 5 Abs. 1, 2. Hs. DRiG aus einer universitären Schwerpunktbereichsprüfung und einer staatlichen Pflichtfachprüfung.

Gemäß § 5 d Abs. 2 S. 2 DRiG ist in diesem Bereich mindestens eine schriftliche Leistung zu erbringen, die zu dreißig Prozent in die Gesamtnote (Abs. 2 S. 4) einfließt.

Gemäß § 5 d Abs. 2 S. 3 DRiG sind schriftliche und mündliche Prüfungsleistungen zu erbringen. Diese fließen zu siebzig Prozent in die Gesamtnote nach Abs. 2 S. 4 ein.

Beide Teile der ersten Prüfung berücksichtigen gemäß § 5 d Abs. 1 DRiG die für die Praxis erforderlichen Schlüsselqualifikationen und können auch Fremdsprachenkompetenzen einbeziehen.

Gemäß § 5 d Abs. 2 S. 3, 2 Hs. DRiG kann das Landesrecht bestimmen, dass Prüfungsleistungen während des Studiums erbracht werden, jedoch nicht vor Ablauf von zweieinhalb Studienjahren.

Gemäß § 5 d Abs. 5 S. 1 DRiG kann die staatliche Pflichtfachübung einmal wiederholt werden. Nach Abs. 5 S. 4 DRiG kann das Landesrecht eine Wiederholung der staatlichen Prüfungen zur Notenverbesserung vorsehen. Eine Wiederholung der Studienschwerpunktprüfung regelt das Landesrecht.

Referendariat

Durch die Änderungen erfasst sind zunächst alle diejenigen Referendare, die ab dem 01.07.2005 den Vorbereitungsdienst aufgenommen haben, Artikel 3 Abs. 2 S. 1 ÄG. Das Landesrecht kann einen Zeitpunkt bestimmen, bis zu dem diejenigen Referendare, die den Vorbereitungsdienst unter den Voraussetzungen des bisherigen DRiG begannen, das Referendariat nach dem bisherigen Recht beenden können, Artikel 3 Abs. 2 S. 3 ÄG.

Ausdrücklich legt § 6 Abs. 1 S. 1 DRiG fest, dass einem Bewerber die Zulassung zum Vorbereitungsdienst nicht deswegen versagt werden darf, weil er das Erste Staatsexamen in einem anderen Land im Geltungsbereich dieses Gesetzes abgelegt hat.

§ 5 b Abs. 1 DRiG legt für das Referendariat einen Zeitraum von zwei Jahren fest.

Die Änderungen bzgl. der Ausgestaltung der Pflichtstationen sind zum einen durch einen den Ländern zugewiesenen größeren Gestaltungsspielraum, zum anderen durch eine erhebliche Verlängerung der Rechtsanwaltspflichtstation auf neun Monate geprägt.

- *Pflichtstation*

  Gemäß § 5 b Abs. 2 DRiG findet die Ausbildung innerhalb der Pflichtstation bei einem ordentlichen Gericht in Zivilsachen, einer Staatsanwaltschaft oder einem Gericht in Strafsachen, einer Verwaltungsbehörde und einem Rechtsanwalt statt. Nach Abs. 4 S. 1 DRiG dauert eine Pflichtstation mindestens drei Monate, die bei einem Rechtsanwalt neun Monate. Die Rechtsanwaltsstation kann durch Regelungen des Landesrechts bis zu einer Dauer von drei Monaten bei einem Notar, einem Unternehmen, einem Verband oder bei einer sonstigen Ausbildungsstätte stattfinden, bei der eine sachgerechte rechtsberatende Ausbildung gewährleistet ist, Abs. 4 S. 1, 2. Hs. Die Station bei Gericht kann auch nach Landesrecht gem. Abs. 3 S. 3 teilweise bei einem Gericht der Arbeitsgerichtsbarkeit, die Verwaltungsstation bei einem Gericht der Verwaltungs-, Finanz- oder der Sozialgerichtsbarkeit stattfinden.

  Eine besondere Stellung nimmt die Ausbildung bei einem Rechtsanwalt ein. Der Rechtsanwalt wird bundesgesetzlich als Ausbilder stärker in die Verantwortung genommen, so dass auch dessen Pflichten- und Aufgabenkreis nach BRAO einer Konkretisierung bedarf. Nach § 59 Abs. 1 BRAO soll der Rechtsanwalt in angemessenem Umfang den Referendar in den Aufgaben eines Rechtsanwalts unterweisen, ihm Gelegenheit zur praktischen Arbeit geben, worunter insbesondere die gerichtliche und außergerichtliche Anwaltstätigkeit, der Umgang mit Mandanten, das anwaltliche Berufsrecht und die Organisation einer Anwaltskanzlei gehören.

- *Wahlstation*

  Die Ausbildung während des Vorbereitungsdienstes schließt gemäß § 5 b Abs. 2 DRiG auch eine oder mehrere Wahlstationen ein, bei denen eine sachgerechte Ausbildung gewährleistet ist. Die zeitliche Länge wird in die Regelungskompetenz der Länder gestellt. Ein Katalog von Wahlstationen entfällt. Nach § 5 d Abs. 3 DRiG können die schriftlichen Leistungen frühestens im 16., spätestens im 21. Ausbildungsmonat erbracht werden. Die schriftlichen Leistungen beziehen sich mindestens auf die Ausbildung bei den Pflichtstationen, die mündliche Prüfung auf die gesamte Ausbildung. Auch bei Ablegung des zweiten Staatsexamens sollen Schlüsselqualifikationen berücksichtigt werden, können Fremdsprachenkompetenzen Gegenstand der Prüfung sein, § 5 d Abs. 1 DRiG.

1.2.3   Änderungen auf Landesebene

Umsetzungen auf Landesebene zur zukünftigen Ausgestaltung des bundesgesetzlichen Rahmens, insbesondere die Juristenausbildungs- und Prüfungsordnungen der Länder, finden Sie unter:

- Baden-Württemberg
  http://www.jum.baden-wuerttemberg.de/servlet/PB/menu/1124433/ index.html
- Bayern
  http://www.justiz.bayern.de/ljpa/
- Berlin
  http://www.berlin.de/senjust/Ausbildung/JPA/guv.html
- Brandenburg
  http://www.berlin.de/senjust/Ausbildung/JPA/guv.html
- Bremen
  http://www1.uni-bremen.de/~jura (Linksklick „Studium")
- Hamburg
  http://studium.jura.uni-hamburg.de/allgemein/rechtsgrundlagen/
- Hessen
  http://www.jpa-wiesbaden.justiz.hessen.de/
- Niedersachsen
  http://www.mj.niedersachsen.de/master/C4112841_N7888_L20_D0_I693 .html
- Nordrhein-Westfalen
  http://www.jpa.de/r_gesetze.html
- Saarland
  http://www.sadaba.de/GSLT_JAG.html (Achtung evtl. kostenpflichtig)
  http://ruessmann.jura.uni-saarland.de/bvr2003/Vorlesung/studium.htm
- Sachsen
  http://www.uni-leipzig.de/~jura/studium/gesuord.php

- Sachsen-Anhalt
  http://www.jura.uni-halle.de/studium_lehre/rechtsvorschriften/
- Schleswig-Holstein
  http://www.uni-kiel.de/fakultas/jura/ („Studium und Lehre" und dann
  Rechtsvorschriften der Fakultät klicken)
- Thüringen
  http://www.uni-jena.de/Gesetze_Verordnungen.html

Wer eine Gesamtübersicht bevorzugt, sei auf die folgende Seite hingewiesen

http://www.juracafe.de/ausbildung/studium/pruefungsord.htm

Das Gesetz zur Reform der Juristenausbildung: BGBl. 2002, Teil I, S. 2592 finden
Sie unter:

http://217.160.60.235/BGBL/bgbl1f/bgbl102s2592.pdf

1.2.4 Übergangsregelungen für Rechtsreferendare

Für Rechtsreferendare, die vor dem 01.10.2002 den Vorbereitungsdienst begonnen
haben, gelten weiterhin die bisherigen Vorschriften der früheren Prüfungsordnung
über den Vorbereitungsdienst und die Zweite juristische Staatsprüfung.

Die Neufassung der Prüfungsordnung findet auf Rechtsreferendare Anwendung, die den Vorbereitungsdienst am 01.10.2002 oder später angetreten haben
bzw. antreten werden.

1.3 Novellierung des Rechtsberatungsgesetzes

Die Anwaltschaft steht im starken Gegenwind. Grund hierfür ist vor allem die be-
absichtigte Reform des *Rechtsberatungsgesetzes*.

Erhitzte Gemüter und harsche Kritik sind die ständigen Begleiter des *Rechtsberatungsgesetzes* (RBerG) in der Juristenwelt. Nachdem das RBerG bei Gerichts-
entscheiden wegen seiner fragwürdigen Anwendbarkeit zunehmend weniger ge-
wichtet wird, diskutiert man im Bundesjustizministerium derzeit über eine Refor-
mierung.

Nach dem Wortlaut der Koalitionsvereinbarung der die Bundesregierung tragenden Parteien von Herbst 2002 soll das Rechtsberatungsgesetz den gesellschaftlichen Bedürfnissen angepasst werden. Die erste Feststellung, die sich der Veröffentlichung dieses Satzes anschloss, lautete für viele Rechtsanwälte: Es geht nicht
um Anpassung, sondern um Abschaffung und Aufhebung des Rechtsberatungsgesetzes. Aber worum geht es tatsächlich?

Nach Auffassung von Reformern entspricht das Rechtsberatungsgesetz in weiten Bereichen nicht mehr den tatsächlich gegebenen Verhältnissen in unserer Gesellschaft. Die Welt sei anders als 1935 – dem Jahr der Entstehung des Gesetzes.
Alle Lebensbereiche seien rechtlich durchdrungen. Es gäbe heute Rechtsgebiete

und Spezialisierungen, an die vor 70 Jahren keiner dachte und denken konnte. Ein Zeichen für die Anpassungsbedürftigkeit des Gesetzes seien auch die vielen, in letzter Zeit zunehmend erfolgreichen Verfassungsgerichtsverfahren. Aber auch jenseits des Bereichs des verfassungsrechtlich Gebotenen bestünde Überprüfungs- und Anpassungsbedarf. Das geltende Recht müsse inhaltlich einer kompletten Überprüfung unterzogen werden.

Das Rechtsberatungsgesetz mit seinen fünf Ausführungsverordnungen entspreche auch nicht mehr dem „Stand der Gesetzgebungstechnik". Das Bundesverwaltungsgericht habe 2003 in seinem Urteil zur 5. Ausführungsverordnung eine Reihe von Mängeln deutlich angesprochen wie zum Beispiel die unzeitgemäße Gesetzessprache.

Klärungsbedürftig sei aber auch das Verhältnis eines neuen Rechtsberatungsgesetzes zu allen anderen Gesetzen, die Rechtsberatung regeln: Das sind nicht nur die Vorschriften zu anderen juristischen Berufen, also etwa für Notare und Steuerberater. Die Konkurrenzfrage stelle sich umfassender. Ein Beispiel bildet das Verhältnis zu den Vorschriften des BGB über die Testamentsvollstreckung. Generelles Ziel sollte es hier sein, zukünftig „klarstellende" Änderungen im Rechtsberatungsgesetz und Doppelregelungen zu vermeiden.

Auch ein Verbot der unentgeltlichen Rechtsberatung sei mit dem Gedanken von bürgerschaftlichem Engagement nicht vereinbar.

Dabei müsse man zwei Komplexe deutlich auseinander halten: Ein Bereich sei die unentgeltliche, altruistische Rechtsberatung durch einzelne natürliche Personen. In diesen Bereich fallen die familiäre Rechtsberatung und der aus Gefälligkeit der Freundin, dem Bekannten oder Nachbarn erteilte Rechtsrat. Der zweite Bereich sei derjenige der „organisierten" unentgeltlichen karitativen Rechtsberatung.

So gehe es weiterhin um die Frage, ob die Erlaubnismöglichkeiten nach dem Rechtsberatungsgesetz erweitert werden. Es solle erörtert werden, ob Diplom-Wirtschaftsjuristen der Fachhochschulen die Befugnis eingeräumt wird, selbstständig außergerichtlich rechtsbesorgende Dienstleistungen zu erbringen.

Wie bereits erwähnt, hat das Rechtsberatungsgesetz seinen Ursprung im Jahr 1935. Es sah vor, nur Rechtsanwälte und bestimmte Berufsgruppen zu legitimieren, Rechtsberatungen vorzunehmen. Rechtsberatungen ohne ausdrückliche Erlaubnis waren verboten und die Vergabe dieser Berechtigung war strengen Vorgaben unterworfen. Damals diente das Gesetz in erster Linie dazu, Juden und unliebsame Opponenten daran zu hindern, den Anwaltsberuf auszuüben. In einer Stellungnahme in der *Juristischen Wochenzeitung* von 1936 hieß es: „Die große Staatsprüfung ist ein Ausleseverfahren, bei dem es nicht auf die häufig nur zufälligen Noten ankommt, sondern vor allem auf den Nachweis nationalsozialistischer Weltanschauung und nationalsozialistischem Rechtsdenkens."

Nach wie vor ist aber eine Rechtsberatung nur durch zugelassene Rechtsanwälte oder festgelegte Berufsgruppen wie zum Beispiel Steuerberater zulässig, die jedoch nur fachbezogene Ratschläge erteilen dürfen. Das wird damit begründet, dass der Verbraucher vor unqualifizierter Rechtsberatung geschützt werden müsse. Allerdings ist es so, dass es diese Reglementierung nur in Deutschland gibt. In anderen EU-Ländern traut man den Bürgern sehr wohl die eigenständige Wahl eines kompetenten Rechtsberaters zu. In der europäischen Rechtsprechung wird zunehmend von einem „mündigen Verbraucher" ausgegangen. In anderen Rechtsbereichen, wie dem Kaufrecht, hat sich die deutsche Rechtsprechung bereits angepasst.

Ferner wird gerne das Argument ins Feld geführt, dass man die wirtschaftlichen Belange der Rechtsanwälte sichern müsse, indem man Rechtsberatung nur durch sie zulässt. Vielfache Unkenrufe sprechen da jedoch von einer Monopolisierung der Rechtsberatung von Rechtsanwälten für Rechtsanwälte. Das Gesetz werde instrumentalisiert. Nichtsdestotrotz, „geschäftsmäßige Rechtsbesorgung fremder Rechtsangelegenheiten" ist ohne Erlaubnis verboten.

Die Beschwerden, das Rechtsberatungsgesetz sei verfassungswidrig, werden immer lauter. Die Kritiker des RBerG beklagen die mangelnde Anpassungsfähigkeit der zuständigen Organe.

Das RBerG laufe der Meinungsfreiheit zuwider, die durch Art. 5 GG gesichert wird, so die Kritiker. Verbote wie das der altruistischen Rechtsberatung wären ohnehin fragwürdig. Nach Art. 12 GG dürfen Berufsausübungsverbote nur dann erteilt werden, wenn ein Gemeinwohlbelang vorliegt, was hier nicht unbedingt der Fall ist. Zwar könnte man so argumentieren, dass die Gemeinschaft vor inkompetenter Rechtsberatung geschützt werden müsse, aber da war ja noch die Sache mit dem mündigen Verbraucher. Letztlich bleibt wohl nur, dass mit dem RBerG lediglich die wirtschaftlichen Belange der Gruppe der Rechtsanwälte geschützt werden.

Doch ob man Gemeinwohlbelang so definieren kann, bleibt fraglich.

Die mögliche Anpassung des Rechtsberatungsgesetzes hat von folgenden tatsächlichen und verfassungsrechtlichen Vorgaben auszugehen:

- Schutz der Recht suchenden Bevölkerung
- Schutz des funktionierenden Rechtsstaates
- Schutz der in der Rechtspflege Tätigen

Der *Deutsche Anwaltverein* (DAV) hat zu diesem Thema eine eigene Stellungnahme abgegeben. Nach seiner Auffassung müsse die unentgeltliche Rechtsberatung in der Familie und durch soziale und karitative Organisationen gestattet sein.

Darüber hinaus sei die Rechtsberatung den Rechtsanwälten vorbehalten.

Auch dürfe den Diplom-Juristen nicht die Befugnis eingeräumt werden, Rechtsberatung zu betreiben. Gesetzt den Fall, die Diplom-Juristen erhielten die Befugnis zur Rechtsberatung, so gäbe es rechtlich zwingende Gründe, die dem entgegenstehen. Aus Gleichbehandlungsgründen müsste den Juristen mit zwei Staatsexamen (ohne dass diese zur Rechtsanwaltschaft zugelassen sind), den Juristen mit einem Staatsexamen, den Diplom-Juristen der Universitäten, den Diplom-Finanzwirten, den Absolventen von privaten juristischen Hochschulen und – nach den Regeln des EU-Rechts – allen juristisch ausgebildeten Mitgliedern von EU-Staaten die Befugnis zur Rechtsberatung eingeräumt werden.

Um es auf den Punkt zu bringen: Der Jurist mit zwei Staatsexamen hätte die Wahl, Rechtsanwalt zu werden, oder Rechtsberatung zu betreiben, ohne Rechtsanwalt zu sein. Genau hier zeige sich aber die qualitative Differenz. Auf der einen Seite stünde der unabhängige Rechtsanwalt mit den Berufspflichten, der Pflicht zur Haftpflichtversicherung, der Pflicht zur Verschwiegenheit und zur einseitigen Interessenwahrung, auf der anderen Seite der „Volljurist", der seinen Rechtsrat in Abhängigkeit anbieten könnte, ohne zur Verschwiegenheit verpflichtet zu sein, der dem Verbot, widerstreitenden Interessen zu dienen, nicht folgen müsste.

Die Rechtsanwaltschaft mit den Qualitätsmerkmalen der Unabhängigkeit, der Verschwiegenheit und dem „eisernen" Gebot, nur einem Interesse zu dienen, ist Teil unserer Rechtskultur. Soll diese Rechtskultur dem Diplom-Juristen, dem Juristen mit zwei Staatsexamen, dem Diplom-Finanzwirt, den Juristen der anderen EU-Staaten mit der Maßgabe geöffnet werden, dass sie gerade in der Rechtsberatung diese Qualitätsmerkmale nicht vorweisen müssen?

Es sind Qualitätsmerkmale zu Gunsten des Mandanten. Soll zu Lasten der Bürger auf diese Qualität verzichtet werden? Wohl eher nein.

Der Rechtsberatungsmarkt kann nur geöffnet werden, wenn denn jeder sage, welchen Rechtsrat er erteilen kann. Wer umschreibt denn die Beratungsmöglichkeiten eines Diplom-Finanzwirts oder eines Juristen mit einem Universitätsabschluss? Und ist er bereit, deutlich diese Informationen an seine Tür zu heften: Nicht unabhängig, nicht verschwiegen und willig, auch den Gegner zu vertreten.

Es ist schon eine Illusion zu glauben, dass der weniger qualifizierte Rechtsberater ohne Beschönigungstendenzen wahrheitsgemäß über seine Qualifikationsdefizite informiert. Aber selbst wenn er es täte, ist zu bezweifeln, ob der Recht suchende Bürger die Unterscheidung zwischen ihm und dem Rechtsanwalt wirklich treffen kann. Die Asymmetrie der Beziehung zwischen Rechtsanwalt und Mandant ist allgemein anerkannt. Jedermann weiß, dass der Mandant nicht abschätzen kann, welche Qualität die ihm erteilte Rechtsberatung hat, welchen Wert die Unabhängigkeit und Verschwiegenheit des Rechtsanwalts für ihn hat. Diesen Wert lernt er erst kennen, wenn der Rechtsrat falsch war.

Wirksamer Verbraucherschutz, der immer wieder angeführt wird, ist die Öffnung des Rechtsberatungsmarktes also nicht.

Die Rechtskultur in unserer heutigen Ausprägung kann nicht darauf verzichten zu sagen, die Rechtsberatung ist dem Rechtsanwalt in seinen mandatsbezogenen Pflichten vorbehalten.

Aber vielleicht tun sich durch die anstehende Reform auch neue Geschäftsfelder auf. Einige Kollegen frohlocken schon jetzt: „Meinetwegen kann die Reform kommen. Das bringt mit Sicherheit neue Mandanten – nämlich die, die woanders schlecht beraten wurden."

Sollte der Gesetzgeber die Rechtsberatung also tatsächlich für Diplom-Wirtschaftsjuristen (FH) öffnen, so muss ihm entweder Ahnungslosigkeit vorgeworfen werden oder die geplante Reform des Rechtsberatungsgesetzes wäre nur ein übler Trick auf dem verdeckten Wege der Beseitigung der beiden juristischen Staatsexamina (und damit des einheitlichen Volljuristen) hin zur Schaffung einer inhaltlich weithin beliebten Diplom- bzw. Bachelor- und Master-Ausbildung.

Gewinner der Beratungsnovelle werden vor allem aber gemeinnützige Einrichtungen sein. Bislang dürfen Schuldnerberatungsstellen, Verbraucherzentralen, Mietervereine und Gewerkschaften Rechtsrat nur in beschränktem Umfang erteilen. Tritt das neue Gesetz in Kraft, wird die unentgeltliche karitativ-altruistische

Rechtsberatung komplett freigegeben. Wohlfahrtsorganisationen wie *Caritas* oder *amnesty international* können dann umfassender als bisher Mandanten beraten. Etablierte Rechtsanwälte müssen trotzdem nicht fürchten, dass ihre Einkünfte dadurch schmaler werden. Denn wer auf kostenlosen Rat zurückgreift, kann sich anderen sowieso oft nicht leisten.

Ob aber arbeitslose Volljuristen vom liberalisierten Beratungsrecht der karitativen Einrichtungen profitieren, ist zweifelhaft. Zwar macht sich der DAV dafür stark, dass auch unentgeltlicher Rechtsrat künftig nur von Volljuristen erteilt werden darf. Doch selbst wenn diese Forderung bei der Gesetzgebung berücksichtigt werden würde, führte dies in den Wohlfahrtsorganisationen kaum zu neuen Stellen, schließlich werden nahezu überall Mittel gekürzt. Neueinstellungen wird es im Beratungsbereich kaum geben – egal wie die Reform ausfällt.

Die Debatte um die Reform hat auch Banken, Versicherungen und Verbände wachgerüttelt. Deren Lobbyarbeit in Berlin um wohlwollende Berücksichtigung bei der Gesetzesänderung dürfte allerdings genauso erfolglos bleiben wie das Baggern der Rechtsschutzversicherungen, die gern die Erstberatung ihrer Mitglieder übernehmen würden. Die Gefahr, dass dabei die Interessen der Versicherung stärker als die des Recht Suchenden vertreten werden, sei zu groß, ließ *Bundesjustizministerin Zypries* bereits durchblicken.

Auch bei Testamentsberatungen von Banken etwa sei es nahe liegend, dass der Berater dabei nachfolgende Anlagegeschäfte im Hinterkopf habe, warnte der DAV.

Die anstehende Reform ist ohnehin nur ein erster Schritt. Durch die geplante EU-Dienstleistungsrichtlinie wird es mittelfristig zu weitaus größeren Umwälzungen in der Branche kommen. Freiberufler (wie z.b. Rechtsanwälte) sollen ihre Leistungen künftig europaweit ohne Behinderungen erbringen dürfen. Die Rechtsanwälte müssen sich also darauf einstellen, dass der Rechtsberatungsmarkt noch viel weiter geöffnet wird – und die Konkurrenz noch viel härter.

Aufhalten lässt sich diese Entwicklung leider nicht – nur verlangsamen.

Das *Rechtsdienstleistungsgesetz* (RDG) wird das Rechtsberatungsgesetz (RBerG) von 1935 ablösen, die Frage ist nur wann.

1.4 Internet

Das Internet wird als modernes Kommunikationsmittel immer unentbehrlicher, da es aktuell und schnell verfügbar ist. In allen Kapiteln finden Sie daher jede Menge nützliche Internet-Adressen, die drucktechnisch hervorgehoben sind.

Darüber hinaus helfen diverse Suchmaschinen bei gezielten Suchbegriffen, wie etwa:

- www.altavista.dc
- www.yahoo.de
- www.dino-online.de
- www.lycos.de

- www.scout.de
- www.google.de
- www.scirus.com

2 Studium

Unermüdliches Bemühen, das ist Studium!
Seami (1363 – 1443), japanischer Dramatiker

Im Wintersemester 2003/04 studierten rund zwei Millionen Deutsche an 365 Hochschulen. 366.000 Studierende begannen im Wintersemester 2004/05 ihr Studium, so das Statistische Bundesamt. Die Zahl der Studenten stieg gegenüber 2003 um 20.000 auf einen neuen Rekordstand.

Das Jurastudium erfreut sich trotz der tristen Berufsaussichten, wie sie in den Medien immer wieder vorgestellt werden, noch großer Beliebtheit:

Während 1986 bis 1990 die Zahl der Jurastudenten sogar leicht rückläufig war, stieg sie in den Jahren 1991 bis 1996 von 83.000 auf 110.000 Studenten an, um seitdem auf diesem hohen Niveau zu verharren. Ende 1999 betrug die Zahl der eingeschriebenen Jurastudenten 110.388.

Der Frauenanteil hat sich deutlich erhöht: Anfang der 1990er Jahre lag er bei 46 Prozent. Mittlerweile liegt er bei 52 Prozent, so dass zurzeit mehr Frauen als Männer Jura studieren.

Fast alle westlichen Industriestaaten haben zudem mehr Studienanfänger als Deutschland. Während etwa in den Niederlanden 52 Prozent eines Jahrgangs ein Studium beginnen, in Großbritannien 48 und in den USA 44 Prozent, sind es in Deutschland gerade mal 28 Prozent. Nur Mexiko, die Türkei und die Tschechische Republik sind noch erfolgloser. Deutschland liegt somit deutlich unter dem OECD-Schnitt von 40 Prozent.

Die OECD (*Organization for Economic Cooperation and Development*) in Paris hat diesbezüglich überraschende Zahlen ermittelt: 62.500 EUR werden pro Student und Studium ausgegeben. Damit liegt Deutschland bei den Ausgaben ganz vorne.

In den Niederlanden etwa sind es bloß 40.000 EUR, in Frankreich 38.000 EUR und in Mexiko nur 16.000 EUR. Der Hauptgrund: In diesen Ländern wird kürzer studiert, also kostet das Studium auch weniger. Der OECD-Schnitt: 35.500 EUR entspricht gerade mal die Hälfte der deutschen Ausgaben.

Es bleibt also abzuwarten wie sich diese Tatsachen auf die Reform der Juristenausbildung auswirken.

Jährliche öffentliche Ausgaben je Studierenden an Unis (in EUR):

Sachsen-Anhalt	12.550
Bayern	10.210
Baden-Württemberg	10.070
Mecklenburg-Vorpommern	10.040
Schleswig-Holstein	10.020
Thüringen	9.300
Niedersachsen	9.250
Sachsen	8.890
Saarland	8.740
Berlin	8.070
Hamburg	8.060
Hessen	7.140
Rheinland-Pfalz	6.900
Bremen	6.350
Brandenburg	6.240
Nordrhein-Westfalen	6.030

(Quelle: Welt am Sonntag, Ausgabe vom 06.02.2005)

2.1 Studienfachwahl

Jedes Jahr stellen sich tausende Abiturientinnen und Abiturienten die alles entscheidende Frage, was sie studieren sollen. Eine Vielzahl von ihnen entschließt sich für das Fach Jura, genauso wie Sie. Herzlichen Glückwunsch!

Viele Jura-Studenten haben aber nur eine vage Vorstellung davon, was ihr zukünftiger Beruf sein soll. Sie sind der Meinung, dass man als Jurist fast alles in beruflicher Hinsicht machen kann. Das Jurastudium ist heute aber nicht mehr automatisch mit der Aussicht auf einen interessanten und lukrativen Job verbunden.

Doch zunächst, was ist überhaupt „Rechtswissenschaft"?

Rechtswissenschaft nennt man die wissenschaftliche Beschäftigung mit dem geltenden Recht, seine systematische und begriffliche Durchdringung und Auslegung sowie die Beschäftigung mit seiner Geschichte und seinem Verhältnis zu anderen Lebensbereichen wie Politik, Sozialstruktur und Wirtschaft.

Ein Jurist muss also das geltende Recht kennen, auslegen und auf konkrete Sachverhalte anwenden können. Um sich die dafür erforderlichen Kenntnisse zu verschaffen, müssen sich die Studierenden der Rechtswissenschaften mit dem Recht und der juristischen Arbeitsweise vertraut machen. Dazu sind Fähigkeiten wie logisches Denken, Abstraktionsvermögen und präziser sprachlicher Ausdruck erforderlich. Daneben ist Interesse an den geschichtlichen, politischen und ökonomischen Bezügen des Rechts hilfreich. Außerdem sind Fremdsprachenkenntnisse heute unerlässlich.

Berufchancen sind wichtig, Gründe für die Studienwahl in Prozent

Qualität der Lehre	93
Inhalt der Lehrveranstaltungen	91
Spätere Berufschancen	86
Fächerangebot, Wahlmöglichkeiten	81
Hochschulpersonal	67
Abschluss (Diplom, Master, ...)	67
Studienort	64
Internationalität	53
Empfehlungen, Urteile von Experten	44
Anzahl der Studierenden	37

(Quelle: Online-Untersuchung des Instituts für Journalistik und Kommunikationsforschung, Hannover)

📖 *Jura – erfolgreich studieren*
Für Schüler und Studenten
von Gramm / Wolff
dtv-Verlag
ISBN: 3423506245

📖 *Soll ich Rechtsanwalt werden?*
Plädoyer für den Juristenberuf
von Gleiss
Verlag Sauer
ISBN: 3793870669

2.2 Hochschulwahl

Wer sich zum Studium der Rechtswissenschaft entschieden hat, stellt sich danach die Frage: Wo soll ich studieren? Natürlich an der besten Hochschule. Aber gibt es überhaupt die „beste" Hochschule?

Wer sich seine Wünsche erfüllen will, muss gut informiert sein. Es kommt darauf an, die Unterschiede zwischen juristischen Fakultäten der Hochschulen zu kennen und zu wissen, wo ihre Stärken und Schwächen liegen.

Das Studienangebot in Deutschland ist fast unüberschaubar. Dieser Ratgeber soll u.a. dabei helfen, dem zukünftigen Jura-Studenten notwendige Informationen bereitzustellen.

2.2.1 Öffentliche Hochschulen

Um die Wahl des geeigneten Studienortes zu erleichtern, gibt *www.juraweli.de* einen Überblick über die wichtigsten, juristischen Fakultäten der öffentlichen Hochschulen Deutschlands. Man kann unter anderem Informationen über die Stadt, die Universität sowie über die einzelnen Studienbedingungen bis hin zu Wohn- und Freizeitmöglichkeiten finden. Darüber hinaus werden die wichtigsten

Kontaktadressen der Universitäten und Organisationen aufgelistet. Für nähere Auskünfte ist es empfehlenswert, sich direkt an die einzelnen Fakultäten bzw. an die in den Uni-Vorstellungen angegebenen Adressen zu wenden.

Folgende juristische Hochschul-Fakultäten gibt es gegenwärtig in Deutschland:

Baden-Württemberg
- Freiburg — Albert-Ludwigs-Universität
- Heidelberg — Ruprecht-Karls-Universität
- Konstanz — Universität
- Mannheim — Universität
- Tübingen — Eberhard-Karls-Universität
- Würzburg — Bayerische Julius-Maximilians-Universität

Bayern
- Augsburg — Universität
- Bayreuth — Universität
- Erlangen-Nürnberg — Friedrich-Alexander-Universität
- München — Ludwig-Maximilians-Universität
- Passau — Universität
- Regensburg — Universität

Berlin
- Berlin — Freie Universität
- Berlin — Humboldt-Universität

Brandenburg
- Frankfurt / Oder — Europa-Universität-Viadrina
- Potsdam — Universität

Bremen
- Bremen — Universität

Hamburg
- Hamburg — Universität

Hessen
- Frankfurt / Main — Johann Wolfgang Goethe-Universität
- Gießen — Justus-Liebig-Universität
- Marburg — Philipps-Universität

Mecklenburg-Vorpommern
- Greifswald — Ernst-Moritz-Arndt-Universität
- Rostock — Universität

Niedersachsen
- Göttingen   Georg-August-Universität
- Hannover   Universität
- Osnabrück   Universität

Nordrhein-Westfalen
- Bochum   Ruhr-Universität
- Bonn   Rhein. Friedrich-Wilhelms-Universität
- Bielefeld   Universität
- Düsseldorf   Heinrich-Heine-Universität
- Köln   Universität
- Münster   Westfälische Wilhelms-Universität

Rheinland-Pfalz
- Mainz   Johannes Gutenberg-Universität
- Trier   Universität

Saarland
- Saarbrücken   Universität des Saarlandes

Sachsen
- Dresden   Technische Universität
- Leipzig   Universität

Sachsen-Anhalt
- Halle-Wittenberg   Martin-Luther-Universität

Schleswig-Holstein
- Kiel   Christian-Albrechts-Universität

Thüringen
- Jena   Friedrich-Schiller-Universität

Häufig wird nach der besten Universität gefragt. Die Beantwortung dieser Frage ist tatsächlich nicht einfach. Die Qualität der einzelnen juristischen Fakultäten wird von verschiedenen Gruppen sehr unterschiedlich beurteilt.

In der Vergangenheit wurden daher vielfach so genannte *Ranking-Listen* der U-Universitäten für die einzelnen Studiengänge aufgestellt, so auch für den Fachbereich Jura (in den Zeitschriften: *Stern* 16/1993; *Spiegel* 16/1993; *Manager Magazin* 2/1994; *Stern Spezial* 04/2002; etc.). Allen Rankinglisten haben gemeinsam, dass mit der jeweils gewählten Methode nur ganz bestimmte, zumeist eng begrenzte Teilaspekte der Hochschulwirklichkeit wiedergegeben werden. Der Wert dieser Erkenntnisse ist daher relativ, da jeder Student eine andere Gewichtung setzt. Sind für den einen Studenten Art und Aufbau des Studiums sehr wichtig, können für einen anderen die Wahlmöglichkeiten, die persönlichen Interessen, die Entfernung vom Heimatort, die Wohnverhältnisse oder die Attraktivität der Uni-Stadt wichtig sein.

Die Ergebnisse der unterschiedlichen Rankings sind so unterschiedlich, dass fast jede Universität sich auf eines berufen kann, das ihr einen Spitzenplatz einräumt. Es macht daher wenig Sinn, sich an diesen Ranking-Listen zu orientieren. Der Vollständigkeit halber soll hier nur die letzte größere Ranking-Liste wiedergegeben werden vom April 2004. In einer Recherche mit fast 56.000 Fragebögen untersuchte das Team der Redaktion *Stern Special* das Angebot der meiststudierten Fächer an Universitäten und Fachhochschulen, so u.a. auch das Fach Jura. Folgende Methoden finden hierbei ihren Ausschlag: Professorentipp, Wissenschaftliche Veröffentlichung, Betreuungsverhältnis, Studiendauer und Gesamturteil der Studierenden. Hierbei handelt es sich sicherlich um eine gute Hilfestellung für die Wahl der Hochschule.

2.2.2   Private Hochschulen

Im Jahre 2000 ging die erste private Hochschule für Rechtswissenschaften Deutschlands, die **Bucerius Law School** in Hamburg, an den Start. Seitdem beginnen jährlich etwa 100 Studierende das dreijährige Studium, das sie mit dem *Bachelor of Laws* (LL.B.) und dem ersten Staatsexamen abschließen können.

Ein Netzwerk von etwa 30 Unternehmen, Kanzleien und Stiftungen unterstützt die Hochschule finanziell und stellt Praktikumsplätze zur Verfügung. Über 50 Partneruniversitäten aus zwölf Ländern stellen Gastprofessoren und ermöglichen den Studierenden Auslandssemester.

Die *Law School* verfügt über das Promotions- und Habilitationsrecht. Und der weiterführende Studiengang zum Master of Laws (LL.M.) ist auch schon in Planung.

Die *Bucerius Law School* möchte Juristen mit internationaler Perspektive ausbilden. Dazu vermitteln ihre Lehrveranstaltungen neben dem deutschen auch das europäische und angloamerikanische Rechtssystem. Jedes Jahr studieren bis zu 100 Studierende der ausländischen Partneruniversitäten an der *Law School*. Umgekehrt geht jeder deutsche Student für ein Trimester ins Ausland. Weitere Besonderheiten sind:

- Prüfungen gibt es nach jedem Lernabschnitt. Nach neun Trimestern erwirbt man den *Bachelor of Law* (LL.B.). Nach zwei weiteren Trimestern kann der Student zusätzlich das Erste Juristische Staatsexamen vor dem Landesjustizprüfungsamt ablegen.
- Es gibt Vorlesungen und Seminare, die nicht mehr als 20 Teilnehmer haben.
- Die Vorlesungszeit umfasst pro Jahr 36 Wochen. Zum Vergleich: An staatlichen Unis sind es etwa 25.
- Manche Seminare finden komplett in englischer Sprache statt.
- Jedes Jahr arbeiten die Studenten zwei Monate in einer Kanzlei. Viele sind zusätzlich während der Semesterferien in Unternehmen, Verbänden oder der staatlichen Verwaltung aktiv. Ein Auslandspraktikum und ein Trimester an einer ausländischen Partnerhochschule sind obligatorisch.

Eine weitere Besonderheit ist das obligatorische *Studium generale*. Praktische Veranstaltungen zu Rhetorik oder Zeitmanagement werden genauso angeboten wie Vorlesungen über Gesellschaft, Politik und Naturwissenschaften, schließlich wollen die Professoren auch noch fachübergreifendes logisches Denken schulen. Zudem absolvieren die Studenten ein Trimester an einer Partner-Universität im Ausland. Zurzeit bestehen Kooperationsverträge mit 42 englisch-, sechs französisch- und drei spanischsprachigen Hochschulen sowie einer italienischen Universität.

Die Studiengebühren betragen ca. 3.000 EUR pro Trimester, somit also ca. 9.000 EUR im Studienjahr, das keine Semester mehr kennt. Doch soll es auch Stipendien und Darlehen für einige Studierende geben. Wer die insgesamt rund 30.000 EUR für den Schulbesuch nicht aufbringen kann, erhält u.U. ein Teilstipendium oder ein zinsgünstiges Darlehen.

Die *Bucerius Law School* bietet noch ein weiteres Finanzierungsmodell an, den „umgekehrten Generationenvertrag". Ist der ehemalige Student erst einmal im Beruf erfolgreich, zahlt er einen festgelegten Prozentsatz seines Einkommens über einen begrenzten Zeitraum zurück. Derzeit nutzen aber nur etwa 20 Prozent der Studenten dieses Modell, eine Vielzahl der Studenten erhält BAföG.

Trotz der hohen Studiengebühren und einem ehrgeizigen Lernprogramm, das wenig Zeit für intensive Freizeitaktivitäten lässt, ist der Andrang der Bewerber an der *Bucerius Law School* hoch: Jährlich bewerben sich zwischen 400 und 500 Kandidaten. Sodann beginnt ein umfangreiches Auswahlverfahren.

Die zugelassenen Bewerber absolvieren an verschiedenen zentralen Orten in Deutschland einen eigens für diesen Zweck entwickelten schriftlichen Test, der Aufschluss über ihre intellektuellen Fähigkeiten geben soll. Diese Unterlagen werden anonym ausgewertet. Die besten Kandidaten im schriftlichen Teil des Auswahlverfahrens werden zum mündlichen Teil eingeladen. In Gesprächen, als Zuhörer bei Kurzvorträgen und als Beobachter von Gruppendiskussionen bewerten Professoren und Praktiker, inwieweit die Bewerber in persönlicher Hinsicht den besonderen Anforderungen der *Bucerius Law School* entsprechen. Kriterien sind insbesondere Leistungsbereitschaft, Verantwortungsbewusstsein, intellektuelle und soziale Kompetenz und Eigeninitiative. Auch die Fähigkeit, mit anderen Menschen zu kommunizieren, spielt eine wichtige Rolle für das Gesamturteil der Auswahlkommission.

Bislang haben nur elf von 293 Studenten ihre Ausbildung abgebrochen, also lediglich 3,5 Prozent (Stand 08/2004).

☞ Bucerius Law School
Hochschule für Rechtswissenschaft
Jungiusstr. 6
20355 Hamburg
Fon 040 / 307 06 – 0
Fax 040 / 307 06 – 145
www.law-school.de

2.2.3   Elite-Universitäten

Die Debatte um die Elite-Unis schlug in der letzten Zeit hohe Wellen, scheint aber bereits wieder abzuebben. Ist das Ganze nur ein Strohfeuer oder ergeben sich daraus Chancen zu nachhaltigen Effekten für die Entwicklung der deutschen Hochschullandschaft? *Bachelor* und *Master* als Allheilmittel? Private Hochschulen als Karrieregaranten? Abiturienten, die vor der seit jeher schwierigen Aufgabe stehen, die „richtige" Entscheidung für ihren beruflichen Lebensweg zu treffen, werden derzeit mit vielen Themen und Diskussionen konfrontiert.

Braucht Deutschland überhaupt Elite-Unis?

Aufgrund der täglichen Diskussion über neue Herausforderungen in allen aktuellen Sachgebieten dürfte jedem offensichtlich sein, dass Deutschland genügend Probleme besitzt, bei denen die Unterstützung durch besonders leistungsbereite und gut ausgebildete Manager – die angesprochenen Eliten – sehr hilfreich wäre.

Spannender ist jedoch die Frage, wie Deutschland mit seinen Talenten und potenziellen Hoffnungsträgern umgeht, sie fördert und fordert. Dass viele Universitäten erst jetzt in der aktuellen Diskussion darauf aufmerksam geworden sind, dass Eliten auch bei ihnen vielleicht existieren und gefördert werden sollten, ist ein Armutszeugnis.

Es stimmt, dass die Forschung – neben zahlreichen anderen – ein Kriterium für Elite-Universitäten ist. Mit Sicherheit spielen hier auch Internationalität, Ausbildungsgeschwindigkeit und weitere Faktoren – wie zum Beispiel die Vorlesung in kleinen Gruppen – eine wichtige Rolle. Im Bereich der Forschung lassen sich für private Universitäten nur relativ schwer Erfolge erziehen, da hier die Kostenstruktur von erheblicher Bedeutung ist. Die Universitäten können es sich nicht leisten, reine „Forschungsprofessoren" zu berufen, um ihre Reputation zu steigern.

Vielmehr ist Forschung ein Bestandteil des Aufgabenfeldes der Professoren, neben einer exzellenten Lehre und der Beteiligung im Management des Unternehmens Universität. Trotz dieser Restriktionen zeigen sich jedoch bereits erfreuliche Erfolge im Forschungsbereich auch bei den privaten Hochschulen – mit dem Ziel, einen führenden Rang einzunehmen.

„Elite sein" ist nicht teurer. Dies ist ein altes Vorurteil, das leider viel zu häufig noch in der Diskussion um Eliten auftaucht. So wurden Investitionsvergleichsrechnungen erstellt, die klar aufzeigen, dass beim Studium an einer privaten Institution aufgrund der Studiengebühren zwar zunächst mehr Geld eingesetzt werden muss, insgesamt jedoch aufgrund des schnelleren Studiums und eines höheren Einstiegsgehalts das Studium deutlich günstiger ist. Allerdings greifen hier verschiedenen Stipendien- und Finanzierungsprogramme ein, wenn es mit der Finanzierung nicht so recht klappen sollte.

Kommen wir zur nächsten Frage: Verbessert ein Abschluss an einer privaten Hochschule nachweislich die Berufschancen eines Bewerbers?

Im jüngsten allgemeinen Hochschulranking lassen die Personalchefs eine gewisse Präferenz für öffentliche Hochschulen erkennen, mit dem Argument: Wer sich dort durchgebissen hat, ist durchsetzungsfähiger. Richtig ist, dass durchsetzungsfähige Kandidaten mit einem entsprechenden Biss besonders in bestimmten

Wirtschaftsbereichen gesucht werden. Insgesamt ist es aber völlig unzweifelhaft, dass das Studium an einer der renommierten privaten Hochschulen die Berufschancen deutlich steigert.

2.2.4 Hochschulwechsel

Einige Studenten wechseln, aus welchen Gründen auch immer, während ihres Studiums die Hochschule. Die Zahl der betroffenen Studenten liegt bei ca. 15 Prozent.

Dies kann meist auch ohne größere Umstände geschehen, da sich die Ausbildungsinhalte an den einzelnen juristischen Fakultäten nicht voneinander unterscheiden – abgesehen vom jeweiligen Landesrecht im Bereich des öffentlichen Rechts. Allerdings bringt ein Hochschulwechsel zusätzliche (Zeit-) Belastungen und Kosten mit sich.

Es können jedoch auch Gründe vorliegen, die dieses Vorhaben bremsen, etwa wenn die gewünschte Universität eine Aufnahmesperre wegen Platzmangels verhängt. Es ist deshalb anzuraten, sich diesbezüglich frühzeitig mit der Fakultät der gewünschten Universität in Verbindung zu setzen. An dieser Stelle sei darauf hingewiesen, dass sich zudem Probleme ergeben könnten bezüglich der zu erbringenden Leistungsnachweise in den unterschiedlichen Bundesländern, so auch bei der Zusammensetzung der Examensnote. Insofern ist abzuraten, zumindest kurz vor dem Examen den Studienort zu wechseln.

Eine interessante Seite hierzu ist auch: *www.allstudents.de*.

2.3   Studienplatzbewerbung

Das Jurastudium ist seit kurzem aus dem Vergabeverfahren der *Zentralstelle für die Vergabe von Studienplätzen* (ZVS) ausgeschieden, lediglich in NRW gibt es sie noch. Ein deutschlandweiter „numerus clausus" besteht damit nicht mehr. Wer Jura studieren möchte, muss sich, außer in NRW, bei der Universität seiner Wahl direkt bewerben.

Für die Studiengänge, die die ZVS seit dem Wintersemester 2002/03 nur für nordrhein-westfälische Universitäten und Fachhochschulen vergibt, werden die knappen Studienplätze hauptsächlich nach zwei Auswahlkriterien – Abiturnote und Wartezeit – vergeben.

Im Vorfeld werden jedoch vorab Studienplätze an bestimmte Bewerbergruppen vergeben. Hierbei handelt es sich um:

- Ausländer
- Härtefälle
- Zweitstudienbewerber
- Bewerber mit besonderer Hochschulzugangsberechtigung

Die Studienplatzvergabe von Studienplätzen läuft grundsätzlich immer in zwei Schritten ab. Erst wenn die ZVS in einem ersten Schritt festgestellt hat, wer zum nächsten Semester studieren kann, entscheidet sie in einem zweiten Schritt über den Studienort. Maßgeblich sind dabei Ihre Ortswünsche. Wenn sich von den ausgewählten Bewerbern mehr für einen Studienort entschieden haben, als dort Studienplätze verfügbar sind, entscheiden vorrangige soziale, insbesondere wirtschaftliche und familiäre Kriterien darüber, wer am Wunschort einen Studienplatz erhält.

☐   Zentralstelle für die Vergabe von Studienplätzen (ZVS)
Sonnenstraße 171
44137 Dortmund
Fon 0231 / 1081 – 0
www.zvs.de

Das ZVS-Info, dem alle erforderlichen Informationen zu entnehmen sind, erhalten Sie bei der Bundesagentur für Arbeit (früher das Arbeitsamt) und an den Universitäten, aber auch an den Gymnasien, und zwar jeweils ab Mai für das Winter- und ab November für das Sommersemester. Für die Bewerbung bei der ZVS müssen folgende Fristen eingehalten werden: 15. Juli für das Wintersemester und 15. Januar für das Sommersemester.

Haben Sie über die ZVS keinen Studienplatz an Ihrer Wunsch-Universität zugewiesen bekommen, besteht noch die Möglichkeiten, sich beim dortigen Studentensekretariat nach den Fristen für ein etwaiges Losverfahren zu erkundigen.

Für alle diejenigen, bei denen das ZVS-Verfahren nicht den gewünschten Erfolg gebracht hat, gibt es Unterstützung unter *www.zvs-opfer.de*. Dort besteht auch die Möglichkeit eines Studienplatztausches.

Für alle diejenigen, die von der ZVS oder der gewünschten Universität eine Absage für die Bewerbung bekommen haben und noch nicht resigniert haben, gibt es gute Chancen, doch noch ans Wunschstudium zu gelangen, nämlich mittels einer gerichtlichen Klage. Denn in Art. 12 des Grundgesetzes wird das Recht auf freie Wahl von Beruf und Ausbildungsstätte garantiert.

Bei einer *Studienplatzklage* wird der betroffenen Universität vorgeworfen, ihre Kapazitäten falsch berechnet zu haben. Auch bei Plätzen, die über die ZVS vergeben werden, ist nicht diese der Antragsgegner, denn hier stützt man sich auf die von den Universitäten angegebenen Zahlen, und vergibt diese Studienplätze nach einem Schlüssel: 51 Prozent nach Note, 25 Prozent nach Wartezeit und 24 Prozent im Hochschulverfahren.

Und so sieht das Verfahren der Hochschulklage aus: Von der ZVS oder Hochschule abgelehnt, schreibt man eine formlose Bewerbung an die gewünschte Hochschule. Ab jetzt heißt es vor allem: Schnell sein! Bei einer Ablehnung legt man innerhalb eines Monats Widerspruch ein und stellt beim zuständigen Verwaltungsgericht einen Antrag auf eine „Einstweilige Verfügung auf Erteilung eines Studienplatzes". Günstigster Ausgang ist ein Vergleich: Die Hochschule muss die Studienumstände darstellen, und das Gericht rechnet dann gegebenenfalls die Studienplätze nach. Das liegt aber oft nicht im Interesse der Hochschule, und so bietet sie in den meisten Fällen an, den geforderten Ausbildungsplatz zur Verfügung zu stellen, wenn man den Antrag zurückzieht und die Kosten trägt, die sich gegenwärtig etwa mit 50 EUR noch im Rahmen halten. Erst wenn der Antrag abgelehnt wird, kommt es zur eigentlichen Klage. Falls das dann zu erwarten ist, ist es ratsam einen Rechtsanwalt (für Verwaltungsrecht, insbesondere Hochschulrecht) einzuschalten. Mehrere Hochschulen parallel zu verklagen führt zwar zu mehr Gerichtskosten, erhöht aber auch die Chancen. Bei den Massenstudiengängen wie Jura, Wirtschaftswissenschaften oder auch Pädagogik enden die Klagen praktisch immer in einem Vergleich.

Die beste Adresse für erste Infos ist in den meisten Fällen der *AStA* der jeweiligen Hochschule, zum Teil gibt es dort auch Beratungen.

Bitte beachten Sie auch, dass die Gesetzeslage von Bundesland zu Bundesland unterschiedlich sein kann.

Eine Garantie, dass es mit der Studienplatzklage auf jeden Fall klappt, kann jedoch auch der beste Rechtsanwalt nicht geben.

2.4 Immatrikulation

Nächste Hürde ist die Einschreibung an der Hochschule, an der Sie einen Studienplatz erhalten haben. Ihre Uni führt entweder ein schriftliches Einschreibeverfahren durch, oder Sie müssen persönlich erscheinen. Wichtig ist die Einhaltung der Einschreibefrist.

Folgende Unterlagen sind entweder persönlich oder schriftlich einzureichen:

- Antrag auf Einschreibung – diesen müssen Sie sich an der Uni abholen oder zuschicken lassen
- amtlich beglaubigtes Abiturzeugnis
- Versicherungsbescheinigung der Krankenkasse
- bei einem Hochschulwechsel, benötigen Sie zudem die Exmatrikulationsbescheinigung der alten Universität
- falls Sie bereits ein Studium abgeschlossen haben, dessen Abschlusszeugnis

An manchen Unis müssen Sie (mindestens zwei) Passbilder mitbringen/einschicken, die für Ihren Studentenausweis gebraucht werden. Außerdem muss der „Semesterbeitrag" überwiesen werden; an manchen Unis ist er als versteckte Studiengebühr ausgestaltet.

Nach erfolgreicher Durchführung des Verfahrens sind Sie eingeschriebener Jurastudent. Sie erhalten zum Nachweis dieser Tatsache bei der Krankenkasse (wichtig!) und zahlreichen anderen Institutionen (z.B. Bank für die Führung kostenloser Konten usw.) in Form eines so genannten „Leporello" Immatrikulationsbescheinigungen sowie eine Zusammenfassung Ihrer wichtigsten Daten, einen Änderungsbogen und einen Aufkleber für Ihren Studentenausweis mit dem jeweiligen Hochschulsemester.

2.5   Ausländische Studenten

Im Sommer 2004 studierten schätzungsweise erstmals mehr als eine Viertel Million ausländische Studenten in Deutschland – so viele wie noch nie zuvor.

Der Run auf deutsche Hochschulen war wirklich gewaltig in den letzten fünf Jahren: Die Zahl der ausländischen Studenten stieg um mehr als 50 Prozent. Insgesamt sind mehr als zehn Prozent der zwei Millionen Studenten in Deutschland ausländischer Herkunft (227.025). Davon gelten 62.000 als „Bildungsinländer" – meist Gastarbeiter-Kinder mit deutschem Abitur. 60 Prozent der Gaststudenten in Deutschland kommen aus Europa, 25 Prozent aus Asien.

Mittlerweile hat sich die Bundesrepublik fest als Gastland Nummer drei hinter Großbritannien und den USA etabliert. Die guten Studenten gehen nach Großbritannien und in die USA, der Rest nach Deutschland, klagen die Professoren. Offenbar scheint für die Entscheidung für Deutschland auch weniger die akademische Exzellenz der Hochschulen eine Rolle zu spielen als die Studiengebührenfreiheit und eine Bewerberauswahl, die nicht so streng ist wie etwa in den USA. Auffallend ist, dass sich immer weniger Westeuropäer und Nordamerikaner für ein Studium in Deutschland interessieren, während der Zuwachs hauptsächlich aus Südostasien und Osteuropa kommt.

Dass sich die ausländischen Studenten an Deutschlands Hochschulen tatsächlich schwer tun, belegt eine Studie, die der *Deutsche Akademische Austauschdienst* (DAAD) beim *Hochschulinformationssystem* in Auftrag gegeben hat: Von 100 ausländischen Studenten kommen weniger als 50 zu ihrem Examen, der Rest geht irgendwo unterwegs verloren.

Die Zahlen sind eindeutig, die Ursachen aber nicht. Die soziale Betreuung ist mittlerweile gut, die fachliche Betreuung aber nicht. Nirgendwo wird so selbstbestimmt studiert wie in Deutschland, doch um die Freizeit nutzen zu können, sind die meisten ausländischen Studenten, wie viele ihrer deutschen Studienkollegen auch, auf Rat angewiesen. Dabei sind die Studenten, die ein oder zwei Semester in Deutschland verbringen und eigene Programmkoordinatoren haben, noch besser dran als ihre Kommilitonen, die für ein komplettes Studium herkommen und alles selbst organisieren müssen.

In einigen Universitäten sitzen Mitarbeiter und Hilfskräfte, die eigens für die ausländischen Studenten abgestellt sind, zusätzlich zum zentralen *Akademischen Auslandsamt*, das jede Hochschule hat.

Doch nicht nur die mangelnde Fachberatung macht den Gästen zu schaffen. Zu ihren Deutschland-Erfahrungen gehören auch nervenaufreibende Auseinandersetzungen mit der einheimischen Bürokratie: beschränkte Aufenthaltserlaubnis, befristete Aufenthaltsgenehmigung, das zeitraubende Vorsprechen bei der Ausländerbehörde.

Viele Ausländer müssen zudem erst Sprachkurse belegen, bevor sie sich nach bestandener Sprachprüfung an einer Hochschule bewerben dürfen. Für all das bleibt ihnen nur ein Jahr Zeit. Haben sie dann keinen Studienplatz, droht die Abschiebung. Eine Regelung, die dazu führt, dass sich viele erst einmal für irgendein Fach bewerben, um eine Verlängerung ihres Visums zu erhalten: noch ein Grund für die niedrige Abschlussquote.

Immerhin, das Zuwanderungsgesetz soll Arbeitsrecht und Melderegeln vereinfachen, doch zeigte schon die erbitterte Debatte um das Gesetz, dass sich Deutschland mit seinen Gastakademikern schwer tut. Gegen das, was die Amerikaner gerade tun, ist unser Ausländerrecht aber noch eher milde. Einen Überblick über die Anforderungen, die an die Einreise und den Aufenthalt an ausländische Studenten gestellt werden, gibt:

http://www.us-botschaft.de/germany-ger/visa/austauschvisum.html

2.6   Finanzierung des Studiums

Jeder Studierende kommt früher oder später an den Punkt, sich Gedanken über die Finanzierung des Studiums bzw. besonderer Events (z.B. Urlaub oder neue Möbel) zu machen, sofern er kein regelmäßiges Einkommen durch seine Eltern vorweisen kann. Eine Lösung ist die Suche nach Gelegenheitsjobs während des Semesters oder in den Semesterferien. Allerdings gibt es auch andere Möglichkeiten, so z.B. die Inanspruchnahme von BAföG oder der Erhalt eines Stipendiums einer Stiftung. Die Bedingungen hierfür sind allerdings sehr verschieden.

Wie sich die Studenten finanzieren (Anteil in Prozent):

Eltern	89
Erwerbstätigkeit	63
BAföG	27
Verwandte, Bekannte	17
Erspartes	16
Partner/Partnerin	3
Stipendium	2
Sonstiges	9

(Quelle: DSW/HIS 17. Sozialerhebung, 2004)

Mit 43 Prozent lebt ein Großteil aller Studenten in der eigenen Mietwohnung.

Nach der jüngsten Sozialerhebung des *Deutschen Studentenwerks* (DSW) haben sich jeweils 22 Prozent für eine Wohngemeinschaft oder ein Zimmer bei den Eltern entschieden, und zwölf Prozent sind in Wohnheime des DSW gezogen. Für diese Plätze erwartet das Studentenwerk einen wachsenden Bedarf; der Grund dafür sind drastisch gestiegene Studentenzahlen bei wachsenden Lebenshaltungskosten. Ein Wohnheimzimmer kostete die Akademiker in spe im vergangenen Jahr durchschnittlich 163 EUR Miete im Monat.

2.6.1   Studiengebühren

Seit Jahren herrscht ein stetiges Hin und Her, wenn es um die Diskussion der Studiengebühren geht. Einige wollen sie, andere lehnen sie ab und wieder andere haben bereits ein Schlupfloch gefunden, um sie einzuführen. Der Streit um die Gebühren für Langzeitstudenten (Regelstudienzeit plus vier Semester) reißt nicht ab.

Während die Studenten gegen die Gebühren sind, haben sich die Hochschulrektoren mit großer Mehrheit für Studiengebühren ausgesprochen. Künftig sollen 500 EUR maximal pro Semester und Student in einer Startphase des Modells erhoben werden, abhängig vom jeweiligen Bundesland.

Die Gebühren sollen dann für die Finanzierung eines verbesserten Lehrangebots eingesetzt werden. Sozial Benachteiligte sollen die Studiengebühren nicht von einem Studium fernhalten.

Mit dem Verbot von Studiengebühren hatte die rot-grüne Bundesregierung ein Wahlkampfversprechen eingelöst. Gegen dieses Verbot hatten aber sechs unionsregierte Bundesländer – Bayern, Baden-Württemberg, Hamburg, Saarland, Sachsen und Sachsen-Anhalt – vor dem Bundesverfassungsgericht geklagt und Recht erhalten (BVerfG, Az.: 2BvF 1/03 v. 26.01.2005). Die Länder nutzten denselben Hebel wie bei der Klage gegen die Juniorprofessur: der Bund überschreite seine Kompetenzen. Wie aber nun im Einzelnen in Bezug auf die Studiengebühren verfahren wird, wird die nahe Zukunft zeigen.

De Facto haben die meisten Bundesländer die Studiengebühren schon längst eingeführt. Ob als gestaffelte Gebühr für Langzeitstudierende in Hessen oder als Studienkonten in Nordrhein-Westfalen, Rheinland-Pfalz und Bremen, Studiengebühren sind schon vielerorts Praxis.

2.6.2   BAföG

Das *Bundesausbildungsförderungs-Gesetz* (BAföG) sollte eine Chancengleichheit für alle Bevölkerungsschichten gewähren. Auch der Nachwuchs weniger finanzkräftiger Familien sollte die Chance zum Studieren haben. Diese Entscheidung fiel sicherlich aufgrund unterschiedlicher Kriterien und nicht zuletzt aus der Überlegung, dass der Bedarf an qualifizierten Akademikern nicht lediglich durch eine kleine Bevölkerungsschicht gedeckt werden kann. Ob diese Idee gelungen umgesetzt wurde, ist sicherlich ein Thema für ein Diskussionsforum. Überwiegend wird ein BAföG-Anspruch in Abhängigkeit vom Einkommen der Eltern berechnet. Grundvoraussetzungen sind eine Ausbildung, die im Rahmen des BAföG förderungswürdig ist und das Alter, das ohne Ausnahmeregelung, die es natürlich immer gibt, 30 Jahre nicht überschreiten darf. Außerdem müssen bestimmte Kriterien der Staatsangehörigkeit erfüllt sein, d.h. ein Austauschstudent aus dem Ausland hat z.B. keinen Anspruch auf BAföG aus den Haushalten von Bund und Ländern. Bei der Bemessensgrundlage wird das Einkommen der Eltern zugrunde gelegt, von dem dann Freibeträge abgezogen werden. Erheblich sind hier vor allem Geschwister, aber auch andere Belastungen können das Einkommen so schmälern, dass eine Förderung in Frage kommt. Wichtig ist hierbei, dass das BAföG-Amt andere Berechnungsgrundlagen als das Finanzamt zugrunde legt.

Knapp zwei Jahre nach der BAföG-Reform ist die Zahl der geförderten Studenten erneut gestiegen. Auch die Zahl der Erstsemester habe sich erhöht, erklärte *Bundesbildungsministerin Edelgard Bulmahn*. Mittlerweile bekomme jeder vierte Studierende in der Regelstudienzeit BAföG.

Die durchschnittliche Fördersumme beträgt derzeit höchstens 432 EUR für Studenten, die noch bei den Eltern leben. Wer bereits ein eigenes Zuhause hat, kann mit bis zu 585 EUR pro Monat unterstützt werden Ein Vermögen – dazu können etwa Immobilien, Grundstücke, Guthaben oder Wertpapiere zählen – wird auf die Fördersumme angerechnet, sobald es eine Höhe von 5.200 EUR überschreitet. Zudem dürfen Studenten bis zu 4.200 EUR im Jahr dazuverdienen.

„Die spürbare Erhöhung der Bedarfssätze sowie die Begrenzung der Rückzahlung auf höchstens 10.000 EUR haben vielen jungen Menschen aus einkommensschwachen Familien die Entscheidung für ein Studium erleichtert", sagte *Bulmahn*.

Für die steigende Zahl der BAföG-Empfänger muss der Bund tiefer in die Tasche greifen: Die Ausgaben erhöhten sich 2003 im Vergleich zu 2000 um mehr als 50 Prozent, erklärte *Bulmahn*. Insgesamt seien 2003 knapp zwei Milliarden EUR für BAföG ausgegeben worden – der Bundesanteil habe ca. 1,3 Milliarden EUR betragen. Den Tiefststand habe es 1998 gegeben. Damals seien insgesamt 1,201 Milliarden EUR bei einem Anteil des Bundes von 780 Millionen Euro gezahlt worden.

Die Ministerin wies auf die Möglichkeit hin, BAföG auch ins Ausland mitnehmen zu können. Die Zahl der Geförderten sei hier bereits um 16 Prozent gestiegen. Dem Bericht zufolge ist Großbritannien das beliebteste Studien- und Ausbildungsland außerhalb Deutschlands. Der BAföG-Bericht listet 2.305 Geförderte im Jahr 2001 auf. In die USA zog es demzufolge 1.324, nach Spanien 1.085 BAföG-Empfänger. 1.268 Geförderte nahmen ihr BAföG nach Frankreich mit, jeweils einer nach Bulgarien und Albanien.

Wenn Studenten ihr Vermögen im BAföG-Antrag allerdings verheimlichen, drohen Strafen. Allein in 2001 und den Jahren zuvor hat das BAföG-Amt 2,6 Mio. EUR zuviel auf Konten von Essener und Duisburger Studenten überwiesen. Die angehenden Akademiker hatten vorgegeben, bedürftig zu sein und Vermögenswerte schlicht unterschlagen. Was war passiert?

Im Herbst 2002 erfolgte erstmals ein Datenabgleich zwischen den BAföG-Ämtern und dem Bundesamt für Finanzen, welchem die Kreditinstitute ihre Freistellungsaufträge melden. Insgesamt 1007 Akten haben die Mitarbeiter des BAföG-Amtes durchforstet – mit erschreckendem Ergebnis. Etwa 55 Prozent der Studenten hatten falsche oder unvollständige Angaben gemacht.

So kam es zu entsprechenden Anzeigen bei der Staatsanwaltschaft. In einem Fall hatte das Amtsgericht Essen einen Arzt zu 100 Tagessätzen à 50 EUR verurteilt, da er in vier BAföG-Anträgen einen Schaden von immerhin 19.000 EUR angerichtet hatte. Ab 91 Tagessätzen findet sich eine Strafe im Bundeszentralregister und man gilt als vorbestraft. Das ist schlecht für die Karriere. Doch diese Erwä-

gung kann bei der Strafzumessung nicht entscheidend sein, denn ausschlaggebend sind die Schadenshöhe, die Vermögenswerte und die Zahl der Fälle.
Knapp 500 Akten sind auf den Tischen der Staatsanwaltschaft gelandet. Etwa 30 Verfahren wurden wegen Geringfügigkeit eingestellt, in zwölf Fällen verhängte die Behörde eine Geldbuße und in 65 Fällen wurden Strafbefehle mit bis zu 160 Tagessätzen auf den Weg gebracht. Die Mitarbeiter anderer BAföG-Ämter haben übrigens ähnliche Erfahrungen gemacht. So ermittelte das Akademische Förderungswerk der Ruhr-Universität Bochum, dass 3,7 Mio. EUR zu viel überwiesen wurden. 2,8 Mio. EUR wurden bereits zurückgezahlt; 322 Akten liegen der Staatsanwaltschaft vor. In Dortmund müssen sich die staatlichen Ermittler durch 140 Akten durcharbeiten. Dort stehen Forderungen in Höhe von 3,3 Mio. EUR aus, wovon bereits 2,1 Mio. EUR beglichen wurden.

Es ist davon auszugehen, dass noch in 2005 sehr wahrscheinlich der nächste Datenabgleich durchgeführt wird. Man darf also gespannt sein.

BAföG ist für viele ein großes Fragezeichen, bei dem nicht unbedingt nachzuvollziehen ist, ob ein Anspruch besteht oder nicht. Mit dem so genannten „BAföG-Rechner" können Sie zumindest eine Tendenz feststellen, wie es um Sie steht. Natürlich sind diese Angaben ohne Gewähr und können nicht alle Spezialfälle berücksichtigen.

Wer sich mit diesen Fragen herumschlägt, sollte sich den kostenlosen BAföG-Rechner PLUS besorgen, den das Bundesbildungsministerium herausgibt. Damit lässt sich nicht nur die zu erwartende Fördersumme errechnen, sondern auch gleich der Antrag am Computer ausfüllen. Den Rechner gibt es auf CD-ROM. Infos und Download im Internet unter

- *www.das-neue-bafoeg.de*
- *www.bafoeg.bmbf.de*
- *www.bafoeg-rechner.de*

Grundsätzlich kann jeder einen Antrag auf Ausbildungsförderung bei den BAföG-Ämtern stellen - auch für ein Auslandsstudium oder Auslandspraktikum. Jeder bedeutet auch derjenige, der für sein bisheriges Studium keinen Anspruch auf diese Förderung hatte, denn die anfallenden Kosten eines Auslandsaufenthaltes (damit ist auch ein mindestens dreimonatiges Praktikum gemeint) können die finanziellen Möglichkeiten der Eltern oder des Erziehungsberechtigten übersteigen.

Denkbar ist auch ein Versuch, neben einem SOKRATES- oder ERASMUS-Programm z.B. eine Förderung für die Wohnungsmiete zu beantragen.

Der große Anreiz, sich in den Dschungel der Anträge und Formulare zu wagen, liegt wohl aber in der Möglichkeit, alle Universitäten der Welt angeben zu können. Man ist also an keine bestimmte Partneruniversität gebunden.

Man geht in das BAföG-Amt seiner eigenen Universitätsstadt und lässt sich eine Liste über die jeweils zuständigen BAföG-Ämter aushändigen. Denn für jedes Land innerhalb und außerhalb Europas ist in Deutschland ein anderes BAföG-Amt verantwortlich.

Dort fordert man die notwendigen Unterlagen an, wobei diese mindestens sechs Monate vor Studienbeginn bei dem jeweiligen Amt wieder eingegangen sein müssen. Sonst könnten manche Förderungen nicht oder erst später gewährt werden. Außerdem handelt man sich bei Unpünktlichkeit nur einen weniger kooperativen Beamten ein, der einem dann nur zur Hälfte zuhört, wenn man noch Fragen hat.

Zum Thema Studienabbruch und BAföG siehe *www.studienabbrecher.com*

2.6.3 Job

Studierende sind zur Finanzierung ihres Studiums häufig darauf angewiesen, selbst Geld zu verdienen. Wenn Sie Ihr Studium mit eigenem Geld finanzieren müssen, suchen Sie sich nicht irgendeinen Job, etwa in Kneipen oder Diskotheken.

Immerhin, zwei Drittel der Studenten in Deutschland jobbt. So lange der Nebenverdienst nicht über die „Geringfügigkeitsgrenze" steigt, muss man sich um Beiträge nicht kümmern. Die zahlt schließlich der Arbeitgeber. Ansonsten lautet die wichtigste Regel: Das Studium muss Hauptbeschäftigung bleiben (im Semester nicht mehr als 20 Stunden pro Woche jobben).

Während der Semesterferien ist die Anzahl der Arbeitsstunden unbedeutend: Bis zu zwei Monate oder 50 Arbeitstage kann man beitragsfrei jobben.

Werden diese Grenzwerte überschritten, sind auch Studenten in der gesetzlichen Rentenversicherung versicherungspflichtig.

Arbeiten Studenten auf Honorarbasis oder sind nebenbei als Freiberufler tätig, müssen sie sich beim zuständigen Finanzamt anmelden. Dann erhalten sie eine Steuernummer und müssen ihre Einnahmen in der jährlichen Steuererklärung angeben. Als Selbstständige oder Freiberufler sind Studenten auch für ihre soziale Absicherung selbst verantwortlich.

Über den jeweiligen Status gibt Ihre zuständige Krankenkasse Auskunft.

Geld im Studium
von Schmauß
Uni-Edition
ISBN: 3937151087

Unter *http://geld.unicum.de* erhalten Sie aktuelle Tipps rund ums liebe Geld.

Suchen Sie sich lieber eine anspruchsvolle und sinnvolle Tätigkeit. Arbeiten Sie auf Posten und in Unternehmen, die zu Ihrem beruflichen Ziel passen. Da die meisten Studenten in den Anwaltsberuf streben, liegt es nahe, einen Job in einer Kanzlei zu suchen. Dieses ist sicherlich kein leichtes Unterfangen, zumal der Student für eine Anwaltskanzlei nicht sonderlich förderlich ist, im Gegensatz zum Referendar.

Es gibt viele Wege zu einem Job, wenn es nicht auf Anhieb klappt. Einigen Erfolg versprechen etwa die *Studentische Stellenvermittlung* der Bundesagentur für Arbeit (früher: Arbeitsämter), die Gremien der Studentenschaft (z.B. *AStA*), die Studentenverbindungen und Vereinigungen sowie Stellenanzeigen und Stellenangebote in den örtlichen Tageszeitungen und in Anzeigenblättern.

Besonders hervorzuheben ist hierbei die Tätigkeit als „Studentische Hilfskraft" am Lehrstuhl, siehe hierzu weiter unten.

Studentenjobs in Prozent aller erwerbstätigen Studenten:

Aushilfstätigkeit	42
Student./wissenschaftliche Hilfskraft	27
Nutzung von Studienkenntnissen	11
Freiberufliche Tätigkeit	11
Erlernter Beruf	11
Nachhilfeunterricht	11

(Quelle: DSW/HIS 17. Sozialerhebung, 2004)

2.6.4 Stipendium

Neben der staatlichen Studentenförderung nach dem BAföG gibt es eine Vielzahl von Förderprogrammen öffentlicher und privater Träger. Hierzu gehören die großen Begabtenförderwerke, aber auch eine ganze Reihe von kommunalen und kirchlichen Trägern, von öffentlich-rechtlichen und privat-rechtlichen Stiftungen und Vereinen und von Wirtschaftsunternehmen.

Stipendien haben aber vielfach ihre eigentliche Bedeutung verloren. Anstatt finanziell Bedürftigen ein Studium zu ermöglichen, wird inzwischen der Erhalt von Stipendien als Beweis für Intelligenz und Talent gewertet.

Bei einigen der über 400 verschiedenen Stipendien in Deutschland besteht keine übermäßige Nachfrage, und so stehen die Chancen auf eine Förderung gar nicht so schlecht.

Die meisten Stipendiaten bekommen kaum mehr als die üblichen 80 EUR Büchergeld im Monat. Stipendiat zu sein lohnt sich dennoch: Die Stiftungen gelten als Kaderschmieden für Eliten, in denen man kostbare Kontakte knüpft.

Bei der *Konrad-Adenauer-Stiftung* gehen jährlich etwa 12.000 Anfragen ein. Aufgenommen werden aber nur 400 Stipendiaten jährlich. Gerade mal zehn Prozent erhalten von der Begabtenförderung der *Konrad-Adenauer-Stiftung* die volle Fördersumme von monatlich 525 EUR plus Büchergeld.

Das *Bundesministerium für Bildung und Forschung* stellt zu diesem und anderen verwandten Themen lesenswerte Broschüren zur Verfügung, die unter *http://www.bmbf.de/publikationen/1988.php* abgerufen und bestellt werden können.

Dieser Ratgeber enthält die Adressen der wichtigsten deutschen Studienstiftungen im Anhang. Erfragt werden können die Adressen unzähliger kleinerer Stiftungen und Vereine, die Stipendien gewähren, bei den Universitäten, bei Professoren, bei Stadtverwaltungen oder bei Zeitungen.

Mehr Informationen rund um das Stipendium gibt es unter

- *www.daad.de*
- *www.stiftungsindex.de*
- *www.freefund.com*
- *www.audimax.de*

📖 *So finanziere ich mein Hochschulstudium.*
Stipendien, Förderprogramme, Unterstützungsmöglichkeiten
von Herrmann / Verse-Herrmann
Eichborn Verlag
ISBN: 3821814217

📖 *Durch Stipendien studieren*
von Seidenspinner / Seidenspinner
MVG Verlag
ISBN: 3478711908

2.6.5 Bankkredit

Eine Alternative stellt die Finanzierung des Studiums durch einen Bankkredit dar, z.b. durch die Hausbank des Studenten. In anderen Ländern ist dies nichts Außergewöhnliches mehr.

Jedoch müssen Sie vorweg Ihre Bank erst einmal von Ihrer Kreditwürdigkeit überzeugen. Hilfreich ist hierbei sicherlich die Aufstellung einer wirtschaftlichen Gesamtrechung aller Ihrer Lebensumstände bis zum bestandenen Examen.

Eine weitere Hilfe für Studenten kann ein Bildungskredit sein. Anders als das BAföG wird er unabhängig vom eigenen Vermögen oder vom Einkommen der Eltern vergeben. Ziel dieser Förderung ist nach Angaben des *Bundesverwaltungsamtes* in Köln unter anderem, die Fortsetzung des Studiums zu ermöglichen, wenn zum Beispiel auf Grund von finanziellen Schwierigkeiten ein Studienabbruch droht. Studenten, die häufig keine Sicherheiten stellen können und für Bankinstitute nicht kreditwürdig sind, sollen so die Möglichkeit bekommen, Engpässe zu überbrücken.

Ein Rechtsanspruch auf den zeitlich befristeten und zinsgünstigen Kredit besteht allerdings nicht. Voraussetzung ist in der Regel eine bestandene Zwischenprüfung beziehungsweise das Vordiplom. Die Förderungsdauer liegt bei maximal 24 Monaten, in denen jeweils 300 EUR gezahlt werden. Die Höchstsumme beträgt also 7.200 EUR. Ein Antrag muss an das Bundesverwaltungsamt gestellt werden, das prüft, ob die Voraussetzung für eine Gewährung erfüllt ist. Die Auszahlung und auch die Rückforderung übernimmt die *KfW-Mittelstandsbank* (Fusion von *Deutsche Ausgleichsbank* DtA und *Kreditanstalt für Wiederaufbau* KfW).

Siehe auch nähere Informationen unter *www.kfw-foerderbank.de.*

Eine neue Homepage zu diesem Thema gibt es ebenfalls auf den Seiten des Bundesministeriums für Bildung und Forschung. Das *Bundesverwaltungsamt* in Köln informiert ebenfalls auf seinen Internetseiten. Im Web finden sich auch gute Informationen zum Thema Bildungskredit, z.B. unter *www.bildungskredit.de.*

2.6.6 Studentische / Wissenschaftliche Hilfskraft

Eine der wohl strategisch besten Möglichkeiten der Nebentätigkeit als Student ist die Arbeit am Lehrstuhl eines Professors als *studentische Hilfskraft* (stud. HK.), denn diese Tätigkeit wirkt sich sowohl positiv auf den Geldbeutel als auch auf den

Lebenslauf aus. Auf zu besetzende Stellen wird seitens der Lehrstühle durch Aushänge oder Hinweise aufmerksam gemacht. Hier gilt oft die Devise „wer zuerst kommt, mahlt zuerst", wobei viele Professoren nach dem Leistungsprinzip gehen. Die Bewerber mit den besten Noten oder mit besonderen Qualifikationen (z.B. Kenntnisse in der Erstellung von Homepages) machen meist das Rennen. Im persönlichen Gespräch mit dem Professor kann man natürlich auch die beste Bewerbung noch zunichte machen, wenn die Sympathie nicht stimmt. Erfahrungsgemäß werden allerdings keine Studenten in den Anfangssemestern angenommen, da zumindest ein Grundlagenwissen im Fachbereich des beschäftigenden Lehrstuhls erwartet wird.

Die Tätigkeitsanforderungen reichen von Recherche zu Kopierarbeiten, Betreuung der Lehrstuhlbibliothek, Korrekturlesen usw. Der Stundenlohn beträgt circa 8 EUR. Zulässig ist eine maximale Arbeitszeit von (länderabhängig) ca. 19 Stunden pro Woche. Eine deutlich geringere im Bereich von sechs bis neun Stunden ist aber eher üblich.

Nach Bestehen des Ersten Staatsexamens bietet sich weiterhin die Möglichkeit als *wissenschaftliche Hilfskraft* (wiss. HK.), wissenschaftlicher Mitarbeiter oder wissenschaftlicher Assistent am Lehrstuhl zu arbeiten. Die Anforderungen steigen gleichsam mit. Eine Promotion kann theoretisch mit allen drei Tätigkeiten verbunden werden, wobei die Stelle des wissenschaftlichen Assistenten in der Regel Doktoranden mit beiden Staatsexamina vorbehalten ist, die eine Habilitation anfertigen wollen.

Es kann nur wärmstens empfohlen werden, sich auf freie Stellen als Lehrstuhlmitarbeiter zu bewerben, wie der Co-Autor *Stefan Dietrich* aus eigener Erfahrung zu berichten weiß.

Es kommen aber auch andere Tätigkeitsfelder an der Universität in Betracht, wie etwa die Mitarbeit in studentischen Organisationen, wie Fachschaften oder AIESEC. Allerdings gilt es hier zu beachten, dass für die aufgewendete Zeit kein Entgelt gezahlt wird – die Entlohnung für das Engagement besteht meistens aus Freisemestern. Somit kann die Freischusszeit bis zu drei Semester verlängert werden.

2.6.7 Steuern

Mit Aufnahme des Studiums ändern sich für einen Betroffenen viele Rahmenbedingungen in steuerrechtlicher Hinsicht.

Studierende müssen, wie alle anderen Steuerpflichtigen auch, ihre Einnahmen aus selbstständiger und nichtselbstständiger Arbeit versteuern. Als abhängig Beschäftigte haben sie zu Beginn ihrer Tätigkeit dem Arbeitgeber eine Steuerkarte vorzulegen. Die Lohnsteuer bemisst sich nach dem bezogenen Arbeitslohn und den Besteuerungsmerkmalen auf der Lohnsteuerkarte.

Generell hat der Arbeitnehmer Sozialabgaben zu entrichten. Sie umfassen die Renten-, Kranken-, Pflege und Arbeitslosenversicherung.

Von der Sozialversicherungspflicht in der Kranken-, Pflege- und Arbeitslosenversicherung sind Studenten befreit, die

- ein auf die Semesterferien befristetes Beschäftigungsverhältnis eingegangen sind,
- in der Vorlesungszeit nicht mehr als 20 Stunden wöchentlich arbeiten und
- sich in einem von vornherein befristeten Beschäftigungsverhältnis befinden, das in einem Beschäftigungsjahr nicht länger als 60 Kalendertage oder 50 Arbeitstage dauert, sich also um kurzfristige Beschäftigungen handelt.

Die Rentenversicherungsbeiträge sind zu gleichen Teilen vom Arbeitgeber und vom studentischen Arbeitnehmer zu tragen.

Bei selbstständigen Tätigkeiten zur Finanzierung des Studiums hat man darauf zu achten, dass insbesondere der zeitliche Aufwand den Status des Studenten in sozialversicherungsrechtlicher Hinsicht nicht gefährdet, bzw. der überwiegende Teil der Zeit muss nach wie vor dem Studium gewidmet sein.

2.6.8   Soziale Absicherung

Da die studentische Erwerbstätigkeit eine zunehmende Bedeutung für die Bestreitung des Lebensunterhalts des Studenten ist, spielt für Studenten das Thema Absicherung eine große Rolle.

Zur Sozialversicherung des Studenten gehören die Kranken-, Renten- und Arbeitslosenversicherung. Immatrikulierte Studenten an Hochschulen und anderen wissenschaftlichen Schulen, die der fachlichen Ausbildung dienen, sind von der Sozialversicherungspflicht befreit. Allerdings gibt es auch bestimmte Ausnahmen.

Krankenversicherung

Studenten können sich an einer Hochschule nur einschreiben oder rückmelden, wenn sie einen Nachweis über eine bestehende Krankenversicherung vorlegen.

Den Nachweis in Form einer Versicherungsbescheinigung stellt die gesetzliche Krankenkasse aus, bei der die Krankenversicherung besteht.

Grundsätzlich sind alle immatrikulierten Studenten der staatlichen und staatlich anerkannten Hochschulen und Fachhochschulen in der gesetzlichen Krankenversicherung versicherungspflichtig oder in der Familienversicherung der Eltern mitversichert.

In der Familienkrankenversicherung der Eltern, die die studentische Krankenversicherungspflicht aufhebt, können Studierende bis zur Vollendung des 25. Lebensjahres (zzgl. Zeiten für Wehr- und Zivildienst) kostenfrei mitversichert bleiben.

Die günstige studentische Pflichtversicherung ist grundsätzlich begrenzt auf 14 Fachsemester oder endet spätestens mit dem 30. Lebensjahr. Danach können sich Studierende in der gesetzlichen Krankenversicherung freiwillig versichern, allerdings zu einem höheren Beitrag. Wer sich bei einer privaten Krankenversicherung versichern will, muss sich innerhalb von drei Monaten nach Beginn des Studiums oder nach Beendigung der beitragsfreien Familienversicherung durch eine gesetzliche Krankenkasse von der Versicherungspflicht befreien lassen. Die Befreiung kann nicht widerrufen werden und gilt für die gesamte Dauer des Studiums.

Ein Wechsel von der gesetzlichen zur privaten Krankenversicherung sollte gut überlegt sein, denn in aller Regel ist es wirtschaftlicher, gesetzlich versichert zu bleiben. Interessant ist ein Wechsel in die private Krankenversicherung für den Studenten, dessen Eltern im öffentlichen Dienst und daher beihilfeberechtigt sind.

Die Beihilfeberechtigung endet allerdings in aller Regel mit Vollendung des 27. Lebensjahres des Studenten – auch hier kann der Zeitraum um die Zeit von Wehr- und Zivildienst verlängert werden.

Unfallversicherung

Studenten sind während der Aus- und Fortbildung an Hochschulen in der gesetzlichen Unfallversicherung pflichtversichert. Der Versicherungsschutz erstreckt sich auf alle studienbezogenen Veranstaltungen im Hochschulbereich sowie auf den Weg von der Wohnung zur Universität und zurück.

Bei Unfällen außerhalb des Hochschulbereichs kommen nur Leistungen privater Unfallversicherungen in Betracht.

Es handelt sich bei der gesetzlichen Unfallversicherung um eine Mindestabsicherung, die sich mit steigendem Invaliditätsgrad immer weiter von den finanziellen Erfordernissen entfernt. Empfehlenswert ist daher der Abschluss einer privaten Unfallversicherung, bei der man den Vertrag so gestalten kann, dass eine außerordentliche Leistungssteigerung mit einem geringen Mehrbetrag erreicht wird.

Privathaftpflichtversicherung

Studierende sind in der Regel in der Privathaftpflichtversicherung ihrer Eltern beitragsfrei mitversichert, solange sie sich im unmittelbaren Anschluss an die Schulausbildung im Studium befinden. Die Privathaftpflichtversicherung der Eltern haftet allerdings nicht für Schäden, die der Studierende am Eigentum der Hochschule verursacht.

Sollte kein Versicherungsschutz über die Eltern bestehen, empfiehlt sich für Studierende der Abschluss einer eigenen Privathaftpflichtversicherung.

Je nach Leistungsumfang sind Privathaftpflichtversicherungen schon ab ca. drei Euro pro Monat zu bekommen.

Rechtsschutzversicherung

Ähnliches wie für die Haftpflichtversicherung gilt auch für die Rechtsschutzversicherung. Unverheiratete Kinder sind in der Regel bis zum 25. Lebensjahr, bei manchen Versicherern auch länger, bei den Eltern mitversichert, wenn sie sich überwiegend in einer beruflichen Ausbildung befinden.

Diesen Schutz genießen sie leider nicht in ihrer Eigenschaft als Halter eines Kraftfahrzeugs.

2.7 Effizientes Studieren

Das Lehrangebot im Jurastudium umfasst im Regelfall die Vorlesungen, in den Anfangssemestern die vorlesungsbegleitenden Arbeitsgemeinschaften sowie die Übungen und Seminare.

Der Stoff des Studiums wird unterteilt in die Gebiete Zivilrecht, Strafrecht und Öffentliches Recht. Alle drei Rechtsgebiete sind Pflichtstoff im Examen. Dazu können kommen (je nach Bundesland) die Fächer Rechtsgeschichte, Rechtsphilosophie, Rechtssoziologie und andere. Diese gehören nicht explizit zum Examensstoff und verlieren auch zunehmend an Bedeutung.

2.7.1 Lehrveranstaltungen

Die Lehrveranstaltungen im Bürgerlichen Recht (BGB) beginnen mit dem „Allgemeinen Teil" und werden in den nachfolgenden Semestern mit dem Schuldrecht (Allgemeiner und Besonderer Teil), dem Sachenrecht, dem Familien- und Erbrecht sowie dem Zivilprozessrecht fortgesetzt. Ähnlich verhält es sich im Strafrecht (Strafrecht Allgemeiner und Besonderer Teil, Strafprozessrecht). Im Öffentlichen Recht beginnt man traditionsgemäß mit dem Staatsrecht (einschließlich dem Verfassungsprozessrecht), wobei entweder das Staatsorganisationsrecht oder die Grundrechte am Anfang stehen. Erst die Lehrveranstaltungen des Verwaltungsrechts ähneln wieder dem Aufbau der zivil- und strafrechtlichen Veranstaltungen (Allgemeines und Besonderes Verwaltungsrecht, Verwaltungsprozessrecht). Ebenfalls zu den Pflichtveranstaltungen des Öffentlichen Rechts gehören mittlerweile die Grundlagen des Europarechts, wobei sich die Tendenz zeigt, dass auch die Lehrinhalte zukünftig über diesen Grundlagenbereich hinausgehen werden. Die Kenntnis dieses umfassenden Rechtsgebiets in Zeiten der Vergrößerung der Europäischen Union wird eine bedeutende Stellung einnehmen.

Im Rahmen der Lehrveranstaltungen ist noch zu unterscheiden zwischen solchen, die besucht werden müssen (Pflichtveranstaltungen), solchen, aus welchen eine Auswahl getroffen werden soll (Wahlpflichtveranstaltung) und solchen, die frei gewählt werden dürfen (Wahlveranstaltung). Für das Studium von besonderer Bedeutung sind die Pflicht- und Wahlpflichtveranstaltungen. Sie vermitteln die Grundlagen für das Fachgebiet. Die dort erbrachten Leistungen sind zudem Voraussetzung zur Zulassung zum Ersten Staatsexamen.

In beiden juristischen Staatsexamina muss der Absolvent neben den Hauptgebieten Zivilrecht, Öffentliches Recht und Strafrecht ein Fach seiner Wahl angeben, in dem er geprüft werden will. In manchen Bundesländern (z.B. in NRW) gilt dies nur für die mündliche Prüfung, in anderen muss bereits eine Klausur im Wahlfach angefertigt werden. Häufig genug weiß der Student aber nicht, wann er sein Wahlfach wählen soll. Als erste Hilfe sollte die Vorstellung jedoch dem Studenten im vierten bis siebten Semester auf der Suche nach dem geeigneten Wahlfach durchaus geeignet sein. In Betracht kommen je nach Bundesland Arbeitsrecht, Europarecht, Internationales Privatrecht und Rechtsvergleichung, Kriminologie, Jugendstrafrecht, Strafvollzug, Informations-, Telekommunikations- und Medienrecht, Steuerrecht, Umwelt- und Wirtschaftsverwaltungsrecht, Wirtschaftsrecht, Völkerrecht, Zivilrechtspflege und andere.

Fortgeschrittenen Studenten ab dem fünften Semester bietet sich weiterhin die Möglichkeit an einem Examensklausurenkurs zur Übung auf das Staatsexamen freiwillig teilzunehmen. Im steten Wechsel besteht die Möglichkeit, Klausuren aus den drei Fachgebieten zu schreiben. Bei den Klausuren handelt es sich in aller Regel um solche, die in früheren Terminen im Staatsexamen geschrieben wurden. Zwar sind sie nicht immer aktuell, sie entsprechen dafür aber dem Schwierigkeitsgrad der Staatsprüfung.

Anzuraten ist in jedem Fall ein solcher zusätzlicher Klausurenkurs und das Anfertigen mindestens einer zusätzlichen (zu den Pflichtklausuren der Arbeitsgemeinschaften) Klausur wöchentlich. Hiermit sollte möglichst früh begonnen werden, etwa ein Jahr vor dem schriftlichen Teil. Auch das Schreiben von Klausuren, von deren Thematik man keine Vorstellung hat und die bei drei Punkten enden (vier Punkte sind mindestens zum Bestehen zu erbringen), hilft merklich zu einer guten Examensnote.

Einige Universitäten gehen dazu über, für den früher kostenlos angebotenen Klausurenkurs eine Gebühr pro abgegebene Klausur zwischen 2,50 EUR und 4,50 EUR zu erheben.

Dadurch soll die Qualität der Korrekturen erhöht werden und sicherlich auch die hohe Zahl von Teilnehmern reduziert werden, die nur den Sachverhalt abholen und oft völlig unmotiviert verfasste Bearbeitungen zur Korrektur abgeben.

2.7.2 Arbeitsgemeinschaften

In den ersten drei Semestern werden die so genannten „Arbeitsgemeinschaften" (AG) angeboten, bei denen Anwesenheitspflicht besteht. Dort lernt man den für das Jurastudium wichtigen Gutachtenstil und das richtige Anfertigen von Hausarbeiten und Klausuren. Weiterhin wird dort das in den Vorlesungen erworbene theoretische Wissen in die praktische Arbeit der Falllösung umgesetzt.

Daneben gründen Studenten auch häufig private Arbeitsgemeinschaften, um den erlernten Stoff anhand diverser Übungsfälle aus entsprechenden Fachzeitschriften (*JuS, Jura, JA*) zu besprechen.

Dazu kann nur dringend geraten werden, denn den Studenten eröffnet sich dadurch die Möglichkeit, den eigenen Wissensstand im Verhältnis zu den anderen einzuordnen und demzufolge Wissenslücken zu schließen.

Aber private Arbeitsgemeinschaften wirken sich nicht nur im Studium und im Examen vorteilhaft aus, sondern schulen darüber hinaus Fähigkeiten, die später bei der beruflichen Tätigkeit von großer Bedeutung sind und so genannte Schlüsselqualifikationen darstellen, wie etwa Kommunikationsstärke, Arbeiten in einem Team usw.

Die Zahl der Mitglieder sollte sich zwischen zwei und fünf bewegen, als ideal werden drei bis vier Mitglieder angesehen.

2.7.3 Übungen und Klausuren

Auf dem Weg zum Staatsexamen absolviert der Student zunächst die so genannten „Kleinen Scheine" in allen drei Rechtsgebieten, darauf folgen die großen Übungen ebenfalls in allen drei Fächern.

Diese Scheine sind Leistungsnachweise, die zum Examen vorgelegt werden müssen. Voraussetzung für den Erwerb dieser Scheine ist in der Regel das Bestehen einer Hausarbeit und einer Klausur. Die Leistungsnachweise in den Übungen für Anfänger werden allerdings nur noch vereinzelt verlangt. Wichtigster Bestandteil dieser Übung ist das Schreiben von Klausuren. In ihnen soll der Studierende zeigen, dass er das erlangte Wissen praktisch umzusetzen versteht. Mit dem Schwierigkeitsgrad der Klausuren steigt auch die Bearbeitungszeit von zunächst zwei auf später fünf Stunden. Je nach Klausur kann die Durchfallquote schon mal mehr als 50 Prozent betragen.

In einigen Bundesländern, etwa in NRW, ist das System der „Anfänger-Übungen" (auch Anfänger-Kurs genannt) nach einer Studienreform abgeschafft worden. Die Studenten müssen nun in den einzelnen Rechtsgebieten Punkte sammeln. Erst bei Erreichen einer bestimmten Punktezahl dürfen sie dann an den „Fortgeschritten-Übungen" teilnehmen. Im Zivilrecht und im Öffentlichen Recht sind zwölf Leistungspunkte zu erreichen, im Strafrecht acht Leistungspunkte. Die Leistungspunkte bekommt man durch Bestehen einer Abschlussklausur am Ende einer Vorlesung.

Maximal vier Leistungspunkte sind pro Vorlesung zu erhalten. Hat eine Vorlesung vier Semesterstunden pro Woche oder mehr, erhält der Studierende mit Bestehen der Klausur (bestanden mit mindestens vier Punkten) vier Leistungspunkte.

Es gibt auch Vorlesungen, in denen nur zwei Leistungspunkte erreicht werden können. Kombiniert mit der Anfertigung einer Ferienhausarbeit in mindestens einem Fach – manche Universitäten verlangen zwei oder gar drei – erlangt der Student das Recht an den „Fortgeschrittenen-Übungen" teilzunehmen.

Über die Hausarbeiten wirken die Übungen sich zumeist auch auf die Semesterferien aus, denn sie werden in der Regel als Ferienhausarbeit angeboten. Sie dauern etwa vier Wochen und erfordern einen hohen Zeitaufwand. Der Umfang einer solchen Hausarbeit kann schon mal mehr als 50 Schreibmaschinenseiten betragen. Aber auch hier gilt das Motto: Der gute Jurist denkt viel und schreibt wenig!

Interessant hierzu ist die Seite im Internet zum Thema „Hausarbeiten" (fertige Hausarbeiten usw.) unter *www.hausarbeiten.de*.

2.7.4 Seminare

Bei einem „Seminar" handelt es sich um eine Lehrveranstaltung im kleineren Kreis, die sich vor allem an fortgeschrittene Studenten richtet. Sie werden jeweils nur für ein Semester angeboten. Die Anmeldung erfolgt dabei über den Lehrstuhl des jeweiligen Professors. Die Teilnehmerzahl ist zudem beschränkt, so dass eine frühzeitige Anmeldung für ein geeignetes Seminar nötig ist.

Die Teilnahme an den Seminaren empfiehlt sich erst, wenn man sich in den Pflichtfächern einige Grundkenntnisse angeeignet hat und diese nun in einem speziellen Thema vertiefen will. In ihnen lernt der Student juristisch auf höherem Niveau zu argumentieren.

Ein Seminar belegt man meist in dem Fach, das man sich auch als Wahlfach ausgesucht hat.

Letzte Voraussetzung für die Zulassung zum Examen ist meist der so genannte „Grundlagen- oder Seminarschein", der durch eine Prüfung in einem der Grundlagenfächer oder in einem dafür anerkannten Seminar zu einem beliebigen Zeitpunkt des Studiums erworben werden kann – viele Studienordnungen verlangen sowohl den Grundlagen- als auch den Seminarschein oder eine anstelle des Seminar besuchte zusätzliche Übung.

2.7.5 Praktikum

Neben den Scheinen aus den kleinen und großen Übungen, dem Grundlagenschein und der Wahlfachgruppe müssen Jurastudenten bis zur Zulassung zum Examen auch Nachweise über praktische Studienzeiten erbringen. Ziel der praktischen Studienzeit ist es, dem Studierenden Einblicke in die juristische Arbeit, Informationen über die Rechtswirklichkeit, die gesellschaftlichen Bedingungen des Rechts sowie die Zusammenhänge zwischen dem materiellen Recht und dem Prozess- und Verfahrensrecht zu vermitteln. Die Studierenden sind über alle Sachverhalte ihrer Tätigkeit zur Verschwiegenheit verpflichtet.

Die Dauer der praktischen Studienzeit beträgt in der Regel drei Monate (zweimal sechs Wochen) und muss in der vorlesungsfreien Zeit (Semesterferien) stattfinden.

In der Regel findet die praktische Studienzeit mindestens sechs Wochen in der Rechtspflege, vornehmlich bei einem Rechtsanwalt oder einem Unternehmen der freien Wirtschaft und mindestens sechs Wochen bei einer Verwaltungsbehörde statt. Die Ausbildung kann auch bei überstaatlichen, zwischenstaatlichen oder ausländischen Ausbildungsstellen oder Rechtsanwälten abgeleistet werden.

Eine Befreiung vom Praktikum kommt nur für Studierende in Betracht, die eine bestimmte Ausbildung vorweisen können, etwa als Rechtspfleger.

Mögliche Praktikumsstellen sind etwa bei Rechtsanwälten und Notaren, öffentlichen Stellen (Gericht, Staatsanwaltschaft, Polizei, Bundeskriminalamt, Gemeinde, Ministerium, Botschaft, Europäische Institution) oder bei Firmen und Verbänden (Verein, Gewerkschaft, Wirtschaftsunternehmen).

Die Voraussetzungen für die studienbegleitenden Praktika sind in den einzelnen Bundesländern sehr unterschiedlich, siehe hierzu Auszüge aus den Ausbildungsordnungen für Praktika in den einzelnen Bundesländern unter *www.jurawelt.com/ studenten/praktika*.

Viele Informationen zum Thema Praktikum, aber auch bei der Suche nach einer Praktikumsstelle hilfreich, ist *www.praktikum.de*.

Das Internetportal *Junge Karriere* hat eine neue Suchmaschine entwickelt, mit der Sie über mehrere Praktikumsbörsen gleichzeitig suchen können. Einfach den Praktikumswunsch eingeben und den Suchen-Button drücken. In der Trefferliste werden Ihnen die Angebote aus den einzelnen Börsen angezeigt. Nähere Informationen unter *www.jungekarriere.com.*

Das Deutsche Komitee der *AIESEC* e.V. vermittelt auch an Juristen zwei- bis sechsmonatige Praktika in über 50 Ländern. Dabei werden die Praktikanten vom örtlichen *AIESEC*-Komitee in vielerlei Hinsicht unterstützt.

Praktika bei den Institutionen der *Europäischen Union* sind begehrt. Unter welchen Voraussetzungen, zu welchen Zeiten und in welchen Fachbereichen Praktika möglich sind, darüber informiert der neue Wegweiser *Stage Europe.* Auf rund 120 Seiten werden hier für alle EU-Einrichtungen, in denen Praktika möglich sind, die wichtigsten Angaben zu Zugangsbedingungen, Bewerbungsfristen und Bewerbungswegen sowie die Ansprechpartner zusammengetragen. Ergänzt wird das Werk durch die Stellenbörse, siehe *www.europa-kontakt.de.*

📖 *Stage Europe*
Praktika in den EU-Institutionen
von Anna von Rechenberg
Europa-Kontakt – Information- und Verlagsgesellschaft
ISBN 39808024

Hier noch einige Tipps und Ideen für die Ableistung der Praktika vor dem Ersten Staatsexamen. Folgende Fragen werden immer wieder gestellt:

- *Zeitpunkt zum Absolvieren des Praktikums*
  In manchen Bundesländern wird gefordert, dass die kleinen Scheine absolviert sind, wenn das erste Praktikum angetreten wird, oder dass Praktika erst nach einer bestimmten Semesterzahl angetreten werden können. In anderen Bundesländern existieren dagegen gar keine Voraussetzungen. Somit wäre auch schon ein Praktikum nach ein oder zwei Semestern möglich. Näheres erfährt der interessierte Leser aber durch einen Blick in die jeweilige Ausbildungsordnung.
  Ratsam ist es jedoch, mit dem Praktikum noch etwas zu warten. Zum einen können so erst einmal in Ruhe die Hausarbeiten der Anfängerübungen geschrieben werden, zum anderen ist ein Praktikum mit entsprechenden Kenntnissen im jeweiligen Rechtsgebiet ungleich interessanter und Gewinn bringender. Auch die Stellengeber werden sich auf die vorhandenen Rechtskenntnisse einstellen und anspruchsvollere Aufgaben verteilen, wenn ein gewisser Ausbildungsstand schon erreicht wurde.

- *Suche nach einer Praktikumsstelle*
  Wie bei jeder Suche ist auch hier Eigeninitiative gefragt. Sehr hilfreich sind natürlich persönliche Kontakte. Manchmal hilf es auch, Kommilitonen zu fragen, wo sie ihr Praktikum absolviert haben und sich so einen guten Tipp zu holen. Darüber hinaus helfen Telefonbuch, Gelbe Seiten und das Internet.

- *Fragen nach der Vergütung*
  Ein Anspruch auf Vergütung von studienbegleitenden Praktika besteht nicht. Eine Vergütung liegt nämlich grundsätzlich im Ermessen der Praktikumsstelle. Über das *Student Trainee Exchange Program* (STEP) der *European Law Students' Association* (ELSA) werden jedoch vordergründig bezahlte Praktika vermittelt, im Gegenzug fällt für die Vermittlung eine Gebühr an.

📖　*Praktika – USA*
　　von Beckmann
　　ISBN: 3860400959

📖　*Die besten Praktika in den USA*
　　2003/04er Ausgabe
　　von Mills / Robinson
　　TIA Verlag
　　ISBN: 3933155061

📖　*Gezielt bewerben für Praktika im Studium*
　　Praktikum nach Maß als Karrierestart
　　von Worth / Weinem
　　Falken Verlag
　　ISBN: 3806820899

2.7.6　Studiendauer

Zwar gestattet es die akademische Freiheit jedem Studenten, sein Studium eigenverantwortlich zu gestalten. Die Prüfungsämter können jedoch den Antrag auf Zulassung zum Ersten Staatsexamen zurückweisen, wenn sich aus dem Studienbuch kein zweckmäßiger Ablauf des Studiums erkennen lässt.

Die Mindeststudiendauer beträgt nach wie vor dreieinhalb Jahre. Sie kann unterschritten werden, sofern die erforderlichen Leistungen nachgewiesen werden.

Die Studienordnungen und Studienpläne der Universitäten gehen von sieben bis acht Semestern aus, die tatsächliche Studiendauer liegt aber höher.

Die Frage, wie lange ein Jurastudium also wirklich dauert, scheint in erheblichem Umfang von der jeweiligen Hochschule abzuhängen. Bei einer vom Wissenschaftsrat 1993 herausgegebenen Studie ergaben sich für Jura in der durchschnittlichen Fachstudiendauer bis zum ersten Staatsexamen je nach Ort Abweichungen von bis zu 3,2 Semestern. In 80 Prozent der Jura-Studiengänge schwanken die benötigen Zeiten zwischen elf und zwölf Semestern.

In den Blickpunkt der Hochschulpolitiker geraten ist daher die lange Studiendauer. Nach einer Untersuchung, die der Wissenschaftsrat der Bundesregierung im März 2002 vorlegte, stieg das Alter der Absolventen zwischen 1981 und 1999 um 2,3 Jahre an – im Mittelwert somit auf 29 Jahre.

Der extrem umfangreiche Stoff und die Examensangst ließen die Studiendauer des Durchschnittsstudenten einige Zeit lang auf erschreckende 15 und mehr Semester ansteigen. Dies wurde aber erfolgreich durch den so genannten „Freischuss" bekämpft. Dieser besagt, dass jeder, der nach dem achten Semester (und nicht später) ins Staatsexamen geht, einen „Durchfaller" nicht angerechnet erhält und dann noch zwei Chancen hat. Durchschnittlich 10,2 Semestern benötigen Jura-Studenten seitdem für ihr erstes Staatsexamen.

📖 *Einführung in das juristische Lernen*
Unternehmen Jurastudium.
von Haft
Gieseking Verlag
ISBN: 3769405382

2.8 Außeruniversitäres Engagement

Neben der beruflichen Karrierebildung an der Universität bieten sich dem Studenten vielfach weitere Möglichkeiten, sich zu betätigen. Außeruniversitäres Engagement ist „in", und so wird man Sie in zukünftigen Vorstellungsgesprächen auch nach diesen Aktivitäten fragen.

So können Sie Ihr gesellschaftliches Engagement unter Beweis gestellt haben, sei es durch Mitarbeit in einer politischen oder sozialen Institution. Ein Student, der sich für nichts außer seinem Studium einsetzt, gilt als eingleisiger Bewerber, ohne Motivation, Begeisterungsfähigkeit und eben Engagement. Allein mit Fachwissen wird man heute keine Führungskraft mehr.

2.8.1 Moot-Courts

Ein *Moot-Court* ist ein Gerichtswettbewerb für engagierte Studenten, die erste praktische Erfahrungen in der Prozessführung sammeln und/oder fachspezifische Fremdsprachenkenntnisse erwerben möchten.

Der Begriff des *Moot-Courts* kommt aus dem Englischen. *To moot* bedeutet diskutieren. *Court* ist das englische Wort für Gericht. Im übertragenen Sinn bedeutet *Moot-Court* etwa soviel wie hypothetischer Fall oder hypothetische Gerichtsverhandlung.

Ein *Moot-Court* ist ein simuliertes Gerichtsverfahren, in dem Studenten einen Fall „wie im wirklichen Leben" verhandeln. Sie stellen – je nach Verfahren – die Staatsanwälte, Verteidiger, Anwälte und gelegentlich auch die Richter. Dabei hängt es von der Art des *Moot-Courts* ab, ob die Studenten vorab Schriftsätze vorbereiten müssen (z.B. eine Klageschrift) oder ob lediglich eine mündliche Verhandlung stattfindet. In einem *Moot-Court* kann es auch (muss es aber nicht) in erster Linie um die rechtlichen Fähigkeiten und das juristische Wissen der Studenten gehen. Vor allem soll in einem *Moot-Court* die Rhetorik und Gestik, das freie Sprechen, das selbstsichere Auftreten und die gedankliche Flexibilität vor Gericht geübt werden. Ein *Moot-Court* soll praxisrelevantes Wissen einüben – also die Brücke zwischen Theorie und Praxis schlagen.

Geübt wird mehr das Ausfechten eines Rechtsstreits als das Entscheiden der ihm zu Grunde liegenden Fragen. Aus dieser Ausrichtung eines *Moot-Courts* ergibt sich, dass nicht eine „richtige" Lösung gefunden werden muss und kann, sondern dass ein gestelltes Problem möglichst glaubwürdig und fundiert einmal aus der Sicht einer Partei und ein zweites Mal aus der Sicht der Gegenpartei betrachtet wird. Am Ende eines *Moot-Courts* steht kein Urteilsspruch, sondern es stehen sich zwei verschiedene Interessen widerspiegelnde Lösungsvorschläge gegenüber, deren Argumentationsketten schlüssig und sinnvoll sind, auch wenn sie sich unter Umständen diametral entgegenstehen.

Moot-Courts haben eine lange Geschichte. Sie sind eine aus den USA stammende Form der Lehrveranstaltung an der Universität, die dort – wie auch in einigen anderen angelsächsischen Ländern – ein fester Bestandteil des Jurastudiums ist. In den USA gibt es sogar an vielen Universitäten spezielle, den Gerichtssälen nachgebildete Räume. Neben traditionellen, nationalen US-amerikanischen Wettbewerben kommen auch einige ältere internationale Wettbewerbe aus den USA. Diese haben geholfen, die Idee des *Moot-Courts* nach Europa zu tragen.

Die *European Law Moot Court Society* ist eine 1988 aus dem Zusammenschluss von Studierenden verschiedener europäischer Länder entstandene Vereinigung ohne wirtschaftliche Interessen. Die Society führt jährlich im Rahmen eines internationalen Studentenwettbewerbs einen *Moot-Court* durch, in dem ein erfundener Fall mit Hilfe des EG-Rechts bearbeitet wird. Die teilnehmenden Teams, gebildet durch Studierende zahlreicher Universitäten Europas, verfassen zunächst schriftliche Plädoyers für die beiden beteiligten Parteien.

Unter den vielen verschiedenen Wettbewerben, die sich mittlerweile etabliert haben, ist der *Philip C. Jessup* (benannt nach einem amerikanischen Völkerrechtsgelehrten und IGH-Richter) noch immer mit Abstand der Bekannteste. Weltweit nehmen über 300 Universitäten aus mehr als 50 Ländern teil. Alle bearbeiten denselben völkerrechtlichen Fall, der im September eines jeden Jahres herausgegeben wird. Dabei geht es jeweils um aktuelle völkerrechtliche Fragestellungen, in den letzten Jahren das internationale Umweltrecht, Wirtschaftsrecht (GATT/WTO), die Bekämpfung des internationalen Terrorismus oder internationale Straftribunale und – immer wieder – das Recht der Staatenverantwortlichkeit.

Nähere Informationen unter *www.jessupmootcourt.de.*

Die *German Moot Court Society* (GMCS) ist eine vornehmlich von ehemaligen Teilnehmern des Jessup-Wettbewerbs getragene Vereinigung, die sich in Deutschland für den *Jessup Moot Court* und andere völkerrechtliche Wettbewerbe einsetzt. Interessierte Studentinnen und Studenten, die mitarbeiten möchten, sind stets willkommen.

☑ The German Moot Court Society
c/o Walther-Schücking-Institut für Internationales Recht
Westring 400
24098 Kiel
Fon 0431 / 880-2150
Fax 0431 / 880 1619
www.moot-courts.de

2.8.2 Studentenverbindung

Studentenverbindung – was ist das?

Rein rechtlich gesehen handelt es sich hierbei um einen ganz normalen Verein, allerdings mit einer sehr langen Tradition. Die ersten Studentenverbindungen sind im 12. Jahrhundert entstanden, wobei sich über die Zeit (speziell in der Zeit von der Aufklärung bis Ende des 19. Jahrhunderts) verschiedene Ausprägungen entwickelt haben. So gibt es Corps, Landsmannschaften, Burschenschaften, katholische Studentenverbindungen bis hin zu Sänger- und Segelverbindungen. Einige von ihnen sind „schlagende" Verbindungen, d.h. sie fechten ihre Mensuren. Dabei können bisweilen tiefe Narben entstehen.

Als Studentenverbindung pflegen sie zum einen die studentischen Traditionen und versuchen zum anderen, sich persönlich weiterzuentwickeln. Durch den Erfahrungsaustausch, die Auseinandersetzung mit den unterschiedlichsten Denkweisen und durch zusammen organisierte und erlebte Veranstaltungen entstehen häufig lebenslange Freundschaften, aber auch gute berufliche Kontakte.

Dabei erhalten jüngere Mitglieder wichtige Tipps von älteren Studenten, sie bereiten sich gemeinsam mit Kommilitonen auf Prüfungen, Hausarbeiten und Klausuren vor, zum Teil wohnen sie aber auch gemeinsam in eigenen „Häusern". In den Verbindungen sind strenge Regeln zu beachten.

In jeder Universitätsstadt gibt es in der Regel mehrere studentische Verbindungen, die den Studenten zum Kennenlernen gemeinsame Events anbieten. Hier gilt es an den schwarzen Brettern die jeweiligen Aushänge zu beachten.

2.9 Auslandsstudium

Ein Auslandssemester erhöht die zukünftigen Chancen für einen Arbeitsplatz, auch im Ausland. Schließlich beweisen Sie auf diese Weise, dass Sie sich in anderen Ländern und Kulturen zu Recht finden.

2.9.1 Allgemeines

Studierende haben die Möglichkeit – und sollten diese auch im eigenen Interesse wahrnehmen – ein paar Monate bis zu einigen Semestern an einer ausländischen Universität zu studieren. Neben dem Erlangen von Sprachkenntnissen und dem Einblick in ein anderes Rechtssystem zeigt der Studierende damit seinem zukünftigen Auftraggeber zudem Flexibilität und erlangt so gegenüber seinen möglichen Mitbewerbern um eine spätere Stelle einen großen Vorteil.

Aber auch hier läuft nichts ohne Eigeninitiative und frühzeitige Planung. Im Hinblick auf den „Freischuss" entstehen dabei in der Regel keine Nachteile, da die Studienzeit im Ausland durch Erlangung eines entsprechenden Scheins an der ausländischen Universität angerechnet wird und somit nicht zu den acht Semestern zählt.

Welche ausländische Universität allerdings die Richtige ist, das muss jeder Student für sich selbst entscheiden. Ein wichtiges Kriterium ist hierbei sicherlich die Finanzkraft.

Insbesondere US-Hochschulen leiden seit den Terroranschlägen unter einer restriktiven Einwanderungspolitik und beklagen das Wegbleiben der ausländischen Studenten – obwohl sich deren Mobilität nach DAAD-Schätzungen in den nächsten 20 Jahren vervierfachen soll.

📖   *Handbuch Studium und Praktikum im Ausland*
       Austauschprogramme, Stipendien und Sprachkurse
       von Sydow / Staschen / Többe
       Eichborn Verlag
       ISBN: 3821815671

📖   *Studieren in Europa und Übersee. USA, Australien, Asien*
       von Barthold
       Societäts Verlag
       ISBN: 3797306881

📖   *Rechtsstudium in den USA*
       von Roth / Nikolay
       Nomos Verlag
       ISBN: 3789050059

📖   *Rechtsstudium in Großbritannien*
       von Binder
       Nomos Verlag
       ISBN: 3789072583

2.9.2 Programme

Die Organisation und Finanzierung von Auslandsaufenthalten stellt für viele Studenten eine große Hürde dar. Im Folgenden sind internationale Organisationen aufgeführt, die Hilfestellungen – sei es durch Hinweise zum Organisationsablauf oder durch Zurverfügungstellung von entsprechenden Kontaktadressen oder gar Stipendien – geben.

ERASMUS

Das Engagement der EU im Bildungsbereich ist eingegossen in ein Gesamtprogramm mit dem Namen SOKRATES. Das ERASMUS-Programm für Studentenaustausche ist als Kapitel I des SOKRATES-Programms dessen größtes und weitreichendstes Teilprogramm neben den gleichgeordneten Programmen LEONARDO für Berufsbildung, COMENIUS für Schulbildung und LINGUA, das auf Fremdsprachenausbildung spezialisiert ist.

Auf der Grundlage des Beschlusses des Rates der EG vom 15.06.1987 wurden im Rahmen des ERASMUS-Programms europaweit Kooperationsverträge zwischen Hochschulen geschlossen, auf deren Basis Studenten aller Fakultäten Austauschprogramme angeboten werden, die insbesondere organisatorische und (in geringerem Ausmaß) auch finanzielle Hilfe zur Verfügung stellen. Siehe hierzu nähere Informationen unter *www.esu.de.* Folgende Leistungen sind im ERASMUS-Programm enthalten:

- Vermittlung eines Studienplatzes an der ausländischen Universität;
- Unterstützung bei der Organisation des Aufenthalts, insbesondere beim Papierkrieg durch die ERASMUS-Beauftragten der Universitäten;
- Erlass von Studiengebühren im Ausland;
- Mobilitätsstipendium, das einen Teil der Extrakosten des Auslandsaufenthalts decken soll, wobei sich die Höhe nach der Bewerberzahl richtet (mit mehr als 100 EUR monatlich sollte keinesfalls gerechnet werden);
- Teilweise Anerkennung der im Ausland erbrachten Studienleistungen mit Hilfe des ECTS (European Credit Transfer System), das im Wesentlichen auf der Vergabe von *credit points* für belegte Fächer beruht; pro Semester sollen zurzeit 30 *credit points* im Ausland erworben werden;

Bewerbungsschluss für ERASMUS ist für Juristen meist am Anfang eines Kalenderjahres, dies schwankt aber wohl zwischen den einzelnen Bundesländern oder sogar zwischen einzelnen Universitäten. Auskunft geben die ERASMUS-Beauftragten, die meist den Akademischen Auslandsämtern zugeordnet sind. Diese veranstalten im Herbst und Winter häufig auch gesonderte Informationsveranstaltungen über ERASMUS.

Anrechnung auf den Freischuss: ERASMUS-Studenten werden von der Heimat-Uni beurlaubt. Die durch Prüfungsleistungen nachgewiesene Belegung eines Mindestprogramms an der Gasthochschule führt dazu, dass diese Semester nicht auf den Freischuss angerechnet werden; dieser ist also nach wie vor möglich.

Um eine Benachteiligung behinderter Studenten möglichst gering zu halten, wurden die behindertengerechten Einrichtungen an den ERASMUS-Universitäten im Rahmen einer Umfrage erfasst. Genauere Informationen sind jedoch nur bei den Universitäten selbst erhältlich.

ALFA

Das EU-Mobilitätsprogramm *America Latina Formación Académica* ermöglicht Studenten und Postgraduierten Studienaufenthalte an Hochschulen in den Partnerländern. Teilnehmen können alle Hochschuleinrichtungen und Unternehmen der EU-Mitgliedsstaaten und der Staaten Lateinamerikas. Eine Förderungsmöglichkeit durch Stipendien besteht.

☞ Technisches Büro für ALFA
CEEETA
36, rue Joseph II
B-1000 Bruxelles
Fon 0032 / 2 – 2196384

Zwischen der EU, den USA und Kanada existieren ebenfalls Kooperationsprogramme. Auch hier wurden Hochschulpartnerschaften mit Studentenaustausch eingerichtet. Unterstützt werden darüber hinaus Aufenthalte, um Sprache und Kultur kennen zu lernen, sowie Betriebspraktika. Stipendien sind bereits für Studenten möglich.

☞ Europäische Kommission
GD XXII
7, rue Belliard/VIII.
B-1040 Bruxelles
Fon 0032 / 2 – 2955719

2.9.3 Sprachtests

Die erste Hürde vor einem Auslandsaufenthalt bildet zumeist der Sprachtest. Das Problem fängt schon damit an, herauszufinden, welcher Test in welchem Land anerkannt wird. Generell liegen die Kosten für die Sprachtest immer ungefähr zwischen 130 und 150 EUR. Die Autoren haben vorliegend eine kurze Übersicht über die üblichen Sprachtests zusammengestellt.

- Der bekannteste und gängigste ist der **TOEFL** (*Test of English as a Foreign Language*). Er wird vor allem in den USA und in GB anerkannt. Mit dem TOEFL werden Hör- und Leseverständnis, schriftlicher Ausdruck und Grammatik geprüft. Er ist unterteilt in vier Abschnitte (Leseverständnis, Konversation, Grammatik und Aufsatz), die jeweils zwischen 30 und 60 Minuten dauern. Es gibt keinen mündlichen Teil. Weitere Infos unter *www.ets.org/toefl*
- Der **IELTS** (*International English Language Testing System*) wird vor allem in Großbritannien und Australien anerkannt. Der Test besteht aus 30 Minuten Hörverständnis, 60 Minuten Textverständnis, 60 Minuten schreiben und 20 Minuten Interview. Weitere Infos unter *www.britishcouncil.de*
- Der **CAE** (*Certificate in Advanced English*) beruht auf einem im Gegensatz zum *IELTS* relativ langen Test. Dieser besteht aus 75 Minuten Leseverständnis, 120 Minuten Aufsatz, 90 Minuten Sprachgebrauch, 45 Minuten Hörverständnis und 15 Minuten Interview. Er ist vor allem für einen Aufenthalt in Großbritannien sinnvoll. Weitere Infos unter *www.cambridge-efl.org*
- Der **CPE** (*Certificated of Proficiency in English*) ist genau wie das *CAE* ein relativ langer Test, der vor allem in Großbritannien anerkannt wird. Er besteht aus 60 Minuten Leseverständnis, 120 Minuten Aufsatz, 120 Minuten Sprachgebrauch, 40 Minuten Hörverständnis und 15 Minuten Interview. Weitere Infos erhalten Sie unter *www.cambridge-efl.org*
- Der **GMAT** (*Graduate Management Admission Test*) ist Voraussetzung zum MBA-Studium an amerikanischen Universitäten. Er wurde im Gegensatz zum TOEFL für Amerikaner konzipiert und ist deutlich

schwieriger. Der rund vierstündige Test prüft sowohl mathematische als auch verbale Fähigkeiten.

- Der **DELF** (*Diplôme d'Etudes en Langue Française*) und der **DALF** (*Diplôme Approfondi de Langue Française*) sind Zertifikate des französischen Bildungsministeriums, die aufeinander aufbauen. Wer die vier Einheiten des vertiefenden DALF bestanden hat, darf in der Regel an Kursen einer französischen Universität teilnehmen. Das Bestehen des DALF ersetzt die Sprachprüfung für Ausländer an allen französischen Universitäten.

- Der **TEF** (*Test d'Evaluation de Français*) ist ein von der Pariser Handels- und Industriekammer (CCIP) entwickelter, weltweit anerkannter Französischtest.

- Der **DELE** (*Diplomas de Español como Lengua Extranjera*) ist ein Zertifikat des spanischen Kultusministeriums, das auf drei Niveaus erworben werden kann. Es bescheinigt elemantare (*Nivel inicial*), mittlere (*Nivel intermedio*) oder umfassende Kenntnisse (*Nivel superior*).

- Der **CELI** (*Certificato di Conoscenza dell'Italiano come Lingua Straniera*) ist ein Italienisch-Diplom der Ausländeruniversität Perugia.

- Der **CILS** (*Certificazione di Italiano come Lingua Straniera*) ist ein Italienisch-Diplom der Ausländeruniversität Siena, vor allem für in Österreich aufgewachsene Italiener zweiter Generation gedacht.

- Der **PLIDA** (*Progetto Lingua Italiana Dante Alighieri*) ist ein Sprachzertifikat des Kulturvereins *Società Dante Alighieri* in Rom.

- Der **TELC** (*The European Language Certificates*) wurde von der *WBT Weiterbildungs-Testsysteme GmbH*, deren Alleingesellschafter der Deutsche Volkshochschul-Verband ist, gegründet. Prüfungen gibt es in elf Sprachen: Dänisch, Deutsch, Englisch, Französisch, Holländisch, Italienisch, Portugisisch, Russisch, Spanisch, Tschechisch und Türkisch.

📖 *Essential Words for the TOEFL*
von Matthiesen
Barron's Educational Series
ISBN: 0764104667

2.10 Erstes Staatsexamen

Das rechtswissenschaftliche Studium schließt mit der ersten Staatsprüfung ab. Das erfolgreiche Bestehen dieser Prüfung ist zugleich Voraussetzung für die Aufnahme in den Referendardienst; deshalb wird das erste Staatsexamen auch „Referendarexamen" genannt.

Doch worauf kommt es beim Ersten Staatsexamen überhaupt an?

Die Prüfung muss objektiv zu beurteilende Kriterien aufweisen und das entsprechende wissenschaftliche Niveau besitzen. Der wissenschaftliche Charakter der Prüfung verlangt, dass sie in erster Linie eine Verständnisprüfung ist. Sicherlich setzt Verständnis viel Wissen voraus, aber die Prüfung darf keine Feststellung der Quantität eingespeicherten Einzelwissens sein. Die Fähigkeit, Sachverhalte zu erfassen, mit klarem Blick über die Rechtslandschaft einzuordnen, rechtliche Problemstellungen zu erkennen und methodisch zu diskutieren, dabei Gedankenvielfalt und Entscheidungsfreudigkeit zu entwickeln und all das in wissenschaftlich exakter und gleichwohl verständlicher Sprache auszudrücken, ist unvergleichlich wichtiger als die planlose Anhäufung von Detailwissen.

Parallel zur Zahl der eingeschriebenen Studenten verläuft natürlich die Zahl der Prüfungen im Ersten Staatsexamen: Während von 1988 bis 1992 die Zahl der Prüfungen bei ca. 10.000 pro Jahr lag, stieg diese Zahl seit 1993 von 12.700 auf knapp 18.000 Prüfungen pro Jahr rasant an, wobei diese Zahl in den letzten fünf Jahren konstant hoch geblieben ist.

2.10.1 Examensvorbereitung

Sicherlich liegt der Schwerpunkt des Studiums auf der Vorbereitung für das Erste Staatsexamen. Hier kommen verschiedene Möglichkeiten in Betracht:

Selbstvorbereitung

Studieren bedeutet auch, alleine arbeiten zu können. Besonders gilt dies für die Examensvorbereitung. Jedoch hängen der Arbeitsumfang und die Lernintensität von jedem persönlich ab. Bei aller Individualität gibt es aber auch im Selbststudium einige Regeln, denen mehr oder weniger jeder Lernprozess unterliegt:

- Verständnis lässt sich nicht erzwingen
- Das Verstehen nimmt einem niemand ab
- Die richtige Literatur zum Lernen finden
- Vorbereiten ist wichtiger als Nachbereiten
- Die innere Grundhaltung muss stimmen
- Die Kunst des Fragens beherrschen
- Systematisch aufbauendes Lernen
- Konsequenz und Konstanz des Lernens
- Teamworkarbeit
- Aus Fehlern lernen

Befragungen haben gezeigt, dass die meisten Juristen mit überdurchschnittlichen Examensergebnissen eine private Arbeitsgemeinschaft als wichtiges Hilfsmittel zum Lernen und zur Examensvorbereitung angaben. Tatsächlich ist aber diese Form des Lernens wie keine andere schon in den Anfangssemestern geeignet, Einstiegsschwierigkeiten in die Juristerei und eine fehlende Lernmotivation zu überwinden.

Während der Student im schriftlichen Teil des Examens regelmäßig erst im Ernstfall den Ort des Geschehens und die spezifische Atmosphäre kennen lernt, ist die Ausgangsbasis für die mündliche Prüfung weitaus günstiger. Hier bietet sich nämlich die Möglichkeit, vor dem eigenen Termin an Prüfungen anderer Kandidaten als Zuhörer teilzunehmen.

Informationen über die Zulassungsvorausaussetzungen zum Probehören erhalten Sie von Ihrem Prüfungsamt.

Erlaubt ist ihnen während des Prüfungsgesprächs lediglich das Zuhören, nicht aber das Mitschreiben, es sei denn, der Vorsitzende der Prüfungskommission gestattet es ausdrücklich.

Sehr viele Fragen und Probleme sind für das Mündliche typisch und wiederholen sich oft.

Von der Möglichkeit des Probehörens, vor allem vor dem eigenen Examen, sollte man unbedingt Gebrauch machen. Es verschafft mehr Sicherheit in der Vorbereitung auf das Examen und gibt dem späteren Kandidaten Klarheit über die Prüfungsabfolge.

📖 *500 Spezial-Tipps für Juristen*
Wie man geschickt durchs Studium und das Examen kommt
von Niederle
ISBN: 3980693295

📖 *Prädikatsexamen*
Der selbstständige Weg zum erfolgreichen Examen
von ter Haar / Lutz / Wiedenfels
Nomos Verlag
ISBN: 3832906061

Repetitorium

Schätzungsweise 90 Prozent aller Studierenden suchen so genannte „Repetitorien" auf, um damit ihre Chancen auf einen erfolgreichen Abschluss des Studiums zu erhöhen.

Das private Repetitorium ist eine Einrichtung, in der Studenten von Privatlehrern (Repetitoren) zur Vorbereitung auf das Staatsexamen unterrichtet werden.

Tatsächlich bereiten die Universitäten im Wesentlichen auf die hochschulinternen Prüfungen, also die Scheine, vor. Die eigentliche Examensvorbereitung wird aber dem Studierenden weitgehend selbst überlassen – positive Ausnahme sind Examensklausurenkurse und Examinatorien (Fallbearbeitungen im Stile der mündlichen Prüfung). Zum vereinzelt angebotenen Uni-Repetitorium siehe unten. Und hier setzt das private Repetitorium mit einem breit gefächerten Unterrichtsangebot an. Unterrichtet wird üblicherweise an zwei bis drei Tagen die Woche für jeweils drei bis vier Zeitstunden. Vielfach erstreckt sich ein „Rep" auf einen Zeitraum von über einem Jahr. Es gibt aber auch Halbjahres- oder gar Crash-Kurse. Aufgrund der Masse des Unterrichtsstoffes ist hierbei aber Skepsis angebracht.

Ein gutes Repetitorium bietet mit Hilfe fachlich und pädagogisch qualifizierter Dozenten sowie lernpädagogisch aufbereiteter Unterrichtsmaterialien die Möglichkeit zu einem erfolgreichen Studienabschluss innerhalb eines überschaubaren Zeitraums.

Damit kann es ganz wesentlich zu einem effizienten Studium beitragen. Allerdings kann der Besuch eines Reps das selbstständige Arbeiten zu Hause nicht ersetzen.

Private Reps zeichnen sich dadurch aus, dass sie dem Studierenden kursbegleitend ein in der Regel verständlich formuliertes und an den Anforderungen der Examensprüfung orientiertes Unterrichtsmaterial aushändigen. Hierzu zählen vielfach Skripten und Musterlösungen. Berühmt geworden sind die bundesweit verbreiteten Skripten von *Alpmann & Schmidt*. Die Kosten eines solchen Reps sind in hohem Maße abhängig von der Größe der betreuten Gruppe und dem Leistungsangebot des jeweiligen Anbieters und können zwischen 100 EUR und 250 EUR monatlich betragen. Weitere Kosten können durch den Erwerb von Rep-Skripten entstehen.

Mit Blick auf den so genannten „Freiversuch" ist es ratsam, ein Rep schon frühzeitig aufzusuchen, in der Regel aber nicht vor dem fünften Semester.

Die Adressen bundesweiter Anbieter von privaten Repetitorien finden Sie im Anhang.

Auf den Seiten der *Fern-Universität Hagen-Lerngruppe* können zu einigen Rechtsgebieten Skripte heruntergeladen werden, die jedoch höchstens zur Ergänzung hinzugezogen werden sollten – die Materialien eines kommerziellen Repetitors können sie nicht ersetzen. *(http://www.studienservice.de/)*

Neben den kommerziellen Repetitorien bieten vielfach die Professoren des Fachbereichs auch ein so genanntes *Uni-Rep* an. Das Uni-Rep ist in aller Regel kostenlos, dafür findet es aber auch nur in seltenen Fällen in den Semesterferien statt.

Zu beachten ist, dass die Professoren, die das Uni-Rep abhalten, häufig auch die Prüfer in der mündlichen Prüfung sind.

Für die Entscheidung, ob man zu einem privaten Repetitor geht oder nicht, gibt es kein Patentrezept. Hier hilft nur eine möglichst genaue Selbstanalyse und ehrliche Selbsteinschätzung. Wer es allerdings gewohnt ist, ganz alleine diszipliniert zu arbeiten, der wird wohl ganz ohne Repetitor auskommen.

Wer gleichwohl glaubt, einen Repetitor aufsuchen zu müssen, mag dies tun.

Zumindest ist es aber ratsam, sich zuvor eingehend mit den Schulungsmöglichkeiten an der Universität vertraut zu machen. Erst dann kann man einen Leistungsvergleich anstellen.

Mit *www.ejura-examensexpress.de* ist bereits seit vier Jahren ein virtueller Repetitor online. Die Oberfläche von *ejura-examensexpress* ist nur spärlich animiert, dafür aber übersichtlich, gut gegliedert und lädt zum Lesen ein. Alle Rechtsgebiete werden im Wochenrhythmus bearbeitet.

Interaktive Kontrollfragen zeigen, ob der Stoff sitzt. Dabei werden die Multiple-Choice-, Lückentext- und Freitextaufgaben per Mausklick sofort korrigiert. Ein Klausurenkurs und eine über 5.600 Urteile umfassende Datenbank gehören ebenfalls zum Serviceangebot. Chat-Termine sollen Examenstipps geben und aufgetretene Fragen beantworten. Als Sahnehäubchen zum Schluss gibt es noch das schriftliche Probeexamen.

Und das Buchungssystem ist so flexibel angelegt, dass nicht nur ein Jahreskurs belegt werden kann, sondern auch ein dreimonatiger Crashkurs und einzelne

Fachgebiete buchbar sind. So können auch Kandidaten für das Zweite Staatsexamen das wichtige materielle Recht wiederholen und vertiefen.

Die Preise sind relativ günstig: Regelbuchungen aller Fachgebiete für 40 EUR im Monat, dreimonatiger Crashkurs für 138 EUR, aktuelle und ehemalige Alpmann-Kursteilnehmer für 10 EUR, und Studierende der Universität Saarland nehmen gratis teil.

Ejura-examensexpress ist eine Kooperation der Repetitoren von *Alpmann Schmidt* und von Professoren der *Universität des Saarlandes*.

📖 *Examen ohne Repetitor*
Leitfaden für eine selbstbestimmte und erfolgreiche Examensvorbereitung
von Berge / Rath / Wapler
ISBN: 3789064351

2.10.2 Prüfungsverfahren

Für den Ablauf des Prüfungsverfahrens gibt es nachfolgende Besonderheiten zu beachten:

Allgemeines

Die Prüfungen zum Ersten Staatsexamen finden in den ländereigenen Justizprüfungsämtern an den Oberlandesgerichten statt. Für die Prüfung meldet man sich beim Prüfungsamt an. Welche Formalitäten (z.B. Lebenslauf) Sie beizubringen haben, erklärt Ihnen gerne die zuständige Sachbearbeiterin im Prüfungsamt. Vielfach wird Ihnen aber auch ein Merkblatt mit allen Informationen zur Verfügung gestellt.

Gesetzestexte und Kommentare

Zu den Klausurterminen müssen Sie die zugelassenen Prüfungsmaterialien mitbringen, wie etwa Gesetzestexte und Kommentare. Bei den von den Prüflingen selbst versehenen Kommentierungen innerhalb der Gesetzestexte oder Kommentare können sich größere Probleme ergeben.

Tatsächlich sehen nämlich die Juristenausbildungsgesetze bzw. -verordnungen mehr oder weniger übereinstimmend vor, dass bei Verstößen eines Prüflings gegen die Ordnung oder bei einem Täuschungsversuch im schriftlichen Prüfungsverfahren die Aufsichtsarbeit mit null Punkten zu bewerten ist. In schweren Fällen kann der Prüfling sogar von der weiteren Prüfung ausgeschlossen werden, so dass die gesamte Prüfung für nicht bestanden zu erklären ist, so auch das Verwaltungsgerichts Berlin vom 14.08.1995 (VG 12 424/95) und vom 19.03.2003 (VG 12 A 34/01). Als Täuschungsversuch gilt grundsätzlich auch der Gebrauch nicht zugelassener Hilfsmittel nach der Ausgabe der Aufsichtsarbeiten.

So wurde in den beiden vorgenannten Fällen übereinstimmend festgestellt, dass die Prüflinge ordnungswidrig gehandelt haben, indem sie eine mit Randbemerkungen versehene Gesetzessammlung oder Kommentare mit sich geführt haben.

Vom Prüfling „kommentierte" Kommentare oder Gesetzessammlung, wie etwa der *Schönfelder*, stellen grundsätzlich ein unzulässiges Hilfsmittel dar, insbesondere Veränderungen durch Randbemerkungen und Verweisungen.

Es spielt auch keine Rolle, ob die Anmerkungen in Gesetzessammlung oder Kommentar für die Lösung der konkreten Klausur möglicherweise nicht relevant oder für Unbeteiligte nicht lesbar sind.

Das „Mitführen" eines mit Anmerkungen versehenen Kommentars setzt nicht erst mit der Ausgabe des Aufgabentextes, d.h. mit der Bearbeitungszeit im engeren Sinne, ein. Das Mitführen von unzulässigen Hilfsmitteln beginnt spätestens in dem Moment, in dem der Prüfling seine Arbeitsmaterialien und erlaubten Hilfsmittel auf seinen Arbeitsplatz legt. Damit bringt er nämlich zum Ausdruck, dass er mit den vorliegenden Arbeitsmaterialien seine Prüfung bestreiten möchte.

Das VG Berlin hat in beiden Fällen zudem bestätigt, dass der Prüfling die Mitführung des unzulässigen Hilfsmittels „zu vertreten" habe. Schließlich habe der Prüfling beim Einpacken der Gesetzessammlung und der Kommentare zu kontrollieren, ob er ein ohne Randbemerkungen versehenes Exemplar mit sich führt. Eine Nichtkontrolle erwächst zu seinem Nachteil.

Der Prüfling sollte daher vor dem Examen fragen, ob und in welchem Rahmen eigene Vermerke in den Gesetzbüchern enthalten sein dürfen. Es ist allergrößte Vorsicht geboten, denn einige Bundesländer verbieten rigoros alle Kritzeleien und eigene Kommentierungen. In einigen Fällen ist es bei der Durchsicht der Gesetzessammlung und Kommentare während der schriftlichen Prüfung zur Auslegung eines Täuschungsversuches gekommen, mit dem Ergebnis, dass die Klausur als nicht bestanden gewertet wurde.

Zwar geben die eigenen Kommentierungen in Gesetz und Kommentaren während der Prüfung die entscheidenden Impulse. Der Prüfling sollte diese daher, soweit sie überhaupt zugelassen sind, möglichst frühzeitig und nicht zu knapp vornehmen. Begonnen werden sollte damit ab dem Zeitpunkt, in welchem der Prüfling seinen für das Examen zu verwendenden Kommentar erwirbt. Leider wird oft zu lange mit entsprechenden umfangreichen Bearbeitungen gewartet. Dann arten die letzten Wochen vor dem Examen zu Lasten des Lernens in reine „Kommentierungswochen" aus.

Da es keine einheitliche Regelung durch die Landesjustizprüfungsämter zu der möglicherweise erlaubten Kommentierung gibt, sind deren Vorgaben auch entsprechend schwammig. Zum Teil sind „kurze handschriftliche Anmerkungen" in Form von textlichen Bemerkungen gestattet. Eine nähere Eingrenzung erfolgt jedoch nicht, so dass eine exakte Grenze des Zulässigen nicht einheitlich getroffen werden kann.

In der Praxis, also im schriftlichen Prüfungsverfahren, hat die jeweilige Aufsicht selbst keine näheren Informationen zu diesem Thema. Im Allgemeinen wird es aber zu einer Meldung durch die Aufsicht beim Prüfungsleiter erst kommen, wenn die Kommentierungen trotz bestem Willen wirklich nicht mehr tragbar sind.

Der Prüfling sollte aber unbedingt darauf achten, dass die Anmerkungen zwischen Kommentar und Gesetz angemessen aufgeteilt werden. Es gilt, dass das Gesamtbild ausgewogen ist. So sollten wenig Farben und nur helle Bleistifte bei kleiner Schrift verwendet werden.

Es ist weiterhin darauf zu achten, dass die jeweiligen Kommentierungen in unmittelbarem Bezug zur kommentierten Stelle stehen. Keinesfalls (!) aber sind persönliche Kommentierungen auf leere Seiten oder unter/über dem Gesetzestext, z.b. bei den Fußnoten im *Schönfelder*, zu schreiben. Es dürfte selbstverständlich sein, dass Aufbauschemata völlig untersagt. Dagegen werden Definitionen, sofern sie kein verstecktes Schema enthalten, meist als zulässig erachtet. Gerichtliche Leitsätze sind vollständig und in voller Länge zulässig, jedoch ist der Unterschied zwischen Leitsatz und Tenor zu beachten.

Sollte der Prüfling Zweifel haben, ob er sich mit seinen Kommentierungen noch im zulässigen Bereich befindet, so empfiehlt es sich, den AG-Leiter einige Monate vor dem Examen diesbezüglich zu befragen. Die Antworten geben natürlich auch keine Gewähr für Richtigkeit, zumal sie solche Durchsichten nur sehr ungern machen, sondern nur eine Richtung. Teilt der AG-Leiter hierbei mit, dass die Kommentierungen wohl gerade noch zulässig seien, dürfte sich der Prüfling auf dem richtigen Weg befinden. Stellt sich allerdings heraus, dass die Anmerkungen vom AG-Leiter als unzulässig empfunden werden, sollte der Prüfling möglicherweise einen anderen AG-Leiter aufsuchen, bevor er mit dem Ausradieren seiner Kommentierungen im Text beginnt, und sich dessen Meinung anhören.

Im Ergebnis ist somit festzuhalten, dass im tatsächlichen schriftlichen Examen vor dem Hintergrund der hier dargelegten allgemeinen Unsicherheiten mit einer Beanstandung eben nur bei evident unzulässigen Anmerkungen zu rechnen ist. Verlassen sollte man sich darauf aber nicht.

Nachteilsausgleich

Schwerbehinderten, Schwangeren oder Gleichgestellten kann ein Nachteilsausgleich gewährt werden, meist in Form von Schreibzeitverlängerungen. Es ist jedem, der mit der Schreibdauer oder der zur Verfügung stehenden Zeit im Examen Probleme hat, zu empfehlen, rechtzeitig einen solchen Ausgleich zu beantragen.

Man erhält ihn unter deutlich leichteren Bedingungen, als gemeinhin angenommen – es ist nicht notwendig, quasi nicht mehr schreiben zu können! Falsche Bescheidenheit oder falsches Ehrbewusstsein sind völlig fehl am Platz: Wer tatsächlich eine Behinderung hat, sollte angesichts der äußerst knappen Zeit im Examen unbedingt einen Ausgleich beantragen. Dieser ist weder den Prüfern der mündlichen Prüfung bekannt, noch steht er später im Zeugnis, und auch bei Einstellungsgesprächen fragt niemand, ob eine Schreibzeitverlängerung gewährt wurde. Je nach beteiligten Gesundheitsämtern und Prüfungsort wird etwa fünf bis 15 Prozent der Prüflinge ein solcher Ausgleich gewährt, auch wenn das im Referendarskreis natürlich niemand vorher zugibt. Ein Nachfragen bei einem Arzt schadet nichts, und jeder, der dies unterlässt, obwohl er eventuell die Voraussetzungen für einen Ausgleich erfüllt, handelt sehr unbedacht.

Ausgestellt wird das für den Ausgleich notwendige Attest von den Amtsärzten, wobei diejenigen an Gesundheitsämtern, die nicht im unmittelbaren Bereich von

Prüfungsorten liegen meist kulanter sind. Vorher sollte man mit einem Haus- oder persönlichem Arzt Rücksprache halten. Verspätete Anträge (meist Antragsfrist bis vier Monate vor dem Examen) werden nur bei akuten Erkrankungen berücksichtigt, ansonsten verfällt der Anspruch auf Nachteilsausgleich.

Dass dieses System unter Gleichbehandlungsgrundsätzen in seiner praktischen Umsetzung sehr bedenklich ist, bedarf hier keiner Erörterung.

Freiversuch

Der Freiversuch, oder auch Freischuss genannt, eröffnet dem Studenten einmalig die Möglichkeit, nach dem siebten oder achten Fachsemester ins Examen zu gehen. Sollte er die Prüfung nicht bestehen oder mit dem erzielten Ergebnis nicht zufrieden sein, so gilt der Versuch als nicht unternommen und er taucht nicht in den Unterlagen auf.

Diese Regelung hat den Vorteil, dass die Versagensängste beim Ersten Staatsexamen abgebaut und die Studienzeiten verkürzt werden. Nach dem bestandenen „Freischuss" geben die meisten Universitäten außerdem die Möglichkeit, sich durch einen weiteren Versuch notentechnisch zu verbessern.

Die Statistik belegt, dass überdurchschnittliche Examensergebnisse überwiegend bei kürzerer Studiendauer erzielt werden. Wer einen Freiversuch absolvieren will, der sollte sich dessen bereits bei Beginn des Studiums bewusst sein.

Für ganz Eilige gibt es noch eine interessante Möglichkeit nicht alle Klausuren auf einmal schreiben zu müssen. Die jeweiligen Juristenausbildungsgesetze (JAG) der Länder enthalten (fast) alle Regelungen zur so genannten „Abschichtung" (zum Beispiel für NRW: § 12 JAG NRW n.F. und § 10 a JAG NRW a.F.). Wer zu dem Zeitpunkt erst das Studium aufnimmt, in dem er dieses Buch in den Händen hält, für den ist nur noch die neue Fassung maßgeblich.

Die Abschichtung läuft wie folgt: der Student kann sich frühestens nach Abschluss des fünften Fachsemesters eines ununterbrochenen Studiums zum Examen melden und kann dann die Klausuren in zwei oder drei zeitlich auseinander liegenden Blöcken schreiben.

Der Vorteil ist, dass der Prüfling sich mehrere Monate nur auf die im nächsten Block anstehenden Klausuren konzentrieren kann. Der Nachteil dagegen ist, dass die mündliche Prüfung, die sich an den letzten Klausurenblock anschließt, nicht aufgesplittet werden kann, so dass eventuell der Fachbereich des ersten Blocks bis dahin vernachlässigt wurde. Die Abschichtung hat auf den Freischuss keinen Einfluss.

Die genauen Regelungen zur Abschichtung sind dem jeweiligen JAG des Bundeslandes und der Studienordnung der betreffenden Universität zu entnehmen.

2.10.3 Schriftliche Prüfung

Die erste große Hürde zum Bestehen des Ersten Staatsexamens ist die schriftliche Prüfung. Sie besteht, je nach Bundesland, aus einer anzufertigenden Hausarbeit und Klausuren oder nur aus Klausuren.

Allgemeines

Der schriftliche Teil der Prüfung für das Erste Staatsexamen ist in den Bundesländern unterschiedlich. Zwei Prüfungsmodelle sind hierbei zu unterscheiden.

Das Klausurexamen besteht nur aus acht oder mehr Klausuren. Es hat den Vorteil, dass man nach zwei Wochen Klausurenschreiben den schriftlichen Teil hinter sich hat. Andere werden eher das Hausarbeitsexamen bevorzugen, bei dem eine Vierwochenarbeit anzufertigen ist. Aber auch bei diesem Typ müssen mindestens noch drei Klausuren geschrieben werden. Hausarbeiten im Ersten Staatsexamen gibt es zurzeit nur noch in Bremen, Hamburg, Hessen, Niedersachsen, Nordrhein-Westfalen, Sachsen-Anhalt und Thüringen (Wahlrecht). In allen übrigen Bundesländern findet ein Klausurexamen statt. Die Hausarbeit ist aber bundesweit auf dem Rückzug.

Die mündliche Prüfung ist dann wieder nahezu überall identisch.

Die großen, monatlich erscheinenden Ausbildungszeitschriften *JuS*, *Jura* und *JA* veröffentlichen insgesamt ca. 140 Klausuren pro Jahr. Jede Zeitschrift veröffentlicht jedoch nur ein Register pro Kalenderjahr, so dass ein zentraler Zugriff auf diese Klausuren nicht möglich ist. Diese Lücke schließt das Buch *fundus 2004*. Es hat sämtliche Klausuren der oben genannten Ausbildungzeitschriften aus den Jahren 1986 bis 2004 erfasst und strukturiert. Es handelt sich hier immerhin um ca. 2.000 Klausuren. Jede Klausur erhält Hinweise auf die Schwerpunkte und auf den Schwierigkeitsgrad. Ebenso verhält es sich mit Hausarbeiten.

Aktualisierungen sind monatlich unter *www.mlp.de* im pdf-Format erhältlich. Nähere Informationen erhalten Sie unter *www.thollverlag.de*.

📖   *fundus 2004*
    von Tholl
    Tholl Verlag
    ISBN: 3934829015

📖   *Juristisches Wörterbuch. Für Studium und Ausbildung*
    von Köbler
    Verlag Vahlen
    ISBN: 3800628260

📖   *Juristische Klausuren und Hausarbeiten richtig formulieren*
    von Schimmel
    Luchterhand Verlag
    ISBN: 347205090X

Klausurenblock

Zahlreiche juristische Prüfungsordnungen sehen vor, dass eine Zulassung zur mündlichen Prüfung ausgeschlossen ist, wenn ein Prüfling in einer bestimmten Anzahl von Klausuren eines konkreten Rechtsgebietes nicht einen bestimmten Durchschnitt erreicht, so genannter „Klausurenblock".

Es ist weiterhin verfassungsrechtlich nicht zu beanstanden, wenn der Verordnungsgeber (der Prüfungsordnungen) das Bestehen dieser Prüfung nicht allein vom Erreichen eines bestimmten Notendurchschnitts abhängig macht, sondern außerdem für einzelne Prüfungsteile – insbesondere schriftliche – mindestens ausreichende Leistungen fordert.

2.10.4 Mündliche Prüfung

Wenn Sie die schriftliche Prüfung bestanden haben, werden Sie zur mündlichen Prüfung geladen.

Vorbereitung

Eine grundlegende Sprechsituation findet sich während des gesamten Studiums so gut wie überhaupt nicht. Sie wird weder beim Erwerb von Scheinen noch bei Seminarveranstaltungen oder in der Zwischenprüfung, soweit vorhanden, durchgespielt. Erst im Staatsexamen findet das so genannte Prüfungsgespräch statt.

Viele Studenten sind daher aufgrund dieser Situation, je näher dieser Termin kommt, sehr ängstlich.

Auf die Prüfungssituation der mündlichen Befragung kann man sich aber kontinuierlich vorbereiten. Wer sich allerdings ohne Vorbereitung direkt in das Examen wagt, der darf sich hinterher über die schlechte Benotung nicht wundern. Es reicht auch nicht aus, sich kurz vorher selbst einmal in eine wirkliche Prüfungssituation als Zuhörer zu begeben. Der Student muss viel mehr tun, nämlich, wann immer es geht, Prüfungsgespräche zu simulieren. Dazu bieten Repetitorien die Möglichkeit.

Eine weitere Möglichkeit, sich über seine Prüfer zu informieren, ergibt sich aus den Prüfungsprotokollen bei den Fachschaften, die der Kandidat gegen Zahlung einer geringen Gebühr und einer Kaution für die übergebenen Protokolle erhält.

Noch ein guter Tipp: Schauen Sie auf der Homepage des prüfenden Professors nach Interessenschwerpunkten oder aktuellen Veröffentlichungen nach.

Nicht jeder Kandidat kann vor fremden Menschen sprechen, insbesondere in der Stresssituation des Examens. Und weil es auch keinen Beruf mehr gibt, in dem man schweigend Geld verdienen kann und Rhetorik in Schulen kaum thematisiert wird, entstehen immer größere Hemmungen. Auch unstrategisches Reden kann sich unvorteilhaft auf die Note ausüben.

Diese Sprechhemmungen kann man durch gezieltes Training beheben. Zum Beispiel bieten die *Toastmaster*, ein internationaler Rhetorikclub mit amerikanischem Dachverband, die Gelegenheit dazu. Die Vereinsgründer reagierten auf die in vielen Berufen gewachsenen Anforderungen, sich zu präsentieren. Der im Mai vergangenen Jahres in Frankfurt gegründete deutsche *Toastmasterclub* ist einer von bundesweit 25. Auch an manchen deutschen Universitäten wächst eine Debattierszene heran, die seit zwei Jahren in einem nationalen Verband institutionalisiert ist.

Mündliche Kommunikation gilt längst als eine Schlüsselkompetenz. Als Nachwuchswissenschaftler muss man seine Ergebnisse auf Seminaren, vor Gerichten oder vor dem Mandanten präsentieren können.

Der auserwählte Kandidat muss dann vor rund 20 Teilnehmern unvorbereitet über ein ihm vorgelegtes Thema sprechen. Die Strukturen sind immer die gleichen: Vorbereitete und Stegreifreden, Bewertungen und Verbesserungsvorschläge füllen 90 Minuten, durch die ein *Toastmaster* des Abends führt. Weitere Informationen gibt es unter *www.mercury-toastmasters.de*. Ein interessantes Beispiel findet sich unter *www.district59.org*.

📖 *Reden ohne Angst*
von Püttjer / Schnierda
Campus Verlag
ISBN: 3593370735

📖 *Der starke Auftritt*
von Müller
Eichborn Verlag
ISBN: 3821839090

Vorgespräch

Einen ersten Prüferkontakt hat der Kandidat dann in der Regel bei dem Vorgespräch mit dem Vorsitzenden der Prüfungskommission am Morgen des Prüfungstages.

Dem Vorsitzenden liegen alle Prüfungsakten vor (Ihre Anmeldung, Lebenslauf, Klausuren, Hausarbeiten). Dieser ist dann bemüht, dem Kandidaten etwas von seiner Nervosität zu nehmen. Der Vorsitzende reflektiert in aller Regel den bisherigen Werdegang des Kandidaten und bisweilen sogar einzelne Noten. Interessant sind für ihn fast immer die außeruniversitäre Tätigkeit oder Auslandsaufenthalte.

Häufig wird der Kandidat dabei auch nach seinen Erwartungen für den Tag und für seine Zukunft gefragt. Er sollte dann auch mit dem Vorsitzenden frei sprechen können. Ein solches Gespräch kann für die folgende Prüfung sehr stabilisieren.

Eine direkte Auswirkung auf die Notenvergabe hat dieses Gespräch nicht, doch wird man sich bei einer notwendigen Feinabstimmung an die mitgeteilten Besonderheiten wohl erinnern.

Am Prüfungstag nehmen auch die übrigen Mitprüfer Einsicht. Ihnen sind bereits die Vornoten der Kandidaten mitgeteilt worden.

Wenn ein an sich vorgesehener Prüfer kurzfristig (etwa wegen Krankheit) verhindert ist, sorgt das Prüfungsamt sich um einen Ersatzprüfer. Der Kandidat hat keinen Anspruch darauf, von einer bestimmten Person geprüft zu werden.

Hinsichtlich der Kleidung zum Prüfungstermin sollte man Vorsicht walten lassen. Das Examen eignet sich schlecht als Spielwiese für Selbstbehauptungsübungen. Niemand kann wissen, ob nicht doch in der Prüfungskommission das Stirnrunzeln über den salopp-individuellen Auftritt zu Lasten des Kandidaten ausschlägt, wenn es um die ganz enge Entscheidung zwischen zwei Notenstufen geht. Natürlich ist es so, dass so etwas „eigentlich" nicht sein darf – doch nützt das etwas?

Prüfungsgespräch

Es ist durchaus plausibel, wenn aus vergangenen Prüfungen auf das Frageverhalten in künftigen Prüfungen geschlossen wird. Wenn ein Prüfer schon lange Jahre aktiv ist, so zeigen sich gewisse Grundmuster immer wieder. Man findet fast völlig protokollfeste Prüfer, die immer dasselbe abfragen. Die Mehrheit der Prüfer allerdings variiert die Fälle und Fragen. Manche haben sogar den Ehrgeiz, immer etwas Neues zu bringen (auch das merkt man, wenn man die Protokolle der betreffenden Prüfer liest).

Das Prüfungsgespräch besteht meist aus vier Abschnitten, nämlich aus den Kernfächern (Bürgerliches, Straf- und Öffentliches Recht) sowie das vom Kandidaten selbst zu bestimmende Wahlfach. Es geht fast immer um eine sich selbst entwickelnde Falllösung, die in engem Zusammenhang mit (meistens) aktuellen Rechtsproblemen steht und bestimmte Fragen vorhersehbar macht. Dabei passiert es regelmäßig, dass der Kandidat auf eine gerade gestellte Frage antworten möchte, aber nicht gefragt ist. Er sollte nicht versuchen seine Teilnahme durch Fingerheben zu verstärken, denn sich vordrängen ist unhöflich und unfair. So wird dieses Verhalten von der Prüfungskommission auch nur sehr ungern gesehen und sogar ausdrücklich missbilligt. Etwas anderes ist allerdings gegeben, wenn die Frage an alle gestellt wird, so dass nur derjenige zur Beantwortung der Frage kommt, der sich zuvor gemeldet hat.

Die Prüfer haben in der Regel zwei Prüfungsstile, nämlich:

- *Der klassische Stil*
  Der Prüfer gibt einen umfänglicheren Sachverhalt vor, der dann in der Prüfungszeit abgearbeitet wird. Dabei herrscht die Praxis vor, Kandidat für Kandidat hintereinander zu dem jeweils erreichten Abschnitt zu befragen, so dass jeder einmal oder mehrmals zur Beantwortung dran ist. Der Nachteil für die Kandidaten besteht allerdings darin, dass Sie vielleicht gerade nicht an der Reihe sind, wenn der ihnen vertraute Abschnitt verhandelt wird.

- *Der Konfrontationsstil*
  Ein anderer Prüfungsstil besteht darin, kleinere Fälle und Fragen zu bringen, mit denen die Kandidaten konfrontiert werden. Dabei wird oft nicht eine strikte Reihenfolge eingehalten, sondern je nach dem Ermessen des Prüfers wird bei dem einen oder anderen Kandidaten „nachgebohrt". Der Nachteil für die Kandidaten zeichnet sich in einer Daueranspannung aus, denn jederzeit kann man zu allem gefragt werden.

Es kann allerdings auch passieren, dass Sie als Kandidat einen längeren Sachverhalt nicht auf Anhieb tatsächlich erfasst haben. Das kann an der Akustik des Raumes liegen, an einer momentanen Unaufmerksamkeit, an der Kompliziertheit des geschilderten Falles oder auch an einem ungeschickten Stil des Prüfers beim Vortrag des Sachverhaltes. Das Nachfragen ist erlaubt und geboten. Erste Juristenpflicht ist, dass man auf einer geklärten tatsächlichen Grundlage in die rechtlichen

Verhandlungen einsteigt. Dieses Fundament muss auch in der Spezialsituation des mündlichen Examens geschaffen werden.

Es ist daher unbedingt anzuraten, hier nicht zu passen und zu hoffen, dass es schon gut geht, sondern fragen Sie ruhig. Die Gefahr, den Prüfer zu verärgern, ist nicht groß, da auch dieser sehr daran interessiert ist, seinen Prüfungsabschnitt auf einer gesicherten Grundlage aufzubauen.

Auf keinen Fall aber sollten Sie mit den Armen fuchteln und mit den Fingern schnipsen, wenn Sie eine Antwort wissen, aber nicht der befragte Kandidat sind. Normalerweise gilt es als störend und als unfair, wenn sich der Kandidat neben Ihnen dazwischendrängt. Manche Prüfer können da auch sehr ärgerlich werden, da sie es vielleicht gerade darauf abgesehen haben, sich mit einem Kandidaten eine Zeitlang zu beschäftigen. Also, Blickkontakt suchen, die auf dem Tisch liegende Hand (nicht den Arm!) leicht signalisierend anheben – das funktioniert.

Die mündliche Prüfung ist kein wissenschaftliches Symposion unter Gleichen, was der freien Diskussion naturgemäß Grenzen setzt. Allerdings sehen es die Prüfer sehr gerne, wenn jemand zu argumentieren versteht und nicht nur Halbsätze oder Schlagworte murmelt. Wer den Zweck, die Systematik oder die Historie der gerade angesprochenen Norm anführen kann, wird tüchtig „punkten". Andererseits ist trotzige Rechthaberei, die keine neuen Argumente für sich hat, nicht gern gesehen.

Das Prüfungsgespräch wird durch Pausen unterbrochen. In den Pausen, in denen die Prüfer allein sind, werden die Leistungen anhand des Mitgeschriebenen bewertet und die Noten festgesetzt. Häufig schickt die Prüfungskommission die Kandidaten nach jedem Rechtsgebiet zur Beratung aus dem Prüfungssaal hinaus.

Zuletzt werden die Ergebnisse errechnet und mitsamt allen Einzelnoten den Kandidaten verkündet. Üblich ist dabei die Trennung der Erfolgreichen von den Durchgefallenen, die zuerst hereingerufen werden. Häufig sind dabei Zuhörer zugelassen, wenn sich die Kandidaten damit einverstanden erklärt haben.

2.10.5 Ergebnisse

Im Ersten Staatsexamen fallen zwischen 22 und 35 Prozent der Kandidaten durch, d.h. der Sache nach zwischen jedem Vierten und jedem Dritten. Das begehrte Prädikatsexamen (ab der Note „vollbefriedigend") erreichen nur etwa 14 Prozent.

Zwischen den Bundesländern gibt es darüber hinaus noch signifikante Unterschiede. So gibt es ein so genanntes Nord-Süd-Gefälle mit schlechteren Noten im Süden. Im Zweiten Staatsexamen verläuft dieses allerdings gerade umgekehrt.

Allgemeines

Die Punkte für den mündlichen Prüfungsabschnitt werden – entgegen manchen Mutmaßungen – nicht allein von dem fragenden Fachprüfer, sondern von dem Prüfungskollegium erteilt. Nachdem der Prüfungsabschnitt vorbei ist, werden die Kandidaten aus dem Prüfungsraum gebeten. Die Prüfungskommission berät sodann über die Leistungen jedes einzelnen Kandidaten. Grundlage dafür ist das soeben Gehörte, unterstützt von kurzen Notizen, die jeder Prüfer während der Prüfung fertigt. Neben diesem rein individuellen Moment wird oft eine Einordnung in die Reihe der Kandidaten vorgenommen (wer war der Stärkste; wer war am schwächsten?).

Die Gründe für die jeweilige Notenvergabe können nach Verkündung des Prüfungsergebnisses von dem Vorsitzenden erfragt werden. Besonders detaillierte Antworten wird man allerdings nach einem langen Prüfungstag und nach vielen Prüfungsabschnitten nicht erwarten dürfen.

Die Notenabstufung in juristischen Prüfungen bewegt sich zwischen null und 18 Punkten. Nun mag der einschlägig Interessierte bereits wissen, dass in vielen Uni-Fächern die Noten „gut" und „sehr gut" außerordentlich häufig vorkommen und ein „befriedigend" nicht nur als mittlere Beleidigung gilt, sondern vor allem auch die meisten Jobchancen zunichte machen kann. Diese Sicht sollte man im Jurastudium tunlichst vergessen, da man sonst innerhalb kürzester Zeit mit gravierenden Minderwertigkeitskomplexen zu kämpfen haben wird.

Das „normale" juristische Staatsexamen endet gemeinhin mit einer Durchfallquote (null bis drei Punkte) von 33 Prozent, ein weiteres Drittel der Teilnehmer erzielt vier bis sechs Punkte und der Rest füllt den weiten Bereich darüber, wobei bereits ein zweistelliges Ergebnis als Erfüllung aller Träume gilt.

Danach sind die einzelnen Leistungen nach folgendem Noten-Punkte-Verhältnis zu bewerten, die in allen Bundesländern gleich sind:

sehr gut	eine besonders hervorragende Leistung = 16 – 18 Punkte
gut	eine erheblich über den durchschnittlichen Anforderungen liegende Leistung = 13 – 15 Punkte
vollbefriedigend	eine über den durchschnittlichen Anforderungen liegende Leistung = 10 – 12 Punkte
befriedigend	eine Leistung, die in jeder Hinsicht durchschnittlichen Anforderungen entspricht = 7 – 9 Punkte
ausreichend	eine Leistung, die trotz ihrer Mängel durchschnittlichen Anforderungen noch entspricht = 4 – 6 Punkte
mangelhaft	eine an erheblichen Mängeln leidende, im Ganzen nicht mehr brauchbare Leistung = 1 – 3 Punkte
ungenügend	eine völlig unbrauchbare Leistung = 0 Punkte

Soweit Einzelbewertungen rechnerisch zu Gesamtbewertungen zusammengefasst sind, entsprechen den ermittelten Punkten folgende Notenbezeichnungen:

14,00 – 18,00 Punkte: sehr gut
11,50 – 13,99 Punkte: gut
9,00 – 11,49 Punkte: vollbefriedigend
6,50 – 8,99 Punkte: befriedigend
4,00 – 6,49 Punkte: ausreichend
1,50 – 3,99 Punkte: mangelhaft
0,00 – 1,49 Punkte: ungenügend

Sozialpunkte

Nach § 5 d Abs. 4 S. 1 und 5 DRiG kann das Prüfungsorgan – im Regelfall der Prüfungsausschuss – in der Ersten und Zweiten juristischen Staatsprüfung bei seiner Entscheidung von der rechnerisch ermittelten Gesamtnote (nach oben und unten) abweichen, wenn dies aufgrund des Gesamteindrucks den Leistungsstand des Kandidaten besser kennzeichnet und die Abweichung auf das Bestehen der Prüfung keinen Einfluss hat. Hierbei sind bei der Prüfung zum Zweiten Staatsexamen auch die Leistungen im Vorbereitungsdienst zu berücksichtigen.

Mehrere Gerichtsentscheidungen gibt es zu der Frage der Abweichung „nach oben", gemeinhin als die Zubilligung von „Sozialpunkten" bezeichnet. Es handelt sich insoweit aber um eine Prüfungsentscheidung im Rahmen des prüfungsrechtlichen Bewertungsspielraumes, so dass eine gerichtliche Überprüfung nur eingeschränkt möglich ist. Inhaltlich lässt die Ermächtigungsnorm eine Abweichung nur ausnahmsweise zu. Sie setzt nämlich voraus, dass diese Note nach dem von dem Kandidaten gewonnen Gesamteindruck seinen Leistungsstand offensichtlich nicht richtig kennzeichnet und daher der Korrektur bedarf. Dieses verlangt eine Berücksichtigung aller hierfür erheblichen Umstände.

Zweitkorrektur

Weicht bei der so genannten „offenen Zweitkorrektur" juristischer Prüfungsarbeiten der Zweitprüfer nicht vom Erstprüfer ab, so genügt ein knappes „Einverstanden" als Bewertung. Dies ist ständige Rechtsprechung bis hin zum Bundesverwaltungsgericht. Wie aber sieht es mit der Begründungspflicht des Zweitprüfers bei Abweichungen, insbesondere bei Abweichungen nach unten aus?

In Grenzfällen, in denen ein Prüfer die schriftliche Leistung als „noch bestanden" betrachtet (vier Punkte), der andere Prüfer sie jedoch als „nicht bestanden" (drei Punkte) beurteilt, regeln die Prüfungsordnungen, dass die konkrete Prüfungsleistung als „nicht bestanden" angesehen wird, weil für das Bestehen der Klausur mindestens vier Punkte erforderlich sind und die vorgeschriebene Bildung der Durchschnittsnote lediglich zu 3,5 Punkten führt.

Das Bundesverwaltungsgericht hat in seiner bisherigen Rechtsprechung diese Regelungen als verfassungsmäßig angesehen, auch wenn das Mittelwertverfahren dem Prüfling die Chance eines Stichentscheids oder eines Einigungsverfahrens nehme.

Eine sachliche Rechtfertigung dafür, dass die Prüfungsbewertung einseitig der Punktvergabe und damit der Notenbewertung nur eines der beiden Prüfer folgt und die des anderen negiert, also zu einer Privilegierung derjenigen Entscheidung führt, die die konkrete Leistung als mangelhaft beurteilt, ist für den Fall der paritätischen Prüfervoten nicht ersichtlich.

Nunmehr haben sowohl das VG Ansbach (in einem Urteil v. 23.03.2000, Az: AN 2 K 99.82) als auch das VG Schwerin (Beschluss vom 17.11.2000, Az: 7 B 859/00) dem Zweitprüfer eine besondere Begründungspflicht auferlegt.

So hat das VG Ansbach ausdrücklich festgestellt, dass angesichts der Grundrechtsrelevanz der Juristischen Staatsprüfungen (freie Berufswahl gemäß Art. 12 Abs. 1 GG) an die Begründungspflicht des Zweitprüfers dann gesteigerte Anforderungen zu stellen sind, wenn er erstens von der Bewertung des Erstprüfers abweicht und zweitens sein Votum darüber entscheidet, ob die Klausur mangelhaft ist und somit für die Hälfteklausel des § 24 Abs. 3 JAPO-Bayern und der entsprechenden Regelungen der anderen Bundesländer relevant werden kann.

Das VG Ansbach ist nach seiner Auffassung von der Rechtsprechung des BVerwG nicht abgewichen, sondern hat diese – zugunsten des Prüflings – im Hinblick auf die vorliegende Fallkonstellation fortentwickelt. Allerdings sei im konkreten Fall auch unter Berücksichtigung dieser erhöhten Maßstäbe an die abweichende Begründung diese (noch) ausreichend gewesen. Dies führte zu einem für den Prüfling negativen Ergebnis; die Frage war also nicht „entscheidungserheblich" (VGH München, Beschluss vom 13.11.2000, Az: 7 ZB 00.1854).

Rechtsschutz bei Prüfungen

Hier interessiert vor allem ein Verfahren, in dem die Verfassungsbeschwerden von zwei ehemaligen Jurastudenten gebündelt waren. Der Erste hatte 1975 die Zweite Juristische Staatsprüfung bestanden, fühlte sich aber zu schlecht beurteilt.

Er rügte u.a., dass die Weigerung der Gerichte (VG, OVG, BVerwG), auch fachliche Fragen zu überprüfen, seinen Anspruch auf effektiven Rechtsschutz verletzte. Der Zweite hatte 1978 die Erste Juristische Staatsprüfung zum zweiten Mal nicht bestanden und monierte, dass die Prüfer seine Ausführungen als grob fehlerhaft bewertet hatten, obwohl sie der herrschenden Lehre und der Rechtsprechung des BGH entsprächen. Die Widerspruchsbehörde und die Gerichte hätten diese Frage klären müssen.

Bisher galt die ständige Rechtsprechung des BVerwG, nach der lediglich die Ausgestaltung des Prüfungsverfahrens der gerichtlichen Kontrolle unterlag. Hingegen sollten die fachlich-pädagogischen Wertungen der Prüfer der gerichtlichen Kontrolle entzogen sein: die Entscheidung über Eignung und Fehlerhaftigkeit einer Frage liege ausschließlich beim Prüfer.

Das Gericht könne und dürfe nicht seine Meinung oder die von Sachverständigen an die Stelle des Fachwissens der Prüfer setzen. Begrenzt werde dieser Grundsatz nur durch das Willkürverbot: der Beurteilungsspielraum sei u.a. dann überschritten, wenn die Prüfungsbehörden „allgemeingültige Bewertungsmaßstäbe" verletzten oder sich von „sachfremden Erwägungen" leiten ließen.

Nach der ständigen Rechtsprechung des BVerwG erzwingt auch die Rechtsschutzgarantie des Art. 19 Abs. 4 GG nicht die Letztentscheidung durch die Gerichte, der Beurteilungsspielraum des Prüfers setzt der gerichtlichen Überprüfbarkeit Grenzen.

Besonders deutlich werden die Effekte der Rechtsprechung des BVerwG bei der Betrachtung der Konsequenzen, die zwei seiner Richter aus der Alleinentscheidungskompetenz des Prüfers in fachlichen Fragen herleiten: Nicht nur das Festhalten des Prüfers an einer Mindermeinung ist zulässig, sondern auch ein Irrtum, und zwar auch dann, wenn das Gericht ihn aus eigener Fachkompetenz erkennt. Die Überprüfung eines angeblich falschen Bewertungsmaßstabes ist dem Gericht daher ebenfalls entzogen.

Begründet hat das BVerwG seine Rechtsprechung damit, dass die fachliche Eignung des Prüfers diesem die höchstpersönliche Alleinentscheidungskompetenz gebe. Die Gerichte könnten einen wissenschaftlichen Streit auch mit Hilfe von Sachverständigen nicht allgemeingültig entscheiden. Dies sei schon deswegen ausgeschlossen, weil der wissenschaftliche Fortschritt immer wieder zu neuen Unstimmigkeiten und Streitpunkten führe.

Entsprechend seiner früheren Rechtsprechung hat das BVerfG festgestellt, dass die Aufgaben verständlich, widerspruchsfrei und eindeutig seien müssen. Das BVerwG hatte in einem früheren Verfahren immerhin zugestanden, dass ein Fehler, der vom Prüfer selbst zugegeben wird, berücksichtigt werden muss. Das Bundesverfassungsgericht hat nun klargestellt, dass es im Verwaltungsrechtsstreit nicht alleine darauf ankommen kann, ob die Prüfungsbehörde ihren Fehler bei der Formulierung einer Aufgabe selbst einräumt.

Die Beschlüsse des BVerfG haben sicherlich die Position der Prüflinge gestärkt. Anderes war angesichts der zu restriktiven Rechtsprechung der Verwaltungsgerichte auch nicht zu erwarten. Diese hatten es sich mit ihrer These von der Unüberprüfbarkeit fachlich-pädagogischer Entscheidungen wahrlich zu einfach gemacht.

Das BVerfG hat aber auch nicht die Schleusen für eine Flut von Prozessen gegen Prüfungsentscheidungen geöffnet. Nur wenn eine umstrittene Bewertung sich auf die Notengebung ausgewirkt hat, ist eine Überprüfung angebracht. An dieser Klippe werden, wie bisher, die meisten Klagen scheitern. Der Senat hat zudem den Beurteilungsspielraum bezüglich prüfungsspezifischer Wertungen ausdrücklich anerkannt.

Unterbunden werden soll lediglich, dass es von der Einsicht des Prüfers abhängt, ob eine Aufgabenstellung als falsch oder widersprüchlich bewertet wird.

Der Prüfer soll nicht seine Ansicht als absolute Wahrheit betrachten dürfen.

Angesichts der Bedeutung von berufsbezogenen Prüfungen für den Einzelnen ist es auch angemessen, hier im Einzelfall genau aufzuklären.

Bezeichnend ist, dass das Gericht im Verfahren der zwei Jurastudenten die Verfassungsbeschwerden zurückgewiesen hat. Denn auch eine Mindermeinung kann falsch und unvollständig begründet angewendet werden.

Das alles kann und soll nicht darüber hinwegtäuschen, dass jede Prüfung in großem Maße willkürlich ist. Immer wieder wird die Tagesform von Prüfer und Prüfling mitentscheidend sein, immer wieder werden Prüfer aufgrund ihrer unterschiedlichen Erfahrungen auch unterschiedliche Bewertungsmaßstäbe anlegen.

Die Gerichte können daher immer nur die objektivierbaren Wertungen überprüfen. Nach der Entscheidung des Bundesverfassungsgerichtes werden sie das aber auch müssen.

Fraglich ist, in wie weit sich diese Einschränkung des Beurteilungsspielraumes praktisch auswirken wird. Bei standardisierten und leichter objektivierbaren Prüfungsverfahren, wie dem „Multiple-Choice-Verfahren" bei den Medizinern, werden die Auswirkungen wahrscheinlich am größten sein. Je mehr die Prüfungen aber von der direkten Kommunikation zwischen Prüfling und Prüfendem geprägt sind, wie bei den juristischen Examina, desto größer bleibt auch der Beurteilungsspielraum.

Abwesenheit wegen Krankheit

Prüfungsrecht ist zu einem nicht geringen Teil „Rücktrittsrecht", da die Prüfungssituation immer wieder – auch bei „starken Typen" zu gesundheitlichen Beeinträchtigungen führt. Examensstress begründet grundsätzlich keine Prüfungsunfähigkeit und damit muss der auf Prüfungsstress gestützte Antrag auf Genehmigung des Rücktritts von einer Prüfung erfolglos bleiben.

Aber auch dann, wenn die Schwelle zur Prüfungsunfähigkeit überschritten ist, muss der Prüfling noch zahlreiche Vorsichtsmaßnahmen und Pflichten beachten, deren Verletzung von den Prüfungsbehörden und auch den Gerichten als „Verschulden gegen sich selbst" gewertet werden und im Regelfall zur Ablehnung des Antrags auf Genehmigung des Rücktritts führen.

Ein Prüfling erklärte in seinem Genehmigungsantrag, dass sich bei ihm in der Nacht zur fünften Klausur erhebliche Schmerzen in Kopf und Hals sowie im Brustkorb eingestellt hätten, die sich in den darauf folgenden Tagen und Nächten erheblich verstärkt und auch während der Anfertigung der Prüfungsarbeiten fünf bis acht wegen der starken Schmerzen zu erheblichen Konzentrations- und Konditionsproblemen geführt hätten; er habe unter ungewohnten Erschöpfungszuständen gelitten.

Diese Beschwerden seien für ihn nicht erklärbar gewesen, zumal keine äußeren Zeichen einer Erkrankung ersichtlich gewesen seien. Die Krankheit sei erst nach der achten Klausur aufgrund von roten Flecken an Hals, Schulter und Brust erkennbar geworden. Erst bei der Untersuchung beim ärztlichen Notdienst danach habe sich herausgestellt, dass er an einer so genannten Gürtelrose erkrankt gewesen sei und sich seit der fünften Klausur in einem prüfungsunfähigen Zustand befunden habe.

Mit seinem Antrag blieb der Prüfling sowohl beim Prüfungsamt als auch bei den Verwaltungsgerichten ohne Erfolg.

So hatte der *VGH München* die Auffassung vertreten, dass der Prüfling verpflichtet gewesen wäre, unverzüglich zunächst selbst eine Klärung seines Gesundheitszustandes herbeizuführen. Ihm müsse vorgeworfen werden, dass er seine gesundheitliche Beeinträchtigung – welche Krankheit ihr auch immer zugrunde liegen mag – gekannt hat, jedenfalls aber hätte kennen müssen. Er habe das Risiko eines Misserfolgs bewusst auf sich genommen. Angesichts der ganz massiven und vom Amtsarzt auch in ihren Auswirkungen bestätigten gesundheitlichen Beeinträchtigungen, die der Prüfling nach seinem eigenen Vortrag gegenüber dem Prüfungsamt ja bereits seit der fünften Klausur bemerkt und deren Auswirkungen auf seine Leistungsfähigkeit er erkannt hatte, sei von ihm jedenfalls zu erwarten gewesen, sich unverzüglich ärztlichen Rat darüber einzuholen, ob die Fortsetzung der Prüfung – aus ärztlicher Sicht – als vertretbar angesehen werde. Der Prüfling habe die schriftliche Prüfung ohne zeitnahen ärztlichen Rat nicht weiter fortsetzen dürfen.

Der VGH gibt dann einen bedeutungsvollen Hinweis: Hätte der Arzt die Prüfungsfähigkeit – etwa aufgrund falscher Einschätzung der Beschwerden – bejaht, hätte der Prüfling darauf vertrauen dürfen. Dann hätte ihm dies bei einer später dennoch erkannten Prüfungsunfähigkeit nicht entgegengehalten werden dürfen.

Nach dieser Entscheidung kann einem Prüfling nur dringend angeraten werden, in dem Fall, in dem er bei sich ungewohnte Krankheitssymptome bemerkt, schnellstmöglich – je nach Fassung der Prüfungsordnung – einen Arzt oder gar einen Amtsarzt aufzusuchen. Stellt dieser eine falsch Diagnose, darf sich der Prüfling – im Regelfall – darauf verlassen. Unterlässt jedoch ein Prüfling eine derartige ärztliche Untersuchung zum frühest möglichen Zeitpunkt, so läuft er immer Gefahr, dass ihm im Ergebnis eine Verletzung seiner Mitwirkungspflichten vorgeworfen wird, wenn er dann (möglicherweise in Kenntnis des schlechten „Laufs" der schriftlichen Prüfung) nachträglich versucht, zurückzutreten.

2.10.6 Juristen-Bezeichnung

Der Absolvent der Rechtswissenschaften ging, was Titel anbetrifft, bislang leer aus. Wollte jemand nun nicht die Ausbildung bis zum Zweiten Staatsexamen fortführen, so blieb es auch dabei.

Daher fragt sich der Jurastudent nach dem Abschluss des Studiums, wie er sich denn jetzt nennen darf. Die Frage wird (wie in der Juristerei üblich) uneinheitlich beantwortet. Bis vor einigen Jahren konnte sich der erfolgreiche Absolvent lediglich mit dem Titel „geprüfter Rechtskandidat" schmücken.

Seit dem Jahr 2001 aber verleihen einige Universitäten mit Abschluss der ersten Staatsprüfung auf Antrag den Grad des „Diplom-Juristen". Hiermit soll den Studenten, die sich bereits nach der ersten Prüfung bewerben wollen, etwas in die Hand gegeben werden, um sich im Wettbewerb mit Absolventen von Fachhochschulstudiengängen, wie etwa den *Diplom-Wirtschaftsjuristen* (FH) zu behaupten.

Weiterhin bringt der Titel gegenüber der Öffentlichkeit deutlicher zum Ausdruck, welch gewichtigen Ausbildungserfolg die Betreffenden bereits in diesem Stadium erreicht haben.

Obwohl die Justizministerkonferenz die Einführung eines Diplom-Grades für Absolventinnen und Absolventen der ersten juristischen Staatsprüfung bereits seit 1997 und auch der *Deutsche Juristen-Fakultätentag* seinen Mitgliedern die Einführung im Mai 2002 empfohlen hat, sind diesen Empfehlungen noch nicht alle Universitäten gefolgt, bisher nur etwa die Hälfte, siehe hierzu *www.jurawiki.de/DiplomJurist*.

Somit bleibt es bei der Bezeichnung des „geprüften Rechtskandidaten", wenn die Universität, an der studiert wurde, den Titel des „Diplom-Juristen" nicht verleiht. Das *Bundesverwaltungsgericht* hat hierzu in seiner Entscheidung vom 22.02.2002 festgestellt, dass die Hochschulen bundesrechtlich nicht verpflichtet sind, den Erlass einer Satzung zu erwägen, nach der Studierenden der Rechtswissenschaften, die die erste Staatsprüfung in der Vergangenheit bestanden haben (Altfälle), ein Diplomgrad („Diplom-Jurist") verliehen wird (BVerwG vom 22.02.2002, Az.: 6 C 11/01 – abgedruckt in NVwZ 2002, 1249; NJW 2002, 2120; siehe auch JuS 2003, 205 f. und Jura 2003, 425 f.).

2.11 Weiterbildung

Der erfolgreiche Abschluss des Studiums bietet in aller Regel den Einstieg in eine qualifizierte Berufstätigkeit. Es kann jedoch gute Gründe geben, diesem Einstieg noch einen weiteren Ausbildungsschritt voranzustellen: ein Zweit- oder Doppelstudium, einen qualifizierten Auslandsaufenthalt, eine Promotion und/oder ein Master-Programm (LLM oder MBA).

Rechtzeitig schon während des Studiums sollte man bei zentralen Institutionen die Informationssuche und damit die Orientierung auf derartige Ausbildungsschritte starten. Auch die rechtzeitige Vorbereitung auf fremde Sprachen trainiert und erleichtert später die Entscheidung für einen Auslandsaufenthalt oder die Bewährung in einem internationalen Konzern.

Immer häufiger wird auch das so genannte „Doppelstudium" gewählt. Hierbei handelt es sich um ein gemeinschaftliches Programm zweier Hochschulen mit einem gemeinsamen Curriculum und Studienaufenthalten in beiden Ländern. Die Absolventen erhalten am Ende die national anerkannten Diplome beider Hochschulen. Der Vorteil liegt auf der Hand: Zum Beispiel ein Studium in der Regelstudienzeit trotz Auslandsaufenthalts. Außerdem lernen die Teilnehmer zwei Hochschulsysteme kennen. Sie haben am Ende zwei Diplome in der Tasche, die Zugang zu zwei Arbeitsmärkten bieten und ein deutlicher Nachweis von Sprachkenntnissen sind. Dazu ermöglichen die Programme Deutschen den Zugang zu begehrten Hochschulen, deren nationale Auswahltests Ausländer kaum bestehen können. Außerdem sparen die Studenten hohe Studiengebühren (etwa in Großbritannien und in den USA) und profitieren von den gutentwickelten Ehemaligennetzen ausländischer Hochschulen.

Das *Institut der deutschen Wirtschaft* in Köln hat im Auftrag des DAAD Unternehmen befragt und dabei festgestellt, dass die Doppeldiplomanden bei jedem Dritten befragten Arbeitgeber bessere Einstellungschancen haben als Absolventen mit nur einem Soloabschluss.

Die weitaus meisten Studiengänge wurden von deutschen und französischen Hochschulen aufgebaut (115 Programme durch die Deutsch-Französische Hochschule DFH). Auch mit Italien (30 Programme verzeichnet das Deutsch-Italienische Hochschulzentrum DIH) und den Niederlanden (18 Programme werden alleine von Hochschulen in NRW angeboten) besteht bereits ein größeres Angebot. Der DAAD fördert derzeit außerdem 17 Programme mit Großbritannien, Finnland, Polen, Portugal, Spanien und Ungarn. Studiengänge mit Hochschulen in nicht europäischen Ländern wie z.b. den USA oder China gibt es auch, das Angebot ist jedoch begrenzt.

Das Angebot reicht von BWL über Ingenieurstudiengänge bis hin zu Jura.

Viele Absolventen entscheiden sich nach Studienende für die Aufnahme eines Aufbaustudiums, um Spezialkenntnisse zu erwerben. Die Qual der Wahl haben Interessenten nicht nur zwischen zahlreichen Fächern, sondern auch hinsichtlich der prinzipiellen Entscheidung: Fernuniversität oder Präsenzhochschule.

Nach dem Examen „noch einen drauf setzen" und sich in einem Aufbaustudiengang neues Wissen anzueignen, wird angesichts der breiten Auswahl an Weiterbildungsangeboten immer interessanter. Ob für ein Aufbaustudium eine Fern- oder Präsenzuniversität gewählt wird, hängt meist von der persönlichen Lebenssituation ab.

Für die Aufnahme eines Fernstudiums spricht vor allem die größere und zeitliche Flexibilität. Es gibt keine Zwänge, da die Studierenden selbst entscheiden können, wann und wo sie lernen. Ein Umzug ist auch nicht nötig. Oft kann auch die Arbeitsstelle behalten werden, da es bei einem Fernstudium praktisch keine Präsenzpflicht gibt. Einige Fernhochschulen bieten zudem Kurse über das Internet an, wie etwa die *Fernuniversität Hagen*.

Die privaten *Akad-Hochschulen* bieten unter anderem für Wirtschaftswissenschaftler einen Aufbaustudiengang Diplom-Wirtschaftsinformatik (FH) an.

Nicht immer wird dort ein Hochschulabschluss vorausgesetzt.

2.11.1 Wirtschaftswissenschaften

Manche Studenten beginnen noch ein Zweitstudium, häufig genug in Wirtschaftswissenschaften (BWL und VWL), um ihre Marktchancen zu steigern. Ein Zweitstudium ist allerdings mit erheblichem Zeit- und Arbeitsaufwand verbunden, insbesondere verdoppelt es die an der Hochschule verbrachte Zeit. Dieses sollten Sie unbedingt bedenken. Häufig ist es besser, statt eines Zweitstudiums ein entsprechendes Zusatzfach zu wählen, dessen Qualifikationen inhaltlich dem eines Zweitstudiums nahe kommen. So bieten einige Hochschulen als Zusatzfach „Betriebswirtschaft für Juristen" an.

Sie sollten auch bedenken, wenn Sie nun ein Zweitstudium beginnen, dass Sie damit nicht unbedingt Ihre beruflichen Einstiegs- oder Gehaltschancen verbessern, denn einige Personalverantwortliche unterstellen dem betreffenden Bewerber dann häufig genug eine Überqualifizierung oder Praxisfremdheit. Auch ist dann die Regel gegeben, dass der Hochschulbesuch länger dauert als nur mit einem Studium, schließlich sind die deutschen Absolventen im Gegensatz zu den Absolventen anderer Länder bereits die Ältesten.

Etwas anderes könnte sich allerdings ergeben, wenn der Student Jura und Medizin zusammen studiert, um anschließend etwa Rechtsanwalt für ärztliche Kunstfehler zu werden.

2.11.2 Immobilienökonomie

Für Interessierte der Immobilienwirtschaft gibt es ein Kontaktstudium der Immobilienökonomie. Das Kontaktstudium der Immobilienökonomie an der *European Business School (ebs)* vermittelt fundierte Kenntnisse über ein breites Spektrum der Bau-, Finanz- und Immobilienwirtschaft und richtet sich primär an den Führungsnachwuchs des Immobiliengeschäfts.

Die Absolventen führen dann die Bezeichnung „Immobilienökonom (ebs)".

Das Studium zeichnet sich aus durch:

- nationale und internationale Gastdozenten aus der Immobilienwirtschaft
- neben den fachspezifischen Lehrinhalten auch Betriebs- und Volkswirtschaftslehre, Rechts- und Verwaltungswissenschaften

Mehr als 3.000 Studenten haben in den vergangenen drei Jahrzehnten ihr Studium an der *ebs* erfolgreich abgeschlossen.

Die finanzielle Unterstützung durch Kuratoren und Fördermitglieder der als besonders förderungswürdig anerkannten Stiftung kommt unmittelbar und ausschließlich der Hochschule und damit ihren Studierenden zugute.

Das Studium an der *ebs* setzt sich aus folgenden Bausteinen zusammen:

- Grundlagen der Immobilienökonomie
- Immobilienentwicklung und Raumplanung
- Immobilienbewertung und Investitionsrechnung
- Gewerbeimmobilienmanagement
- Wohnimmobilienmanagement
- Bauprojektmanagement

> European Business School (ebs)
> International University
> Schloss Reichartshausen
> 65375 Oestrich-Winkel
> Fon 06723 / 690
> Fax 06723 / 69133
> www.ebs.de

Der Trend zur besseren Qualifizierung auf dem Immobiliensektor lässt sich nun auch endlich anderswo beobachten. An der *Universität Regensburg* befindet sich das *Institut für Immobilienwirtschaft* in der Gründungsphase. Deutsche Hochschulen hinken US-amerikanischen auf diesem Feld etwa 20 Jahre hinterher. Dort gibt es rund 50 Institute, in Deutschland ist Regensburg das erste Institut an einer öffentlichen Universität. Erste Veranstaltungen sollen bereits zum Wintersemester 2005 mit vier Lehrstühlen (Immobilienmanagement, -recht, -finanzierung und -ökonomie) erfolgen. Zwischen 60 und 80 Bewerber können dann in Regensburg einen Platz erhalten. Voraussetzungen sind gute Fremdsprachenkenntnisse, denn etliche Veranstaltungen des vierjährigen Studiums werden in Englisch gehalten.

Die Absolventen sollen anschließend bei Investmentbanken, Immobilienfonds-anbietern, Projektentwicklern, Wohnungsbaugenossenschaften, Immobilienver-waltungen und natürlich in Maklerbüros erfolgreich unterkommen.

Weitere Studiengänge rund um das Milliardengeschäft mit den Immobilien sind am *Stiftungslehrstuhl für Grundstücks- und Wohnungswirtschaft* der *Universität Leipzig* angesiedelt, sowie an den *Fachhochschulen Holzminden, Ansbach, Anhalt, Nürtingen* und der *Fachhochschule für Technik und Wirtschaft in Berlin*.

2.11.3 Master-Studiengänge

Viele in- und ausländische Hochschulen bieten weiterführende Postgraduierten-studiengänge an, die sich auch oder sogar ausdrücklich an Juristen wenden. Diese erhöhen die Attraktivität des Bewerbers für Arbeitgeber, so dass sich ein Postgra-duiertenstudium schon aus Gründen des Selbstmarketing lohnen kann.

Master of Laws

An zahlreichen Universitäten können Absolventen eines juristischen Studiums den so genannten *Master of Laws* oder abgekürzt „LL.M." (*Magister Legum* oder *Legal Letters' Masters*) erwerben, in der Regel innerhalb eines Studienjahres. Dieses Studium ist sicherlich eine der attraktivsten Möglichkeiten, sich über das reguläre Jurastudium hinaus zu qualifizieren.

Allerdings kann vor dem Bestehen des Ersten Staatsexamens dieses Studium nicht begonnen werden. Interessenten, die bereits während des Grundstudiums ins Ausland wollen, müssen auf andere Programme zurückgreifen, wie etwa ERAS-MUS oder andere (siehe oben). Besonders interessant ist das LL.M.-Studium zum überbrücken der Wartezeit zum Referendariat. Aber auch nach dem Zweiten Staatsexamen bieten sich diesbezüglich noch vielfältige Möglichkeiten, auch in Verbindung mit Jobs im Ausland.

Neben der Weiterbildung in wissenschaftlicher Hinsicht ergibt sich auch die einmalige Perspektive, Sprachkenntnisse zu erweitern und zu vertiefen.

Der LL.M. ist aber nicht für jeden Juristen gleich wichtig bzw. förderlich. Für einen Juristen in der Verwaltung oder als Richter kommt dem keine allzu große Bedeutung zu. Anders sieht es dagegen aus bei Juristen, die sich als Rechtsanwalt oder Wirtschaftsjurist etablieren wollen und dabei großen Wert auf Internationali-tät legen.

Zudem werden durch die internationale Ausrichtung bestimmte Fachkenntnisse ausländischen Rechts vermittelt. Der LL.M. kann zudem in verschiedenen Fach-gebieten erworben werden, wie etwa Rechtsinformatik, Europäisches Wirtschaft-recht, Völkerrecht, Rechtsvergleichung, etc.

Das größte Kursangebot an verschiedenen LL.M.-Fächern bieten die vier Uni-versitäten und Colleges der *University of London*. 184 Kurse können im Studien-jahr 2004/05 belegt werden, wie der Co-Autor *Stefan Dietrich* aus eigener Erfah-rung zu berichten weiß.

Gewöhnlich wählen Absolventen ausländische Universitäten aus, um dort den LL.M. zu machen. Mittlerweile wird der Master-Studiengang aber auch an einigen deutschen Universitäten für Einheimische angeboten – angesichts dessen, dass große *Law Firms* den LL.M. als Zeichen dafür verstehen, dass der Absolvent die Sprache des Gastlandes erlernt hat, steht aber die Frage im Raum, welchen Wert ein z.B. in Deutschland erworbener LL.M. überhaupt hat.

Den LL.M. erwirbt man durch das Sammeln von so genannten *credits*, die man durch den Abschluss von Kursen (*classes*) erhält. In der Regel sind 25 *credits* für den LL.M. erforderlich. Die University of London, hier wieder als Beispiel gewählt, da es hier das größte Kursangebot der Welt gibt, verleiht den LL.M. nach erfolgreichem Bestehen von je nach Kurswahl vier bis fünf Abschlussklausuren meistens in Kombination mit einer Dissertation (Aufsatz mit 7.000 bis 15.000 Wörtern).

Je nach zeitlichem Umfang und Schwierigkeitsgrad der *class* erwirbt man pro ein bis vier *credits*. *Paper classes* mit rechercheaufwendigen Hausarbeiten bringen mehr Punkte als einfache *classes*.

Die Abschlussnote der *class* ist für die *credits* unerheblich. Man kann seine *classes* so wählen, dass nach einem Studienjahr 25 *credits* erworben sind. Man kann *classes* wählen, die für die Tätigkeit in Deutschland hilfreich sind, z.B. *classes*, die den Umgang mit Mandanten (*Interviewing* oder *Councelling*) oder mit den jeweiligen gegnerischen Parteien (*Negotiations*) lehren. Aber auch exotische Rechtsgebiete können belegt werden, wie etwa *Japanese Law* bis *Entertainment Law* und *Space Law* ist alles möglich.

Wer während seiner LL.M.-Studienzeit in den USA noch weitere Qualifikationen erwerben möchte, dem sei angeraten, ein US-amerikanisches *Bar Exam* abzulegen. Dieses Examen berechtigt, in den US-Staaten als Anwalt zu arbeiten.

Nicht unbedeutend sind die Kosten für ein solches Studium. Die Universitäten in Australien, Großbritannien und in den USA erheben grundsätzlich Studiengebühren. Diese betragen z.B. in den USA durchschnittlich 20.000 EUR zzgl. 15.000 EUR für Lebenshaltungskosten, Krankenversicherung und Bücher.

In Europa sind die Studiengebühren etwas geringer und liegen zum Beispiel in Großbritannien durchschnittlich bei 3.800 Pfund für das gesamte LL.M.-Programm. Jedoch variiert die Höhe der Gebühren teilweise beträchtlich zwischen den einzelnen Universitäten und Ländern. Außerdem gilt es zu beachten, dass es bei diesen Kosten bei weitem nicht bleibt. Unterkunft, Verpflegung, Heimflüge, Kleidung usw. treiben die Kosten leicht auf insgesamt 25.000 EUR für ein Studienjahr in Großbritannien – in den USA sogar auf noch mehr.

Diese Kosten kann man umgehen, wenn man ein Stipendium erhält. LL.M.-Stipendien werden von mehreren Stiftungen und Organisationen vergeben. So vergibt z.B. der *Deutsche Akademische Austauschdienst* (DAAD) gemeinsam mit einer Stuttgarter Anwaltskanzlei regelmäßig Stipendien für Juristen, die ein einjähriges Magisterstudium (LL.M.) in Großbritannien oder in den USA ermöglichen. Bewerbungsvoraussetzung hierfür ist allerdings ein hervorragendes Erstes oder Zweites Staatsexamen.

Folgende Organisationen und Stiftungsverbände helfen bei der Finanzierung des Auslandsstudiums:

- Deutscher Akademischer Austauschdienst (DAAD)
  www.daad.de
- Fulbright Kommission
  www.fulbright.de
- Studienstiftung des deutschen Volkes
  www.studienstiftung.de

Alle Adressen hierzu finden Sie im Adressenanhang. Bitte bedenken Sie, dass für die Vergabe eines Stipendiums hohe Anforderungen gestellt werden. Eine weitere Möglichkeit besteht in der Eigenfinanzierung dieses Studiums. Sprechen Sie diesbezüglich mit Ihrer Bank.

Der Absolvent sollte sich auch hinsichtlich der Auswahl der Hochschule Gedanken machen, schließlich bieten einige Schulen den LL.M. an. Welches Land und welche Sprache nun für den Absolventen am interessantesten sind, muss jeder für sich selber entscheiden. Neben dem Lernangebot sollte unbedingt aber auch der kulturelle Aspekt berücksichtigt werden.

Viele Absolventen legen großen Wert auf den Ruf und den Rang der *Law School*, wo sie ihren LL.M. machen wollen. In den USA gibt es so genannte *Law School Rankings*, in denen die Top 50 *Law Schools* regelmäßig veröffentlicht werden. Diese Rankings sollten aber nur zur Orientierung dienen, nicht unbedingt sagen sie etwas zur Qualität des Lehrstoffs aus. Mehr Gewicht sollte also auf andere Kriterien gelegt werden, wie z.B. Kosten, wissenschaftliche Angebote, Kontakte, Lage der Universität, kulturelle Aspekte, Prüfungsverfahren usw.

📖 *Good University Guide*
The Times
ISBN: 0007151853

Nähere Informationen zu LL.M. Programmen in verschiedenen Ländern unter *www.jura-welt.com/referendare.*

Ein wesentlicher Punkt ist die Bewerbung. Die von den jeweiligen Universitäten festgesetzten Fristen müssen unbedingt eingehalten werden, d.h. die Bewerbung sollte zum frühest möglichen Zeitpunkt eingereicht werden. Generell sollte die Vorbereitungszeit schon 1,5 bis zwei Jahre vorher einsetzen.

Als weitere Voraussetzungen sind ein ausführlicher Lebenslauf (nach amerikanischem Muster, siehe Bewerbung/Lebenslauf) mehrere Empfehlungsschreiben deutscher Professoren oder Praktiker (Richter, Anwälte) und ein Transcript (Übersetzung der besuchten Vorlesungen und der erreichten Noten) beizufügen. Studierende eines englischsprachigen Programms müssen schließlich auch z.B. einen TOEFL-Test (*Test of English as a Foreign Language*) absolvieren.

📖 *Der LL.M. in der Europäischen Union*
Perspektiven für ein juristisches Auslandsstudium
Bewerbungsverfahren und Studienorte
von Karsten / Wirtz
Luchterhand Verlag
ISBN: 3472052201

Auch im Jahr 2004 vergab die Rechtsanwaltskanzlei *Gleiss Lutz* gemeinsam mit dem *Deutschen Akademischen Austauschdienst* (DAAD) das *Alfred-Gleiss-Stipendium*. Hochqualifizierte Referendare oder Assessoren der Rechtswissenschaft haben hier die Möglichkeit, an einem einjährigen Magister-Studium (LL.M.) an einer amerikanischen oder britischen Hochschule ihrer Wahl teilzunehmen. Voraussetzungen für die Bewerbung ist ein mindestens mit „vollbefriedigend" abgeschlossenes Erstes und gegebenenfalls Zweites Staatsexamen.

Weitere Informationen unter *www.gleisslutz.com.*

Die juristische Fakultät der *Ruhr-Universität Bochum* bietet seit dem Wintersemester 2001 erstmals einen weiterbildenden Studiengang im „Wirtschafts- und Steuerrecht" an. Erfolgreiche Absolventen erhalten den Grad eines Magisters der Rechte (LL.M.). Der Studiengang bietet vertiefte Kenntnisse auf dem Gebiet des privaten und öffentlichen Steuerrechts einschließlich des Wirtschafts- und Steuerstrafrechts. Der Studiengang ist auf eine Regelstudienzeit von zwei Semestern ausgerichtet. Die Studiengebühr beträgt ca. 750 EUR pro Semester.

Weitere Informationen unter *www.ruhr-uni-bochum.de/wir-steu.*

An der *Hamburger Hochschule für Wirtschaft und Politik* wird seit Oktober 2001 ein neuer Masterstudiengang „Europastudien" angeboten. Der Schwerpunkt der Europastudien liegt auf dem ökonomischen, politischen und rechtlichen Integrationsprozess der Europäischen Union. Dabei wird die weltwirtschaftliche und politische Entwicklung berücksichtigt. Mit seiner inhaltlichen Ausrichtung unterscheidet sich der Europa-Studiengang von Masterstudiengängen, die sich eher auf wirtschaftliche Fragen oder auf staatliches oder zwischenstaatliches Handeln konzentrieren. Der Studierende soll ausgebildet werden für eine Tätigkeit im Bereich der wissenschaftlichen Politikberatung bei Nicht-Regierungsorganisationen, Gewerkschaften, Industrie- und Arbeitgeberverbänden, aber auch bei europäischen und internationalen Organisationen, Ministerien und transnationalen Unternehmen.

Die Studierenden beenden ihr Studium nach zwei Jahren mit dem „Master für Europastudien" und sind damit gleichzeitig zur Promotion berechtigt.

Weitere Informationen unter *www.hwp-hamburg.de/Euromaster.*

An der *Universität Lüneburg* haben Absolventen rechts- und umweltwissenschaftlicher Studiengänge seit dem Wintersemester 1999/2000 die Möglichkeit, vertiefende Kenntnisse des Umweltrechts zu erwerben. Ziel des Studienangebotes ist es, profunde umweltrechtliche Kenntnisse einerseits und Fähigkeiten zum interdisziplinären Arbeiten andererseits zu vermitteln, die die Absolventen dazu befähigen, in einem der vielfältigen Felder des Umweltrechts berufspraktisch oder wissenschaftlich tätig zu werden. Der Pflichtbereich des Studiengangs gliedert sich in die Bereiche Nationales Umweltrecht, Europäisches Umweltrecht, Methodenfragen des Umweltrechts sowie Sozialwissenschaftliche Umweltfragen.

Das Studium dauert einschließlich Abschlussarbeit und mündlicher Prüfung zwei Semester. Als Studienabschluss kann der LL.M. erworben werden.

Informationen erhalten Sie unter *www.umweltrecht-lueneburg.de.*

Erstmals wurde 2000 in Deutschland ein postgradualer Studiengang der Rechtsinformatik durch die *Universität Hannover* angeboten. Angeboten wird dieser Studiengang im Rahmen des *European Legal Informatics Study Programme* (EU-

LISP). Das EULISP ist ein internationales Programm, an dem derzeit elf Universitäten aus neun EU-Mitgliedsstaaten beteiligt sind.

Das Ziel dieses Ergänzungsstudienganges ist es, theoretische und praktische juristische Kenntnisse im Bereich des IT-Rechts zu vermitteln. Ein enger Kontakt zu Anwaltskanzleien und Unternehmen soll den Absolventen nicht nur konkrete Berufsperspektiven eröffnen, sondern auch die Ausrichtung des Lehrangebots an aktuelle Entwicklungen und Problemstellungen ermöglichen. Aufgebaut wird der Ergänzungsstudiengang praxisbezogen und international: Nach einem Semester in Hannover, in dem Telekommunikations- und Datenschutzrecht sowie IT-bezogenes Immaterialgüterrecht und Vertragsrecht zu den Pflichtfächern gehören, wird im nächsten Semester an einer anderen EULISP-Universität studiert. Abgeschlossen wird der internationale Studiengang mit dem international anerkannten akademischen Grad LL.M. (Rechtsinformatik).

Weitere Informationen unter *www.eulisp.de*.

Der international anerkannte Abschluss *Master of Laws* (LL.M) mit dem Schwerpunkt „Kapitalmarkt-, Bank- und Währungsrecht" kann jetzt im Herzen der Bankenstadt Frankfurt am Main erworben werden. Bewerbungen von überdurchschnittlich qualifizierten Hochschulabsolventen der Rechts- oder Wirtschaftswissenschaften aus dem In- und Ausland sind im neu gegründeten *Institute for Law and Finance* an der *Goethe-Universität Frankfurt* am Main willkommen.

Im Blickfeld der Frankfurter Skyline werden die wenigen ausgewählten Studierenden von Professoren der Goethe-Universität und Experten aus dem angrenzenden Bankenviertel sowie den größten internationalen Anwaltskanzleien praxisnah unterrichtet. Das interdisziplinäre Curriculum enthält rechts- und wirtschaftswissenschaftliche Komponenten sowie Praxisanteile.

International bekannte Banken und Anwaltskanzleien bieten den Studierenden Praktikumsplätze an, damit sie Praxiserfahrung an den Schaltstellen des Finanzplatzes Frankfurt am Main sammeln können. Auch das Bundesministerium der Finanzen hat daran großes Interesse.

Der Abschluss „*Master of Laws (Finance)*" bietet den Absolventen für ca. 15.000 EUR bisher unbekannte Chancen, sich in den Führungsetagen der internationalen Finanzwelt zu etablieren.

Nähere Informationen unter *www.ilf-franfurt.de*

Weitere Magisterstudiengänge sind:

- **LL.M. Wirtschaftsstrafrecht an der Uni Osnabrück**
  Magisterstudiengang zum Wirtschaftsstrafrecht für Absolventen des Ersten Staatsexamens, bzw. Studenten, die zum Ersten Staatsexamen zugelassen sind.
  Nähere Informationen unter *www.jura.uni-osnabrueck.de/intitut/wistr/*.

- **Aufbaustudiengang Europäische Integration an der Uni des Saarlandes**
  Der Aufbaustudiengang ist als ein rechtswissenschaftliches Vertiefungsstudium auf dem Gebiet des europäischen Unions- und Gemeinschaftsrechts und des internationalen Wirtschaftsrechts konzipiert.
  Nähere Informationen unter *http://europainstitut.de/lehrangebot/magister*.

- **Aufbaustudiengang Europäisches und Internationales Recht an der Uni Bremen.**
  Das Aufbaustudium Europäisches und Internationales Recht (LL.M. Eur.) will engagierten Juristinnen und Juristen aus aller Welt die Möglichkeit bieten, sich auf eine international ausgerichtete Karriere vorzubereiten. Nähere Informationen unter *www.europarecht.uni-bremen.de.*

- **Postgraduiertenstudium Master of European Studies am Europa-Kolleg Hamburg**
  Die Initiative zur Einrichtung des umfassenden und interdisziplinär ausgerichteten Postgraduiertenstudiengangs *Master of European Studies* basiert auf der Überzeugung, dass Europafragen für Staat und Wirtschaft von zunehmender Bedeutung sind. Nähere Informationen unter *www.europa-kolleg.de/deutsch/frame.htm*

- **Europäische Integration und Internationale Wirtschaftsbeziehungen" in Hamburg**
  Ziel des Lehrprogramms war es, dem wissenschaftlichen Nachwuchs die Kenntnisse der europäischen Integration und der internationalen Wirtschaftsbeziehungen zu vermitteln, die für einen europäisch oder international ausgerichteten beruflichen Werdegang unverzichtbar sind. Nähere Informationen unter *http://www2.jura-uni-hamburg.de/issr/Lehrangebot/magister*

Etwas Besonderes bietet die ***Dresden International University***. Die *Dresden International University* wurde 2003 als gemeinnützige Gesellschaft gegründet. Sie richtet sich mit ihrem Angebot an Interessenten am Markt, die durch Weiterbildung neue Impulse in ihre Tätigkeiten tragen wollen oder neue berufliche Orientierungsmöglichkeiten suchen.

Ausbildungsziel ist die Vermittlung von Kompetenzen an der Schnittstelle zwischen Wirtschaftswissenschaft und Rechtswissenschaft. Absolventen werden in die Lage versetzt, im Rahmen ihrer Berufsausübung ihre Handlungen und Entscheidungen aus einer weiteren Perspektive zu beurteilen. Teilnehmer mit einer juristischen Vorbildung werden in der Lage sein, Problemanalysen kaufmännisch-wirtschaftlich zu erstellen und sich somit von einer rein juristischen Betrachtungsweise zu lösen. In der Praxis hat sich herausgestellt, dass sich die notwendige Zusammenarbeit von Juristen und Wirtschaftswissenschaftlern oft schwierig gestaltet. Betriebswirten wie Juristen fehlt häufig der Zugang zum jeweils anderen Fach, schon weil Sprache und Denken des anderen unvertraut sind.

Im Rahmen des Masterstudiengangs „Wirtschaft und Recht" werden Juristen und Wirtschaftswissenschaftler zusammen in kleinen Gruppen studieren und somit die Grenzen zwischen den beiden Studienrichtungen aufheben und diese praxisorientiert miteinander verbinden.

Das Angebot richtet sich an qualifizierte Juristen und Wirtschaftswissenschaftler aus dem In- und Ausland. Zulassungsvoraussetzungen sind der erfolgreiche

Abschluss der Ersten Juristischen Staatsprüfung in Deutschland oder ein gleich-
wertiger Studienabschluss oder der erfolgreiche Abschluss eines wirtschaftswissenschaftlichen Studiums an einer Universität in Deutschland oder ein gleichwer-
tiger Studienabschluss. Des Weiteren sind ausreichende Sprachkenntnisse in
Deutsch und Englisch erforderlich, die zur aktiven Teilnahme an den Lehrveranstaltungen befähigen. Hinzu kommt die erfolgreiche Teilnahme an einer Eig-
nungsprüfung.

Bitte erfragen Sie die Kursgebühr beim Kursmanager.

Die Lehrveranstaltungen sind in mehrere thematische Module eingeteilt:

- **Modul 1**: Unternehmensgrundlagen
- **Modul 2**: Finanzierung und Sanierung
- **Modul 3**: Personal
- **Modul 4**: Steuern
- **Modul 5**: Nationaler und internationaler Wettbewerb
- **Modul 6**: Vertragsgestaltung

Dresden International University (DIU)
Chemnitzer Straße 46b
01187 Dresden
Fon 0351 / 463 323 26
Fax 0351 / 463 339 56
www.dresden-international-university.com

Master of Comparative Jurisprudence

Das Programm in *Comparative Jurisprudence* gibt es als *Master of Comparative
Jurisprudence* (M.C.J.) seit über 50 Jahren. 1998 wurde der M.C.J. in LL.M. C.J.
umbenannt, um die Gleichwertigkeit mit anderen LL.M.-Titeln zu unterstreichen.
Der LL.M. C.J. ist speziell auf Juristen aus Nicht-Common-Law-Ländern zugeschnitten und stellt als solcher eine Besonderheit unter den LL.M.-Programmen in
den Vereinigten Staaten dar. Ziel des Programms ist es, den Studenten ein breites
und dennoch tiefes Verständnis des amerikanischen Rechtssystems zu vermitteln,
wobei allerdings bei aller Breite der Schwerpunkt im Wirtschafts- und Gesellschaftsrecht liegt.

Der LL.M. C.J. berechtigt – wie die anderen LL.M.-Programme auch – zur Zulassung zum *Bar Exam*, zur Prüfung für die Zulassung als *Attorney at Law*. Anders als bei den anderen LL.M.-Programmen erfolgt zwar eine Schwerpunktset-
zung, aber keine wirkliche Spezialisierung. Dies hat den Vorteil eines abgerunde-
ten Überblicks über das System an sich und fördert das generelle Verständnis für
die systematischen Zusammenhänge anstatt isolierter Spezialkenntnisse. Entsprechend ist das Pflichtfachprogramm breit gefächert und umfasst *Contracts, Civil
Procedure, Property, Torts, Constitutional* und *Corporation Law* sowie *American
Legal Methodology*. Letzteres ist der Kern des Herbstsemesters. In *American Legal Methodology* werden Methodik und Arbeitstechniken amerikanischer Juristen

vermittelt. Ziel ist es, den ausländischen Juristen – auch sprachlich – in die Lage zu versetzen, die Arbeit eines Associates in einer amerikanischen Kanzlei zu verrichten, oder jedenfalls mit dessen Arbeitsweise und -technik vertraut zu machen. Die Aufgabenstellungen bestehen daher im schriftlichen Lösen praktischer Fälle im Stile kleiner Hausarbeiten. Aufbau und Stil, wenn auch nicht Umfang dieser Arbeiten sollen in etwa den Anforderungen in einer Kanzlei entsprechen. Im Frühjahrssemester wird *American Legal Methodology* ersetzt durch eine *Thesis*, eine umfangreichere wissenschaftliche Arbeit zu einem frei gewählten Thema im amerikanischen Recht.

Dieses Pflichtprogramm wird ergänzt durch Wahlfächer. Man kann sich entscheiden zwischen speziell auf das C.J.-Programm zugeschnittenen Wahlfächern wie *Taxation* oder *Securities Regulation*, die wie alle C.J.-Kurse einen Überblick und allgemeines Verständnis und Problembewusstsein der jeweiligen Materie vermitteln wollen, oder aber man wählt seine Wahlfächer aus dem übrigen umfassenden Angebot der *Law School*. Letzteres hat den Vorteil, dass in diesen Kursen amerikanische und ausländische LL.M.-Studenten gemeinsam mit den fast ausschließlich amerikanischen J.D.-Studenten (J.D. = jurist doctor) unterrichtet werden.

Der weniger gängige *Master of Comparative Jurisprudence* (M.C.J.) oder auch *Master of Comparative Law* (M.C.L.) dauert als Aufbaustudiengang ein bis zwei Jahre.

Für Absolventen des LL.M.-Programmes, die eine Hochschullaufbahn anstreben, kommt der Studiengang zum *Doctor of Juridical Science* (J.S.D.) bzw. *Doctor of Science of Law* (S.J.D.) in Betracht, der drei bis fünf Jahre dauert.

Master of Comparative Law

Der Schwerpunkt des *Master of Comparative Law* (M.C.L.) liegt auf dem Gebiet der Rechtsvergleichung. Im Übrigen gelten die Ausführungen zum M.C.J.

Die rechtswissenschaftliche Fakultät der *Universität Mannheim* bietet mit der *Faculty of Law* der *University of Adelaide* einen juristischen Aufbaustudiengang *Master of Comparative Law* an. Thematische Schwerpunkte bilden hier das Völker- und Europarecht, die Rechtsvergleichung sowie Aspekte aus dem internationalen Privat-, Wirtschafts- und Steuerrecht.

☞ Dekanat der Fakultät für Rechtswissenschaft der Universität Mannheim
Schloss (Westflügel)
68131 Mannheim
Fon 0621 / 181 – 1311
Fax 0621 / 181 – 1318
www.uni-mannheim.de

Master of Business Law

Ein weiterer interessanter Studiengang ist schließlich der *Master of Business Law* (M.B.L.). Der thematische Schwerpunkt dieses Magisterstudienganges liegt im (internationalen) Wirtschaftrecht, dort insbesondere im *Common Law*.

Der M.B.L. dürfte somit für diejenigen Juristen eine interessante Alternative zum LL.M. darstellen, die ihren beruflichen Schwerpunkt im internationalen Wirtschaftrecht sehen.

Die *Fachhochschule Kiel* bietet ein solches Zusatzstudium in Deutschland an. Es erstreckt sich über vier Semester und umfasst folgende Gebiete: Allgemeine Betriebswirtschaftslehre, Rechnungswesen, Unternehmensführung, Investitions- und Finanzierungslehre, Steuerlehre, Volkswirtschaftspolitik und Wirtschaftsautomatik.

> Fachhochschule Kiel
> Fachbereich Wirtschaft
> Sokratesplatz 2
> 24149 Kiel
> Fon 0431 / 210 – 3530
> Fax 0431 / 210 – 3825
> www.fh-kiel.de

An der renommierten *Universität St. Gallen* lässt sich der Studiengang als berufsbegleitendes Teilzeitstudium in vierzehn Monaten absolvieren.

Master of Business Law and Taxation

Die *Universität Mannheim* bietet einen *Master of Business Law and Taxation* (M.B.L.T.) an. Hierbei sollen den Studenten die Grundstrukturen des deutschen, europäischen und internationalen Wirtschafts- und Steuerrechts vermittelt werden.

Zudem werden die sprachlichen Fähigkeiten der Studenten im Wirtschaftsenglisch und im juristischen Englisch erweitert.

> Dekanat der Fakultät für Rechtswissenschaft der Universität Mannheim
> Schloss (Westflügel)
> 68131 Mannheim
> Fon 0621 / 181 – 1311
> Fax 0621 / 181 – 1318
> www.uni-mannheim.de

Im Bereich *Taxation* bietet auch die *New York University* zwei LL.M.-Programme mit unterschiedlicher Zielrichtung an. Das *Graduate Taxation Programm* stellt sich als Vorbereitung auf eine zumindest längerfristige Tätigkeit in diesem Bereich in den USA dar. Daher wählen vor allem Amerikaner, die sich auf dem Gebiet des Steuerrechts spezialisieren wollen, dieses Programm. Allerdings steht es auch ausländischen Studenten offen, die im Hinblick auf ihre spätere berufliche Tätigkeit genauere Kenntnisse des US-amerikanischen Steuerrechts benötigen oder erwerben wollen. Das *International Taxation Programm* hingegen hat eine internationalere Ausrichtung. Es kann lediglich von ausländischen Studenten gewählt werden, die nach Ende des Programms oder einer vorübergehenden anschließenden Tätigkeit in den USA in ihren Herkunftsländern beruflich tätig werden wollen.

Der LL.M. in *International Taxation* wird erst seit wenigen Jahren angeboten. Damit handelt es sich um ein vergleichsweise junges Programm, das sich durch ein ambitioniertes und zukunftsorientiertes Konzept auszeichnet. Ziel des Programms ist in erster Linie, ein breites Verständnis für die komplexen steuerrechtlichen Konsequenzen der zunehmenden Internationalisierung von Waren- und Kapitalströmen zu schaffen. Daneben soll mittelfristig ein globales Netzwerk von untereinander vertrauten und bekannten Juristen, die auf dem Gebiet des internationalen Steuerrechts tätig sind, aufgebaut werden.

Das *International Taxation Programm* ist sehr spezialisiert und umfasst *Fundamentals of US Business and Individual Income Taxation, Foreign Tax I, International Business Transactions, Tax Treaties* und *International Tax Policy* als Pflichtkurse. Daneben können in begrenztem Umfang Kurse aus dem *Graduate Tax Programm* oder aus anderen LL.M.-Programmen sowie der *Business School* gewählt werden.

Im Herbstsemester wird ein Überblick über das US-amerikanische Einkommen- und Außensteuerrecht vermittelt. Es werden somit die Grundlagen für das Frühjahrssemester geschaffen, in dem die internationale Steuerplanung praktisch relevanter Vorgänge des modernen Wirtschaftslebens im Mittelpunkt steht.

Daneben lernt man Aufbau und Methodik bilateraler Besteuerungsverträge kennen und erhält einen Überblick über die Grundzüge internationaler Steuerpolitik. Es besteht die Möglichkeit, in einem dieser Gebiete eine Thesis zu verfassen, die bei etwas Geschick mit einer Promotion verbunden werden kann.

Das Programm ermöglicht es, sich einen tieferen Einblick in die interessante und zunehmend an Bedeutung gewinnende Rechtsmaterie des internationalen Steuerrechts zu verschaffen, der in der deutschen Ausbildung nicht ihr praktischer Stellenwert zugebilligt wird. Daneben kann über die Wahlfächer auch ein Einblick in das US-amerikanische Steuer- und Gesellschaftsrecht gewonnen werden, dessen Einfluss auf das deutsche Recht auf Grund der im internationalen Vergleich dominierenden Stellung der USA in der Wirtschaftswelt nicht unterschätzt werden sollte. Die Teilnahme an dem *International-Taxation-Programm* der *New York University* bietet somit eine für international ausgerichtete Juristen exzellente und äußerst interessante Zusatzqualifikation. Weitere Informationen unter *www.law.nyu.edu/internationaltaxalumni/index.html.*

Das *International Tax Institute* (Institut für Ausländisches und Internationales Finanz- und Steuerrecht, IIFS) der *Universität Hamburg* bietet seit 2001 einen Masterstudiengang im internationalen Steuerrecht an. Ziel des einjährigen Studiums ist es, die Teilnehmer intensiv auf die Aufgaben mit internationalem Bezug vorzubereiten.

Der Studiengang schließt mit dem akademischen Grad des *Master of International Taxation* (M.I.Tax) ab.

☐   Universität Hamburg
Institut für Ausländisches und Internationales Finanz- und Steuerrecht
Hochhaus der Universität Hamburg
Sedanstraße 19
20146 Hamburg
Fon 040 / 42838 – 6951
Fax 040 / 42838 – 3393
www.iifs.de

Master of Business Administration

Ein für Positionen in Wirtschaft und Industrie besonders interessantes Aufbaustudium, auch für den Juristen, ist das neunmonatige bis zweijährige MBA-Studium (*Master of Business Administration*). Bei den Zusatzqualifikationen ziehen 64 Prozent der Unternehmen den MBA-Titel der Promotion vor (so die FAZ vom 06.10.2002).

Während die Promotion für selbstständiges wissenschaftliches Arbeiten spricht, steht der MBA für selbstständiges wirtschaftliches Arbeiten. Der MBA ist in den USA entstanden und dient dort als Einstellungsgrundlage für Positionen im mittleren und höheren Management, die wirtschaftswissenschaftliche Kenntnisse voraussetzen. Insofern ist er in etwa mit dem deutschen Abschluss eines Betriebswirtschaftsstudiums vergleichbar. Auch Juristen finden Studienangebote, die ihnen innerhalb kurzer Zeit wirtschaftswissenschaftliche Kompetenz vermittelt.

Die MBA-Ausbildung hat internationalen Charakter – selbst dann, wenn sie in Deutschland erfolgt – und entsprechend gestaltet sind auch die Eintrittsbedingungen. Je höher die Anforderungen, desto teurer die *Business School* und desto besser die Ausbildung.

Grundsätzlich gibt es drei Arten von MBA-Programmen:

- Vollzeitprogramm: normales Studium als Erstausbildung
- Teilzeitprogramm: Akademische Zusatzausbildung für Leute mit mehrjähriger Berufserfahrung
- Fernstudienprogramm

Die Kosten des MBA-Studiums belaufen sich auf ca. 9.000 EUR bis 40.000 EUR, je nach *Business-School* (z.B. Harvard: 37.500 EUR).

Mehr Informationen zum Thema MBA finden Sie im Internet unter *www.junge karriere.com/mba.*

Dort befindet sich auch eine Datenbank mit den Angaben zu den wichtigsten Programmen in Europa und den USA.

Das Fernstudienangebot MBA für Finanzdienstleister, das seit 1990 weltweit erfolgreich angeboten wird, ist das Ergebnis einer Kooperation der *Allfinanz Akademie* in Hamburg mit der *University of Wales* und der *Fern-Universität Hagen.*

In einer Wirtschafts- und Arbeitswelt, die eine ständige Anpassung der Qualifikation des Einzelnen erfordert, soll mit diesem Studienprogramm allen im Bereich der Finanzdienstleistungen Tätigen eine qualifizierte Weiterbildungsmöglichkeit geboten werden. Überdies soll Akademikern anderer Fachrichtungen (z.B. Jura, Ingenieur- und Naturwissenschaften, Philologie) der berufliche Wechsel zum Finanzdienstleistungsbereich ermöglicht werden.

Nähere Informationen dazu erhalten Sie unter *www.allfinanzakademie.de* oder *www.fernuni-hagen.de.*

Rankings zur Bestimmung der Attraktivität eines MBA-Programms gewinnen auch hierzulande weiter an Wert und sind zum wichtigsten Kriterium bei der Wahl einer Schule geworden. Ein sehr renommiertes Ranking ist *The Wall Street Journal Europe Ranking.* Dieses bemisst sich an den Meinungen von Recruitern, die an *Business Schools* ihre zukünftigen Mitarbeiter aussuchen. Der MBA ist weniger akademischer Titel denn Karrieresprungbrett. Damit muss sich die Wertigkeit eines MBA-Programms an den Karrierechancen messen lassen, die dem Absolventen zukünftig offen stehen. Da dies am Besten aus der Sicht von Personalentscheidern zu beurteilen ist, kann jenes Ranking sehr gut bestimmen, welcher MBA Sinn macht.

Unter *www.businessweek.com* oder *www.ftd.de/static/pdf/mba/top27_euro.pdf* erfahren Sie das Ranking der weltweit besten *Business Schools*.

2.11.4 Promotion

Im Jahr 2003 wurden laut dem statistischen Bundesamt 23.043 Doktortitel von deutschen Universitäten verliehen, hauptsächlich aber im Bereich Medizin.

Dabei promovieren immer mehr Frauen – 2003 waren es 8.724 mit steigender Tendenz. In Italien und Portugal lag der Frauenanteil bei den Doktortiteln im Jahr 2001 sogar bei über 50 Prozent. Deutschland stellte mit 24.796 abgeschlossenen Doktorandinnen zwar ein Drittel aller promovierten Frauen in der EU, ihr Anteil innerhalb Deutschlands lag aber nur bei 35 Prozent.

Nur in Belgien und den Niederlanden war der Frauenanteil geringer, so das *Institut der Deutschen Wirtschaft*.

Inzwischen promoviert in Deutschland jeder siebte Jurist.

Mehr als jeder dritte Karrieremanager kann mit einem gediegenen „Dr." vor dem Namen aufwarten und dieser Trend hat sich in den letzten Jahren noch weiter verstärkt. Die Anzahl von Spitzenkräften mit Doktortitel ist in den letzten Jahren stetig gewachsen. Doch nicht nur auf dem Weg in die Vorstandsetage oder in die renommierte alteingesessene Kanzlei, auch auf dem Gehaltscheck von Berufseinsteigern macht sich der akademische Titel positiv bemerkbar. Für promovierte Kandidaten werden in aller Regel höhere Bezüge gezahlt als für Absolventen ohne diese Qualifikation, so eine Studie der *Kienbaum Management Consultants*. Und diese Gehaltszuschläge erreichen durchaus beachtliche Dimensionen. Eine Promotion schlägt, ähnlich wie ein renommierter MBA-Abschluss, mit jährlich durchschnittlich 6.000 EUR zusätzlich zu Buche. Der Doktortitel ist aber vor allem dann karrierefördernd, wenn er in überschaubarer Zeit erworben wurde und/oder etwa eine konkrete Beziehung zur Wirtschaft aufweisen kann.

Die Promotion ist Ausdruck analytischen, eigenständigen Erarbeitens von wissenschaftlichen Themenstellungen. Wer sich nach einem erfolgreich abgeschlossenen Studium durch eine Promotion weiter qualifizieren möchte, sollte dafür gute Gründe haben, denn zunächst einmal bedeutet es in aller Regel eine Verlängerung der Ausbildungszeit um ca. zwei Jahre. Dadurch kann sich ein Wettbewerbsnachteil zu anderen Absolventen ergeben. Der Vorteil wäre demgemäß natürlich der Titel, der zu höherem Ansehen in der Gesellschaft und auch zu mehr Einkommen führt.

Die *Dissertation* (Doktorarbeit) muss eine selbstständige wissenschaftliche Arbeit sein, die einen Fortschritt bringt und der wissenschaftlichen Öffentlichkeit zugänglich gemacht ist. In welcher Form das zuletzt genannte Erfordernis der Publikation erfüllt sein muss, regeln die Promotionsordnungen der einzelnen rechtwissenschaftlichen Fakultäten. Der besondere wissenschaftliche Rang der Dissertation, der mit dem Kriterium „Fortschritt der Wissenschaft" umschrieben ist, erfordert eine besondere Qualität der Ausführung. Das Thema muss entweder als solches neu sein oder in der Art seiner Behandlung neue Aspekte eröffnen. Ist dasselbe Thema unter demselben Aspekt bereits behandelt, kann es nicht mehr als Promotionsthema zugelassen werden.

Der Zugang zur Promotion ist von Hochschule zu Hochschule unterschiedlich.

Fast alle Promotionsordnungen verlangen nicht nur eine bestandene, sondern eine besser als „ausreichend" bestandene Erste oder Zweite Staatsprüfung, vielfach sogar mit der Note „vollbefriedigend". Die Zustimmung der Fakultät hängt vom Einzelfall ab. Wer allerdings nur ein ausreichendes Ergebnis vorzuweisen hat und auf eine Promotion nicht verzichten möchte, muss sich an eine der wenigen Fakultäten wenden, die schon eine bestandene Staatsprüfung als grundsätzlich hinreichend gelten lassen, auch wenn er mit dieser Fakultät bisher durch nichts verbunden war.

Die Promotionsordnungen der juristischen Fakultäten verlangen zudem häufig noch zwei Seminarscheine und legen teilweise auch fest, in welchen Fächern die Seminarscheine erbracht werden müssen.

Nähere Informationen zu den Promotionsordnungen der einzelnen Bundesländer unter *www.jura-lotse.de/links/Gesetze/Ausbildungsvorschriften/index.shtml*.

Zur Erlangung des Doktortitels sind in der Regel folgende Schritte nötig:

- Anfertigung einer schriftlichen *Dissertation*
- Ablegen einer mündlichen Prüfung (*Rigorosum)*
- An manchen Universitäten eine mündliche Verteidigung der Doktorthese (*Kolloquium*, bzw. *Disputation*)
- Je nach Universität der Nachweis verschiedener Qualifikationen in Form von Eignungsprüfungen oder Scheinen

Bei der geplanten Promotion stellen sich alsbald drei große Probleme. Zum einen müssen Sie einen Doktorvater finden, denn immer weniger Professoren müssen immer mehr Studenten betreuen und haben somit weniger Zeit. Weiterhin muss ein geeignetes Thema für die Dissertation gefunden werden. Manche Professoren geben ein Thema vor, andere wiederum überlassen das Thema dem Promovierenden. Schließlich muss der gefundene Doktorvater auch bereit sein, die Betreuung der Dissertation zu übernehmen.

Nicht unwichtig sind zudem die Kosten der Promotion. Sie setzt nämlich voraus, dass die Lebenshaltungskosten für mindestens zwei Jahre abgedeckt sind.

Weiterhin haben die Hochschulen in den letzten Jahren Etat-Kürzungen erfahren müssen, so dass nicht immer die gewünschte Literatur in den Bibliotheken vorrätig ist. Die Konsequenz ist, dass der Doktorand die Lektüre auf eigene Kosten anschaffen muss, was sicherlich nicht immer günstig ist.

Auch die weiteren Kosten im Zusammenhang mit der Promotion, nämlich die für die Publikation der Dissertation im Anschluss an die bestandene Prüfung, sind erheblich. Die Promotionsurkunde gibt es nämlich erst, wenn das Werk auch publiziert ist, bzw. ein unterschriebener Verlagsvertrag vorgelegt werden kann. Publikation bedeutet im Falle der Dissertation, diese in „angemessener" Weise der wissenschaftlichen Öffentlichkeit zugänglich zu machen. Was angemessen ist, bestimmt die Promotionsordnung der Fakultät. Bis zu 150 Pflichtexemplare der Dissertation müssen in Deutschland eingereicht werden. Die Kosten bewegen sich, je nach Publikationsart, Seitenzahl, Auflagenhöhe und Verlag, zwischen ca. 1.000 EUR und 10.000 EUR.

Bei einem Abschluss „suma cum laude" fördern manche Fakultäten die Druckkosten mit bis zu 1.500 EUR.

Allerdings gibt es auch andere Publikationsformen, etwa den Copy-Shop oder *book-on-demand* (*www.bod.de*).

Eine neue, auch kostengünstige Alternative zur Veröffentlichung der Doktorarbeit bietet die Publikation im Internet. Hierfür sollten Sie allerdings Ihre Hochschule fragen (Promotionsordnung), ob mit dieser Art der Publikation der Veröffentlichungspflicht Genüge getan ist.

Die *Deutsche Hochschule für Verwaltungswissenschaften* in Speyer hat seit 1970 etwa 230 Kandidaten den akademischen Grad „Doktor der Verwaltungswissenschaften" (Dr. rer. publ.) verliehen. Die Promotion bietet im Rahmen des mindestens zweisemestrigen Doktorandenstudiums bei der Anfertigung der Dissertation Gelegenheit, die Kenntnisse auf hohem Niveau wissenschaftlich zu vertiefen.

Dabei wird auch hier die Interdisziplinarität groß geschrieben. Im Studium sind zwei Seminarscheine aus verschiedenen Stoffgruppen zu erwerben; im Rigorosum werden drei Disziplinen geprüft.

Euroland und die internationalen Wirtschaftsbeziehungen bieten zahlreiche Möglichkeiten, auch im Ausland zu promovieren. Wer später in einem internationalen Unternehmen oder einer internationalen Kanzlei arbeiten möchte, dem ist die Promotion im Ausland zu empfehlen, insbesondere wenn die Gelegenheit besteht, an einer hochrenommierten internationalen Hochschule den Doktortitel zu erwerben. Unter deutschen Doktoranden am beliebtesten sind England, und die USA, daneben auch Spanien, Frankreich und Italien.

In den angelsächsischen Ländern gibt es ein eigenes Promotionsstudium, das neben der Anfertigung der Dissertation umfangreichere Leistungsnachweise und den regelmäßigen Besuch von Pflichtveranstaltungen voraussetzt. Der dort vergebene Titel des *Ph.D.* (*Philosophical Doctor*) ist die höchste wissenschaftliche Qualifikation, da es keine Habilitation gibt.

Zu klären ist bei einer Promotion im Ausland die Frage, ob der im Ausland erworbene Doktortitel auch in Deutschland geführt werden darf. Die Anerkennung von Doktortiteln aus dem westeuropäischen Ausland ist grundsätzlich kein Problem, allerdings gibt es bei den osteuropäischen Universitäten zum Teil Vorbehalte.

Es gibt auch unseriöse (ausländische) „Universitäten", die nicht im Entferntesten den Anspruch einer Lehrakademie erheben können. Häufig bestehen diese „Universitäten" nur aus einem kleinen Büro mit einem „Professor", bzw. Chef. Das böse Erwachen des auf diese Weise vermeintlich Promovierten folgt dann meist in Deutschland, denn zuständig für die Anerkennung der Titel sind die Bildungsministerien der jeweiligen Bundesländer: Der Titel wird nicht anerkannt und das dafür gezahlte viele Geld ist auch weg.

Bisher dürfen akademische Grade von ausländischen Hochschulen im Prinzip nur in der Originalform und mit einem Hinweis auf das Herkunftsland geführt werden. Es sei denn, man beantragt die Umschreibung in einen deutschen Titel.

Ein im Ausland erworbener Doktortitel lässt sich so bei Nachweis der Studien und Vorlage der Promotionsurkunde in den deutschen „Dr." umwandeln. Dazu wird jeder Fall einzeln von den Wissenschaftsbehörden der Bundesländer, in denen der Antragsteller wohnt, geprüft. Die Ämter unterliegen dabei dem jeweiligen Landesrecht, und so kann es vorkommen, dass ein und derselbe Doktorgrad in einem Bundesland der deutschen Promotion gleichsteht, in einem anderen Bundesland aber nicht anerkannt wird.

Im Zuge der Vereinheitlichung des Länderrechts und der Integration mit dem EU-Recht soll sich das von 2005 an ändern. Für Hochschulgrade aus den Mitgliedsstaaten der EU sowie der Schweiz, Island, Norwegen und Liechtenstein entfällt die Pflicht zur Führung einer Herkunftsbezeichnung. Ob in der Schweiz oder in Portugal – jede Promotion führt dann automatisch und legal zum deutschen Doktortitel.

Ebenfalls ohne Prüfung, aber mit dem Herkunftszusatz dürfen die meisten in Australien, Israel, Kanada, Russland und den USA erworbenen akademischen Grade geführt werden. Aber welcher Laie weiß schon, welches (seriöse) Institut sich hinter der jeweiligen Bezeichnung befindet?

Da der Weg zur Promotion steinig und beschwerlich ist, verleitet es so manchen Promotionsinteressierten zum Kontakt mit einem so genannten *Promotionsberater*. Dieser ist freiberuflich tätig und verspricht gegen finanzielle Vergütung, beim Erwerb des Doktortitels behilflich zu sein.

So etwa das *Institut für Wissenschaftsberatung*, das Akademiker auf dem Weg zum legalen Doktortitel berät. Die meisten der bislang 720 Kunden stehen voll im Berufsleben und sind im Schnitt 42 Jahre alt. Institutsleiter *Dr. Frank Grätz* und seine 30 Angestellten helfen bei Themeneingrenzung, Doktorvatersuche und Literaturrecherche. Zwei Jahre lang müssen die Doktoranden 15 Stunden pro Woche investieren, wenn sie ihr Thema bereits im Griff haben. Die zwei- bis dreijährige Rundumbetreuung hat ihren Preis, nämlich 15.000 bis 25.000 EUR.

☞   Institut für Wissenschaftsberatung
Dr. Frank Grätz und Dr. Martin Drees GmbH
Braunsberger Feld 12
51429 Bergisch-Gladbach
Fon 02204 / 81140
Fax 02204 / 85288
www.drgraet.de

Doch Vorsicht, etliche Promotionsberater sind unseriös. Vielfach schreiben sie gegen ein stattliches Entgelt als *Ghostwriter* gleich die ganze Arbeit und versprechen auch, diese beim Doktorvater unterzubringen. Andere fälschen die Promotionsunterlagen und begehen damit eine strafbare *Urkundenfälschung*. So wird geschätzt, dass mindestens 300 Doktortitel jährlich in Deutschland auf diesem Wege gekauft werden.

Wer seine Promotionsarbeit nicht selber schreibt, sondern schreiben lässt, macht sich wegen *Titelmissbrauchs* gemäß § 132 StGB strafbar. Er hat nämlich schriftlich eine eidesstattliche Versicherung abzugeben, dass er seine Doktorarbeit selber verfasst hat. Es droht dann bei einer Verurteilung eine Geldstrafe oder Gefängnis bis zu einem Jahr. Außerdem interessiert sich die Steuerbehörde dafür, mit welchem Geld die „akademischen Ehren" bezahlt wurden. Dazu bedarf es allerdings erst der Anzeige und der Aufnahme des Verfahrens durch die Staatsanwaltschaft.

Für Dissertationen gibt es ebenso wie für Diplomarbeiten die Möglichkeit des Verkaufs an Unternehmen über spezielle Vermittlungsagenturen. Sie erstellen für Unternehmen verschiedener Branchen Kataloge über Diplomarbeiten und Dissertationen, die regelmäßig aktualisiert werden. Somit kann der Student bei einem Vermittlungserfolg mit einer kleinen Provision rechnen.

Weitere Informationen hierzu erhalten Sie im Internet unter *www.dissertatio nen.com* und *http://checkboxshop.de/unifuchs*.

Promotionskosten können Werbungskosten sein, wenn sie beruflich veranlasst sind. Das entschied der Bundesfinanzhof (BFH) unter Aufgabe der bisherigen, langjährigen Rechtsprechung. Voraussetzung sei, dass der Doktortitel für das berufliche Fortkommen von erheblicher Bedeutung, sein Erwerb teilweise sogar unabdingbar sei. Bislang galten die Kosten für den Erwerb des Doktortitels als Teil der Berufsausbildung und waren nur mit den Höchstbeträgen des § 10 Abs. 1 Nr. 7 EStG als Sonderausgaben abzugsfähig.

Adressen für Stipendien von Doktoranden finden Sie im Anhang.

📖   *Der Weg zum Doktortitel*
      Strategien für die erfolgreiche Promotion
      von Knigge-Illner
      Campus Verlag
      ISBN: 3593368110

📖   *Die Doktorarbeit*
      von Messing und Huber
      Springer Verlag
      ISBN: 3540432108

📖   *Promotion*
      von Ingo von Münch
      Mohr J.C.B. Verlag
      ISBN: 3161480961

2.11.5 Fremdsprachen

Das Vorhandensein von Sprachkenntnissen wird in vielen juristischen Sparten bereits zum Berufseinstieg verlangt. Das Besuchen von Sprachkursen neben der normalen Arbeitszeit (berufsbegleitend) ist sehr aufwendig. Also sollten diese schon während des Studiums erworben werden. An den meisten Universitäten existieren entsprechende Kurse, vielfach wird sogar Wirtschaftsenglisch oder Englisch für Juristen angeboten.

Ergänzungen dazu finden sich auch bei privaten Sprachschulen, Volkshochschulen usw.

Dabei sind englische Sprachkenntnisse unerlässlich, Französisch und Spanisch sehr hilfreich, Sprachen der ost- und mittelosteuropäischen sowie der ost- und südostasiatischen Länder zukünftig noch bedeutender als heute.

Seltsamerweise werden Job-Bewerber aber fast nur abstrakt auf ihre Kenntnisse angesprochen, ohne dass tatsächlich die Sprache gewechselt würde – dies gilt selbst in den Kanzleien, in denen genügend ausländische Kollegen vorhanden wären. Kenntnisse in anderen Sprachen kann man seltener verwerten. Wenn die Kanzlei nicht auf Kontakte mit bestimmten Ländern spezialisiert ist, gibt es nur die Hoffnung auf einen kleinen „French Desk", der vornehmlich französischsprachige Mandanten betreut. Ansonsten ist die Arbeitssprache aber sehr oft Englisch.

Einige der großen Kanzleien bieten ihren Mitarbeitern Englischkurse in den Kanzleiräumen an.

Bereits an den Universitäten gibt es Kurse für Wirtschafts- und Rechtsenglisch.

So bietet die *Universität Regensburg* eine zweisemestrige studienbegleitende Fremdsprachenausbildung (SFA) für Jurastudenten an. Speziell „*English Conversation for Business*" lehrt die *Universität Münster* als Ergänzungssprachkurs. An den *Universitäten Augsburg, Passau* und *Trier* kann in vier Semestern die fachspezifische Fremdsprachenausbildung für Juristen (FFA) mit abschließender Zertifikatsprüfung absolviert werden. Die FFA ist ebenfalls im Angebot der Universität Münster. Eine viersemestrige Ausbildung in englischer und französischer Sprache steht zur Auswahl – jedoch müssen bereits für die Anmeldung Sprachkenntnisse nachgewiesen werden – z.B. durch die erreichte Punktzahl beim *TOEFL*. Vergleiche http://www.ffa-muenster.de/info/info.htm. Die Humboldt-Universität zu Berlin bietet eine vier Semester dauernde Veranstaltung in ausländischem Recht in der jeweiligen Landessprache an. Zur Wahl steht neben amerikanischem und chinesischem Recht auch türkisches Recht. Siehe https://frs.rewi.hu-berlin.de/frame.php.

Wer solche kostenlosen Angebote im Studium verpasst hat oder keine Möglichkeit dazu hatte, muss für Sprachkursangebote zum Teil tief in die Tasche greifen. Recht günstig sind die Angebote der ansässigen Volks(hoch)schulen: Präsentationen, Meetings und Small Talk auf dem internationalen Geschäftsparkett werden in Wochenendseminaren oder mehrwöchigen Kursen wie „*English for International Contacts*" oder „*Meetings in English*" trainiert.

Etwas teurer sind private Sprachschulen. Kurz und intensiv paukt der „*Legal English Crash Course*" vom *Juristischen Repetitorium Hemmer* fünf Tage lang

Vertragssprache und formale Korrespondenz. Zu den weltweit führenden Unternehmen für Sprachleistungen gehören *Berlitz* und die Sprachschule *Inlingua*. Weitere Informationen erhalten Sie unter

- *www.language.de*
- *www.vhs.de*
- *www.hemmer.de*
- *www.inlingua.de*
- *www.berlitz.de*

Weltweit bekannt und von Arbeitgebern sehr geschätzt sind die *Cambridge-*Prüfungen. Die *Business English Certificates* (BEC) sind objektive und unabhängige Examina, die die Berufschancen der einzelnen Kandidaten verbessern sollen. Angeboten werden Prüfungen in 17 verschiedenen Städten Deutschlands. Näher Informationen erhalten Sie unter *www.cambridgeinstitut.de*.

2.11.6 EDV-Kenntnisse

Sicherlich sind auch EDV-Kenntnisse für Juristen schon nahezu zwingend notwendig geworden. Insbesondere, wenn der Jurist seine Zukunft in der freien Wirtschaft sucht, sind diese Kenntnisse unerlässlich.

Es gibt einige Grundlagen, die absolut notwendig sind. Erstens: Textverarbeitung und Kenntnis der entsprechenden Betriebssysteme, also *Word* und *Windows*.

An zweiter Stelle kommen inzwischen nicht mehr *Excel* und *Access*, sondern der Umgang mit dem Internet. Denn in immer mehr Jobs ist es entscheidend, dass man schnell an Informationen gelangt. Punkt drei sind Präsentationstechniken mit dem Computer, das heißt in der Regel *Power Point*. Wer im kaufmännischen Bereich arbeitet, muss darüber hinaus auch Excel, also Tabellenkalkulation, beherrschen.

Kurse im Umgang mit JURIS, Lexis, Westlaw oder anderen juristischen Datenbänken wie LEGIOS gehören in Anwaltskanzleien zum Pflichtprogramm.

Wer seine EDV-Kenntnisse zusätzlich noch dokumentieren möchte, für den bietet sich z.B. ein „Europäischer Computerführerschein" (*European Computer Driving Licence*, ECDL) an. Näher Informationen hierzu erhalten Sie unter *www.ecdl.de*

Vielfach bieten Firmen und sonstige Institute Lehrveranstaltungen und Seminare an, um die EDV-Kenntnisse zu erlernen oder aufzufrischen.

Mittlerweile werden auch berufsspezifische Kurse für Rechtsanwälte angeboten. Hier lohnt immer ein Blick in spezielle Zeitschriften, etwa *NJW* (Computer und Recht).

📖   *Jura Chip. Effizienter PC- Einsatz im Jurastudium*
von Martens / Schäfer / Zechnall
Heymanns Verlag
ISBN: 3452235572

📖 *Internet für Juristen. Zugang, Recherche, Informationsquellen*
von Kröger / Kuner
C.H. Beck Verlag
ISBN: 3406477283

2.11.7 Publikationen

Manch angehender Akademiker könnte mit seinem Wissen während des Studiums seine eigenen Finanzen aufbessern und vor allem die künftige Karriere voranbringen. Als Jurist lassen sich ständig Themen finden, die für Redaktionen interessant sind. Denn sich prägnant ausdrücken zu können, die Arbeitsweise der Medien zu kennen, das ist die Spitzenqualifikation, die den Absolventen später von Mitbewerbern um einen Job unterscheiden kann. Wer es schafft, einen komplizierten Sachverhalt dem Leser verständlich zu machen, der wird es auch einem Kunden oder Mandanten erklären können.

Beiträge für Fachbücher und Fachzeitschriften oder gar ganze Titel zu verfassen ist zwar nicht in die sprudelnden Einnahmequellen einzustufen, dies fördert aber nebenbei die Rechtskompetenz und auch die Reputation als Spezialist ganz erheblich. Dabei ist die Zahl der juristischen Fachverlage in Deutschland (noch) erfreulich groß, und die jährlichen Veröffentlichungskontingente wie die Zahl der Zeitschriften wachsen stetig weiter, so dass es sich lohnt, mehrere Verlage mit seinen Vorschlägen anzugehen. Bedenken Sie aber bitte, dass Sie in den allermeisten Fällen einen Beitrag nur einmal veröffentlichen dürfen. Das Honorar pro Zeitschriften-Druckseite sollte je nach Spezialisierungsgrad 50 bis 75 EUR nicht unterschreiten.

Ansonsten steht der Aufwand in keinem Verhältnis zum Ertrag.

Bei Buchveröffentlichungen sind fünf bis 16 Prozent vom Nettoverkaufspreis der verkauften Auflage üblich, so dass es hier vor allem auf den Verkaufserfolg ankommt.

Vielfach schreiben Juristen auch an einem eigenen Fachbuch. Nun wird nach einem Verlag gesucht. Dieser Akt gestaltet sich als besonders schwer, denn das Thema des Buches muss auch in die Reihe beim angeschriebenen Verlag passen. Wer also im stillen Kämmerlein schreibt und anschließend einen Verlag sucht, hat in aller Regel kaum Aussicht auf Erfolg. Autoren, die vorher schon einmal einen Fachaufsatz oder etwas Ähnliches geschrieben hat, besitzen bessere Chancen.

Die Idee eines Verlages ist es, in Vorlage zu gehen. Auf diese Weise ermöglicht er Autoren eine Veröffentlichung ihrer Werke. Vorsicht ist deshalb bei Geschäften geboten, die einen so genannten „Druckkostenzuschuss" (z.B. von bis zu 10.000 EUR) verlangen. Die Höhe sollte genau geprüft und mit dem Preis beim Druck in einer örtlichen Druckerei verglichen werden. Die Veröffentlichung im Selbstverlag ist möglicherweise günstiger.

Entscheidet sich der Autor dennoch, einen Zuschuss zu zahlen, so muss er selbst für Vertrieb und Werbung sorgen. Andernfalls bestehen kaum Aussichten, den Titel gut zu verkaufen.

Für einen (juristischen) Fachverlag spricht aber, dass dort meist höhere Absatzzahlen im wissenschaftlichen Sektor erzielt werden. Auch ist das Standing für den Autor in einem renommierten (juristischen) Fachverlag ein ungleich höheres, da der Lektor aus einer Vielzahl von Manuskripten nur die besten auswählt.

Günstiger als bei Zuschussverlagen ist die Veröffentlichung bei *books-on-demand* (*www.bod.de*). Hinter dem Angebot steht der Internet-Buchhändler *Libri*. Er bietet den Druck eines Taschenbuchs schon ab 350 EUR an.

2.11.8 Auslandserfahrungen

Auslandserfahrungen gelten für einen Aufstieg ins Topmanagement oder in die internationale Kanzlei seit jeher als unerlässlich. Zunehmend wird dies auch eine Pflichtanforderung für das mittlere Management. Dabei muss man allerdings Auslandssemester und komplett absolvierte Studiengänge im Ausland in ihrer Wertigkeit voneinander unterscheiden.

Auslandssemester

Auslandssemester kommen bei deutschen Studierenden immer mehr in Mode, meldet der *Deutsche Akademische Auslandsdienst* (DAAD). 2002 haben 18.482 Studenten an Hochschulen rund um den Globus studiert – fast 2.000 oder zwölf Prozent mehr als im Vorjahr. Die größte Anziehungskraft hatten spanische Hochschulen.

Die Studienzahlen im spanischsprachigen Teil der iberischen Halbinsel sind im Jahr 2002 besonders markant gestiegen. Dort absolvierten 3.892 Studenten aus Deutschland einen Teil ihrer Hochschulausbildung – 600 mehr als im Vorjahr.

Beliebt waren auch französische (3.549) und britische (3.136) Hochschulen.

Neue Zahlen sind folgende: Jeder vierte deutsche Student im Jahr 2005, genauer gesagt 27,4 Prozent, verbringt inzwischen einen Teil seines Studiums im Ausland oder ergänzt seine Ausbildung durch Auslandspraktika oder Sprachkurse. Dies zeigt eine von Bundesbildungsministerin Bulmahn (SPD) vorgestellte Studie.

Die deutschen Studenten zieht es vor allem in englischsprachige Länder, wobei Großbritannien inzwischen gefragter ist als die USA. Auf Platz 3 steht die Schweiz, gefolgt von Frankreich, Österreich und Spanien. Etwa 190 deutsche Studenten zieht es pro Jahr in den Vatikanstaat, etwa 100 in die Türkei.

Auslandssemester bieten in jedem Fall eine Erweiterung des Horizonts. Ein späterer Arbeitgeber wird die dort gewonnenen Erfahrungen als Bereicherung insbesondere für die Persönlichkeitsentwicklung und Reifung des jungen Menschen werten.

Dabei ist die Wahl der ausländischen Hochschulen nicht so wichtig, da die nicht fachgebundenen Erfahrungen bei der Kürze des Aufenthalts gegenüber den Studienerfahrungen mindestens gleichwertig sind.

Zudem schätzen es Arbeitgeber sehr, wenn durch Auslandsstudien anerkannte Studienleistungen erworben werden und das Gesamtstudium dadurch nicht wesentlich verlängert wird.

Auslandsstudium

Anders verhält es sich mit einem zur Gänze im Ausland absolvierten Studium oder Aufbaustudium. Hier lohnt es sich sehr wohl, bestens qualifizierte und renommierte Hochschulen auszuwählen. Dies ist besonders dort geboten, wo das tertiäre Bildungswesen stark differenziert ist wie etwa in den USA oder in Frankreich. Ein Erst- oder Zweitstudium im Ausland sollte absolvieren, wer sich

- auf jeden Fall in seiner Berufslaufbahn früh international orientieren möchte,
- aus persönlichem Interesse und zur Weiterentwicklung in einer fremden Kultur bewähren möchte und
- für den gewählten Studiengang internationale Erfahrungen aneignen möchte.

Informationen zum Auslandsstudium sind bei den studentischen Verbänden sowie den Studienbüros der Hochschule zu erhalten.

Berufserfahrung im Ausland

Eine weitere Möglichkeit besteht natürlich darin, die Auslandserfahrungen im Rahmen der ersten Berufsjahre zu machen. Erfahrungsgemäß bieten internationale Konzerne oder Kanzleien diese Möglichkeit eher als die mittelständische Industrie. Die zunehmende Verflechtung des europäischen und internationalen Wirtschaftsmarktes zwingt jedoch auch kleinere Firmen, sich um Auslandsmärkte zu bemühen. Daher werden Auslandserfahrungen sowie Auslandtätigkeiten erheblich zunehmen und auch Berufsanfängern die Möglichkeit von firmengesteuerten Auslandsaufenthalten bieten.

Nicht nur Mitarbeiter großer Industriekonzerne werden ins Ausland entsandt. Auch im Dienstleistungssektor sowie bei mittelständischen Unternehmen eröffnen sich Auslandseinsatzmöglichkeiten. Jedoch können die wenigsten Berufsanfänger damit rechnen, schon kurz nach dem Einstieg ins Ausland geschickt zu werden.

Ein Auslandseinsatz im eigentlichen Sinne (zwei bis vier Jahre Dauer) beinhaltet Know-how-Transfer und Koordinations- und Kontrollaufgaben. So ist es nachvollziehbar, dass die Mehrzahl der Entsandten erst einmal einige Jahre Berufserfahrung im Unternehmen sammeln müssen.

Aus Unternehmenssicht ist der ideale Entsendungskandidat meist um Mitte 30 und hat bereits im Heimatland erste Managementaufgaben übernommen. Neben der fachlichen Qualifikation ist es unerlässlich, sich sprachlich und kulturell vorzubereiten. Denn selbst innerhalb Westeuropas gibt es nicht zu unterschätzende kulturelle Unterschiede. Während der Zeit im Ausland ist ein möglichst enger Kontakt zum Stammhaus wichtig. Idealerweise fungiert ein Mentor vom Heimatland aus als Ansprechpartner und Interessenvertreter. Essenziell für das Gelingen eines Auslandseinsatzes ist die Bereitschaft der Familienangehörigen, diesen Schritt mit zu tragen. Da in der Regel der Partner seine berufliche Karriere während dieser Zeit zurückstellen muss, ist dies keineswegs selbstverständlich.

Die Zeiten, in denen der Auslandseinsatz automatisch mit finanziell attraktiven Konditionen verknüpft ist, sind vorbei. Lediglich bei „unattraktiven" Regionen ist mit deutlichen Zulagen zu rechnen. So bemerkte ein Personalverantwortlicher gegenüber einer Kandidatin für die USA: „Wenn Sie Geld verdienen wollen, müssen Sie nach China gehen".

Es ist jedoch unumstritten, dass ein erfolgreicher Auslandseinsatz vielerlei Möglichkeiten zur Entwicklung der Persönlichkeit bietet: In einem fremden Umfeld müssen berufliche und private Kontakte aufgebaut werden und es besteht die Chance, neue Werte und Verhaltensmuster kennen- und verstehen zu lernen.

„Auch wenn der Auslandseinsatz für mein berufliches Fortkommen nichts bringen sollte, war er doch eine wertvolle Erfahrung für mich, die ich nicht missen möchte", äußern viele hinterher.

In Deutschland gibt es zahlreiche Unternehmen, in denen ein Auslandsaufenthalt Vorraussetzung für den Aufstieg ins obere Management ist. Einen sofort wirksamen Automatismus „Auslandseinsatz gleich Karrieresprung" gibt es allerdings nicht. Viele Entsandte berichten enttäuscht, dass ihre neu erworbenen Erfahrungen und Fähigkeiten überhaupt nicht zum Einsatz kommen und dass sie im Vergleich zu ihren daheim gebliebenen Kollegen in ihrem beruflichen Fortkommen benachteiligt sind. Auf jeden Fall erhöht jedoch ein erfolgreicher Auslandsaufenthalt den eigenen Marktwert.

2.12 Studienabbruch

Es ist alles wahr und bekannt: 23 Prozent der deutschen Studenten brechen ihr Studium ohne Abschluss ab, so eine Untersuchung des *Hochschul-Informations-Systems* (HIS). Das sind rund 70.000 junge Männer und Frauen.

In den letzten zwei Jahrzehnten hat sich dieser Wert verdoppelt. Es ist also ein deutlicher Anstieg der Studenten zu verzeichnen, die Ihr Studium ohne Examen beenden. Somit ist aber auch das Potenzial an Quereinsteigern auf dem Arbeitsmarkt größer und gewinnt zunehmend an Bedeutung.

Die hohen Abbrecherquoten allerdings, die in einigen Fachbereichen 60 bis 80 Prozent erreichen, hält *Bildungsministerin Edelgard Bulmahn* (SPD) für „nicht hinnehmbar".

Im Schnitt gibt der Student nach 6,7 Semestern auf. Die beliebtesten Fächergruppen der Abbrecher sind Informatik (37 Prozent), Sprach- und Kulturwissenschaften (33 Prozent) und Rechts- und Wirtschaftswissenschaften (31 Prozent).

Bei den Sozialwissenschaften geht sogar fast jedem Zweiten vorzeitig die Puste aus.

Die Mehrheit der Studenten arbeitet nebenher. Manchmal erwächst daraus eine berufliche Perspektive. Sie schmeißen das Studium, wenn eine gute Stelle lockt.

Wer will es ihnen verdenken? Denn ein Examen ist heute schließlich keine Garantie mehr für einen hochdotierten Job. Und die Chancen von Abbrechern im Berufsleben sind gar nicht so schlecht, bestätigen Studienberater.

Doch auf einen Punkt haben die Hochschulen bislang kaum reagiert: Der Studienalltag hat sich gewandelt. Es gibt heute kaum noch den klassischen Vollzeitstudenten, der im Sauseschritt durchs Studium eilt.

Viele absolvieren Praktika, um ihre Chancen zu erhöhen, oder sie gehen ins Ausland, um Erfahrungen zu sammeln. Manche habe Familie oder stehen bereits im Berufsleben. Diese Leute sind Teilzeitstudenten. Das bringt Probleme, weil die Hochschule darauf nicht eingestellt ist. Wenn Leben und Studium aber nicht mehr unter einen Hut passen, werfen viele die Brocken hin. Die Hochschulen müssen sich mehr nach ihren Studenten richten – und nicht umgekehrt.

Hinter einem Studienabbruch stehen häufig finanzielle Sorgen: 17 Prozent der Studienabbrecher können ihre Erwerbstätigkeit nicht mit den Anforderungen der Universität in Einklang bringen. Ebenfalls 17 Prozent, so eine Studie des *Deutschen Studentenwerks Berlin*, nennen als Grund für die Aufgabe der akademischen Ausbildung eine nebenberufliche Neuorientierung. Mangelnde Motivation ist danach ein dritter Grund (16 Prozent) für den Studienabbruch.

Leistungsprobleme nennen hingegen nur elf Prozent der Studenten als Argument für einen Studienabbruch, bei zehn Prozent haben familiäre Probleme den Ausschlag gegeben. Insgesamt beendet fast jeder Dritte das Studium ohne Abschluss.

Besonders gefährdet sind der Studie zufolge BAföG-Empfänger, die bis zum Ende des Grundstudiums nicht die erforderlichen Leistungen erbracht haben und dann den Anspruch auf Förderung verlieren. Auch Studierende, die von ihren Eltern nicht ausreichend unterstützt werden und keinen oder nur geringen Anspruch auf BAföG haben, gehörten aufgrund der vermehrten Erwerbstätigkeit häufig zu den Studienabbrechern. Ehemalige Berufstätige, die nach der Aufnahme des Studiums weiterhin viel arbeiten, brechen ihr Studium ebenfalls häufig ab.

Viele Studenten verlassen die Universitäten, weil sie keine Ahnung hatten, worauf sie sich einließen. Es fehlt an Informationen bereits in der Schule. Und es fehlt an Betreuung während des Studiums. In überfüllten Hörsälen ist man nicht selten allein. Die Studienorganisation ist häufig unübersichtlich und der Lehrstoff unnötig überfrachtet.

Doch auch wenn noch lange nicht die Möglichkeiten zur Verbesserung der Studienbedingungen ausgeschöpft sind, muss man darauf hinweisen, dass es eine bestimmte Zahl von Studienabbrechern immer geben wird. Und: Abbrecher sind keine Versager. Denn wer durchdacht abbricht, um etwas anderes zu machen, zeigt ja auch eine gewisse Zielstrebigkeit.

Zu den Studienabbrechern gehören auch diejenigen, die speziell bei Jura durch das Erste Staatsexamen durchgefallen sind und die Prüfung nicht erfolgreich wiederholen oder sie nicht wiederholen wollen.

Welche Arbeitsmöglichkeiten gibt es für Juristen mit abgebrochenem Studium?

Auf jeden Fall sind gescheiterte Studienabbrecher in Jura besser dran als Studienabbrecher anderer Fachrichtungen. Immerhin sind ihre Kenntnisse bei Banken und Versicherungen sehr gefragt.

Nähere Informationen zum Thema Direkteinstieg und Aus- und Weiterbildung finden sie unter *www.studienabbrecher.com*.

Jurastudienabbrecher können sich außerdem überlegen, ob sie eine Ausbildung nachholen wollen, z.B. als Inspektor im gehobenen öffentlichen Dienst (siehe hierzu auch die näheren Ausführungen in der Einführung).

Eine Besonderheit aber haben Studienabbrecher bei ihrer Krankenversicherung zu beachten. Grundsätzlich gilt, dass Studenten bis zur Vollendung des 25. Lebensjahres beitragsfrei über die Eltern mitversichert sind. Durch den Grundwehr- oder Zivildienst verlängert sich die beitragsfreie Mitversicherung um den jeweiligen Zeitraum.

Beim Studienabbruch gilt nun Folgendes: Sie sind bis zur Vollendung des 23. Lebensjahres mitversichert, wenn Sie nicht beschäftigt oder selbstständig tätig sind.

Sind Sie als Studienabbrecher jedoch 24 Jahre alt oder älter, sind Sie nicht mehr familienversichert und müssen sich selbst versichern!

In jedem Falle sollten Sie sich an einen Berater Ihrer Krankenkasse wenden und sich individuell beraten lassen.

Wer mit dem Gedanken spielt, sein Studium abzubrechen, sollte sich zunächst nach Alternativen umsehen. Wer keine kennt, kann sich nämlich schlecht umorientieren und wird den Abbruch nur hinauszögern und damit seine Situation alles andere als verbessern. Helfen können hier aber die Hochschulteams der Arbeitsagenturen. In vielen Arbeitsagenturen werden außerdem meist kostenlose Seminare und Workshops für Abbrecher angeboten.

Zum Thema Studienabbruch und BAföG siehe *www.studienabbrecher.com*.

📖 *Studienabbruch – So geht's weiter*
   Erfolgreich bewerben ohne Studienabschluss
   von Öttl / Härter
   mvg Verlag
   ISBN 3478742110

📖 *Studienabbruch als Chance*
   Berufsperspektiven und Einstiegsstrategien
   von Berkhuijsen / Hiedl
   Eichborn Verlag
   ISBN 3-821-816-198

3 Referendariat

*„Wir haben im europäischen Vergleich die ältesten Studienabgänger und die
jüngsten Pensionäre. Dazwischen wird auch noch am wenigsten gearbeitet."*

Hans-Olaf Henkel, Ex-BDI-Präsident

Das Rechtsreferendariat hat eigentlich so gut wie keine Gemeinsamkeiten mit dem
Referendariat für Lehramtskandidaten, mit denen die meisten von uns in der Schule schon in Berührung gekommen sind. In aller Regel hat nämlich der Rechtsreferendar deutlich mehr Freiheiten während der Ausbildungszeit; er muss anders als
die zukünftigen Lehrer nicht einen Großteil seines Einsatzes in der Praxis alleine
„schmeißen" und jeden Tag am Einsatzort erscheinen, sondern hat neben Praxis-
ausbildung und Arbeitsgemeinschaft durchaus ein bis drei Tage die Woche, die er
frei gestalten kann.

Mit dem erfolgreichen Abschluss des rechtswissenschaftlichen Studiums ist die
erste Hürde für eine berufliche Existenz als Jurist genommen. Doch erst die zweite
juristische Staatsprüfung vermittelt die wahren Berufsperspektiven. Dem frisch
gebackenen „Assessor", umgangssprachlich auch als „Volljurist" bezeichnet, eröffnen sich in einer Breite, wie sie kaum bei einer anderen Ausbildung festzustellen ist, vielfältige Möglichkeiten, die sich nicht nur auf die klassischen Berufe beschränken.

Der Grundstein hierfür ist allerdings erst einmal die Absolvierung des Referendariats, oder auch Vorbereitungsdienst genannt. Was man in dieser Hinsicht im
Vorbereitungsdienst zur Verbesserung seiner beruflichen Ausgangsposition tun
kann, soll nebst allgemeinen Informationen im folgenden Beitrag angesprochen
werden.

Zweck des Referendariats ist es, den zukünftigen Volljuristen im Rahmen der
so genannten „Stationen" mit seinen potentiellen zukünftigen Arbeitsgebieten
bzw. seinem späteren Beruf vertraut zu machen. Hier wird man Praktikern zugeteilt, die den Referendar für eine gewisse Zeit begleiten und ihn ausbilden. Nach
wie vor lässt sich aber feststellen, dass ein Schwerpunkt hin zur Richterausbildung
stattfindet – was schon das Ausbildungsziel „Befähigung zum Richteramt" nahe
legt. Dies wird schon lange kritisiert angesichts der tatsächlichen Situation in der
juristischen Berufswelt, in der nur ca. zehn bis 15 Prozent aller Absolventen in
den Staatsdienst als Richter oder Staatsanwälte eintreten und die Großzahl der Referendare später den Rechtsanwaltsberuf ergreift. Dies ist auch der Grund, warum
die Existenz und Form des jetzigen Referendariats von vielen kritisiert und der
Ruf nach Reform oder gar Abschaffung immer lauter wurde. Die Justizministerkonferenz konnte sich jedoch nicht auf eine wirklich gelungene Reform einigen,
so dass es auch in den nächsten Jahren die Juristenausbildung durch Referendariat
geben wird.

Zurzeit gibt es in Deutschland ca. 23.000 Referendare. Da die Durchfallquote im Zweiten Staatsexamen bei „nur" 15 Prozent liegt, beenden Jahr für Jahr über 10.000 Juristen ihre Ausbildung und drängen mit der Befähigung zum Richteramt auf den Arbeitsmarkt. Davon werden ca. zehn Prozent in den öffentlichen Dienst übernommen. Zirka 20 Prozent gehen in die Wirtschaft, so dass sich Jahr für Jahr zirka 6.500 bis 7.000 Juristen als Rechtsanwälte zulassen – viele von ihnen in Ermangelung einer anderen beruflichen Perspektive.

3.1   Referendariats-Bewerbung

Hat der Jurist sich schließlich für einen Ausbildungsbezirk entschieden, wird er dem dort zuständigen Präsidenten des Oberlandesgerichts seiner Wahl seine Bewerbung zukommen lassen.

Je nach Bundesland sind mit der Bewerbung verschiedene Unterlagen einzureichen. In der Regel handelt es sich um:

- einen handgeschriebenen und unterschriebenen Lebenslauf
- zwei Passbilder (in NRW vier Passbilder)
- das beglaubigte Zeugnis des ersten Staatsexamens
- eine beglaubigte Kopie des Personalausweises oder Reisepasses
- eine beglaubigte Geburtsurkunde
- ein Führungszeugnis zur Vorlage bei einer Behörde nach § 30 Abs. 5 BZRG

Auch sind die Bewerbungsunterlagen frühzeitig genug abzuschicken, will der Bewerber innerhalb der Bewerbungsfrist für die Einstellungstermine berücksichtigt werden; frühestens aber ein Jahr vorher.

Nachfolgend haben die Autoren für jedes Bundesland die jeweiligen Bewerbungsadressen der Landesjustizprüfungsämter aufgeführt. Für die Angaben besteht keine Gewähr.

Baden-Württemberg

- OLG Karlsruhe
  Verwaltungsabteilung
  Hoffstr. 10
  Fon 0721 / 926 – 3488
  http://www.olg-karlsruhe.de/

- OLG Stuttgart
  Verwaltungsabteilung
  Olgastr. 2
  70182 Stuttgart
  Fon 0711 / 212 – 3202
  http://www.olg-stuttgart.de/

Bayern
- Präsident des OLG Bamberg
  Wilhelmsplatz 1
  96047 Bamberg
  Fon 0951 / 833 – 0
  http://www.justiz.bayern.de/olg-ba/index1024.htm
- Der Präsident des OLG Nürnberg
  Fürther Str. 110
  90429 Nürnberg
  Fon 0911 / 321 – 2324
  http://www.justiz.bayern.de/olgn/index.htm
- OLG München
  Prielmayerstr. 5
  80335 München
  Fon 089 / 5597 – 3332 (2919)
  http://www.justiz.bayern.de/olgm/

Berlin
- Präsidentin des KG
  Referendarabteilung
  Salzburger Straße 21
  10825 Berlin
  Fon 030 / 9013 – 2115
  http://www.kammergericht.de/ref_index.htm

Brandenburg
- Präsident des Brandenburgischen OLG
  Referendarabteilung
  14770 Brandenburg
  Gertrud-Piter-Platz 11
  Fon 03381 / 399 – 239
  http://www.olg.brandenburg.de

Bremen
- Hanseatisches OLG in Bremen
  Referendargeschäftsstelle
  Sögestr. 62/64
  28195 Bremen
  Fon 0421 / 361 – 0
  http://www2.bremen.de/justizsenator/

Hamburg
- Hanseatisches OLG in Hamburg
  Personalstelle für Referendare
  Dammtorwall 13
  20354 Hamburg
  http://fhh.hamburg.de/stadt/Aktuell/justiz/gerichte/oberlandesgericht/start.html

Hessen

Bewerbung beim Präsidenten des entsprechenden LG
- Hessisches Ministerium der Justiz
  Luisenstr. 13
  65185 Wiesbaden
  Fon 0611 / 32 – 2771
  http://www.olg-frankfurt.justiz.hessen.de/internet/OLG-
  Frankfurt.nsf/vwContentFrame/N24XTGW2889RLIGDE

Mecklenburg-Vorpommern

- OLG Rostock
  Wallstr. 3
  18055 Rostock
  Fon 0381 / 331 – 0
  Das OLG Rostock verfügt über keinen Internetauftritt. Auf folgender Internetseite findet sich jedoch die Adresse des Gerichts sowie einige Infos:
  http://www.mv-justiz.de/gerichte_ordentlich.htm

Niedersachsen

- OLG Braunschweig
  Postfach 36 27
  38026 Braunschweig
  Fon 0531 / 488 – 2488
  http://www.oberlandesgericht-braunschweig.niedersachsen.de/
- OLG Celle
  Postfach 11 02
  29201 Celle
  Fon 05141 / 206 – 0
  http://www.oberlandesgericht-celle.niedersachsen.de/master/
  C4815648_L20_D0.html
- OLG Oldenburg
  Postfach 24 51
  26014 Oldenburg
  Fon 0441 / 220 – 0
  http://www.olg-oldenburg.de/

Nordrhein-Westfalen

- Der Präsident des OLG Düsseldorf
  Cecilienallee 3
  40474 Düsseldorf
  Fon 0211 / 4971 – 0
  http://www.olg-duesseldorf.nrw.de/
- Der Präsident des OLG Hamm
  Heßlerstr. 53
  59065 Hamm
  Fon 02381 / 272 – 0
  http://www.olg-hamm.nrw.de/

- Der Präsident des OLG Köln
  Reichenspergerplatz 1
  50670 Köln
  Fon 0221 / 7711 – 0
  http://www.olg-koeln.nrw.de/home/index.htm

Rheinland-Pfalz
- Der Präsident des OLG Koblenz
  Stresemannstr. 1
  56068 Koblenz
  Fon 0261 / 102 – 2627
  http://www.olgko.justiz.rlp.de/Saarland
- An das Ministerium der Justiz
  Postfach 10 24 51
  66024 Saarbrücken
  Fon 0681 / 501 – 00

Sachsen
- OLG Dresden
  Referat H
  Lothringer Str. 1
  01069 Dresden
  Fon 0351 / 446 – 0
  http://www.justiz.sachsen.de/gerichte/homepages/olg/

Sachsen-Anhalt
- Präsident des OLG Naumburg
  Domplatz 10
  06618 Naumburg
  Fon 03445 – 5261
  Das OLG Naumburg verfügt über keinen Internetauftritt. Auf dem Landes-
  portal von Sachsen-Anhalt finden sich jedoch einige Informationen zum
  Gericht: *www.sachsen-anhalt.de*

Schleswig-Holstein
- Schleswig-Holsteinisches OLG in Schleswig
  Referendargeschäftsstelle
  Gottorfstr. 2
  24837 Schleswig
  Fon 04621 / 860
  www.olg-schleswig.de

Thüringen
- Thüringer Justizministerium
  Referendargeschäftsstelle
  Postfach 10 01 51
  99001 Erfurt
  Fon 0361 / 3795 – 554 (540)
  http://www.thueringen.de/olg/

3.2 Wartezeit

Da die Ausbildung der Juristen Ländersache ist, gibt es allerdings von Bundesland zu Bundesland erhebliche Unterschiede, so dass dem zukünftigen Referendar unbedingt empfohlen sei, sich über die Zustände in möglichst jedem für ihn
in Frage kommenden Bundesland zu erkundigen, jedenfalls, wenn das eigene
keine rosige Bedingungen ausweist. Hier zeigt sich dann auch der Vorteil der
potentiell großen Auswahl: Wenn man die unterschiedlichen Einstellungsbedin-
gungen der einzelnen Bundesländer betrachtet und miteinander vergleicht,
schließlich seine eigenen Interessen und Prioritäten abwägt, dann sollte man in
der Lage sein, eine Entscheidung fällen zu können, die die Wartezeit so weit wie
möglich minimiert.

Der Maßstab für eine Einstellung wird hier die jeweilige Kapazitätsauslastung
sein. Insofern kommt es regelmäßig zu Wartezeiten, mitunter bis zu zwei Jahren.

Unter bestimmten Voraussetzungen lässt sich die Wartezeit in den meisten
Ausbildungsbezirken durch Anwendung von Härtefällen und Auslese nach Noten
verkürzen.

Sollte das jedoch nicht möglich sein, so bleibt immer noch der Versuch, diese
Wartezeit sinnvoll, z.b. durch eine Promotion, einen Magisterstudiengang im
Ausland oder aber durch die Mitarbeit in einer Kanzlei, zu überbrücken.

Um die Wartezeit sinnvoll zu nutzen, kann man aber auch in einigen Bundesländern einen Verbesserungsversuch absolvieren, sofern der erste Versuch ein
„Freischuss" war.

Wenn der einstellende Personalchef bei der späteren Stellensuche erkennt, dass
der Bewerber schon in der Wartezeit keine Möglichkeit ausgelassen hat, Urlaub zu
machen, wird die Einstellungschance gegen Null tendieren. Auch lassen sich Tätigkeiten eher schlecht rechtfertigen, bei denen es darum ging, schnelles Geld zu
verdienen. Ein Job am Fließband einer Automobilfirma mag zwar kurzfristig einen hohen Verdienst mit sich bringen, eine Zukunftsinvestition stellt er allerdings
nicht dar. In dieser Phase muss also die Chance genutzt werden, sich auf den zukünftigen (Rechtsanwalts-) Beruf vorzubereiten. Die Zeit muss somit „berufsbezogen" genutzt werden.

3.3 Einstellung

Gemäß § 12 GG hat der Jurist nach der ersten Staatsprüfung einen Anspruch auf
die Aufnahme in den juristischen Vorbereitungsdienst. Er hat dabei die Möglichkeit, seinen Vorbereitungsdienst auch in einem anderen Bundesland zu absolvieren als in dem, in welchem er seine Staatsprüfung abgelegt hat. Er hat somit eine
Wahlfreiheit.

Allerdings ist zu beachten, dass es einen Einstellungsanspruch in einem bestimmten Ausbildungsbezirk an den Oberlandesgerichten nicht gibt. Genauso verhält es sich mit einem vom Bewerber gewünschten Einstellungstermin.

Die einzelnen Bedingungen in den deutschen Bundesländern können unter folgendem Link eingesehen werden, in dem für jedes Bundesland wichtige Einzelheiten aufgezeigt werden: *www.jurawelt.com/referendare/bundeslaender/123*.
Alles zu den Ausbildungsvorschriften JAG und JAO in den einzelnen Bundesländern siehe: *www.jura-lotse.de/links/Gesetze/Ausbildungsvorschriften/index.shtml, http://home.arcor.de/f.strese/referendar.html*.
Siehe auch die Info- und Stellentauschbörse unter: *http://www.referendariat. info*.

3.3.1 Einstellungsbescheid

Mittels eines so genannten Einstellungsbescheids wird dem Bewerber ein Ausbildungsplatz in einem bestimmten Ausbildungsbezirk zugewiesen. Alle weiteren Informationen sind diesem Schreiben grundsätzlich beigefügt.

Hat der Bewerber allerdings einen ablehnenden Einstellungsbescheid erhalten, so stellt dieser einen anfechtbaren Verwaltungsakt dar, der mit Widerspruch und Klage vor dem Verwaltungsgericht angegriffen werden kann. Die Verwaltungsgerichte überprüfen dabei auch die Kapazität des Ausbildungsbezirkes und deren Ausbildungsplatzschlüssel. Dabei muss nur die äußerste Auslastung der Ausbildungskapazität hingenommen werden. Interessant hierzu ist das bejahende Urteil des OVG Schleswig in NVwZ-RR 1995, 279, bzw. VGH Kassel NJW 1997, 959.

3.3.2 Rechtsverhältnis

Im Gegensatz zu früher wird der Vorbereitungsdienst heute in fast allen Bundesländern in einem so genannten „öffentlich-rechtlichen Ausbildungsverhältnis" abgeleistet. Nur Sachsen und Thüringen kennen noch den Beamten auf Widerruf.

Praktische Auswirkungen hat dies in erster Linie nur beim Geld und der sozialen Absicherung. Die Pflichten des Referendars und der Ablauf der Ausbildung sind dagegen durch diesen „Etikettenwechsel" nicht berührt worden.

3.3.3 Geld

Geld, eine wichtige Sache. Nachfolgende Ausführungen zum Thema Geld gilt es zu beachten:

Vergütung

Als Vergütung erhalten Referendare Anwärterbezüge, sofern sie „Beamte auf Widerruf" sind. Die Anwärterbezüge bestimmen sich nach den §§ 59 ff. BBesG.

Mittlerweile werden die Rechtsreferendare aber in ein öffentlich-rechtliches Sonderausbildungsverhältnis übernommen.

Die Umstellung auf das öffentlich-rechtliche Verhältnis hat finanzielle Konsequenzen, insbesondere haben sich die Bezüge durch die Einführung des öffentlich-rechtlichen Ausbildungsverhältnisses deutlich vermindert. Während man als Beamter auf Widerruf nur die Abzüge für Lohnsteuer und Krankenversicherung hinnehmen muss, fallen im Angestelltenverhältnis zusätzlich noch die Beiträge zur Arbeitslosen- und Sozialversicherung an. Dies bietet allerdings immerhin den Vorteil, dass im Anschluss an das Referendariat auch ein Anspruch auf Gewährung von Arbeitslosengeld besteht (siehe auch „Hartz IV"). Von der Zahlung der Rentenversicherungsbeiträge bleiben die Referendare in Hessen, Hamburg und Berlin auch weiterhin befreit, da ihnen eine den beamtenrechtlichen Vorschriften entsprechende Versorgungszulage gewährt wird. Diese Regelung ermöglicht es Referendaren, die später den Anwaltsberuf ergreifen, sich beim *Anwaltsversorgungswerk* nachzuversichern; dies wäre bei einer Einziehung in die gesetzliche Rentenversicherung nicht möglich.

Hintergrund für die Änderung der Ausbildungsbedingungen sind die damit verbundenen Einsparungen, und das nicht nur bei der monatlichen Vergütung. Zu einer weiteren Absenkung der Personalkosten wird es kommen, weil bestimmte Zusatzleistungen wie Familienzuschläge, Weihnachtsgeld, Urlaubsgeld und vermögenswirksame Leistungen im öffentlich-rechtlichen Ausbildungsverhältnis nicht mehr gewährt werden.

Bayern etwa zahlt einem ledigen Referendar monatlich 927,10 EUR (Stand: 09/2004); in einigen anderen Ländern ist es noch etwas weniger.

Sonderzuwendung

Nach der fast bundeseinheitlichen Umstellung (Ausnahmen siehe oben) des Anstellungsverhältnisses von Rechtsreferendaren vom Beamten auf Widerruf auf ein öffentlich-rechtliches Anstellungsverhältnis werden Sonderzuwendungen wie Weihnachtsgeld nicht mehr gezahlt.

Urlaubsgeld

Einmal jährlich wird dem Referendar, der Beamter auf Widerruf ist, ein Urlaubsgeld gezahlt. Es wird dann mit der Abrechnung der Dienstbezüge geleistet.

Urlaubsgeld im öffentlich-rechtlichen Ausbildungsverhältnis gibt es jedoch nicht.

Vermögenswirksame Leistungen

Der Staat gewährt im Beamtenstatus in Bausparverträgen, Aktienfonds und Wertpapiersparverträgen Zuschüsse in Form von vermögenswirksamen Leistungen.

Reisekosten

Referendare können ihre Fahrten zu einem auswärtigen Dienstort bei der Dienststelle geltend machen und haben dann einen Anspruch auf die entstandenen Reisekosten. Dies gilt auch für Fahrten zu den Examensklausuren, zur mündlichen Prüfung und zu den Arbeitsgemeinschaften an den Gerichten, die nicht die Stammdienststelle darstellen.

Nähere Informationen teilt Ihnen die Geschäftsstelle Ihrer Stammdienststelle mit. Häufig liegen dort auch extra Merkblätter bereit.

Vergünstigungen

Das *Beamtenselbsthilfewerk* (BSW) ist eine berufsständische Selbsthilfeeinrichtung des öffentlichen Dienstes. Gegen einen jährlichen Mitgliedsbeitrag von ca. 25 EUR und eine einmalige (Karten-)Gebühr von ca. 15 EUR werden vielfach Einkaufsvorteile durch Rabatte angeboten (bspw. beim Kauf von Möbeln, Pkw, bei Reisebuchungen). Nähere Informationen hierzu gibt der BSW Verbraucherservice, Adresse im Anhang, oder im Internet unter *www.bsw.de*.

Steuern

Der Referendar erzielt Einkünfte aus nichtselbstständiger Arbeit, die gemäß EStG der Lohn- bzw. Einkommenssteuer unterworfen sind. Der zentralen Besoldungsstelle ist sofort nach der Einstellung bzw. zu Beginn eines jeden Jahres die Lohnsteuerkarte vorzulegen. Sofern man auf der Lohnsteuerkarte oben links ein „R" vermerkt, erhält man die Karte nach Abschluss der Abrechnungsperiode unaufgefordert zurück.

Bei der Steuererklärung wird die Lohnsteuerkarte dem Finanzamt dann mit eingereicht. Dabei ist zu beachten: Man kann erhöhte Werbungskosten, Versicherungsbeiträge u.a. geltend machen. Zu denken ist insbesondere an Fahrtkosten zur AG und zum Ausbilder, Fachliteratur, Fachzeitschriften, Gesetzestexte, Schreibmaterial, Computer, Gewerkschaftsbeiträge, Fahrtkosten zur Examensklausurenkurs-AG, Kosten fürs Repetitorium, Teilnahme an Kursen und Seminaren, Porto- und Telefongebühren im Zusammenhang mit dem Referendariat.

Weitere Hinweise sind einschlägigen Steuer-Ratgebern zu entnehmen.

3.3.4 Dienstliches

Für die dienstliche Betreuung der Referendare sind die Referendargeschäftsstellen in den jeweiligen Ausbildungsbezirken zuständig bzw. die Geschäftsstelle der Stammdienststelle. Hier kann man alle notwendigen Antragsformulare erhalten.

Die Referendargeschäftsstellen sind darüber hinaus aber auch für sämtliche Fragen zuständig, die mit der dienstlichen Stellung oder Ausbildung zu tun haben.

Zu Beginn der Referendarzeit wird Ihnen in aller Regel ein Merkblatt ausgehändigt. Für Fragen zur Prüfung sind dagegen die Justizprüfungsämter zuständig.

Arbeitszeit

Die regelmäßige Arbeitszeit beträgt für Referendare derzeit 38,5 Stunden die Woche.

Es gibt nun immer wieder einzelne Referendare, die dort, wo sie nicht gerne sind, häufig kurzfristig erkranken. Vor einem derartigen Verhalten kann nur gewarnt werden, denn auch entschuldigte Fehlzeiten können in den Ausbildungszeugnissen aufgeführt sein. Künftige Arbeitgeber wiederum fordern vom Bewerber Einsicht in diese Zeugnisse und können so unter Umständen von dem schlechten Gesundheitszustand des Bewerbers erfahren, was zumindest zu erhöhtem Erklärungsbedarf führen kann.

Es gibt in der Referendarausbildung keine „Semesterferien" oder ähnliches. Vielmehr hat man aufgrund des öffentlich-rechtlichen Ausbildungsverhältnisses einen festen Urlaubsanspruch. Bei der Verteilung der Urlaubstage empfiehlt es sich jedoch, die Tage mäßig auf verschiedene Stationen zu verteilen. Dies hat den Vorteil, dass man bei den ohnehin kurzen Ausbildungsstationen nicht viel verpasst.

Die Referendare erhalten Erholungsurlaub und Sonderurlaub nach Maßgabe der Vorschriften für Beamte sowie Richtern des Landes.

Personalakte

Mit der Bewerbung um eine Referendarstelle legt das jeweilige *Landesjustizprüfungsamt* (LJPA) eine Personalakte an. Alle den Referendar betreffenden Vorgänge im Laufe des Vorbereitungsdienstes werden hier gesammelt. Die einzelnen Stagenzeugnisse werden in einem besonderen Hefter gesammelt – dieser wird aber trotzdem Bestandteil der Personalakte.

Auf Atteste nach Krankmeldungen wird in der Akte hingewiesen; gesammelt werden sie in einem separaten Hefter, der wiederum Bestandteil der Personalakte ist.

Disziplinarmaßnahmen

Der Referendar im Vorbereitungsdienst wird mit einem Disziplinarverfahren konfrontiert, welches u.a. zu seiner Entlassung führen kann, sofern er eine Ordnungswidrigkeit oder eine Straftat begeht und diese Verhaltensweise mit der Referendarsausbildung nicht zu vereinbaren ist. Disziplinarmaßnahmen kommen laut Auskunft durch das LJPA Düsseldorf allerdings höchst selten vor. „Man muss schon silberne Löffel gestohlen haben", so die einhellige Meinung.

Nebentätigkeiten

Jedenfalls in der Anfangsphase lässt das Referendariat genügend Raum für eine wöchentliche Nebentätigkeit in der Rechtsabteilung eines Unternehmens oder in einer Kanzlei. Diese Nebentätigkeit muss von Seiten der Ausbildungsstelle genehmigt werden und ist in manchen Bundesländern erst ab einer gewissen Mindestnote des Ersten Staatsexamens möglich. Wer Initiativbewerbungen scheut, findet an den schwarzen Brettern der Gerichte und der Referendargeschäftsstelle genügend Aushänge von Kanzleien, die nach Referendaren suchen.

Ein solcher Nebenjob ist grundsätzlich zu empfehlen, er sorgt nicht nur für zusätzliche Mittel, sondern hilft, das eben erlernte Wissen unmittelbar umzusetzen.

Zudem ist, anders als im Ersten Staatsexamen, für das jetzt Anstehende ein Praxisbezug der Arbeiten ungemein wichtig.

Referendare erhalten auch nach dem 01.06.2003 ihre Vergütung vom Staat.

Für eine Nebentätigkeit, die über die Station hinausgeht, zahlen Anwälte in der Regel eine Vergütung. Sie dürfte sich derzeit zwischen acht und maximal 20 EUR bewegen. Literaturangaben über monatliche Zusatzgehälter zwischen 250 und 750 EUR betreffen seltene Ausnahmefälle. Gleiches gilt für die zum Teil in der Literatur sogar empfohlene Umsatzbeteiligung für selbst akquirierte Mandate. Eine derartige Umsatzbeteiligung wäre im Übrigen berufsrechtlich zweifellos unzulässig, § 49 b Abs. 3 BRAO.

Dabei ist zu beachten, dass dies nur für die reine Tätigkeit außerhalb der Zuweisung während der Anwaltsstation gilt, schließlich erhält der Referendar ja sein Referendariatsgehalt.

Studienreise

Die gesamte Arbeitsgemeinschaft bekommt zur Durchführung der Reise ein paar Tage (üblicherweise drei bis vier Tage) Dienstbefreiung (§ 16 UrlaubsVO), es muss also kein Urlaub genommen werden. Erkundigen Sie sich in Ihrer Ausbildungsbehörde nach der Handhabung dieser Sonderurlaubsregelung.

In aller Regel findet sie im ersten halben Jahr statt, auch damit die Teilnehmer der Arbeitsgemeinschaft sich besser kennen lernen.

Nachdem vermehrt private Anbieter solche Reisen veranstalteten, die mehr touristischen, als juristischen Charakter hatten, wurde die Genehmigungspraxis rigider. Nunmehr wird die Dienstbefreiung nur noch gewährt, wenn die Studienreise der Fortbildung auf fachlichem Gebiet dient; der Gedanke der persönlichen Weiterbildung ist dagegen nicht in den Vordergrund zu stellen. Die Reise muss an juristischer Tätigkeit und Aufgabenstellung vom Umfang her eine Arbeitsbelastung mit sich bringen, die der vor Ort gem. § 20 JAO entspricht. Der Schwerpunkt einer genehmigungsfähigen Studienreise muss deshalb darin bestehen, dass sich die Teilnehmer sowohl vormittags als auch nachmittags verstärkt mit der Erforschung und dem Begreifen fremder Rechtsordnungen sowie der entsprechenden Justizstruktur befassen. Diese Erarbeitung und das Erlernen der fremden Rechtssysteme müssen zu Beginn einer Reise durch entsprechende Bestätigungen der zu besuchenden und zur Diskussion bereitstehenden Stellen auch tatsächlich belegt werden. Außerdem sollte nach Abschluss einer solchen Studienreise von der Arbeitsgemeinschaft ein umfassender Erfahrungsbericht über die durch die Reise gewonnenen Erkenntnisse gefertigt werden. Schließlich ist zu berücksichtigen, dass Erfahrungen und Erkenntnisse, die gewonnen werden sollen, exemplarischer Art sein müssen, so dass die Studienreisen nur in solche Länder gehen können, in denen das exemplarische Erfassen der fremden Rechtssysteme auch tatsächlich originär vermittelt werden kann. Die bloße Möglichkeit der Teilnahme an Besuchen von Justiz- bzw. Universitätsgebäuden reicht dazu nicht aus.

In den meisten Fällen gehen die Fahrten, die weiterhin an eine Mindestteilnehmerzahl gekoppelt sind, nach Prag, Straßburg, Paris, Brüssel, London usw.

Erfüllt die Arbeitsgemeinschaft die geforderten Bedingungen, so steht einer Studienfahrt nichts mehr im Wege. Gute Reise.

3.3.5   Erster Arbeitstag

Am ersten Tag des Referendariats findet man sich zu der in der schriftlichen Zuweisung angegebenen Zeit in der Referendar-Geschäftsstelle bzw. am angegebenen Ort ein.

Zunächst sind organisatorische Dinge zu erledigen, etwa die Erstattung der Einstellungskosten, Vervollständigung der Personalakte usw.

Unter Umständen erfährt der Referendar auch erst hier, welchem Ausbilder er zugeteilt wurde.

Dann kommt der große Moment: Der Referendar wird vereidigt, und zwar vom Landgerichts-Präsidenten oder Vizepräsidenten. Dann bekommt er die Ernennungsurkunde ausgehändigt und wird dadurch ins Dienstverhältnis berufen.

Die Eidesformel ist dabei mit oder ohne religiöse Bekräftigung möglich.

Wenn alle Referendare ernannt worden sind, beginnt meist die erste Einheit der Einführungsarbeitsgemeinschaft, auch dort gibt es einiges Organisatorisches zu klären. Gegen Mittag ist der erste Arbeitstag des Referendars dann beendet.

3.4   Referendarstationen

Die Ausbildung des Referendars ist in diverse Stationen (Stagen) aufgeteilt, schließlich soll er universell ausgebildet werden.

3.4.1   Allgemeines

Die Stationen sind das A und O der Referendarausbildung. Ein besonderes Augenmerk gilt aber den Arbeitsgemeinschaften und der (freiwilligen) Dezernatsarbeit, die im Folgenden näher erklärt werden.

Arbeitsgemeinschaften

In den jeweiligen Referendarstationen finden so genannte Arbeitsgemeinschaften unter Leitung von haupt- und nebenamtlichen Ausbildern – meist Richtern – statt, in denen den Referendaren die Charakteristika der Klausuren und neuen Ausbildungsinhalte des zweiten Staatsexamens beigebracht werden sollen.

Diese Arbeitsgemeinschaften führen wieder zurück vom selbstbestimmten Erscheinen und Lernen im Rahmen der Universitätsausbildung hin zum verschulten Unterricht in klassenähnlicher Form.

Da in den Arbeitsgemeinschaften regelmäßig Originalaufgaben aus früheren Prüfungsterminen ausgegeben werden, lernt der Referendar das Anforderungsniveau kennen und erhöht zugleich die Chance, im Ernstfall an etwas zumindest Vertrautes zu geraten.

Dezernatsarbeit

Neben der Durchführung der Verhandlungstermine und dem Fällen von Entscheidungen besteht ein großer Teil der Arbeit von Richtern und Staatsanwälten, aber auch von Rechtsanwälten, in der Dezernatsarbeit.

Im Dezernat wird der Schriftverkehr zur Akte bearbeitet, das Verfahren geleitet, Verfügungen getroffen, Fristen gesetzt usw. Erfahrene Ausbilder fragen den Referendar bisweilen in den ersten Gesprächen nach der Zuweisung, ob Interesse an einer solchen Dezernatsarbeit besteht. Nicht nur, dass sich daraus vielleicht eine bessere Stationsnote ergibt, der Referendar vergibt hier die Chance zu wirklichen Einblicken in die Dezernatsarbeit, wenn er sich auf eine diesbezügliche Anfrage zu reserviert verhält.

Auch wenn der Ausbilder nicht fragen sollte, so steht es dem Referendar selbstverständlich frei, seine diesbezügliche Mitarbeit anzubieten.

3.4.2 Zivilrechtsstation

Die Zivilrechtsstation stellt die erste Station in der Ausbildung dar, wobei man hier in der Regel einem Amts- oder Landgericht zugewiesen wird. Man wird schnell feststellen, dass spätestens hier das Studentenleben endet, da hier Termine – entgegen universitären Vorlesungen – zu wahren sind. In den ersten Wochen findet ein so genannter Einführungslehrgang statt. Dieser hat das Ziel dem Referendar die Grundzüge des Zivilprozesses zu vermitteln, wobei er aufgrund seiner kurzen Dauer ohnehin nur als Einführung zu betrachten ist. Ein Nacharbeiten ist unumgänglich. Oftmals beginnt schon parallel dazu die praktische Ausbildung bei einem Richter. Dieser wird dem Referendar Akten zum Studium geben und ihn auch auffordern Urteile, Beschlüsse oder auch einen Aktenvortrag vorzubereiten.

Diese Tätigkeiten dienen dem Ziel dem Referendar sowohl das Erkenntnisverfahren, als auch die Relationstechnik im Zivilprozess zu vermitteln. Dabei ist insbesondere letztere von Bedeutung, da die Relationstechnik eine Arbeitsmethode darstellt, um einen Fall effektiv einer begründeten Lösung zuzuführen. Man sollte sich zudem auch nicht über die Länge des Referendariats täuschen. Zwar erscheint ein Zeitraum von zwei Jahren erheblich, doch die Ausbildung ist so aufgebaut, dass ständig neue Eindrücke oder neue Rechtsgebiete zu verarbeiten sind.

Die Arbeit bei einem Amtsgericht ist praxisnäher, man bekommt recht viel vom Gerichtsleben mit, andererseits aber auch arbeitsintensiver, da neben der Anwesenheitspflicht (meist einmal wöchentlich am Sitzungstag) auch zu Hause Urteile oder ähnliches gefertigt werden müssen. Im Gegensatz dazu ist das Landgericht theoretischer, die Fälle sind umfangreicher, verlangen größere Einarbeitung und müssen länger zu Hause bearbeitet werden. Verhandlungen finden vergleichsweise wenig statt.

Angesichts der fehlenden praktischen Erfahrung und des sonst fehlenden Wissens wird man inhaltlich meist Kammern (bzw. am Amtsgericht einem Richter) für allgemeine Zivilsachen zugewiesen, gelegentlich landet man aber auch in *Handelskammern* oder *Kammern für Miet-* oder *Verkehrssachen*. Der Referendar wird hierbei einem „Ausbildungsrichter" zugeordnet, der die Ausbildung überwacht und begleitet. Je nach bundeslandspezifischer Ausbildungsordnung oder Anweisung des Justizprüfungsamts ist eine Mindestanzahl von schriftlichen Arbeiten (Beweisbeschlüsse oder Urteile) anzufertigen. Zudem ist es Pflicht, auch einigen Verhandlungen oder Kammersitzungen beizuwohnen und mindestens eine Beweisaufnahme unter Aufsicht des Ausbildungsrichters selbst durchzuführen. Gerade von letzterem wird aber aus Zeitmangel häufig leider abgesehen.

Durch die Teilnahme an Gerichtsverhandlungen wird der junge Referendar mit dem Ablauf der Verfahren betraut. Er sollte sich daher bemühen, auch bei Notdiensten (etwa: Einstweiliger Rechtsschutz) dabei zu sein oder die Tätigkeit eines Gerichtsvollziehers kennen zu lernen. Diese Bereiche haben in Prüfung und Praxis nämlich eine erhebliche Bedeutung.

📖 *Die Station in Zivilsachen*
Grundkurs für Rechtsreferendare
von Schmitz / Ernemann / Frisch
C.H. Beck Verlag
ISBN: 3406490778

3.4.3   Strafrechtsstation

Innerhalb dieser Station soll der Referendar sich mit den Grundzügen des Strafprozesses auseinandersetzen und den Richter oder Staatsanwalt bei seiner Arbeit begleiten. Als größte Neuerung dieser Station ist wohl der staatsanwaltliche Sitzungsdienst zu nennen. Das Lernen von materiellem Recht ist den Referendaren bereits bekannt, doch ein Plädieren vor dem Amtsgericht in Strafsachen ist eine gänzlich neue Erfahrung. Die einzelnen Staatsanwaltschaften bieten hierfür jedoch einen kurzen Einführungslehrgang durch einen erfahrenen Staatsanwalt an. Neben der praktischen Ausbildung kommt hier aber auch das Prozessrecht nicht zu kurz. Die Anwesenheit bei Verhandlungen ist zumeist bei beiden gefordert, naturgemäß sind die anzufertigenden Arbeiten entweder Urteile oder Abschlussverfügungen.

Für manche etwas Besonderes ist die Möglichkeit, als Staatsanwalt die Anklage zu vertreten. Das heißt, dass der Referendar nach einigen besuchten Sitzungen zuerst noch in Anwesenheit des Ausbildungsstaatsanwalts, danach unter Umständen auch ganz alleine als Staatsanwalt auftreten darf und die volle Verhandlung bestreiten kann. Das natürlich nur bei Verhandlungen vor dem Amtsgericht oder dem Landgericht und bei einfach gelagerten Sachverhalten.

Was sich anfangs recht kompliziert anhört, ist für einigermaßen redegewandte Personen der „Knüller" des ganzen Referendariats, der am meisten Spaß macht und nicht verpasst werden sollte.

Der Referendar erhält für das jeweilige Strafverfahren klare Weisungen. Sollte sich eine Abweichung von dieser Weisung abzeichnen, so ist unbedingt das Einverständnis des Ausbilders einzuholen (etwa durch Unterbrechung der Sitzung und einem kurzen Anruf beim Ausbilder), da dies im anderen Fall durchaus unangenehme Folgen bis hin zu Disziplinarmaßnahmen haben kann.

Vor Ihrem ersten Auftritt vor dem Strafgericht müssen Sie allerdings sicherstellen, dass für Sie eine Robe vorhanden ist. Bei der Staatsanwaltschaft gibt es die Möglichkeit, sich kostenlos eine Robe für die Dauer der Sitzungsvertretung zu leihen.

Manche Ausbildungsbezirke bieten dem Referendar darüber hinaus noch weitere Besonderheiten wie etwa die Teilnahme an einer nächtlichen Polizeifahrt und/oder den Besuch einer Justizvollzugsanstalt an. Insbesondere die nächtliche Fahrt in einem Streifenwagen am Wochenende kann sehr spannend sein, wie der Autor *Norman M. Spreng* ebenfalls zu berichten weiß. So war er u.a. bei einem Leichenfund zugegen und konnte die Ermittlungsarbeit der Kriminalpolizei hautnah miterleben. Ein für sicherlich nicht jeden spannendes Erlebnis.

📖 *Die Station in Strafsachen*
Grundkurs für Rechtsreferendare
von Schmitz / Ernemann / Frisch
C.H. Beck Verlag
ISBN: 3406452361

📖 *Staatsanwaltlicher Sitzungsdienst*
Eine Anleitung für Klausur und Praxis
von Brunner / Heintschel-Heinegg
Luchterhand Verlag
ISBN: 3472046031

3.4.4 Verwaltungsrechtsstation

Die Verwaltungsstation gilt aus Referendarsicht als die mit Abstand Unbeliebteste. In keiner anderen Station herrscht soviel Bürokratie wie hier.

Ziel der Verwaltungsrechtsstation ist es, dem Referendar den Aufbau und die Funktionsweise der öffentlichen Verwaltung zu vermitteln. Demzufolge ist die Ausbildung auch hier stark an der Verwaltungspraxis orientiert. Neben dem klassischen materiellen und formellen Recht wird zudem auch Rechtsgestaltung vermittelt. Dies kommt z.b. in der Abfassung von öffentlich-rechtlichen Verträgen, Widersprüchen oder (Widerspruchs-)bescheiden zur Geltung, wobei nicht nur eine rechtlich richtige, sondern auch eine dem Zweck angemessene Lösung gefunden werden muss. Stärker als noch in der Strafrechtsstation kommt hier zur Geltung, wie das Recht nicht nur soziale, sondern auch politische Bindungen aufweist. Als Ausbildungsstationen kommen hier die verschiedensten Behörden in Betracht.

Man sollte jedoch darauf achten, dass man keinen zu großen Exoten wählt, damit kein weiteres Rechtsgebiet zu lernen ist, welches zudem noch nicht einmal ein Prüfungsfach ist. Hier gilt es also eine Mischung aus einer interessanten Behörde und einer optimalen Ausbildung zu finden.

Ausbildungsstellen sind hier nicht mehr die Gerichte, sondern die Regierungsbezirke. Den einzelnen Ausbildern wird man automatisch zugewiesen, wenn man sich nicht – was ratsam ist – auf eine bestimmte Stelle bewirbt.

Die anzufertigenden Arbeiten bestehen meist aus Gutachten und Stellungnahmen zu spezifischen, in der Regel kommunalrechtlichen Problemen. Der Arbeitsaufwand bei unterschiedlichen Ausbildungsstellen variiert ungemein, weshalb man sich je nach persönlicher Präferenz bei den vorgehenden Referendaren unbedingt über adäquate Stationen informieren sollte. Auch ist bei der Auswahl die Nähe der Station zum eigenen Wohnort zu beachten und zu klären, inwieweit Fahrtkosten erstattet werden. Wichtig ist die rechtzeitige Stationswahl: Da die beliebten Stationen oft überbelegt sind, wird nach Eingangsdatum über die Bewerber entschieden. Daher schon am Anfang des Referendariats eine Ausbildungsstation wählen, dort persönlich anrufen und nach dem Telefonat sofort die schriftliche Bewerbung senden. Diese besteht nicht aus einem klassischen Bewerbungsschreiben, sondern lediglich aus einer formlosen Bitte, die Ausbildung zu übernehmen.

Nach § 49 Abs. 2 JAO soll die Ausbildung während der Verwaltungsstation in der Regel bei einer juristischen Person des öffentlichen Rechts erfolgen, bei der die Ausbildung des Referendars einem Volljuristen übertragen werden kann. Erfahrungsgemäß bieten sich im Rahmen der Verwaltungsstation insbesondere die Ausbildungsplätze bei einer deutschen Botschaft oder einem deutschen Konsulat, bei einer Auslandshandelskammer oder bei der Europäischen Kommission an.

Deutsche Botschaft oder Deutsches Konsulat

Dieser Ausbildungsplatz hat den Vorteil, dass es sich um eine deutsche Behörde handelt, so dass man für die Wahlpflichtstation nicht festgelegt ist.

Die jeweiligen Ausbildungsplätze werden zentral durch das *Auswärtige Amt* (AA) in Berlin vergeben. Bewerbungsunterlagen können Sie unter folgender Adresse anfordern:

> ▱   Auswärtiges Amt
> 1 – AF (Berlin)
> Werderscher Markt 1
> 10117 Berlin
> Fon 01888 / 172682
> Fax 01888 / 171577

Die Unterlagen sind auch im Internet unter *http://www.auswaertiges-amt.de* unter „Stellenangebote" zu finden. Dort erhalten Sie auch allgemeine Informationen über die Referendarausbildung beim AA. Sofern verfügbar werden dort auch kurzfristig frei gewordene Referendarstellen angeboten.

Es besteht die Möglichkeit, bei der Bewerbung bestimmte Orte als Wunschausbildungsplätze anzugeben. Diese werden aber nur teilweise erfüllt, da es Regionen bzw. Orte gibt, die sehr beliebt sind. Man sollte sich daher überlegen, ob man sich konkret auf einen etwas außergewöhnlicheren Platz bewirbt (ein Aufenthalt in Aman oder Manila kann unter Umständen sehr viel erfahrungsreicher sein, als das Ableisten der Station in Washington).

Wenn man den gewünschten Platz nicht erhält, lohnt sich eine telefonische Rückfrage beim Auswärtigen Amt. Häufig erhält man dann noch eine Alternative.

Das AA führt aufgrund der Vielzahl von Bewerbungen eine Vorauswahl durch, bei der Kriterien wie Sprachkenntnisse, Auslandserfahrungen, Alter, Abiturnote und die Note des Ersten Staatsexamens, Ausbildungen, Tätigkeiten an der Uni, das Wahlfach im Ersten Staatsexamen etc. eine Rolle spielen. Allerdings sollen sich Bewerber mit einem „ausreichend" im Ersten Examen nicht von einer Bewerbung abschrecken lassen. Das AA vergibt Punkte für die jeweiligen Qualifikationen. Sehr gute Sprachkenntnisse oder die Kenntnis einer selteneren Sprache können ein schlechtes Erstes Examen wieder ausgleichen. Insgesamt entscheidet das Gesamtbild, ob eine Bewerbung beim AA erfolgreich ist.

Eine Bewerbung muss derzeit sieben Monate im Voraus eingereicht werden.

Dies liegt daran, dass das AA mit Ihren Daten eine aufwendige Sicherheitsprüfung durchführt, nachdem Sie den Ihnen angebotenen Ausbildungsplatz angenommen haben. Eine Bewerbung ist jedoch erst möglich, wenn die Ernennungsurkunde vorliegt und darf frühestens zwölf Monate vor Beginn der Station beim AA eingehen. Nach Eingang der Bewerbung teilt das AA Ihnen zunächst mit, ob Sie grundsätzlich die erforderliche Mindestpunktzahl für ein Ausbildungsplatzangebot erreicht haben. Die eigentliche Vergabe der Plätze findet später (ca. ein Monat nach Ablauf der Bewerbungsfrist) nach Verfügbarkeit statt. Es kann passieren, dass man trotz Erreichen der Mindestpunktzahl keinen Platz angeboten bekommt. Das AA bekommt in der Regel für die Monate Dezember/Januar und Juni/Juli besonders viele Bewerbungen. Sie können diese Zeit vermeiden, indem Sie die Reihenfolge Ihrer Stationen ändern. Dies bewilligt das OLG auf entsprechenden Antrag üblicherweise routinemäßig.

Seit Frühjahr 1999 ist es auch möglich, die Station beim Auswärtigen Amt in Berlin zu verbringen. Im Bewerbungsbogen werden Sie danach ausdrücklich gefragt.

Auslandshandelskammer

Eine Alternative ist eine Bewerbung bei einer Auslandshandelskammer (AHK).

Hier kommt der Note im Ersten Staatsexamen keine so entscheidende Bedeutung zu. Sprachkenntnisse, Interesse an Rechtsfragen mit wirtschaftlichem Bezug und die Bereitschaft, auch gänzlich unjuristische Tätigkeiten wahrzunehmen, sind wesentlich wichtiger. Die Kriterien an den großen AHK wie Paris, London oder auch Warschau sind allerdings höher gesteckt als bei den kleineren Kammern. Im Fall der AHKs lässt das Innenministerium als Dienstherr für die Verwaltungsstation eine Ausnahme von der in § 49 Abs. 2 JAO festgelegten Regel zu, dass die Ausbildung von einem Volljuristen geleitet werden soll. Wenn Sie also eine Ausbildungszusage von einer AHK bekommen, können Sie davon ausgehen, dass das Innenministerium die Station auch genehmigt. Eine Liste mit den ausbildenden AHKs und den vom Bewerber zu erfüllenden Voraussetzungen erhalten Sie unter folgender Adresse:

⌨ Deutsche Industrie- und Handelskammer
   Breite Straße 29
   10178 Berlin
   Fon 030 / 20308 – 0
   Fax 020 / 20308 – 1000
   E-Mail: dihk@berlin.dihk.de

Diese Angaben sind auch unter *http://www.ahk.de* unter der Rubrik „Bildung" abzurufen. Ihre Bewerbung müssten Sie direkt an die AHK richten. Am besten klären Sie vorher telefonisch ab, ob noch ein Platz für Ihren Wunschzeitraum frei ist. Den Unterlagen der DIHK liegt auch ein Belegungsplan bei, aus dem Sie ersehen können, inwieweit die Ausbildungsplätze bei den einzelnen AHKs bereits vergeben sind. Da dieser Belegungsplan nur einmal im Jahr erstellt wird (die Online-Version scheint allerdings aktueller zu sein), bildet er die tatsächliche Belegungssituation nur äußerst unzureichend ab; im Übrigen springen manche Mitbewerber, die schon eine Zusage in der Tasche haben, doch noch im letzten Moment ab. Dann ist es u.U. möglich, auch noch kurzfristig nachzurücken. Daher sollten Sie sich unbedingt auf eine Warteliste setzen lassen – am besten gleich bei mehreren Kammern, falls Sie auf Nummer sicher gehen wollen. Sehr kurzfristig zu besetzende Plätze werden zudem auf der Website angeboten.

Die Bewerbung sollte zwölf bis 18 Monate im Voraus eingereicht werden. Da die AHKs für die Erteilung einer Zusage nicht Ihre Ernennungsurkunde sehen wollen, können Sie sich auch schon vor Beginn des Referendariats bewerben. Besonders bei den beliebten AHKs (USA, Kanada, Australien) ist dies sehr zu empfehlen.

Bevor Sie sich aber bei einer AHK bewerben, sollten Sie klären, ob die AHK eine Ausbildungsplatzpauschale von Ihnen verlangt. Jedenfalls die AHK in Paraguay verlangt für den Aufwand, den der Referendar verursacht, eine Pauschale von 460 EUR. Da die AHKs selbstständige Körperschaften sind, kann die DIHK diese Praxis anscheinend nicht unterbinden.

Europäische Kommission

Auch die *Europäische Kommission* ist eine Verwaltungsbehörde, bei der die Verwaltungsstation abgeleistet werden kann (allerdings unter der o.g. Bedingung, dass dann die Wahlpflichtstation bei einer deutschen Verwaltungsbehörde stattfindet).

Es gibt dort zwei Möglichkeiten, eine Station abzuleisten:

So gibt es das offizielle Praktikantenprogramm in Brüssel, das fünf Monate dauert und im März und im Oktober beginnt. Diese Zeiträume lassen sich durch Tauschen von Stationen im deutschen Rechtsreferendariat unterbringen.

Wer in diesem Rahmen die Station verbringen möchte, muss strenge Bewerbungsfristen einhalten und sich zentral bewerben. Informationen gibt es bei:

Europäische Kommission
Generalsekretariat/Praktikantenbüro
Rue de la Loi 200
B-1049 Brüssel
Fon 0032 / 2 / 2950902
Fax 0032 / 2 / 2990871
www.europa.eu.int/comm

Den aufwendigen Weg kann man aber umgehen, indem man sich direkt bei einer Generaldirektion, am besten in einer bestimmten Abteilung bewirbt. Gerade im Sommer, außerhalb der offiziellen Praktika, werden deutsche Rechtsreferendare häufig eingestellt. Einen Überblick über die Organisation der Kommission findet man unter *www.europa.eu.int.*

Neben den genannten Stellen kommen auch noch andere internationale Organisationen und Einrichtungen wie z.b. der Europäische Rechnungshof in Luxemburg sowie verschiedene Goethe-Institute in Betracht.

Letztere werden aber nur in sehr begrenztem Umfang Ausbildungsplätze zur Verfügung stellen können, da nur an wenigen Orten ein Volljurist anwesend ist (zurzeit sind dies Buenos Aires, Lissabon, Prag, Salvador Bahia, Johannesburg und Turin). Hier die Anschrift:

> ⊡ Goethe-Institut
> Postfach 190419
> 80604 München
> Fon 089 / 15921 -338 oder –394
> E-Mail: zv@goethe.de

Es wird empfohlen, die gesamten vier Monate im Ausland zu verbringen. Eine Splittung der Verwaltungsstation ist angesichts ihrer Kürze nicht sinnvoll, aber auch nicht unmöglich. Kann Ihnen die Stelle Ihrer Wahl im Ausland nur eine dreimonatige Ausbildung anbieten, so könne Sie den letzten Monat an die Wahlpflichtstation „anhängen", welche dann möglichst direkt im Anschluss an die Verwaltungsstation im Ausland absolviert werden sollte.

> ▭ *Allgemeines Verwaltungsrecht mit Verwaltungsprozessrecht*
> von Detterbeck
> C.H. Beck Verlag
> ISBN: 3406518990

3.4.5 Anwaltsstation

Interessant sind für künftige Rechtsanwälte natürlich vor allem die Stationen, bei denen man zu Rechtsanwälten gehen kann. Dies ist je nach Bundesland unterschiedlich. Wer später aber Rechtsanwalt werden will, sollte bereits während des Referendariats möglichst oft bei einem Rechtsanwalt sein. Bei allen anderen Stationen kann es durchaus interessant sein, den Berufsalltag eines Rechtsanwalts voll mitzubekommen und von morgens bis abends in der Kanzlei zu sein. Dazu bietet sich auch die Wahlstation an, da dann der Druck des Examens wegfällt.

Die Anwaltsstation soll dem Referendar einen Einblick in die Organisation und den Betrieb einer Anwaltskanzlei geben, insbesondere auch in die Leitungs- und Überwachungsaufgaben eines Rechtsanwalts.

Daneben sollte sich der Referendar auch mit den wirtschaftlichen und steuer-, arbeits- und sozialrechtlichen Fragen beschäftigen, die der Betrieb einer Kanzlei aufwirft. Bei den wirtschaftlichen Einblicken sind Kenntnisse über die Kosten und Einnahmen einer Kanzlei sowie über das Gebührenrecht unentbehrlich.

Der Erfolg einer Kanzlei wird nicht zuletzt von den kommunikativen Fähigkeiten bestimmt. Daher sollte der Referendar, so oft es geht, die Gelegenheit suchen, bei Mandantengesprächen und Verhandlungen anwesend zu sein oder diese nach einiger Zeit teilweise oder ganz selbst zu führen. So können gegebenenfalls nach einer gewissen Einarbeitung auch selbstständig Gerichtstermine wahrgenommen werden.

Durch eine gute Mitarbeit eröffnet sich unter Umständen sogar die Möglichkeit einer späteren Weiterbeschäftigung oder Festanstellung nach dem Zweiten Examen.

Der Auswahl der richtigen Kanzlei kommt immense Bedeutung zu, obwohl man scheinbar relativ einfach wechseln oder aufhören kann, wenn man merkt, dass die Kanzlei nicht geeignet ist. Bereits hier erfolgt eine Weichenstellung in Bezug darauf, wie der eigene Arbeitsalltag und der Einsatzbereich aussehen sollen. Darüber hinaus entscheidet sich, was und wie viel man dazu lernt.

Für Absolventen mit Prädikatsexamen stellt sich vornehmlich die Frage, ob man zu einer renommierten Großkanzlei oder in ein Unternehmen gehen soll oder vielleicht doch zu einer kleineren Kanzlei.

Bei kleinen Bürgerkanzleien ist meist für eine spätere Bewerbung derjenige klar im Vorteil, der dort schon mehrere Monate gearbeitet hat – bei Großkanzleien nützt dies nur bedingt, denn hier ist die Note sehr viel wichtiger als vorherige Kontakte. Dies liegt daran, dass hier oft tatsächlich rechtlich extrem knifflige Fragen zu bearbeiten sind. Das Vorurteil, dass der Anwaltsalltag juristisch sehr viel einfacher sei als der Examensstoff, trifft für diese Kanzleien mit Sicherheit nicht zu. Allerdings lässt sich der Stoff stärker eingrenzen, was den Druck nimmt, und am realen Fall lernt es sich leichter als abstrakt aus dem Lehrbuch oder Skript.

Zu beachten ist auch, dass die Organisationsstruktur in einer kleineren Kanzlei dazu geeignet ist, sich Wissen anzueignen, das man für eine Existenzgründung braucht.

Beim Vorstellungsgespräch sollte der Referendar darauf achten, ob es sich um eine „altertümliche" Kanzlei handelt, die offensichtlich den Anschluss verschlafen hat. Man sollte Kanzleien, die Computer und junge Kollegen immer als Fremdkörper betrachten, getrost nicht in die engere Wahl nehmen. Gleiches gilt für Kanzleien, in denen offensichtlich ein organisiertes Chaos herrscht, was sich meist dadurch manifestiert, dass in allen Räumen Akten herumliegen. Der Referendar sollte zudem ermitteln, ob in absehbarer Zeit überhaupt Personalbedarf besteht und dafür auch Räumlichkeiten vorhanden sind.

Sollten nach den Vorstellungsgesprächen noch immer verschiedene Alternativen bestehen, sollte man nach einer genauen Abwägung die Auswahl auf zwei Kanzleien beschränken und die Endauswahl gefühlsmäßig treffen.

Im Gegensatz zu einer richtigen Bewerbung reicht hier meist eine „Kurzbewerbung" völlig aus, was man aber vorher telefonisch abklären sollte. Auch die Art der Kontaktaufnahme läuft in der Regel zwangloser ab, wenn die Stellen über die örtliche Ausbildungsstelle ausgeschrieben werden. Man sollte die Bewerbung aber dennoch ernst nehmen, da die Bewerbung an sich und das Verfahren eine ideale Vorbereitung auf den späteren Ernstfall darstellt und zudem hilft, erste Erfahrungen zu sammeln.

In manchen Bundesländern besteht die Möglichkeit, in Vertauschung des herkömmlichen Ablaufs die Anwaltsstation gleich zu Beginn des Referendariats abzuleisten, im Gegenzug dazu die Gerichts- oder Verwaltungsstation unmittelbar vor dem Staatsexamen durchzuführen. Hiervon ist aber eher abzuraten: Bei sorgfältiger Anwaltswahl lässt sich die Arbeit in der Anwaltsstation auf ein sinnvolles Maß reduzieren, was der Vorbereitung auf das Examen sehr förderlich ist. Die Wochen und Monate unmittelbar vor dem Antritt sollten möglichst frei bleiben oder mit wirklich examensrelevanten Praxistätigkeiten verbracht werden. Dieses Anliegen ist gegenüber Richtern oder der Verwaltung – weil man sich die Einzelperson des Ausbilders nicht aussuchen kann – aber mitunter schwer durchzusetzen. Und nichts ist unangenehmer, als sich trotz des Examensdrucks stundenlang mit völlig belanglosen, nicht examensrelevanten Materien herumzuschlagen.

📖 *Die Anwaltstation nach neuem Recht*
von Römermann / Hartung
C.H. Beck Verlag
ISBN: 340650454X

3.4.6   Wahlstation

Den Zweck der Wahlstation beschreibt § 6 Abs. 2 der niedersächsischen Ausbildungs- und Prüfungsordnung passend: „Die Wahlstation dient der Vertiefung und der Ergänzung der Ausbildung sowie der Berufsfindung und der Vorbereitung auf die besonderen Anforderungen der beruflichen Tätigkeit, die die Referendarin oder der Referendar anstrebt". Die Ausbildungs- und Prüfungsordnungen der anderen Länder haben dabei ähnliche Formulierungen.

Daneben ist hier zu sehen, dass die Wahlstation letztmalig die Möglichkeit bietet, im Ausland eine Station zu absolvieren und hier Land, Leute und Lehre kennen zu lernen. Wer beabsichtigt, während der Referendarzeit ins Ausland zu gehen, sollte sich frühzeitig – am besten schon während der Zivilstation – mit den zuständigen Sachbearbeitern am zuständigen OLG in Verbindung setzen. Entsprechende Auslandsstationen findet man über Listen der Ausbildungsstellen, die zumeist schon am Anfang des Referendariats ausgegeben werden. Wichtig ist eine rechtzeitige Bewerbung, da für die Zuweisung zur Wunschstelle Fristen einzuhalten sind und eine Bestätigung der Ausbildungsübernahme von der Wunschstelle vorgelegt werden muss. Mit mindestens drei Monaten Vorlaufzeit von der ersten Kontaktaufnahme bis zum Vorliegen der Bestätigung muss gerechnet werden – ein „Scheitern" und notwendiges Angehen einer zweiten Ausbildungsstelle nicht mit eingerechnet. Grund für diese Dauer sind nicht nur die internen Entscheidungsabläufe der Ausbildungsstellen (Vakanz zur passenden Zeit, welche Stelle, welche Einzelausbilder, Zustimmung der Personalabteilung, Verträge), sondern auch die vielen zusätzlichen Fragen, die hier geklärt werden müssen (Vergütung, Wohnung, dem Referendar angemessener Arbeitsablauf, -inhalt und Zeitaufwand).

Die Wahlstation ist die letzte der Ausbildungsstationen für Rechtsreferendare, und daher überschneidet sie sich auch mit den Terminen für die mündlichen Prüfungen. Aus diesem Grund sollte man sich überlegen, wie man im Falle eines Auslandspraktikums die eigene Examensvorbereitung organisiert, um nicht zu spät zu erkennen, dass man zwar Land und Leute, aber nicht den Prüfungsstoff kennt.

Ohne einen Auslandsaufenthalt kann die Wahlstation jedoch auch ein interessanter Ausbildungsabschnitt sein. Schon dem Namen der Station kann man entnehmen, dass man sich hier einen Ausbilder frei suchen kann. Vorteil dieser Station ist also, dass man sich hier auf seine eigenen Schwerpunkte und Interessen konzentrieren kann. Dabei kommen neben der klassischen Verwaltung und den Gerichten auch Unternehmen oder Handelskammern als Ausbilder in Betracht.

Letztlich ist die Wahlstation auch der ideale Rahmen, um sich einen künftigen Arbeitgeber zu suchen, denn kurz vor dem Examen ist man bereits in der Lage, nahezu vollwertig innerhalb einer Kanzlei bzw. in einer Rechtsabteilung zu arbeiten, und auch der potentielle Arbeitgeber wird die Arbeiten des Referendars näher begutachten, um sich qualifizierte Mitarbeiter zu sichern. Folglich ist die Wahlstation ein wichtiger Zeitpunkt, um letzte Kontakte für das spätere Berufsleben zu knüpfen.

Es gibt auch die Möglichkeit, während der Verwaltungs- oder der Wahlstation im Verwaltungsrecht ein so genanntes *Speyer-Semester* zu absolvieren. Gemeint ist die Teilnahme an den Vorlesungen der *Verwaltungsakademie Speyer* für die Dauer dieser Station.

Die Anmeldung sollte spätestens vier Monate vor dem Beginn des Studiums in Speyer erfolgen. Es hängt vom jeweiligen Referendar-Einstellungstermin ab, ob man das Angebot überhaupt in der Verwaltungs- oder Wahlstation wahrnehmen kann. Durch unbezahlten Urlaub, der beantragt und genehmigt werden muss, kann – zumindest für die Wahlstation sinnvoll – die Zeit bis zum nächstmöglichen Einstellungstermin in Speyer überbrückt werden.

☞   Hörersekretariat der Hochschule für Verwaltungswissenschaften
Freiherr-vom-Stein-Strasse 2
67346 Speyer
Fon 06232 / 654 227

Wenn das Berufsziel „Rechtsanwalt" ist, scheiden alle Verbände, Botschaften und Behörden, bei denen man nicht anwaltlich tätig sein kann, aus. Die Auswahl beschränkt sich dann hauptsächlich auf Unternehmen und Anwaltskanzleien, wobei die Auswahl zwischen beiden nur bei einer Wahlstation im Inland wichtig ist, weil bei einer Auslandsstation die Verbesserung der Sprachkenntnisse im Vordergrund steht. Ob dies nun in einer ausländischen Kanzlei oder einem ausländischen Unternehmen geschieht, ist gleichgültig. Die Tätigkeit bei einem inländischen Unternehmen lohnt sich kaum, wenn man sich selbstständig machen oder später in einer Anwaltskanzlei arbeiten möchte.

Hier bietet sich der so genannte *Bielefelder Kompaktkurs* an. Der Autor *Norman M. Spreng*, selbst ehemaliger Teilnehmer, denkt positiv an die Zeit zurück.

Der Kompaktkurs hat sich die fundierte Vorbereitung junger Juristinnen und Juristen auf eine spätere Tätigkeit als Rechtsanwalt und/oder Notar zum Ziel gesetzt. Dabei wird Wert sowohl auf gründliche theoretische als auch auf praktische

Vorbereitung gelegt, um den vielfältigen Anforderungen der künftigen Berufstätigkeit gerecht zu werden.

Der Kurs soll Kenntnisse auf den beiden zentralen Feldern anwaltlicher Betätigung vermitteln, nämlich der forensischen Anwaltstätigkeit (einschließlich der außergerichtlichen Streitbeilegung und Interessenwahrnehmung) und der Rechtsgestaltung.

Das Kursprogramm ist abgestimmt auf die Anforderungen, die der Arbeitsmarkt an junge Assessoren stellt und berücksichtigt die Prüfungsanforderungen für Rechtsreferendare.

Zum Kompaktkurs wurde wieder eine erweiterte Stellenbörse durchgeführt, die bereits im vorherigen Kompaktkursen erfolgreich anlief. Dazu wurden namhafte Anwaltsbüros, bei denen aktuell Stellen zu besetzen waren, eingeladen.

Den Kompaktkursteilnehmern sollte damit ermöglicht werden, sich vor Ort zu bewerben, Bewerbungsgespräche zu trainieren und hilfreiche Kontakte zu knüpfen.

Auch heute ist die Mehrzahl aller Rechtsanwälte nicht nur in einem Spezialgebiet tätig; das gilt auch und gerade für Berufsanfänger. Im Interesse einer bestmöglichen Ausbildung empfiehlt sich daher die viermonatige Teilnahme (Februar bis Mai) am Kompaktkurs.

Um den Teilnehmern eine gezielte Vertiefung in einem oder mehreren Rechtsgebieten zu ermöglichen, ist aber auch die Buchung einzelner Module möglich.

Aufgrund großzügiger Unterstützung der Förderer und Sponsoren des Kompaktkurses, allen voran die *Hans Soldan Stiftung*, können die Teilnahmegebühren niedrig gehalten werden:

Die Teilnahmegebühr beträgt pro Modul 153,39 EUR; sie wird mit der Anmeldung fällig. Bei Buchung des gesamten Kompaktkurses und Einzahlung der Kursgebühr bis zum 30. September des dem Kurs vorangehenden Jahres, ermäßigt sich die Kursgebühr auf 511,29 EUR (Stand 08/2004).

Folgende Module werden angeboten:

- **Modul 1**
  Forensische Anwaltstätigkeit Zivil- und Verwaltungsrecht
- **Modul 2**
  Forensische Anwaltstätigkeit Zivil-, Straf- und Arbeitsrecht
- **Modul 3**
  Rechtsgestaltung Zivil- und Wirtschaftsrecht
- **Modul 4**
  Rechtsgestaltung Wirtschafts-, Steuer- und Internationales Privatrecht, Europarecht

Dielefelder Kompaktkurs
Institut für Anwalts- und Notarrecht an der Universität Bielefeld
Postfach 100131
33501 Bielefeld
Fon 0521 / 106 – 3924
Fax 0521 / 1063 – 8057
www.kompaktkurs.de

3.4.7 Noten

Unbestritten beruht ein Drittel der Endnote auf Glück, unbestritten sind Punktabweichungen von ein bis zwei Punkten nach oben oder unten rational nur schwer nachzuvollziehen. Dies beweist schon die hohe Anzahl von etwa 30 Prozent der korrigierten Examensarbeiten, bei welchen Erst- und Zweitkorrektor eine um zwei Punkte differierende Bewertung abgeben.

Ungeachtet dessen steht aber auch fest, dass die Note bei Juristen das entscheidende Einstellungskriterium ist. Fast ausnahmslos wird – wenn andere Kriterien wie eine gewisse soziale Mindestkompetenz auch erfüllt sind – ein Bewerber vor allem nach seiner Note ausgesucht. Und die Note entscheidet nicht nur über die Frage des „Ob", sondern auch über die Frage des „Wie", nämlich über das Gehalt.

Inhalt und Bedeutung

Ausbildungsnachweise erhält man jeweils in den Einführungs-Arbeitsgemeinschaften oder mit der Zuweisung zu einer neuen Station. Er enthält eine Aufstellung der Leistungen, die der Referendar regelmäßig erbringen sollte.

Dabei dient der Ausbildungsnachweis aber lediglich als Anhaltspunkt – es kann schließlich nur bearbeitet werden, was anfällt. Der Ausbildungsnachweis enthält Rubriken, in denen die gefertigten Arbeiten beschrieben und bewertet werden können, sowie eine Spalte für die Note.

Am Ende der Ausbildung hat jeder Rechtsreferendar Anspruch auf ein Stationszeugnis, in dem seine Leistungen beschrieben werden. Schematisch ausgestellte und übertrieben positive Beurteilungen nutzen niemandem. Denn der spätere Arbeitgeber vertraut auf die Richtigkeit der Beurteilung und wird schnell eines Besseren belehrt. Andererseits darf die Note aber auch nicht schlechter ausfallen, als es den tatsächlichen Leistungen entspricht.

Wichtiger als ein Punkt mehr oder weniger ist erfahrungsgemäß, ob das Zeugnis nur die üblichen Mindestangaben enthält oder ob es ganz individuell für den betreffenden Referendar formuliert wurde. Auch daran zeigt sich, ob die Ausbilder der jeweiligen Station Referendare anonym durchschleusen oder sie in ihrer Individualität würdigen und besonders fördern.

Es ist falsch, wenn behauptet wird, die Stationszeugnisse seien nur interne Angelegenheiten, die schaue sich später sowieso keiner mehr an, und darum müsse man sich auch nicht so genau um deren Inhalt kümmern. Vielmehr werden die Stationszeugnisse praktisch von allen Prüfern in der mündlichen Prüfung gelesen und können hier den Ausschlag nach oben oder unten geben. Wer dauerhaft über zehn Punkte in den Stationen hatte, dem kauft man auch ab, er sei ein „Prüfungsphobiker", und dem hilft man gerne von einer Sechs-Punkte-Vornote nach oben. Anders ist es allerdings, wenn schon die Stationszeugnisse nie mehr als sieben Punkte ausweisen.

Weiterhin werden von etlichen Kanzleien und natürlich immer bei Anstellungsgesuchen in den Staatsdienst die Stationszeugnisse angefordert, da sie eine schöne erste Einschätzung über die praktische Verwendbarkeit des Referendars bieten.

Remonstration und Anfechtung

Die schriftlichen Leistungen der Referendare werden von den Ausbildern schriftlich unter Verwendung der Noten gemäß § 14 JAG bewertet. Die Zeugnisse werden vor Aufnahme in die Personalakte des Referendars diesem gegenüber bekannt gemacht, sie stellen allerdings keine dienstliche Beurteilung dar.

Es ist dringend zu raten, die Stationen anständig zu absolvieren, auf die Zeugnisse zu achten und im Zweifel auch nachdrücklich um eine Abänderung zu bitten. Ein entsprechender Hinweis wird mit dem Zeugnis übersandt. Eine schriftliche Remonstration (Einwendung) wird als Anlage zu dem Zeugnis in die Personalakte genommen.

Falls der Stationsausbilder die nicht fristgebundene Abänderung verweigert, gilt es den Weg über die hauptamtlichen AG-Leiter zu gehen, bzw. die Interessenvertretung um Vermittlung zu bitten, die dann den Referentendezernenten einschaltet.

Sollte auch dieser Weg nicht zum Erfolg führen, so kann der Referendar dieses Stationszeugnis „anfechten". Insbesondere sind hier der Widerspruch und die Klage (in Form der Anfechtungsklage oder Verpflichtungsklage; streitig) gegen die Ablehnung als Verwaltungsakt zu erheben.

3.5 Zweites Staatsexamen

Wie bereits oben erwähnt, beenden jedes Jahr circa 10.000 Juristen ihr Referendariat erfolgreich und strömen zum größten Teil in den Anwaltsberuf.

3.5.1 Examensvorbereitung

Bei der Vorbereitung auf das Zweite Staatsexamen darf das materielle Recht natürlich nicht vergessen werden. Nach wie vor wird hier die Schlacht geschlagen, etwa 60 Prozent der Klausurinhalte dreht sich nach wie vor um materielles Recht, und wer hier versagt, kann auch mit besten prozessualen Kenntnissen nicht mehr punkten.

Allerdings sind die materiellen Fragen deutlich einfacher als zum Ersten Staatsexamen; vor allem große Theorienstreitigkeiten entfallen, mit (lediglich) ein oder zwei Argumenten lässt sich überall eine Streitentscheidung treffen. In welche Richtung diese ausfällt ist durch die einzig maßgebliche Rechtsprechung der Oberlandesgerichte ebenfalls schon vorgegeben.

Die Examensvorbereitung für das Zweite Staatsexamen gestaltet sich vergleichbar dem Ersten Staatsexamen, so dass diesbezüglich auf diese Grundsätze und vorhergegangenen Ausführungen verwiesen werden kann. Denn auch hier stellt sich u.a. wieder die Frage nach dem Repetitor oder dem Eigenstudium.

Eine Besonderheit ergibt sich jedoch in zweifacher Hinsicht.

Zum einen ist der Aufbau des Rechtsreferendariats nicht wie das Studium gegliedert, da hier die einzelnen Rechtsgebiete nacheinander gelehrt werden. Diese

Gliederung führt dazu, dass man geneigt ist einzelne Gebiete zu vernachlässigen, wenn man sich selbst in einer anderen Ausbildungsstation befindet. Dies kann jedoch gefährlich werden, da die Zeit zur Vorbereitung innerhalb der letzten Stationen sonst zu kurz kommt. Im Idealfall beginnt die Vorbereitung also mit dem ersten Tag im Referendariat. Da das Zweite Staatsexamen wesentlich durch Klausuren geprägt ist, empfiehlt sich zudem auch hier ein ausgiebiges Üben, um mit Stress und der Zeiteinteilung klar zu kommen. In den meisten Gerichten wird hierzu auch ein Klausurenkurs angeboten, welcher auf Originalklausuren basiert.

Damit hat dieser Kurs einen großen Vorteil gegenüber den Repetitorien, da er zum einen auf Originalmaterial basiert und zum anderen auch von Praktikern d.h. Richtern korrigiert wird. Damit hat man den besten Überblick über seinen Wissensstand. Eine schlechte Klausur sollte jedoch keinen demotivieren, sondern ist auch für gute Referendare kaum zu vermeiden.

Die zweite Besonderheit hat ebenfalls eine zeitliche Komponente, da man nicht außer Acht lassen sollte, dass in den zwei Jahren nicht nur neue Rechtsgebiete hinzukommen, sondern das zudem das materielle Wissen des Ersten Staatsexamens warm gehalten werden muss. Insofern sollte das materielle Recht stetig wiederholt werden, um am Ende des Referendariats nicht beide Gebiete „neu" lernen zu müssen.

Neben den rechtlichen Problemen hat man teilweise auch mit tatsächlichen Problemen zu kämpfen. Bedenkt man, dass auch Prüfungen mit ca. 100 Prüflingen keine Seltenheit sind, so sollte man sich fragen, ob man z.B. auch mit der Geräuschkulisse (Geräusche beim Umblättern der Gesetze, Toilettengang usw.) einer solchen Prüfung zur Hochform kommt. Falls nicht, dann empfiehlt es sich schon frühzeitig mit Ohrstöpseln vertraut zu machen. Sie helfen insbesondere in derartigen Situationen und führen zu einer besseren Konzentration.

Ob man nun alleine lernt oder in einer Arbeitsgruppe bleibt jedem dann selbst überlassen. Entscheidend ist bei einer privaten Vorbereitung jedoch eine gute Planung der verbleibenden Zeit. Dabei sind zwei schlichte Hilfsmittel nützlich. Zum einen sollte man sich die Prüfungsordnung besorgen und zum anderen einen Kalender. In diesen trägt man nun – entsprechend der Wertigkeit des Faches – die Tage und Wochen ein, in denen das Fach gelernt wird. Somit wird nichts vergessen und man hat einen Überblick über den eigenen Wissensstand. Eine eigene Vorbereitung steigert zudem das Selbstvertrauen in die eigenen Fähigkeiten und zudem sind die erarbeiteten Materialien z.B. auch noch nach dem Referendariat nützlich.

Beim Erarbeiten des Stoffes haben sich Karteikarten bewährt. Auf sie kann man z.B. eine Zusammenfassung einer Problematik in wenigen Worten/Sätzen notieren und sie später gut wiederholen. Die Wiederholung und Straffung des Materials ist auch essentiell, da sich so trotz der Fülle des Prüfungsstoffes ein guter Lerneffekt erzielen lässt. Mit der Examensvorbereitung sollte dabei etwa ein Jahr vor dem Examen angefangen werden. Das tägliche Lernpensum liegt etwa bei vier bis sechs Stunden in der Anfangsphase und bei bis zu acht Stunden vor dem Examen.

Inhaltlich ist die Vorbereitung auf die Lieblingsthemen der Prüfer mittels der von den Repetitorien angebotenen „Prüfungsprotokolle" ein Muss. Für die Vorbereitung sind aber aus diesen Protokollen nur die Themen als solche zu entnehmen und dann selbstständig aufzubereiten. Denn inhaltlich sind die von den Protokollerstellern genannten Antworten oft genug schlicht falsch oder zu weit an der Oberfläche – man sollte sich hier auf nichts verlassen. Daher sollten Sie am Anfang der Vorbereitung die Fragen aus den Protokollen notieren und eigenständig, zur besseren Wiederholung schriftlich, beantworten. Wenn all diese Fragen beantwortet sind, gilt es mit der allgemeinen Wiederholung zu beginnen. Keinesfalls dürfen die Gebiete, die von den Prüfern nie geprüft wurden, völlig außer Acht gelassen werden, da ein Prüferwechsel mitunter noch am Morgen der Prüfung stattfindet und man zumindest ein Vier-Punkte-Mindestwissen in allen Bereich sicherstellen sollte.

Hinsichtlich der Wahlfächer, die meist nur in der mündlichen Prüfung abgefragt werden, ist noch anzumerken, dass ein Beginn mit dem Lernen des Stoffs nach der schriftlichen Prüfung im Hinblick auf den Stoffumfang in den Wahlfächern immer ausreicht. Ob ein Beginn auch nach der Wahlstation ausreicht, hängt vom zu erwartenden Prüfungstermin für die mündliche Prüfung ab, der sich entweder nach dem Alphabet bestimmt oder ausgelost wird.

📖 *Das Assessorexamen im Zivilrecht*
von Anders / Gehle
Werner-Verlag
ISBN: 3804110665

📖 *Fallen, Fehler, Formulierungen.*
Anleitungen für Referendariat und Assessorexamen
von Proppe / Solbach
Luchterhand Verlag
ISBN: 3472023473

3.5.2 Prüfungsverfahren

Eine eigene Anmeldung beim Prüfungsamt ist im Gegensatz zum Ersten Staatsexamen jetzt nicht mehr nötig, es geschieht automatisch. Unter Umständen muss allerdings ein Lebenslauf erneut eingereicht werden.

Nach geraumer Zeit erhält der Referendar dann ein Schreiben des Prüfungsamtes als Einschreiben, in welchem ihm die jeweiligen Termine und die zu schreibenden Klausuren in einer bestimmten Reihenfolge mitgeteilt werden.

Im letzten Pflichtstationsmonat werden dann auch die Klausuren geschrieben, die in der Regel jeweils fünf Stunden dauern und sich über den Zeitraum von zwei Wochen erstrecken. Sie werden zusammen mit den anderen Teilnehmern der Arbeitsgemeinschaft in den zur Verfügung gestellten Prüfungssälen unter Aufsicht geschrieben.

Unbedingt erforderlich zur Teilnahme an jedem Klausurtermin ist die Vorlage des gültigen Personalausweises. Unter Umständen kann der Referendar eine Schreibverlängerung beantragen, siehe hierzu auch nähere Erläuterungen im Prüfungsverfahren zum Ersten Staatsexamen.

Sind die Klausuren alle geschrieben, hat der Referendar erst einmal längere Zeit Ruhe. Nach Durchsicht der Klausuren wird er dann schriftlich über die einzelnen Noten informiert. Hat der Prüfling die geforderten Punkte nicht zusammen, wird er zur mündlichen Prüfung nicht zugelassen und hat folglich das Examen auch nicht bestanden. Selbstverständlich kann der Prüfling sich nach Unterstellung bei einem neuen Ausbilder durch das Gericht und einer geraumen Zeit der Nachbereitung erneut zur Prüfung anmelden.

Zum Thema „Klausurenblock" siehe entsprechende Erläuterungen im 2. Kapitel unter Punkt 2.10.3.

Haben Sie die erforderlichen Punkte zusammen, so erhält der Kandidat nach einigen Wochen eine Ladung für die mündliche Prüfung. In dieser Ladung sind die Namen der Mitglieder der Prüfungskommission aufgeführt. Jetzt bietet sich die Durchsicht der Protokolle vorangegangener Prüfungen an.

Die eigenen Prüfer, deren Namen in der Regel nur wenige Tage vor dem Termin mitgeteilt werden, vorab schon einmal in Aktion erlebt zu haben, wird nur wenigen Kandidaten vergönnt sein. Wer sich insoweit nicht auf gänzlich unbekannte Prüfer einlassen möchte, kann auf die Prüfungsprotokolle z.B. des *Juristischen Verlages Berger* (in NRW) gegen eine Gebühr zurückgreifen. Neigt der Prüfer zu bestimmten Schwerpunkten, wird dies meist nach Durchsicht der Protokolle erkennbar.

Gedächtnisprotokolle zu vorherigen mündlichen Prüfungen können in Bayern bei *Alpmann Schmidt* angefordert werden. Man bekommt dabei eine Übersicht zugeschickt, auf der dann die eigenen Prüfer einzutragen sind. In zeitlich dringenden Fällen kann man die Protokolle telefonisch bestellen, ansonsten ist die Übersicht ausgefüllt zurückzuschicken bzw. per Email anzugeben. Wie viele Protokolle zu jedem Prüfer (die ja oft bis zu drei Fächer grundsätzlich prüfen können) vorhanden sind, wird auf einem Extrablatt angegeben. Sollten die Prüfer bereits mehrere Fächer geprüft haben, bekommt man zu jedem Fach des Prüfers Protokolle. Die Qualität der Protokolle ist unterschiedlich, in der Regel bekommt man aber einen guten Überblick über Person des Prüfers und seine Prüfungsgebiete. Gelegentlich kann es aber passieren, dass zu neuen Prüfern keine Protokolle vorhanden sind oder sie erstmals ein anderes Fach prüfen als bisher.

Der Kandidat muss dann eine Gebühr auf das Konto von *Alpmann Schmidt* überweisen und ist verpflichtet, die Protokolle nach seiner Prüfung zurückzuschicken.

Fügt er ein eigenes Gedächtnisprotokoll bei, wird ihm von dem Repetitorium ein Teil seiner Gebühr zurück überwiesen.

Keineswegs darf man sich aber darauf verlassen, dass der Prüfer nur das prüft, was in den Protokollen vermerkt ist („Protokollfestigkeit"). Regelmäßig ändern die Prüfer ihre Aufgaben und somit auch ihre Vorgehensweisen.

⌧   Juristischer Verlag Berger
      Heinrich-Held-Straße 34
      45133 Essen
      Fon 0201 / 42888
      www.jurverlag-berger.de

☞ Alpmann Schmidt Bayern
   Juristische Lehrgänge
   Am Exerzierplatz 4 1/2
   97072 Würzburg
   Fon 0931 / 52681
   Fax 093 / 17706

Der Zeitpunkt für die Themenbekanntgabe des Aktenvortrags ist von Bundesland zu Bundesland unterschiedlich. Nachfolgend finden Sie einen Auszug, nähere Einzelheiten erfahren sie in den jeweiligen Prüfungsordnungen der Länder.

- Baden-Württemberg   1,25 Std. vor Prüfung
- Berlin   1,0 Std. vor Prüfung
- Bayern   entfällt, da nur Prüfungsgespräch
- Baden-Württemberg   1,25 Std. vor Prüfung
- Brandenburg   1,0 Std. vor Prüfung
- Bremen   1,5 Std. vor Prüfung
- Hessen   3 Tage vor Prüfung
- Niedersachsen   1,0 Std. vor Prüfung
- Nordrhein-Westfalen   1,0 Std. vor Prüfung
- Rheinland-Pfalz   1,5 Std. vor Prüfung

Wenn der Kandidat im Vorfeld ordnungsgemäß gearbeitet hat, reicht zur Vorbereitung diese Zeit tatsächlich völlig aus.

3.5.3 Schriftliche Prüfung

Die schriftliche Prüfung besteht aus dem Schreiben einer gewissen Anzahl von Klausuren aus den drei großen Gebieten Zivilrecht, Strafrecht und Öffentliches Recht. Andere Nebengebiete können noch hinzukommen, je nach Bundesland, etwa in Zwangsvollstreckungsrecht, Arbeitsrecht und Wirtschaftsrecht.

Auf die Möglichkeit, sich aus den großen Ausbildungszeitschriften mit Fällen zu versorgen bzw. auf die im Fachhandel erhältliche Sammlung *Fundus 2004* zurückzugreifen, wurde bereits oben hingewiesen.

Zugelassene Gesetzestexte und Kommentare sind vom Kandidaten selbst mitzubringen. Es handelt sich hierbei z.B. um *Schönfelder, Sartorius I, II* oder *Beck-Texte, Palandt, Thomas-Putzo, Baumbach-Hopt, Tröndle-Fischer, Meyer-Goßner* und *Kopp-Ramsauer* etc.

Gelegentlich werden von Dritten, etwa von Finanzdienstleistungsgesellschaften (die auf diese Weise versuchen an neue Kunden zu kommen), kostenlos die gängigen Kommentare zur Verfügung gestellt, sofern sie nicht von den Prüfungsämtern gestellt werden.

Das JPA versucht, aktuelle Probleme und Gesetzesänderungen nicht zu Klausurthemen zu machen, so dass die Vorauflagen der Kommentare ausreichen.

Auf die Kommentare sollte man sich hier aber kaum verlassen, da in den Klausuren schlicht die Zeit zum Nachschauen fehlt. Kommentare sind eine hervorragende Hilfe, um sich nochmals zu vergewissern, abzusichern oder unbekannte Rechtsfragen einer raschen Lösung zuzuführen. Gute Grundkenntnisse können sie aber (auch nicht im prozessualen Teil) nie ersetzen.

Taschenrechner sind nicht zugelassen, werden aber regelmäßig zur Prüfung gestellt.

Nachfolgend soll die Prüfung zum Zweiten Staatsexamen anhand zweier Beispiele konkret erläutert werden, nämlich Bayern und Nordrhein-Westfalen.

In **Bayern** existieren zwei Examenstermine. Im Termin I wird der schriftliche Teil im Mai absolviert, die Noten Anfang Oktober verschickt und die mündlichen Prüfungen beginnen zwei Wochen später und dauern bis zum Ende des Jahres.

Der Termin II beginnt mit dem schriftlichen Teil Ende November, der bis in den Dezember hineinreicht. Mitte April erfolgt die Notenbekanntgabe, und die mündlichen Prüfungen werden von Anfang Mai bis Mitte Juli abgenommen.

Das schriftliche Examen besteht aus elf Klausuren, die in folgender Reihenfolge geschrieben werden: fünf im Zivilrecht (davon die fünfte zwingend Arbeitsrecht), zwei im Strafrecht, drei im Öffentlichen Recht und in der letzten Klausur Steuerrecht. Das Wahlfach wird nur im Mündlichen geprüft.

Der Examensort wird ca. drei Wochen vor dem Beginn bekannt gegeben und befindet sich in der Regel in der Stadt, in der auch die Arbeitsgemeinschaften stattfanden, bzw. (bei größeren Städten) an dem man wohnt. In jedem Saal werden ca. 40 bis 50 Kandidaten geprüft. Die Gesetzestexte und Kommentare können über Nacht Vorort gelassen werden.

Die Notenbekanntgabe erfolgt per einfachem Brief, sofern man mindestens 3,6 Punkte im Schnitt erreicht hat – diese Note berechtigt nämlich zur Ablegung der mündlichen Prüfung (in welcher noch die notwendige Bestehensnote von 4,0 geschafft werden kann). In dem Brief sind nur Einzelnoten angegeben - den Notendurchschnitt, sowie die erreichten Nettopunkte muss man selber errechnen. Alle Unglücklichen, die unter 3,6 Punkte liegen, bekommen die Hiobsbotschaft mit Einschreiben. In dem Brief sind sowohl die Einzelnoten als auch der Durchschnitt angegeben. Außerdem werden Termin und Ort der mündlichen Prüfung bekannt geben, sowie die vier Prüfer. Schließlich wird mitgeteilt, welcher Prüfer welches Fach prüft.

Kandidaten, die 7,5 oder mehr Punkte im Schriftlichen erreicht haben, bekommen eine Liste der bayerischen Staatsministerien mitgeschickt, bei denen man sich nach Einstellungschancen erkundigen und Vorstellungstermine vereinbaren kann.

Kandidaten mit mindestens zehn Punkten im Schriftlichen bekommen Informationen hinsichtlich des Notarberufs.

Die mündliche Prüfung wird für alle Absolventen des Termins nur in München gehalten, und zwar im *Justizpalast am Stachus*. Pro Tag finden vier Prüfungen statt. In der Regel werden in einer Prüfung fünf Kandidaten zusammen geprüft, gelegentlich auch vier und weniger. Die Zusammenstellung erfolgt nach alphabetischer Reihenfolge der Nachnamen, wobei nur Kandidaten mit dem gleichen Wahlfach geprüft werden.

Nach einem kurzen Vorgespräch mit dem Prüfungskommissionsvorsitzenden beginnt die Prüfung, wobei die Reihenfolge der Prüfungsfächer Zivilrecht, Strafrecht, Öffentliches Recht und Wahlfach nicht einheitlich ist. Erst jetzt kann sich herausstellen, welcher Prüfer welches Fach prüft. Nach zwei Fächerprüfungen, die bei fünf Prüflingen jeweils knapp eine Stunde dauern, wird eine ca. 20-minütige Pause eingelegt – dies ist meistens Vereinbarungssache und kein Dogma.

Am Ende der Prüfung werden die Kandidaten aus dem Raum geschickt, und nach ca. 15 bis 20 Minuten erfolgt dann die Notenbekanntgabe durch Vorlesen der einzelnen Noten, der Gesamtnote im Mündlichen und daraufhin der erreichten Examensnote.

Die Examensurkunde kann noch am gleichen Tage abgeholt werden; ansonsten wird sie dem Absolventen zwei Tage später zugeschickt. Außerdem stehen am gleichen Tage auch die Klausuren zur Ansicht in einem von der Kommission genannten Raum frei.

In **Nordrhein-Westfalen** findet das Examen jeden Monat statt. Die Klausuren im Zweiten Examen werden immer in der zweiten Hälfte des Monats geschrieben. Die Ladung bekommt man ca. zwei Wochen vorher. Zirka 3,5 Monate später werden die Noten verschickt. Die mündliche Prüfung findet im sechsten Monat nach den Klausuren statt. Vier bis sechs Wochen vorher erhält man die Terminsnachricht. In dieser wird auch das Rechtsgebiet des Aktenvortrages mitgeteilt.

Das schriftliche Examen besteht aus acht Klausuren, die in der Regel in folgender Reihenfolge geschrieben werden:

Montag	Zivilrecht 1	regelmäßig gerichtliche Klausur
Dienstag	Nebengebiete 1	regelmäßig gerichtliche Entscheidung
Mittwoch	Ruhetag	- - -
Donnerstag	Zivilrecht 2	regelmäßig Anwaltsklausur
Freitag	Nebengebiete 2	regelmäßig Anwaltsklausur
Montag	Strafrecht 1	regelmäßig Anklageklausur
Dienstag	Strafrecht 2	regelmäßig Urteils- oder Revisionsklausur
Mittwoch	Ruhetag	- - -
Donnerstag	Ö-Recht 1	Erstbescheid, Widerspruch, Beschluss oder Urteil
Freitag	Ö-Recht 2	Erstbescheid, Widerspruch, Beschluss, Urteil oder Gutachten

Verschiebungen bei den Terminen ergeben sich häufiger wegen Feiertagen.

Die Nebengebietsklausuren waren früher fast immer Zwangsvollstreckungsrecht, dies ist jedoch jetzt nicht mehr der Fall. Teilweise gibt es auch Termine völlig ohne Zwangsvollstreckungsrecht. Immer häufiger ist eine der beiden Klausuren eher eine ganz normale Zivilrechtsklausur, wo nur ein Problem aus dem Pflichtfachbereich etwa des Handels- und Gesellschaftsrechts oder eines anderen Nebengebietes eingebaut wird. Im Strafrecht sind in NRW, soweit den Autoren bekannt, in den letzten Jahren nur die Anklageklausur, die Urteilsklausur 1. Instanz und die Revisionsklausur als Gutachtenklausur aus Sicht der Staatsanwaltschaft oder des Rechtsanwalts gelaufen, bei der keine Revisionsbegründung angefertigt werden muss, sondern nur ein Antrag formuliert wird. In Anlehnung an die anderen Länder kann dies aber natürlich um weitere Aufgabenstellungen erweitert werden, wie etwa um das Berufungsurteil. Im Öffentlichen Recht ist auffällig, dass seit einer Weile fast immer eine gerichtliche Klausur (Urteil oder Beschluss) dabei ist, die zweite Klausur dagegen sehr häufig eine Gutachtenklausur. Widerspruch oder Erstbescheid laufen deutlich seltener als früher. Prozessualer Aufhänger im öffentlichen Recht ist auffallend häufig in allen Klausurtypen der einstweilige Rechtschutz.

Die Zusammensetzung des Prüfungsausschusses und die Uhrzeit des Aktenvortrages bekommt man zwei Wochen vor dem Termin mitgeteilt. Aus der Ladung ist die Zuordnung der Prüfer zu den einzelnen Gebieten nicht ersichtlich.

Die mündliche Prüfung wird für alle Prüflinge des Termins nur im OLG Düsseldorf gehalten. In der Regel werden in einer Prüfung vier bis sechs Kandidaten zusammen geprüft. Nach einem kurzen Vorgespräch mit dem Prüfungskommissionsvorsitzenden beginnt die Vorbereitung für den Aktenvortrag.

Dabei fangen die einzelnen Kandidaten zeitversetzt um 15 Minuten an, was zu langen Wartezeiten führen kann. Erst nach 11.15 Uhr beginnt dann die eigentliche Prüfung.

Am Ende der Prüfung werden die Kandidaten aus dem Raum geschickt, und nach ca. 15 bis 20 Minuten erfolgt dann die Notenbekanntgabe durch Vorlesen der einzelnen Noten, der Gesamtnote im Mündlichen und daraufhin der erreichten Examensnote.

Das Examenszeugnis sowie ein schriftlicher Bescheid werden innerhalb einer Woche nach der mündlichen Prüfung förmlich zugestellt.

📖 *Das Assessorexamen im Öffentlichen Recht*
Klausurtypen, wiederkehrende Probleme und Formulierungshilfen
von Roland Kintz
C.H. Beck Verlag
ISBN: 3406471234

📖 *Strafrechtliche Assessorklausuren mit Erläuterungen*
von Brunner / Gregor / Mutzbauer
Luchterhand Verlag
ISBN: 3472050810

📖 *Zivilrechtliche Musterklausuren für die Assessorprüfung*
von Schmitz / Gerhardt
C.H. Beck Verlag
ISBN: 3406489028

📖 *Klausurtipps für das Assessorexamen*
von Andreas Wimmer
C.H. Beck Verlag
ISBN: 3406416462

📖 *Die Anwaltsklausur in der Assessorprüfung*
von Mürbe / Geiger/ Wenz
C.H. Beck Verlag
ISBN: 340646498X

📖 *fundus 2004*
von Dirk Tholl
Tholl Verlag
ISBN: 3934829015

3.5.4 Mündliche Prüfung

Die mündliche Prüfung ist eine je nach Bundesland mehr oder weniger große Chance, die Note des schriftlichen Teils nochmals deutlich zu verbessern. Die Prüfer wollen dem Kandidaten, der ja praktisch alles geschafft hat, nun auch nichts Böses mehr und versuchen meist selbst, die Noten nach oben zu drücken.

Das Vorgespräch mit dem Vorsitzenden der Prüfungskommission dient vor allem dem kurzen persönlichen Kennen lernen. Den Prüfern gibt sie die Chance, die Nervosität bei den Prüflingen etwas abzubauen.

In der Regel stellt der Vorsitzende ein paar Fragen zu dem Lebenslauf des Kandidaten, den dieser am Anfang des Referendariats abgeben musste und der deshalb sehr ausführlich abgefasst werden sollte, sowie zu dessen Examensergebnis. Insbesondere hat der Kandidat die Möglichkeit, zur gewünschten Note in der mündlichen Prüfung und seinen beruflichen Zielen Stellung zu nehmen, sowie „Erklärungen" zum Examensergebnis abzugeben. Da die Prüfer regelmäßig sowohl die Vornoten aus dem Ersten Staatsexamen als auch die Ergebnisse der Übungsklausuren kennen, muss man hier unbedingt realistisch bleiben – ein offensichtlich lügender Prüfling macht schon per se keinen guten Eindruck. Das heißt aber nicht, dass man von seinen Zielen Abstand nehmen muss. Aber der Wunsch, aufgrund des Ergebnisses mit einer guten mündlichen Prüfung, auf die man sich ausgiebig vorbereitet hat, auf eine bessere Punktezahl zu kommen, ist durchaus legitim und auch kein utopischer Wunsch.

Wichtig ist zu wissen, dass diese Gespräche vor allem eine Bringschuld beinhalten: Es ist Sache des Referendars, dem Vorsitzenden klarzumachen, was seine Ziele sind. Und dann ist es unwahrscheinlich, dass die Prüfungskommission einem Prüfling, der Eifer zeigt, redegewandt ist und sich umfassend vorbereitet hat, entgegen seinem Wunsch hängen lässt und nicht ins „ausreichend" oder „befriedigend" schiebt.

Die eigentliche mündliche Prüfung besteht aus zwei Teilen. Das sind zum einen der Aktenvortrag und zum anderen die eigentliche mündliche Prüfung durch Befragen der Kandidaten.

Für Referendare besteht die Möglichkeit, an mündlichen Prüfungen als Zuhörer teilzunehmen, sofern die räumlichen Verhältnisse dies zulassen. Eine vorherige Anmeldung ist nicht erforderlich.

Aktenvortrag

Der Aktenvortrag stellt regelmäßig den Anfang der Prüfung dar. Somit kann man hier bereits einen guten Eindruck schaffen und so den weiteren Weg der Prüfung bereiten. Die Bewertungskriterien der Prüfer sind regelmäßig die so genannten Rahmenbedingungen und der eigentliche Inhalt. Unter Rahmenbedingungen fallen dabei die Zeiteinteilung, die freie Rede, der Blickkontakt, die Redegeschwindigkeit sowie die Verständlichkeit des Vortrags. Unter dem Punkt Inhalt wird zudem geprüft, ob ein klarer Aufbau vorliegt und der Sachverhalt verständlich dargestellt wurde. Wichtigster Punkt des Inhalts ist natürlich die begründete juristische Lösung des Falls.

Zu prüfende Fälle für den Aktenvortrag kommen z.B. aus dem Arbeitsrecht, dem Strafrecht, dem Zivilrecht oder dem Öffentlichen Recht.

Für den Aktenvortrag erhält der Kandidat eine Vorbereitungszeit von regelmäßig einer Stunde. Dazu werden den Kandidaten in einem Zeitintervall von 15 Minuten die Akten ausgehändigt und in einen Vorbereitungsraum geführt. Alle Kandidaten erhalten dabei das gleiche Aktenstück. In dem Raum herrscht reges Treiben, da in viertelstündigen Wechsel Kandidaten reinkommen bzw. zum Vortrag wieder herausgeleitet werden.

Theoretische Anleitungen helfen wenig, da die Fälle zu unterschiedlich sind, maßgeblich ist die ausreichende Übung. Der Kandidat soll zeigen, dass er einen Sachverhalt aus den Akten richtig aufnehmen, in freier Rede flüssig darstellen und einer überzeugenden Lösung zuführen kann.

Der Weg zum überzeugenden Vortrag führt über eine sorgfältige Lektüre des Sachverhaltes, die Beweiswürdigung, rechtliche Würdigung nach sachlichem Recht und Verfahrensrecht und Entwurf der Entscheidung. Der Vortrag soll etwa zehn Minuten dauern. Nach spätestens zwölf Minuten wird der Aktenvortrag durch den Vorsitzenden abgebrochen, egal ob man fertig ist oder nicht.

Er beginnt mit einer Einleitung, dann folgt eine straffe Darstellung des Sachverhaltes, für die höchstens ein Drittel der zur Verfügung stehenden Zeit verbraucht werden sollte. Den Zuhörer soll ein roter Faden durch den Vortrag leiten, es müssen also gedankliche Brücken und Übergänge gebaut werden. Die Beschränkung des Sachverhaltes auf die wesentlichen Umstände des Falles regt den Zuhörer zum Mitdenken an. In der Regel wird sich ein chronologischer Aufbau des Tatgeschehens anbieten.

Nach dem Sachbericht folgt eine kurze Andeutung, zu welchem Ergebnis der Vortragende gelangen will. Dem Gutachten ist die Rechtslage nach dem Stand der zugelassenen Gesetzestexte zugrunde zu legen, falls sich nicht aus dem Bearbeitervermerk etwas anderes ergibt.

Die rechtliche Würdigung unterscheidet sich von einem schriftlichen Gutachten dadurch, dass der Vortragende seine Lösung des Falles und die sie tragenden Argumente in den Vordergrund rückt. Etwaige rechtliche Zweifel darf er aber nicht ganz unterdrücken, andere Lösungswege muss er zumindest andeuten und angeben, warum er ihnen nicht folgen will. Auf Nachfragen sollte der Kandidat dann zu erschöpfenden Stellungnahmen auch zu anderen Lösungswegen in der Lage sein.

Der Vortrag endet mit der Formulierung des wesentlichen Inhalts der Entscheidung.

Nachfolgend 10 Tipps zum Aktenvortrag:

1. Übung macht den Meister – trainieren Sie ihn öfter, z.b. in einer AG
2. Treten Sie selbstbewusst auf – nicht arrogant
3. Achten Sie auf Körperhaltung und Gesten
4. Halten Sie Blickkontakt zu den Prüfern
5. Reden Sie laut und deutlich, nicht überhastet
6. Prägen Sie sich die ersten zwei bis drei Sätze des Vortrags ein
7. Bilden Sie kurze und klare Sätze
8. Halten Sie das Zeitlimit ein und beenden Sie nach neun Minuten
9. Halten Sie die begrenzte Aufnahmefähigkeit der Zuhörer vor Augen
10. Wahren Sie die Umgangsformen („Guten Morgen", „Vielen Dank")

Ein Fundstellenverzeichnis für Aktenvorträge aus den Rechtsgebieten Zivilrecht, Strafrecht und Öffentliches Recht aus den Ausbildungszeitschriften *JuS*, *Jura* und *JA* für Referendare der Jahre 1986 bis 2004 finden Sie in dem Buch *fundus 2004*.

📖 *Der Kurzvortrag in der Assessorprüfung*
von Müller-Christmann
C.H. Beck Verlag
ISBN: 3406468322

📖 *Der Aktenvortrag im Assessorexamen*
CD. Mündliche Prüfung im Assessorexamen
Von Kröpil
C.H. Beck Verlag
ISBN: 3406410227

📖 *Der Kurzvortrag im Assessorexamen, Arbeitsrecht*
von Homann / Suckow
Luchterhand Verlag
ISBN: 3472049626

📖 *Der Kurzvortrag im Assessorexamen, Strafrecht*
von Kaiser / Schöneberg
Luchterhand Verlag
ISBN: 3472045701

📖 Der *Kurzvortrag im Assessorexamen, Zivilrecht*
von Budde-Hermann / Schöneberg
Luchterhand Verlag
ISBN: 3472045698

📖 *Der Kurzvortrag im Assessorexamen, Öffentliches Recht*
von Budde-Hermann / Schöneberg
Luchterhand Verlag
ISBN: 347204862X

📖   *fundus 2004*
von Tholl
Tholl Verlag
ISBN: 3934829015

Eigentliche mündliche Prüfung

Die eigentliche mündliche Prüfung durch Befragung des Referendars ist regelmäßig nicht als reines Frage/Antwortspiel zu betrachten, sondern vielmehr als ein Prüfungsgespräch. Das bedeutet, dass der Prüfer eine Fallsituation schildert und sodann einen Kandidaten nach der Lösung fragt, wobei die Lösung i.d.r. gerade aber nicht nur von einem Kandidaten erwartet wird. Oft ist der Fall so angelegt, dass alle Prüflinge sich zu dem Fall äußern können, ohne dass sich ihre Ausführungen berühren müssten. Dieses Vorgehen ist bei den Prüfern beliebt, da nur ein Sachverhalt – in der ohnehin knappen Zeit – erklärt werden muss. Da es sich um ein Prüfungsgespräch handelt ist es zudem auch nicht schädlich, wenn man Rückfragen z.B. wegen des Sachverhaltes an den Prüfer hat. Dies ist besser, als eine vermeintliche Lösung zu präsentieren und zeugt eher von Selbstbewusstsein als Unkenntnis. Am Anfang der Prüfung werden teilweise auch recht banale Fragen gestellt. Das hat nichts mit der Qualifikation der Prüflinge zu tun, sondern soll nur das erste Eis brechen und die Gruppe in eine Diskussion führen. Erkennt man, dass man selbst keine Lösung findet, so ist es besser dies zu erkennen zu geben, um eine neue Frage zu bekommen, als eine falsche zu präsentieren.

Wesentlich ist hier das eigene Engagement. Ein guter Prüfling antwortet auf Fragen umfassend, nicht nur mit „Ja" oder „Nein". Er erläutert seine Antworten und denkt stets mit. Wann immer es möglich ist und, insbesondere ohne falsch verstandene Rücksicht auf schwächere Kandidaten, zeigt der Kandidat durch Blickkontakt an, dass er die Frage jederzeit beantworten könnte (man sollte sie dann natürlich auch tatsächlich beantworten können) und dass er willens ist, aus eigenem Antrieb seine Note deutlich zu verbessern.

Hinsichtlich der Vorbereitung wird häufig vertreten, die mündliche Prüfung sei mehr ein freundliches Gespräch unter Kollegen, man müsse sich also nicht mehr so hart darauf vorbereiten, wie auf den schriftlichen Teil. Das Gegenteil ist der Fall: Nirgendwo sonst offenbaren sich Wissenslücken schneller als in der mündlichen Prüfung! Jedes Stutzen kann Anlass zu Nachfragen sein, wohlwollende Formulierung um ein Problem elegant zu umgehen wie in der schriftlichen Prüfung sind ausgeschlossen, sogar die Zeit zum Nachdenken fehlt meist, da nach wenigen Sekunden ohne Antwort die Frage an einen anderen Prüfling gegeben wird – und Punkte gibt es nur bei möglichst vielen richtigen Antworten, ein „Ach ja, genau" auf die Antwort eines anderen langt nicht. Daher die Empfehlung, sich auch und gerade auf die mündliche Prüfung sehr umfassend vorzubereiten. Zwar können vor allem die Sonderbereiche wie beispielsweise Arbeitsrecht oft weglassen werden, aber gerade in den klassischen Gebieten wie Schuldrecht AT müssen alle Antworten sofort und richtig parat sein; erforderlich ist hier deutlich mehr und schnelleres Wissen als im schriftlichen Teil.

3.5.5 Ergebnisse

Wie im Ersten Staatsexamen werden den Kandidaten auch nach einer kurzen Pause nach der mündlichen Prüfung die Ergebnisse mitgeteilt. Die Urkunde wird nach Anfertigung einige Tage darauf zugesendet.

Hat der Kandidat die Prüfung nicht bestanden, so wird er in aller Regel vor den anderen Kandidaten zu den Prüfern hereingerufen, um ihm das Ergebnis (meist unter Ausschluss der Öffentlichkeit) mitzuteilen.

3.6 Beendigung des Referendardienstes

Nach dem Ablauf der mündlichen Prüfung und der Ergebnisverkündung ist in aller Regel das Referendariat auch beendet.

3.6.1 Bestandenes Examen

Sie haben das Referendariat erfolgreich abgeschlossen. Herzlichen Glückwunsch. Ab jetzt sind Sie berechtigt, den Titel „Assessor" zu tragen.

Viele Assessoren melden sich erst einmal arbeitslos, um etwas freie Zeit zu genießen. Der Anspruch auf Arbeitslosengeld entsteht erst mit dem Tag der Anmeldung bei dem Arbeitsamt. Fährt man in den Urlaub, ist dies dem Arbeitsamt anzuzeigen, während des Urlaubs hat man nämlich keinen Anspruch auf Arbeitslosengeld.

3.6.2 Nicht bestandenes Examen

Grundsätzlich werden diejenigen, die in der mündlichen Prüfung gescheitert sind, zum Ergänzungsvorbereitungsdienst herangezogen. Das bedeutet, dass der Referendar einer weiteren Ausbildungsstation für die Dauer von drei bis sechs Monaten zugewiesen wird. Außerdem werden meist *Repetentenarbeitsgemeinschaften* angeboten, in denen das nötige Klausurwissen noch einmal kompakt und intensiv angeboten wird. Daran sollte man unbedingt teilnehmen, denn Repetenten schneiden in den Klausuren nach dem Besuch dieser Arbeitsgemeinschaft besser ab als in ihrem ersten Versuch.

Zudem werden die Dienstbezüge regelmäßig um 15 bis 30 Prozent gekürzt. Von einer Kürzung kann allerdings abgesehen werden, wenn dies eine unzumutbare Härte darstellen würde. Als Rechtsmittel gegen die Kürzung kommen Widerspruch und Anfechtungsklage in Betracht.

Die Kürzung der Bezüge soll den Ansporn bringen, dass der Repetent jetzt noch mal alles gibt, um aus seiner finanziell desolaten Lage erfolgreich herauszukommen.

3.6.3 Ministererlass

Bei zweimaligem Misserfolg kann der Präsident des betreffenden Landesjustizprüfungsamts einem Prüfling, der die Wiederholungsprüfung nicht bestanden hat, auf Antrag die nochmalige Prüfung gestatten, wenn eine hinreichende Aussicht auf Erfolg besteht. In diesem Fall findet eine erneute Aufnahme in den Vorbereitungsdienst und in das öffentlich-rechtliche Ausbildungsverhältnis nicht statt (so in NRW).

Der Antrag ist innerhalb von drei Monaten nach Bekanntgabe der Entscheidung über das Nichtbestehen der ersten Widerholungsprüfung bei dem Präsidenten des Oberlandesgerichts zu stellen, der den Prüfling zur ersten Wiederholung gemeldet hat. Der Präsident des Oberlandesgerichts legt den Antrag mit einer Äußerung über die Erfolgsaussichten einer nochmaligen Wiederholung dem Landesjustizprüfungsamt vor.

Den positiven Bescheid über diesen Vorgang nennt man „Ministererlass" oder „Ministerschwanz".

3.7 Zusatzqualifikation

Wer aus seinem erfolgreichen Studium mehr machen will, sollte neben guten Fremdsprachenkenntnissen, Auslandserfahrungen und funktionsübergreifendem Engagement über eine Promotion, LL.M. oder einen MBA-Abschluss nachdenken. Das lohnt sich regelmäßig nur, wenn man noch keine 30 Jahre alt ist; schließlich werden wirklich interessante Jobs auf dem Arbeitsmarkt nur an sehr gut qualifizierte junge Mitarbeiter vergeben.

Für die Älteren mit diesem Weiterbildungswunsch gilt, dass zunächst einschlägige Berufserfahrungen zu sammeln sind, die dann später durch weitere Qualifizierung (z.B. Promotion, LL.M., MBA) durch betriebsinterne oder berufsbegleitende Managemententwicklung ergänzt werden können.

Darüber hinaus kommen im Einzelnen in Betracht:

3.7.1 Fachanwalt

Eine weitere Möglichkeit, nicht nur die späteren Einstiegschancen zu verbessern, sondern auch die Vorbereitung auf die mündliche Prüfung unter Umständen sehr zu erleichtern, sind Fachanwaltskurse. Bei einer Bewerbung in Anwaltskanzleien und Unternehmen wird diese zusätzliche Spezialisierung gerne gesehen, auch wenn es noch an der für die Führung der Fachanwaltsbezeichnung notwendigen Praxis fehlt.

Der Anteil der Fachanwälte an der Gesamtheit der Rechtsanwälte stieg vom 01.01.2001 bis zum 01.01.2002 von 11,78 Prozent auf 12,94 Prozent.

Am 01.01.2003 führten bereits 13,94 Prozent aller Rechtsanwälte gleichzeitig einen Fachanwaltstitel, am 01.01.2004 waren es bereits nahezu 15 Prozent. Dieser Anstieg wird sicherlich über die nächsten Jahre zunehmen.

Die Entwicklung der Fachanwaltschaft beruht – schon aus der historischen Perspektive – auf dem Willen und der Notwendigkeit, eine spezialisierte fachliche Ausrichtung der Berufstätigkeit nicht nur zu praktizieren, sondern auch zu verlautbaren. Im Einklang geht es damit bei der Fachanwaltschaft inhaltlich vor allen Dingen um die Qualitätssteigerung und die Qualitätssicherung der anwaltlichen Dienstleistung.

Voraussetzung für die Führung dieser Bezeichnung ist der Erwerb besonderer theoretischer Kenntnisse sowie die Bearbeitung einer bestimmten Anzahl von entsprechenden Akten als zugelassener Rechtsanwalt.

Diese werden von den *Rechtsanwaltskammern* für Referendare zu deutlich vergünstigten Preisen (Größenordnung 1.500 EUR bis 2.500 EUR pro Kurs) angeboten und dauern je nach Kurs sechs bis zehn Wochenenden. Die Kurse sind zeitaufwendig und anstrengend, auch wenn es nur eine sehr geringe Durchfallquote gibt. Wer sich allerdings zutraut, einen solchen Kurs zu absolvieren, dem ist er wärmstens zu empfehlen.

Eine hochwertigere Zusatzqualifikation ist als Referendar kaum denkbar, und dass sich ein Fachanwalt für Familienrecht weder vor einer solchen Klausur noch vor einer Wahlfachprüfung zu fürchten braucht, versteht sich von selbst. Informationen gibt es bei den zuständigen Rechtsanwaltkammern.

Zurzeit werden zum Beispiel folgende Fachanwaltslehrgänge angeboten: Arbeitsrecht, Bau- und Architektenrecht, Erbrecht, Familienrecht, Insolvenzrecht, Medizinrecht, Miet- und Wohnungseigentumsrecht, Sozialrecht, Steuerrecht, Strafrecht, Transport- und Speditionsrecht, Verkehrsrecht und Verwaltungsrecht.

Informationen gibt es bei den *Rechtsanwaltkammern*, dem *Bund Deutscher Fachanwälte*, dem *Deutschen Anwaltsinstitut* dem *Republikanischen Anwältinnen- und Anwälteverein* und der *Deutschen Anwalt Akademie*.

Die jeweiligen Adressen finden sich im Anhang.

Es besteht auch die Möglichkeit per Fernstudium *Fachanwalt für Strafrecht* zu werden. Dies geschieht anhand schriftlicher Studienmaterialien, die für das Selbststudium konzipiert sind. Sie werden durch entsprechende Einsendeaufgaben ergänzt. Das Programm schließt mit drei fünfstündigen Präsenzklausuren, die im März und Oktober eines jeden Jahres geschrieben werden können. Der Einstieg in das weiterbildende Studium ist jederzeit möglich. Weitere Informationen erhalten Sie unter *www.fernuni-hagen.de.*

Nähere Informationen zum Thema Fachanwalt erfahren Sie weiter unten.

3.7.2   Steuerberater und Wirtschaftprüfer

Ist der Jurist steuerrechtlich bewandert, so bietet sich ihm die Möglichkeit, die Prüfung zum Steuerberater abzulegen.

Gemäß § 36 Abs. 1 Nr. 1 Steuerberatungsgesetz (StBerG) setzt die Zulassung zur Steuerberaterprüfung voraus, dass der Bewerber ein wirtschaftswissenschaftliches oder rechtswissenschaftliches Hochschulstudium oder ein Hochschulstudium mit rechtswissenschaftlicher Fachrichtung mit einer Regelstudienzeit von jeweils mindestens acht Semestern erfolgreich abgeschlossen hat und danach zwei Jahre praktisch tätig war. Gemäß § 36 Abs. 1 Nr. 2 StBerG ist die Voraussetzung gegeben, bei einer Regelstudienzeit von unter acht Semestern und drei praktischen Jahren der Tätigkeit danach.

Nähere Informationen zum diesem Thema erfahren Sie weiter unten.

3.7.3 Mediator

Die Mediation ist ein außergerichtlicher Ansatz zur Bewältigung von Interessenkonflikten. Die Kontrahenten erarbeiten gemeinsam im direkten Gespräch mit Hilfe einer neutralen dritten Person – dem Mediator – ihre individuelle Lösung des Konflikts, mit dem Ziel, eine rechtsverbindliche Vereinbarung unter den streitenden Parteien zu treffen.

Die Aufgabe des Mediators ist es, ausgewogen und neutral die Zielvorstellung jedes Betroffenen zu klären und zwischen den gegensätzlichen Positionen zu vermitteln. Um das zu gewährleisten, verfügen Mediatoren über interdisziplinäre Kenntnisse – unter anderem in Jura, Psychologie und Sozialwissenschaften. Die juristischen Betätigungsfelder liegen im Bereich des Familien- und Erbrechts, aber auch immer häufiger im Wirtschaftsrecht. Mittlerweile ist zum Führen dieses Titels eine Ausbildung nötig.

Weitere Informationen zu diesem Thema erhalten Sie unter:

- *www.bmev.de* (Bundesverband Mediation)
- *www.bafm-mediation.de* (Bundesverband Familienmediation)

Seit dem Wintersemester 2003/2004 bietet die *Fern-Universität Hagen* den weiterbildenden Studiengang *Master of Mediation* (MM) an. Der interdisziplinär angelegte Studiengang richtet sich an berufstätige Juristen sowie an Hochschulabsolventen anderer Fachrichtungen mit Berufserfahrung im Bereich „Konfliktmanagement". In drei Semestern lernen künftige Mediatoren die theoretischen und praktischen Fundamente der Methode kennen und setzen sich auf akademischem Niveau mit Voraussetzungen und Wirkung von Mediationsverfahren auseinander.

Ab dem zweiten Semester können sie wählen, mit welchen Anwendungsbereichen der Mediation (z.B. Familienmediation, Wirtschaftsmediation) sie sich vertieft auseinander setzen möchten.

Nähere Informationen erhalten Sie über *www.fernunihagen.de/OERV*

3.7.4 Lehrgänge und Seminare

Ausbildungsdefizite kann jeder Absolvent durch Eigeninitiative ausgleichen. Hierfür spielt die Absolvierung eines anwaltsorientierten Referendariats und die eigene Fortbildung eine entscheidende Rolle. In begrenztem Umfang kann dies jedoch noch nach erfolgtem Berufseinstieg nachgeholt werden. Nicht zu vernachlässigen ist die Pflicht, das erlernte Wissen zu konservieren, zu aktualisieren, für die Praxis einsetzbar zu machen und Lücken zu schließen. Es bleibt keinem Anwalt erspart, sich abends und am Wochenende weiterzubilden. Mit der Fortbildung muss sofort nach Beendigung des Referendariats begonnen werden, um nicht in ein „Lern-loch" zu fallen. Trotz der langen Ausbildung sollte man sich keine Auszeit gönnen. Die frei zugänglichen, anwaltsorientierten Ausbildungsangebote setzen nicht nur auf den Spitzenjuristen, sondern auch gerade auf denjenigen, der sich wegen seiner Examensnote zwangsläufig als (Einzel-) Rechtsanwalt betätigen muss. So versucht der für Referendare in München angebotene *Bayerische Anwaltskurs* für Rechtsreferendare in vier Wochen nicht nur einen Überblick zu den Soft-Themen wie Kanzleigründung, Mandatsbearbeitung, Marketing oder anwaltliche Rhetorik zu geben. Neben einer Einführung in das Berufs-, Kosten- und Haftungsrecht wollen die Referenten, die allesamt Rechtsanwälte sind, auch die einzelnen anwaltlichen Berufsfelder abdecken. Da aufgrund der Kursdauer für jedes Fach nur wenig Zeit bleibt, sind die Einblicke zwangsläufig kursorisch. Nähere Informationen erhalten Sie unter *www.anwaltrecht.de*.

Dagegen sind sich die Verantwortlichen des *Bielefelder Kompaktkurses (Prof. Dr. Barton* und *Prof. Dr. Jost*) sicher, dass ein Teilnehmer ihres viermonatigen Kurses sich später im Beruf von der Masse abhebt. Zielgruppe des von Rechtsanwälten und Professoren angebotenen Programms sind neben Referendaren in der Wahlstation (siehe dort) auch Assessoren und Junganwälte. Die lange Kursdauer bietet ausreichend Zeit, Fragen des Berufsrechts, des Marketing, der Rhetorik, aber auch der Prozesstaktik zu vertiefen. Darüber hinaus werden Arbeitsgemeinschaften zur Spezialisierung in verschiedenen Rechtsgebieten angeboten.

Elitäre Spitzengruppen sind unter den Teilnehmern aus dem ganzen Bundesgebiet aber auch hier in der Minderzahl. Ein Nachteil gegenüber dem *Bayerischen Anwaltskurs* ist die hohe Kursgebühr. Siehe dazu ebenfalls bereits oben.

Weitere Informationen unter *www.kompaktkurs.de* oder im Anhang.

Eine Kursgebühr wird auch für das Weiterbildungsstudium „Einführung in den Anwaltsberuf" der *Fern-Universität Hagen* erhoben. Das aus insgesamt vier Modulen bestehende Fernstudium richtet sich ebenfalls an Referendare, Assessoren und junge Rechtsanwälte. Neben den Pflichtthemen Anwaltliches Berufsrecht und Haftung, Steuern und Abgaben im Anwaltsberuf sowie Anwaltliches Gebührenrecht kann sich der Teilnehmer Wahlthemen wie etwa Praxis des verwaltungsrechtlichen Mandats, Praxis der Strafverteidigung oder Kanzleigründung widmen. Siehe hierzu:

www.feruni-hagen.de/REWI/STJZ/Weiterbildung/Anwaelte/start.htm.

Die Anwaltsakademien selber bieten bisher keine eigenen kompletten Einführungskurse für junge Anwälte an. Die *Deutsche Anwaltsakademie* kooperiert lediglich mit der *Fern-Universität Hagen*. Bei der *Deutschen Anwaltsakademie* und dem *Deutschen Anwaltsinstitut* gibt es aber zahlreiche Intensiv- und Grundkurse, die sich besonders für junge Anwälte eignen.

Als Kaderschmiede für die Anwaltselite sind die bisherigen Kurse für Referendare, Assessoren und junge Anwälte kaum geeignet. Als Zusatz- und Weiterbildungsangebote zielen sie darauf allerdings auch gar nicht ab.

Vor diesem Hintergrund ist die Einführung des DAV-Anwaltsreferendariats zu begrüßen. Hierzu wird auf die Ausführungen des DAV verwiesen unter:

www.anwaltverein.de/anwaltausbildung/index.html.

Die Kanzlei *Clifford Chance* startet mit der *Referendar-Academy* ein neues Ausbildungsprogramm, um qualifizierte Referendare zu fördern. Neben der praktischen Arbeit am Mandanten werden in Seminaren die theoretischen Grundlagen des Wirtschaftsrechts vermittelt. Ziel ist es, das Verständnis für Zusammenhänge und Schnittstellen in der Praxis zu erhöhen.

Die Seminare, die einmal monatlich in Düsseldorf und Frankfurt angeboten werden, umfassen auch Business Skills, z.B. Präsentationstechnik, Verhandlungsführung sowie Legal English. Das Programm ist modular aufgebaut und wird alle vier Monate wiederholt, so dass ein Einstieg bei entsprechender Qualifikation jederzeit möglich ist.

Nähere Informationen erhalten Sie unter *www.cliffordchance.com.*

Weitere Institute für Anwaltsrecht sind:

- Institut für Anwaltsrecht an der Humboldt-Universität Berlin
  www.rewi.hu-berlin.de/JurFak/IfA
- Institut für Anwaltsrecht an der Universität Köln
  www.uni-koeln.de/jur-fak/instanwr/f_index.htm
- Institut für Anwaltsrecht an der juristischen Fakultät der *Universität Leipzig*
  www.uni-leipzig.de/anwaltsinstitut
- Institut für Anwaltsrecht an der Universität Rostock
  www.jura.uni-rostock.de/ifa/anwaltsrecht.html

Die reformierte Juristenausbildung war erst ein paar Wochen alt, da bekam sie schon harte Konkurrenz aus den Reihen der Rechtsanwälte. Der *Deutsche Anwaltverein* (DAV) ist der Auffassung, dass das Ausbildungsgesetz weiter hinter dem zurückbleibt, was für eine Neuorientierung nötig gewesen wäre. Nun hat der DAV, in dem bundesweit 58.000 Rechtsanwälte organisiert sind, sein eigenes Lehrmodell aus der Taufe gehoben.

Dabei sind sich alle einig, dass die bisherige Ausbildung an der Wirklichkeit vorbei zielte. Schließlich entscheiden sich nach dem Zweiten Examen rund 80 Prozent für eine Laufbahn als Rechtsanwalt. Doch weder die Universitäten noch die für das zweijährige Referendariat zuständige Justiz legen einen Schwerpunkt auf Klageschriften, Mandantengespräche und Briefwechsel.

Zwar greift das „Gesetz zur Reform der Juristenausbildung" vom Juli 2003 in diese Problematik ein, dem DAV genügt dies aber nicht. Nach Meinung des DAV nehmen viele Referendare ihre Anwaltsausbildung nicht ernst. Das soll heißen, dass manche angehenden Juristen sich von Bekannten ausbilden lassen, die als Rechtsanwälte tätig sind. Das Zeugnis würden sie dann quasi ohne Gegenleistung, dafür aber mit einer Top-Note erhalten.

Im DAV-Lehrgang sollen angehende Assessoren dagegen zeigen, was wirklich in ihnen steckt. Schon jetzt haben nach Angaben des DAV 700 Kanzleien Interesse an einer solchen Ausbildung bekundet. In diesen „DAV-Kanzleien" sollen Referendare zwölf Monate lang geschult werden. Ein vom DAV entworfenes Handbuch listet für diesen Zeitraum einen „Mindestkanon" von 88 Arbeiten auf. So müssen Referendare etwa Schriftsätze verfassen, Termine bei Gericht wahrnehmen und einen Termin für eine außergerichtliche Konfliktlösung besuchen. Außerdem sollen sie den Alltag einer Kanzlei kennen lernen: Wie wird die eingegangene Post bearbeitet? Wie funktioniert die Wiedervorlage? Wie wird gegen Schuldner vollstreckt?

Hinzu kommt eine dreimonatige theoretische Ausbildung mit Klausuren und Tests, die von der *Fern-Universität Hagen* organisiert wird. Am Ende der Ausbildung erhält der Teilnehmer ein Zertifikat, das ihn laut DAV als „besonders qualifiziert" ausweist.

Dafür entstehen den Teilnehmern am DAV-Programm hohe Kosten. Die praktische Ausbildung ist zwar kostenlos. Die Theoriestunden (die in zwei Blöcken vor und nach dem Referendariat absolviert werden) schlagen aber mit derzeit 2.250 EUR zu Buche.

Vage Aussichten also. Doch es zeichnet sich ab, dass der Modellversuch Erfolg haben wird. Viele Kanzleien stecken in der Krise, der Arbeitsmarkt liegt brach. Und Juristen – das lehren Repetitorien seit Jahrzehnten – zahlen gerne für ein kleines „Mehr an Sicherheit". Eine Elite-Ausbildung für Rechtsanwälte passt daher gut in diese Zeit. Die Nachfrage soll groß sein. Für das Jahr 2005 rechnet der DAV mit 400 Teilnehmern.

Das Spektrum der ausbildungsbereiten Kanzleien reicht von der Einzelanwaltskanzlei bis hin zur international ausgerichteten Großkanzlei. Den Bewerbern stehen mittlerweile knapp 900 Ausbildungsplätze bundesweit zur Verfügung.

Nähere Informationen hierzu erhalten Sie unter *www.dav-anwaltausbildung.de.*

4 Bewerbung

„Nach dem Examen ist vor dem Beruf."

Mit dem Einstieg in die Berufswelt beginnt für Absolventinnen und Absolventen von Universitäten ein völlig neuer Lebensabschnitt. Wer bereits während des Studiums – das Berufsziel fest im Visier – entsprechende Schwerpunkte setzen konnte, hat schon einen entscheidenden Schritt getan. Wichtig ist in jedem Fall eine frühzeitige Verbindung von Theorie und Praxis. Hierbei hilft dieser Ratgeber als Orientierungshilfe und bietet dem jungen Juristen viel Wissenswertes.

Der Stellenmarkt für akademisch ausgebildete Fach- und Führungskräfte schrumpft angesichts der wirtschaftlichen Krise deutlich. Allein in den zwölf Monaten von August 2001 bis Juli 2002 erschienen in 40 ausgesuchten Printmedien 122.000 Stellenangebote für Akademiker, im gleichen Zeitraum ein Jahr zuvor waren es noch 212.000. Das entspricht einem Rückgang von 42 Prozent. Nur geringfügig besser sieht es bei den Stellenangeboten im Arbeitsbereich Recht aus.

Dort sank die Zahl der Stellenangebote um 31 Prozent auf knapp 3.000 Offerten. Dabei handelt es sich um Stellenangebote für Juristen selbst, als auch für Absolventen anderer akademischer Fachrichtungen.

Der durchschnittliche Schwund an Angeboten verteilt sich ungleichmäßig über die verschiedenen Branchen und Sektoren. Öffentliche Einrichtungen haben die Zahl der Ausschreibungen leicht erhöht: Hochschulen schrieben zwölf Prozent, Behörden und Gerichte immerhin acht Prozent mehr Stellen aus. Verbände und Vereinigungen konnten das Angebotsvolumen in etwa auf dem Stand des Vorjahres halten. Demgegenüber treten die Unternehmen der privaten Wirtschaft kräftig auf die Personalbremse. Finanzdienstleister schrieben 45 Prozent und Unternehmensberater 54 Prozent weniger Stellen für ihre Rechtsabteilungen aus. Medien und Telekommunikation schalteten sogar 63 Prozent weniger Jobanzeigen, die Angebote von Industrie und Handel gingen um 46 Prozent zurück. Von besonderer Bedeutung sind naturgemäß Rechtsberatungen (Anwaltskanzleien und Notariate), denn sie stellen jeden vierten Job im Bereich Recht zur Verfügung. Aber auch hier zeigt die Tendenz nach unten, sie reduzierten die Stellenausschreibungen um 32 Prozent. Ebenfalls rückläufig ist der Stellenmarktanteil von Banken und Versicherungen. Mit einem Anteil von 13 Prozent der Offerten bleiben sie aber auch weiterhin ein wichtiger Arbeitgeber für Juristen und andere Akademiker mit juristischen Kenntnissen.

Die Leistungs- und Qualifikationsanforderungen für Juristen sind traditionell sehr hoch. Die Arbeitgeber erwarten zumeist ein Prädikatsexamen und oftmals ein

Bündel an Zusatzqualifikationen. Und sie können es sich erlauben, denn die Zahl der Hochschulabsolventen auf Jobsuche übersteigt die Zahl der zu besetzenden Stellen um ein Vielfaches. So fordern beispielsweise Wirtschaftsunternehmen und Unternehmensberater je nach konkretem Einsatzgebiet fundierte betriebswirtschaftliche Zusatzkenntnisse oder auch steuerrechtliches und wirtschaftsrechtliches Spezialwissen. Die Internationalisierung von politischen und ökonomischen Beziehungen führt dazu, dass juristische Spezialdisziplinen wie Internationales Recht oder EU-Recht an Bedeutung gewinnen. Grundsätzlich sollte daher das Profil des Stellenbewerbers auch solide Fremdsprachenkenntnisse enthalten.

Der Stellenmarkt für Akademiker im Arbeitsbereich Recht wird sicherlich auch weiterhin dem Motto „Klasse statt Masse" treu bleiben, selbst wenn sich der Stellenmarkt in den nächsten Jahren wieder beleben wird.

Umso wichtiger bleibt die Tatsache eine gelungene Bewerbung auf die Beine zu stellen, um sich damit von möglichen Mitbewerbern positiv zu distanzieren.

Die folgenden Ausführungen beinhalten hauptsächlich allgemeine Regeln und wollen nur Anregungen geben, wie Sie Ihre Individualität in angemessener Form präsentieren können. Im Gegensatz zu anderen Bewerbungsratgebern finden Sie hier keine Muster, die Sie nur zur unreflektierten Übernahme verleiten könnten.

Betrachten Sie es als Ihre Aufgabe, einen persönlichen Bewerbungsstil zu entwickeln.

4.1   Bewerbung allgemein

Die wirtschaftliche Lage der letzten Jahre hat in vielen Unternehmen, der Justiz und in der öffentlichen Verwaltung dazu geführt, dass freiwerdende Stellen nur noch selten neu besetzt wurden. Das führt nun dazu, dass sich auch das Anforderungsprofil an den modernen Juristen gewandelt hat. So sind zunehmend Zusatzqualifikationen von Bedeutung. Das sollte jedoch nicht unbedingt abschrecken, denn der Faktor Persönlichkeit und eigenes Auftreten sind nicht zu unterschätzen.

Hier bietet es sich insbesondere für Juristen an, an bekannte Ausbilder heranzutreten, da sie den Bewerber kennen und so möglicherweise Empfehlungen aussprechen können, welche mehr wiegen wie die dritte Fremdsprache. Zu den Zusatzqualifikationen gehören neben Fremdsprachen auch EDV-Kenntnisse, obwohl letztere aufgrund der heutigen Entwicklung eher als Grundvoraussetzung gewertet werden. Ausnahmen sind hier spezielle IT-Kenntnisse. Längere Auslandsaufenthalte sind ebenfalls – insbesondere bei Wirtschaftsberatungsgesellschaften – gern gesehene Zusatzqualifikationen bzw. Eigenschaften. Hierauf wurde bereits ausführlich eingegangen.

Auf den folgenden Seiten finden Sie wertvolle Hinweise, wie Sie Ihre Bewerbungsunterlagen gestalten sollten, um den Erfolg Ihrer Bewerbung zu sichern. Da die richtige Gestaltung der Unterlagen aber nicht der alleinige Garant für eine erfolgreiche Bewerbung ist, soll an dieser Stelle kurz aufgezeigt werden, welche Schritte der Erstellung Ihrer Unterlagen vorangehen sollten.

4.1.1   Einschätzung der eigenen Situation

Lehrer, Juristen und Mediziner fühlen sich durch ihr Studium am schlechtesten auf die Arbeitswelt vorbereitet. Ärzte und Rechtsanwälte klagen vor allem über fehlendes Fachwissen und Praxisbezug, Lehrer über mangelnde Sozialkompetenz. Das ergab eine Studie des Hannoveraner *Hochschul-Informations-System* (HIS) im Auftrag des Bundesbildungsministeriums. Befragt wurden 8.000 ehemalige Studenten, die 2001 die Hochschule verlassen hatten. Im Fächervergleich schnitten die Absolventen der Psychologie sowie geistes- und wirtschaftswissenschaftlicher Studiengänge am besten ab. Und mit diesem Manko wird sich dann beworben.

Die eigentliche Stellensuche beginnt somit nicht erst mit dem Staatsexamen, sondern schon viel früher.

Jemand, der schon im Studium z.B. bei einem Rechtsanwalt oder einem Unternehmen gearbeitet hat, weiß u.a. mehr um die Vor- und Nachteile der Selbstständigkeit oder mehr von alternativen Berufen für Juristen. Diese Erfahrungen helfen dann bei den Fragen:

- Will ich in der Justiz tätig sein?
- Oder als Angestellter, Beamter oder Selbstständiger?
- Arbeiten in einem Groß- oder Kleinunternehmen bzw. Kanzlei?
- Wo will ich in fünf Jahren stehen?

Gefragt sind zurzeit offensichtlich nur noch die so genannten *High Potentials*, also Hochschulabsolventen, die ihr Studium in Mindestzeit und mit Bravour durchgezogen haben. Keine rosigen Aussichten für alle diejenigen, die nicht zu diesem Kreis zählen, weil sie kein Super-Studium hingelegt, die Regelstudienzeit deutlich überschritten haben oder sogar das Studium ganz abgebrochen haben. Und dies sind gar nicht so wenige, etwa 70.000 Studierende brechen in Deutschland pro Jahr ihr Studium ab.

Das entspricht immerhin etwa einem Viertel aller Studienanfänger eines Jahrgangs. Umso wichtiger ist die Einschätzung der eigenen Situation. Und damit auch die Bewerbung.

Die Gestaltung einer erfolgreichen Bewerbung beginnt im Allgemeinen nicht mit der Zusammenstellung der Bewerbungsunterlagen, sondern bei der Findung des richtigen Berufswunsches und Arbeitgebers.

Ihren Berufswunsch sollten Sie nicht von Angeboten in der Presse oder im Internet abhängig machen, sondern zu aller erst von Ihren persönlichen Fähigkeiten und Interessen. Eine Liste von Fähigkeiten und Interessen können Sie dann einerseits nutzen, um hieraus Ihren Berufswunsch abzuleiten bzw. um passende Stellenangebote zu Ihrer Person zu finden.

Bevor Sie wahllos Bewerbungen am Fließband produzieren, sollten Sie Ihre Fähigkeiten und Interessen unter die Lupe nehmen. Aber auch Ihre Defizite. Erstens bekommen Sie ein klares Bild von Ihrer Berufsvorstellung, zweitens ist eine exakte Analyse wichtig für die spätere Bewerbung. Schließlich will Ihr potenzieller Chef wissen, warum gerade Sie der Richtige für den Job sind. Und da hilft es, wenn Sie z.B. Ihre Qualifikation im Anschreiben präzise und schlüssig präsentieren oder beim Vorstellungsgespräch ausführlich begründen, warum Sie sich genau um diese Stelle bewerben. Erstellen Sie eine Liste mit allem, was für den Job wichtig sein könnte. Dazu gehören neben erlernten und nachweisbaren Fähigkeiten wie Ausbildung, Praktika, Sprachkurse etc. auch soziale Qualitäten wie Verantwortungsbewusstsein oder Engagement

Gehen Sie zudem Ihren bisherigen Lebenslauf durch, um Schlenker (Jobwechsel, Auszeiten) später gut begründen zu können. Denn ein roter Faden lässt Zielorientierung erkennen, und die ist unabdingbar für eine erfolgreiche Bewerbung.

Eine Schwierigkeit bei der Bewerbung ist die Ehrlichkeit des Selbstbildes. Wir neigen alle dazu, uns ein wenig besser und großartiger zu sehen, als es unsere Mitmenschen tun – und es spricht vieles dafür, dass die Wahrheit eher auf der Seite der anderen liegt. Interessanterweise ist nach einer Reihe psychologischer Befunde ein gewisses Ausmaß an Selbstüberschätzung bis hin zum irrationalen Glauben an die eigene besondere Kompetenz ein Erfolgsfaktor. Gerade Führungskräfte mit schnellem Karriereverlauf scheinen diese Einstellung in besonderem Maße zu zeigen. Trotzdem sollte man versuchen, seinen Berufsweg annähernd realistisch zu planen.

Denn wer sich selbst überschätzt, daher eine zu anspruchsvolle Einstiegsposition anstrebt und daran aufgrund einer unsachgerechten Eignungsdiagnostik auch nicht gehindert wird, schadet nicht nur dem Unternehmen. Es ist für jeden Berufsanfänger äußerst schwierig, nach einem solchen Fehlstart und der dann zu erwartenden Kündigung neu und realistisch zu beginnen; nicht selten müssen danach Angebote auf einer zu niedrigen Qualifikationsstufe akzeptiert werden.

4.1.2 Noten als Kriterium

Charme, Charisma, reichlich Ego oder eine Eins vor dem Komma – was macht den idealen Bewerber aus? „Er muss zu uns passen", sagen die einen. „Es kommt auf die Persönlichkeit an", sagen die anderen. „Er sollte Probleme forsch angehen, sich lieber hinterher entschuldigen als vorher um Erlaubnis fragen", sagen Dritte.

Wie wichtig sind da überhaupt noch gute Noten? Sind sie lediglich ein vorläufiges Auswahlkriterium, um unter die ersten zehn Kandidaten zu gelangen? Nach Meinung einiger Karriereberater sind Noten aber immer noch das A und O.

Auch wenn das Studium etwas länger gedauert hat, zählt die gute Note immer noch mehr als ein „Turboabschluss". Dabei ist die Note das allererste Auswahlkriterium. Wer allerdings bei der Bewerbung nur durchschnittliche oder gar schlechte Noten vorzuweisen hat, bekommt kaum eine Chance. Gute Noten lassen nämlich entweder auf Fleiß oder auf eine rasche Auffassungsgabe schließen.

Nach Auffassung einiger Experten sind gute Noten dagegen weniger von Bedeutung. Für eine aussagekräftige Bewerbung sind verschiedene Elemente gleichermaßen wichtig: die *Hard Skills* wie Praktika, außeruniversitäres Engagement, Studiendauer und Abschlussnote, und die *Soft Skills* wie analytische Fähigkeiten und Teamgeist. Ausschlaggebend ist die Ausgewogenheit all dieser Faktoren.

Dass die Bedeutung von Noten zurückgegangen ist, glauben wieder andere. Während etwa in Jura oder den Naturwissenschaften die Note immer noch entscheidend ist, gewinnt in anderen Disziplinen die Persönlichkeit des Bewerbers die Oberhand. Einzige Ausnahmen seien die Unternehmensberatungen, denn hier werden nur Absolventen mit besten Noten genommen.

Wenn sich die Bewerbungsmappen erst einmal im Personalbüro stapeln, interessiert sich niemand mehr dafür, wie die Noten zustande gekommen sind. Dabei wissen die meisten Personalentscheider, dass beispielsweise eine Drei in Jura mehr wert ist als in Geschichte. Und das viele Prüfer aus Prinzip gute Noten verteilen: Im Jahr 2001 wurde bei einem Viertel aller Hochschulexamen die Note Eins vergeben. Eine Debatte über die „Konjunktur der Kuschelnoten" (siehe Zeitschrift *Uni-Spiegel*, Ausgabe Dezember 2002) hat nun der Wissenschaftsrat angekündigt. Der Grund ist: „ausreichend" wird für Prüfer sowie für Prüflinge langsam zum Fremdwort. Die Benotung als zentrales Steuerungsinstrument des Bildungssystems wird durch die Inflationierung der Notengebung in die Krise getrieben. Das gesunde Mittelmaß ist, statistisch gesehen, in vielen Fächern schon längst verschwunden. Nur in wenigen Studiengängen, vor allem in Jura (Durchschnittsnote 3,3), in den Wirtschaftswissenschaften (2,4) oder im Fach Maschinenbau herrschen strengere Urteile als z.B. in Lehramtsstudiengängen, Biologie, Physik, Mathematik, Literaturwissenschaften, Philosophie oder Geschichte. Die Durchschnittsnoten in den zuletzt genannten Fächern liegen zwischen 1,3 und 1,6. Klar ist aber: Ein „gut" mag noch so gut gemeint sein, wenn es alle kriegen, verliert es seinen Sinn. Auch strengere Professoren können kaum anders, als ihren Schützlingen ein „Upgrading" zu gewähren, weil die Personalchefs bei jedem Bewerber schon einen Sozialzuschlag für die Zensuren einkalkulieren. So ist das Fazit einigermaßen deprimierend:

Gute Noten nützen nicht mehr, schlechte schaden immer noch.

Nach einer anderen Meinung haben Noten kaum noch eine verbindliche Aussagekraft. „Arbeitgeber sollten sich nicht so sehr von guten Noten beeinflussen lassen, sondern eher auf praktische Erfahrungen setzen und die Einstellung der Absolventen zu ihrem Beruf testen:

- Wie hat der Bewerber Krisen gemeistert?
- Welche Erfolge hatte er?
- Was tut er für seine Weiterbildung, wie hat er die Zeit der Erwerbslosigkeit überbrückt?

Da nicht alle künftigen Arbeitgeber so denken, bleibt für die schwächeren Absolventen nur ein Trost: So wichtig die Noten am Anfang einer Karriere sind, so schnell verlieren sie an Bedeutung. „Nach zwei Jahren sind Noten völlig egal, dann fragt keiner mehr danach", sagt Rechtsanwalt und Personalleiter *Thomas Wojciechowski*. Dann zähle nur noch, was man im Job bisher geleistet hat, nämlich wie rasch man Karriere gemacht hat, Personalverantwortung hatte, bei welchen Firmen man war und ob es Empfehlungsschreiben gibt.

Doch wie wirkt sich die Note im Job nun tatsächlich aus?

Absolventen im Bereich von neun oder mehr Punkten finden in der Regel unproblematisch eine Anstellung. Sie besitzen mit neun Punkten die Staatsnote, die entweder zwingendes Kriterium für eine Anstellung beim Staat ist (z.B. Bayern) oder aber stark ermessenslenkende Bedeutung hat (z.B. Hamburg). Wer sich für die Rechtsanwaltswelt entscheidet, dem stehen die Türen zu praktisch allen Kanzleien wie auch den Großkanzleien offen, wobei auch eine schlechte Note im ersten Staatsexamen vollständig überwunden werden kann. Großkanzleien bezahlen dem Berufseinsteiger zurzeit bis zu 85.000 EUR pro Jahr, wobei ein entsprechendes Arbeitspensum anfällt. In „normal" großen Kanzleien oder kleineren Kanzleien kann mit einem Einstiegsgehalt von etwa 50.000 EUR gerechnet werden, im Gegenzug gibt es aber auch „nur" eine 45 bis 50-Stunden-Woche.

Absolventen mit einem „befriedigend" finden meist noch eine gute Anstellung mit einem akzeptablen Gehalt. Die Note ist als durchaus passabel angesehen, öffnet aber keine Türen. Hier hängt einiges auch von dem zusätzlichen Lebenslauf ab.

Absolventen mit lediglich einem „ausreichend" tun sich häufig schwer, eine Anstellung zu finden. Nach wie vor ist der Markt der Juristen überschwemmt, die Einstiegsgehälter liegen selten über 30.000 EUR zzgl. kleinerer Umsatzbeteiligungen. Immer steht die unangenehme Frage im Raum, warum hier denn nicht eine vernünftige Note vorliegt. Ausgleichen kann höchstens der interessante Lebenslauf und ein den zukünftigen Arbeitgeber begeisterndes, persönliches Auftreten. Vor allem schüchterne und zurückhaltende oder sprachlich eher ungewandte Persönlichkeiten müssen mitunter sehr lange nach einer Anstellung suchen.

Anschließend sei bemerkt, dass der bekannte Bayern-Bonus (der eigentlich Sachsen- oder Sachsen-Anhalt-Bonus heißen müsste – dort ist das Staatsexamen nochmals deutlich schwerer) oder ähnliches nur von wenigen Arbeitgebern anerkannt wird. Dass die Prüfung und Benotung zwar in manchen Bundesländern deutlich strenger ist als in anderen zeigt schon die Statistik: In Niedersachsen, Hamburg oder Schleswig-Holstein erzielen in der Regel über zwanzig Prozent der Assessoren, also der erfolgreichen Absolventen des Zweiten Examens, eine Endnote von über neun Punkten, in Bayern fast nie mehr als zehn Prozent, in Sachsen oder Sachsen-Anhalt nicht mehr als fünf Prozent. Dafür haben die Bremer im schriftlichen Teil einen Tag zwischen den einzelnen Rechtsgebieten Zeit, um sich mental umzustellen, in Bayern schließen sich elf Klausuren nur durch die Wochenenden getrennt unmittelbar aneinander an. In Schleswig-Holstein ist bekannt, welche Klausuren im Zivilrecht „ZPO"-Klausuren und welche „materielle" Klausuren sind, in Bayern ist dafür als einzigem Bundesland Steuerrecht Pflichtfach, was eine zusätzliche Vorbereitung von drei bis vier Wochen bedeutet.

Maßgeblich ist aber für den Arbeitgeber nicht die Frage, ob ein Kandidat aus Sachsen im Vergleich zu einem Hamburger mehr „gelernt" hat, maßgeblich ist, wie gut ein Arbeitnehmer die Aufgabe bewältigt, die er zugewiesen bekommt.

Und das bemisst sich nun mal nicht nach einem länderübergreifenden, sondern nach dem länderinternen Vergleich am konkreten Stoff. Diese Regel gilt für Wirtschaft, Staat und Kanzleien: Es kommt nicht darauf an, „absolut" viel zu tun, sondern seine „konkrete" Aufgabe möglichst gut zu erledigen. Denn auch in der Praxis nutzt es nichts, an einem Fall zwar mehr zu arbeiten als ein Kollege aus einer anderen Kanzlei, diesen aber trotzdem zu verlieren, während der andere Kollege wegen eines „netteren" Richters gewinnt und es „halt" leichter hatte.

Eine andere Frage in diesem Zusammenhang ist die Wahl des Ausbildungsortes. Die Erfahrung zeigt, dass sich der Schwierigkeitsgrad des ersten Staatsexamens auf das Referendariat deutlich auswirken kann: Wer ein nur mittelprächtiges Examen in Sachsen erzielt hat besitzt meist schon so umfangreiche ZPO-Kenntnisse, dass er sich in den ersten Monaten in Hessen recht leicht tut und diesen Wissensvorsprung natürlich auch bis ins Zweite Examen halten kann. Umgekehrt rutschen auch gute Kandidaten aus manchen Bundesländern, die ihr Referendariat in Sachsen antreten, meist kräftig nach unten ab.

Somit ist es durchaus zu überlegen, sein Referendariat bewusst in einem „leichteren" Bundesland abzuleisten, auch unter Inkaufnahme einer Wartezeit, die dann durch Promotion oder freie Mitarbeit gefüllt werden müsste. Neun Punkte aus Rheinland-Pfalz sind bei einer Bewerbung immer noch deutlich besser als sechs Punkte aus Sachsen-Anhalt.

Richtig bedeutsam wird die Note des Ersten Staatsexamens bei der Jobsuche nach dem Zweiten Staatsexamen. Mittlerweile verlangen die meisten Unternehmen wenigstens ein Prädikat, also über neun Punkte. Schaut man sich die Statistiken an, muss man aber nicht verzweifeln, da das viel gerühmte Prädikat nur wenige schaffen. Immerhin bestehen noch rund 15 Prozent der Absolventen das Erste Staatsexamen mit Prädikat. Auch wenn viele Arbeitgeber in Anzeigen mindestens ein Prädikat verlangen, sollten Sie sich davon nicht abschrecken lassen, eine Bewerbung einzureichen. Hat man kein Prädikatsexamen, sollte man jedoch einige Zusatzqualifikationen und einen interessanten Lebenslauf vorweisen können. Lediglich für die großen Wirtschaftskanzleien ist ein nicht vorhandenes Prädikatsexamen häufig ein absolutes Ablehnungskriterium.

Die Note des Zweiten Staatsexamens ist von entscheidender Bedeutung. Häufig wird in der Entscheidung, ob jemand in die Partnerschaft in einer Kanzlei aufgenommen wird, nochmals auf die Examensnote geschaut. Als Faustregel gilt für Top-Jobs die 18-Punkte-Regel, das heißt, die Summe aus beiden Examina muss 18 Punkte ergeben.

4.1.3   Soziale Herkunft

Gute Leistungen sind nur eine notwendige, aber eben keine hinreichende Bedingung für Erfolg. Die wesentlichen Elemente des Studienverhaltens, etwa Studiendauer, Promotionsalter, Auslandssemester und berufliche Tätigkeiten vor Studienbeginn wirken sich zwar auf den Karriereverlauf aus, verringern den dominierenden Einfluss der sozialen Herkunft auf den beruflichen Erfolg aber nicht. Ab einer bestimmten Stufe der Hierarchie entscheide vor allem der Habitus, also die verinnerlichte Kenntnis von den gesellschaftlichen Codes des Großbürgertums, so die Meinung einiger Experten. Es sei das Signal „Ich gehöre dazu", das schließlich die Türen öffnet.

Es ist deshalb allen Studenten und insbesondere Absolventen anzuraten, sich bewusst zu machen, dass es im beruflichen Leben strukturelle gesellschaftliche Barrieren gebe, die schwer zu überwinden sind. Man versucht dann nicht, um jeden Preis individuell gegen diese Barrieren anzurennen, sondern die Fehler bei sich selber zu suchen. Vielfach werden dann so genannte „Benimm-Kurse" besucht, die dann den Teilnehmern die gesellschaftlichen Finessen näher bringen sollen. Aber auch der zehnte Benimm-Kurs hilft dann nicht, die unsichtbaren Schranken zu überwinden, weil erst die Souveränität und der spielerische Umgang mit den erlernten Codes entscheidend sind. Und dieses Wissen kann man im Erwachsenenalter nur noch in Ausnahmefällen erlernen.

Oft ist der Doktortitel immer noch eine wichtige Voraussetzung für Führungspositionen in Wirtschaft, Wissenschaft und Verwaltung. Beim Zugang zur Promotion spiele die richtige Herkunft durchaus eine gewisse Rolle, fand auch der Bildungsforscher *Jürgen Enders* heraus, Professor an der Universität im niederländischen Enschede. Habe der Kandidat den Abschluss aber erst einmal in der Tasche, falle der Nachteil einer nicht privilegierten Herkunft völlig weg. „Der Bedarf an sozialer Ungleichheit wird im Bildungssystem selbst befriedigt", lautet *Enders* ironisches Fazit.

Auch den Soziologe *Steffen Hillmert*, Gastwissenschaftler am Berliner Max-Planck-Institut für Bildungsforschung, verwundert es nicht, dass in den Top-Positionen der Wirtschaft gewandtes Auftreten und unternehmerische Potenz oft wichtiger seien als Fachwissen. Schließlich hätten die Top-Manager ja Top-Experten für alle Felder. Sie selbst müssen integrieren, entscheiden, kommunizieren und die Experten im Griff haben. Außerdem repräsentieren diese Spitzen der Hierarchie nicht den akademischen Arbeitsmarkt. Wichtiger als die Selektion an der Spitze der Karrierepyramide findet *Hillmert* die sozialen Barrieren beim Zugang zur Universität, die schon in den Schulen bestehen.

Andere Experten wieder bestreiten, dass allein die großbürgerliche Herkunft bei der Vergabe von Führungsjobs ausschlaggebend sei. Wenn es im Bewerbungsgespräch „zur Sache" gehe, helfen auch korrekte Kleidung und gewählte Sprache nichts. Dann zählten nämlich Werte wie unternehmerische Kompetenz, Persönlichkeit, Optimismus, Charisma und Durchsetzungsfähigkeit, um nur einige Soft Skills zu nennen. Es laufe oft auf den hinaus, dem es gelungen ist, die Runde, auf die es ankommt, zu begeistern.

Leistung ist also demzufolge nach wie vor das entscheidende Kriterium. Dass dazu die Fähigkeit kommen muss, mit Menschen umgehen zu können und auch der eigene Auftritt stimmen muss, dürfte selbstverständlich sein. Allerdings kann das „richtige Elternhaus" schon einmal ausschlaggebend sein, wenn zwei Kandidaten ähnliche Leistungen zeigen. Aber das dürfte wohl die Ausnahme sein.

4.1.4   Suche nach potentiellen Arbeitgebern

Die Suche nach einem potentiellen Arbeitgeber gestaltet sich in der Regel als schwierig. Dabei kommen verschiedene Medien in Betracht, wie nachfolgend aufgezeigt:

Persönlicher Kontakt

Natürlich haben Sie den Spruch schon hundertmal gehört: „Man muss halt einfach jemanden kennen". Denken Sie mal darüber nach, wen Sie so alles kennen: Familie, Freunde, Bekannte, usw. Sehr viele Stellen werden nicht einmal öffentlich ausgeschrieben.

Wenn Ihre Bewerbungsunterlagen als „Empfehlung" von irgendjemand auf den Tisch des Personalentscheiders kommen, haben Sie eine ganz dicke Chance ein Vorstellungsgespräch zu bekommen. Es ist ein wenig Aufwand, der aber nur einen positiven Effekt nach sich ziehen kann. Ihr persönlicher Kontakt sollte daher Ihre erste Anlaufstelle sein.

Der persönliche Kontakt (oder Vitamin „B") ist der effektivste Weg, zumal viele Stellen gar nicht offiziell ausgeschrieben werden, sondern „unter der Hand" vergeben werden, weil hauptsächlich kleinere Firmen und Kanzleien das langwierige und zeitintensive Auswahlverfahren scheuen. Allerdings ist dieser Weg ohne ein gutes Netzwerk nicht möglich, das man sich schon im Referendariat aufbauen muss.

Ein Netzwerk, oder wie es so schön neudeutsch heißt „Network", hat eigentlich immer ein zentrales Ziel: Den Austausch von Informationen. Besonders in der Berufswelt wird dieser Informationsaustausch immer wichtiger. Ein Netzwerk bietet ein Forum für Wissenstransfer. Erfahrungen zwischen Profis und Anfängern werden ausgetauscht. Hat man eine spezielle Frage, kann sie innerhalb des Netzwerkes meistens sehr schnell beantwortet werden. Je größer das Wissensspektrum hier ist, desto ausführlicher kann geholfen werden – ein reger Wissenstransfer findet dann statt, von dem jeder profitieren kann. Ein besonders positiver Aspekt bei einem Netzwerk ist, dass man sich nicht allein gelassen fühlt. Man hat nicht das Gefühl, mit seinem Anliegen allein auf weiter Flur zu stehen, viel mehr kann ein echtes „Wir"-Gefühl entstehen.

Neben dem Informationsaustausch stehen das Sammeln und der Aufbau von Kontakten jeglicher Art an zweiter Stelle. Auch wenn ein Kontakt, der gerade zustande gekommen ist, für den Augenblick noch nicht nützlich erscheint, gilt in der Regel: Jeder Kontakt kann eine Chance bedeuten. Besonders wichtig werden Wissenstransfer und Kontaktpflege bei einer Jobsuche. Mittlerweile wird ein Großteil an freien Stellen über persönliche Netzwerke vergeben. Das spart oft Zeit, vor allem aber Geld. Ein Netzwerk dient oft als Plattform für Jobvermittlungen. Arbeit Suchende können hier ihr individuelles Profil eingeben, Arbeitgeber rufen das Profil dann ab und setzen sich mit dem potentiellen Bewerber in Verbindung. Zudem kann ein Arbeitgeber eine Stellenausschreibung ins Netz stellen, woraufhin sich Interessenten bewerben können. Das Gleiche gilt im Übrigen auch für Praktika oder Aufträge.

Besonders stark vertreten sind Netzwerke im Bereich Business – alles was sich ums Gründen, Suchen und Vermitteln von Arbeit oder Unterstützung von Geschäftsideen dreht. Der Grundgedanke vor allem bei Business-Netzwerken ist folgender: Geben und Nehmen zur gegenseitigen Förderung. Immer häufiger findet man auch Netzwerke speziell für Frauen. Längst sind sie von der Vorstellung abgekommen, alles alleine schaffen zu müssen. Mittlerweile haben sie praktisch in jeder Berufsgruppe innerhalb Deutschlands ihre Netze geknüpft. Hier tauschen sie sich virtuell aus, geben ihre Erfahrungen und Erfolgsstrategien weiter oder knüpfen Geschäftsbeziehungen.

Stellenanzeigen in Tageszeitungen

Die meisten Job-Angebote finden sich zurzeit wohl noch in den Stellenmärkten der Tageszeitungen.

Die in der Stellenanzeige üblich geforderten „aussagefähigen oder -kräftigen Unterlagen" beinhalten die Dokumente Bewerbungsanschreiben oder Anschreiben, Lichtbild, Lebenslauf, Zeugniskopien von Schulen, Ausbildungsstätten und vorherigen Arbeitgebern sowie ggf. Referenzen, Arbeitsproben und Handschriftenprobe.

Bei einer Chiffre-Anzeige hält sich der Arbeitgeber bedeckt – aus unterschiedlichen Gründen. Aus Unternehmersicht kann eine anonyme Ausschreibung Sinn machen, wenn die Firma ihr Tätigkeitsfeld erweitern will, ohne die Konkurrenz vorzeitig darauf aufmerksam zu machen. Oder, wenn sie Ersatz für einen missliebigen Mitarbeiter sucht und verhindern will, dass er es bemerkt. Für den Bewerber bedeutet dies zunächst keinen Nachteil. Tunlichst sollte er jedoch sicherstellen, dass er sich nicht bei seinem derzeitigen Chef bewirbt oder bei einem früheren Arbeitgeber, den er im Unfrieden verlassen hat. In einem so genannten Sperrvermerk teilt er dazu dem Verlag oder der Online-Jobbörse mit, an welche Firmen die Bewerbung nicht weitergeleitet werden darf.

Häufig verbergen sich hinter Chiffre-Anzeigen jedoch zweifelhafte Angebote. Lässt die Anzeige die Art der Tätigkeit im Dunkeln, verspricht aber „einen Top-Verdienst vom Sofa aus", oder „Mehrere Tausend Euro monatlich für leichte Tätigkeit bei freier Zeiteinteilung", sollten die Alarmglocken schrillen. In keinem Fall sollte man als Voraussetzung für den Einstieg in den neuen Job an einem teuren Lehrgang teilnehmen oder auf andere Weise im Voraus Geld bezahlen – so der Rat von Verbraucherschutzorganisationen, zu Recht.

Sie kaufen sich am Samstag die Wochenendausgabe Ihrer Tageszeitung. Sie setzen sich mit einem Kaffee an den Frühstückstisch und überfliegen den Stellenmarkt. Bestimmte Anzeigen werden Ihre Aufmerksamkeit auf sich ziehen. Und nur auf wenige werden Sie überhaupt reagieren wollen.

Bevor Sie sich jetzt aber hinsetzen und Ihr Seriendokument aufrufen, bleiben Sie noch am Tisch sitzen und holen sich etwas zu schreiben: reißen Sie die Anzeige raus, heften Sie sie an ein Blatt Papier und schreiben Sie erst mal genau auf, warum gerade diese Anzeige Sie anspricht. Arbeiten Sie mit dem Text der Stellenanzeige. Unterstreichen Sie Schlüsselwörter. Nehmen Sie vielleicht zwei Farben. Unterstreichen Sie in einer Farbe, welche Worte und Formulierungen Ihnen wichtig sind.

Und mit der anderen, welche Schlüsselwörter offensichtlich für diese Firma wichtig sind. Greifen Sie diese Wörter in Ihrer Bewerbung auf: benutzen Sie sie beiläufig und thematisieren Sie einige davon. Damit sprechen Sie von vornherein die gleiche Sprache wie das Unternehmen und stellen eine Gemeinsamkeit her. Bitte immer authentisch bleiben! Suchen Sie sich die Worte, die Ihnen auch entsprechen und die Ihnen wichtig sind. Machen Sie keine Show. Wenn Sie merken, dass Sie Schwierigkeiten haben, hier Gemeinsamkeiten herzustellen, bewerben Sie sich nicht bei diesem Unternehmen; sie harmonieren dann nicht.

Heften Sie Ihr Blatt mit den Markierungen und mit Ihren Notizen, warum Sie speziell diese Anzeige anspricht, zu der Kopie Ihrer Bewerbung. Bewahren Sie Ihre Bewerbungsunterlagen so auf, dass Sie bei einem Anruf, Brief oder Email des Unternehmens auf den ersten Griff Ihre Unterlagen vor sich haben. Wenn Sie sehr viele Bewerbungen verschickt haben, lohnt sich ein alphabetisch sortierter Ordner.

So können Sie am Telefon direkt Ihre Bewerbung ansehen und vorbereitet und selbstsicher das Gespräch führen. Es gibt nichts Schlimmeres als eine enthusiastische Bewerbung, bei der der Bewerber schließlich nicht mehr weiß, für wen er so Feuer und Flamme war: „Welche Firma/Kanzlei sind Sie noch mal?"

Ein Unternehmen überlegt sich immer auch genau, wie es in einer Stellenanzeige auftritt. Das gilt zumindest für die Inserate, die von Firmen direkt aufgegeben werden. Bei Stellenanzeigen, die über Unternehmensberatungen gehen, finden Sie immer das *Corporate Design* der Beratungsfirma.

Achten Sie verstärkt auf den Inhalt der Anzeigen. Finden Sie mehrere Anzeigen desselben Unternehmens in der gleichen Ausgabe der Zeitung, dann lesen Sie zwei oder drei davon, auch wenn Sie die Stellen nicht interessieren, um festzustellen, ob die Beratungsfirma andere Worte wählt (was im Falle unterschiedlicher Unternehmen sein sollte). Steigen Sie dann auf diese Worte ein.

Sofern Sie identische Anzeigen haben, obwohl es sich um unterschiedliche Unternehmen handelt, steigen Sie auf den Inhalt „Ihrer" Stellenanzeige ein und versuchen Sie gleichzeitig, auch speziell auf die Besonderheiten des Kunden bzw. dessen Branche einzugehen. So stellen Sie sicher, dass Sie aus der Flut der Bewerber positiv herausstechen werden.

Eine Stellenanzeige kostet viel Geld. Das heißt, dass eine Viertelseite schon mal um die 10.000 EUR netto kostet. Was schließen Sie aus der Größe? Dass nicht jede Anzeige, die klein ist, bedeutet, dass ein unbedeutendes Unternehmen dahinter steckt. Es ist vielleicht eine Firma, die „nur" 2.500 EUR für eine Anzeige ausgeben möchte. Für das Geld einer Viertelseite kann man auch viermal eine kleinere Anzeige schalten. Auf der anderen Seite haben Firmen mit einem hohen Bekanntheitsgrad auch häufig gar keine Wahl. Größe und Auftreten sind ebenfalls Bestandteil des Firmenimages, des Bildes, das ein Unternehmen nach außen trägt.

Natürlich haben Sie nie eine Garantie, deshalb wurde eingangs schon darauf hingewiesen, dass Sie auf alle Details achten sollten – und dann Ihre Schlüsse ziehen. Ob die Anzeige eines Unternehmens hält, was sie verspricht, ist eine andere Sache.

Stellengesuche

Ein Gesuch aufzugeben – ob in der Zeitung oder im Internet – ist eine gute Möglichkeit, den Bewerbungsprozess abzurunden und „mehrgleisig" zu fahren.

Unternehmen suchen durchaus auch aktiv nach Bewerbern. Die Recherche in Stellengesuchen ist für viele Personalentscheider bereits ein integriertes Werkzeug der Mitarbeiterrekrutierung. Zum einen, weil Bewerber selbst aktiv auftreten, zum anderen, weil sich Unternehmen durch die aktive Suche auch eigene Werbemaßnahmen und viel Bewerberverwaltung sparen. Ein weiterer Grund ist, dass einige Firmen zuwenig Resonanz auf eigene Inserate erhalten und deswegen gezielt suchende Bewerber ansprechen.

Hier einige Tipps für Sie, worauf Sie bei Ihrem eigenen Gesuch achten sollten: Gerade, weil Sie in einem eigenen Gesuch in der Regel sehr wenig Platz haben, ist es umso wichtiger, dass Sie sich ganz konkret überlegen, worauf Sie Wert legen und wie die Stelle beschaffen sein sollte. Etwas weiter unten, wenn es um den Inhalt der Anzeige geht, wird dies noch deutlicher.

Für Ihre berufliche Neu-Orientierung ist es ohnehin elementar, sich ganz konkret Gedanken darüber zu machen. Dabei geht es nicht darum, dass sich alles auf Ihrer „Wunschliste" auch erfüllen lässt. In erster Linie geht es um die Klarheit, die Sie für sich bekommen – die man meistens nicht hat und um die man sich auch nicht großartig bemüht.

Diese Grundlagenarbeit ist wichtig für Ihr aktives Gesuch. Und sie ist wichtig für das Job-Interview: Denn viele der Fragen, die Sie sich jetzt vorbereitend stellen, begegnen Ihnen möglicherweise im Vorstellungsgespräch wieder. Oder aber Sie möchten sich aktiv nach bestimmten Gegebenheiten erkundigen, weil Sie durch diese Grundlagenarbeit festgestellt haben, was Ihnen besonders wichtig ist.

Holen Sie sich ein Blatt Papier und schreiben Sie alles auf, was Ihnen dazu einfällt. Eine gute Übung ist auch, sich fünf Eigenschaftswörter zu überlegen, die Sie charakterisieren.

Aus diesem Fundus können Sie sich nun für Ihr Gesuch die wichtigsten Punkte herausgreifen. Wenn Sie sich auf unterschiedliche Positionen bewerben, lohnt es sich, diese jeweils der Stelle anzupassen. Wohlgemerkt: Anzupassen bedeutet, jeweils eine Auswahl der relevantesten Eigenschaften und Fähigkeiten zu treffen. Es heißt keineswegs, dass Sie irgendetwas vorgeben, was nicht der Wahrheit entspricht.

Das oberste Gebot für Ihr Gesuch lautet: Es muss Interesse wecken. Nur wenn der Leser das Gefühl hat, Sie sind ein „viel versprechender Kandidat", das heißt, Sie erfüllen die Kriterien an fachlichen und persönlichen Voraussetzungen, wird man Sie kontaktieren.

Da Sie in der Regel sehr wenig Platz haben, neugierig auf sich zu machen, ist es umso wichtiger darauf zu achten, dass Ihr Gesuch optisch auffällt.

Wenn Sie in einer Zeitung inserieren, sehen Sie sich vorher einmal an, wie der Stellenmarkt aussieht. Es ist Ihnen nicht damit gedient, in einem Meer von Fließtext-Anzeigen unterzugehen. Es lohnt sich, etwas mehr Geld auszugeben und zum Beispiel in eine Randanzeige zu investieren – und auf keinen Fall zu quetschen und etliche Abkürzungen zu verwenden, um möglichst viele Informationen auf möglichst wenig Platz unterzubringen. In der Regel können Sie auch eine optisch hervorgehobene Überschrift wählen, die zusätzlich als Blickfang dient.

Viele Personalverantwortliche lassen kein gutes Haar am typischen Stellengesuch, wie er es dutzendfach samstags in der Zeitung liest: Wenig aussagefähig, klingen immer gut, sagen qualitativ aber nichts über die Leistung und das Profil des Suchenden.

Nichts leichter, als sich von dieser schlappen Konkurrenz abzuheben. Der erste Schritt zum treffsicheren Stellengesuch ist, die richtige Zeitung zu finden. Für den suchenden Juristen bieten sich hauptsächlich die Stellenmärkte der *Neuen Juristische Wochenschrift* (NJW), *Frankfurter Allgemeine Zeitung* und *Süddeutsche Zeitung* an.

Für die Rohfassung des Textes reichen Stichworte: genaue Beschreibung der Zielposition, Alter, Geschlecht, Ausbildung (akademische Abschlüsse), Noten/ Punktezahl, Berufsbezeichnung (Rechtsanwalt, Assessor), Zusatzqualifikationen, besondere Kenntnisse und Erfahrungen und Weg der Kontaktaufnahme.

Wegen des geringen Platzes sollten Sie nicht mehr als drei bis fünf gefragte Qualifikationen angeben. Sie sind so zu wählen, dass sie die gewünschte Zielgruppe ansprechen.

Wer mobil ist, sollte dies angeben, ebenso, wer in ungekündigter Stellung ist. Der ausformulierte Text darf weder Worthülsen wie „Suche neuen Wirkungskreis/ interessante Herausforderung" noch Selbstverständlichkeiten („ehrlich", „fleißig", „kompetent") enthalten. Viele Abkürzungen stören den Lesefluss. Völlig daneben ist es, Not zu signalisieren („dringend", „so bald wie möglich", „arbeitslos") oder gar zu betteln („Hilfe, wer gibt mir einen Job?"). Die Überschrift sollte zum Schluss getextet werden. Sie betont, was der Bewerber anbietet, und weniger, was er sucht. Fettdruck und größere Schrift sind erlaubt, dagegen wirken inhaltliche Übertreibungen („Marketinggenie") peinlich.

Ob Sie Ihre Telefonnummer angeben möchten oder lieber per Chiffre arbeiten, ist Ihre Sache. Natürlich ist es wichtig, es dem Unternehmen so leicht wie möglich zu machen, Kontakt mit Ihnen aufzunehmen. So gesehen ist die Telefonnummer die unkomplizierteste Sache. Die Autoren raten davon ab, eine Handynummer anzugeben, weil man – wenn man unterwegs ist – häufig nicht in Ruhe und konzentriert sprechen kann. Oder einfach zu überrascht ist, um den Anruf professionell entgegenzunehmen und so einen guten Eindruck zu machen. Andererseits kann es aber von Vorteil sein, sofort erreichbar zu sein. Es liegt bei Ihnen.

Der Personaler wird eher mal eben zum Hörer greifen, als dass er einen Brief diktiert, mit dessen Beantwortung er nicht vor ein bis zwei Wochen rechnen kann. Die bessere Lösung ist in diesem Fall ein Anrufbeantworter (bitte ordentlich besprechen!) und ein Rückruf Ihrerseits.

Wenn Sie befürchten, dass Ihre Bewerbung von jemandem aus Ihrer derzeitigen Firma gesehen werden könnte, machen Sie eine Chiffre-Anzeige. Chiffre ist ganz normal – und ein interessiertes Unternehmen wird auch schriftlich mit Ihnen Kontakt aufnehmen.

Die meisten Stellengesuche weisen folgende drei Fehler auf – und so vergeben Sie so leider Chancen:

- *Fehler Nr. 1: Sie sind viel zu allgemein formuliert*
  In der Hoffnung, möglichst viele potenzielle Arbeitgeber anzusprechen, wird viel zu allgemein formuliert. Doch das ist kontraproduktiv: Denn zum einen kann ein Unternehmen Sie vielleicht keiner vakanten Stelle zuordnen, weil Sie zu allgemein „daher kommen", zum anderen wirken Sie schnell unglaubwürdig.

  Wenn Sie sich Ihre Grundlagen erarbeitet haben, wie oben vorgeschlagen, dann passiert es Ihnen nicht, dass Sie sich derart breit gefächert präsentieren. Es mag sein, dass Sie in all diesen Bereichen Erfahrung gesammelt haben: Denken Sie jedoch daran – der Leser hat keine Detailinformationen über Sie.

  Er kennt weder Ihren bisherigen Werdegang noch Sie persönlich. Wer also wie ein Bauchladen erscheint, erweckt keinen besonders vertrauenswürdigen Eindruck. Versuchen Sie nicht, mit einer Anzeige alle Firmen der Welt ansprechen zu wollen. Das funktioniert nicht.

- *Fehler Nr. 2: Sie vergeuden Platz durch nichts sagende Wörter*
  Hier gibt es eine Vielzahl von „Platzhaltern", wie etwa „umfassend, tief greifend, enorm, mittelfristig". Vermeiden Sie diese tunlichst, sie sagen nicht wirklich etwas aus.

- *Fehler Nr. 3: Sie fordern, fordern, fordern*
  Statt etwas über sich zu verraten, beschreibende Worte zu nutzen, durch die der anonyme Bewerber ein Profil erhält, wird leider in vielen Gesuchen nur gefordert: Ich suche, ich will, ich lege Wert darauf ...

  Wer nur fordert, wird schwerlich Interesse wecken. Nicht nur, weil es nicht gut ankommt, sondern vor allen Dingen, weil der Personaler nichts mit dem Bewerber anfangen kann.

  Die richtigen Interessenten ansprechen. Es geht ja nicht darum, möglichst viel Resonanz zu erhalten, sondern interessante Kontakte herzustellen.

  Tipp: Formulieren Sie ganz normal, so wie Sie auch sprechen würden. Sehr häufig sieht man Sätze wie „Suche neue Herausforderung" (Wieso denn Herausforderung? Sie beherrschen wohl nicht, wofür Sie sich bewerben) oder „Suche neuen Wirkungskreis".

Nahezu jede Printausgabe ist heutzutage zusätzlich im Internet präsent. Dort findet sich der Stellenmarkt der jeweiligen aktuellen Ausgabe, der manchmal sogar schon vor Erscheinen der Printausgabe abrufbar ist. Es lohnt sich also, das Internet nach den verschiedenen Zeitungsstellenmärkten zu durchsuchen.

Beispielhaft für Online-Stellenmärkte sind aufgeführt:

- *www.berufswelt.de*
- *www.faz.de*
- *www.sueddeutsche.de*
- *www.ftd.de*
- *www.handeltblatt.de*
- *www.zeit.de*

Internet-Stellenbörsen

Online den Traumjob zu finden – die vielen Online-Stellenmärkte machen es möglich. Für Bewerber ist das Aufgeben des eigenen Stellengesuches in der Regel kostenfrei.

Das Web bietet vielfältige Möglichkeiten für Ihre Bewerbung. Etwa 600.000 Stellenangebote für hoch qualifizierte Fach- und Führungskräfte halten 250 Online-Jobbörsen nach Einschätzung des *Instituts der Deutschen Wirtschaft* (IDW) derzeit bereit.

Abgesehen von Online-Stellenmärkten bieten viele Firmen ihre eigenen vakanten Stellen auf der Homepage an. Oft sogar bereits mit einem Online-Bewerbungsformular.

Aber auch für „Offline"-Bewerber bietet das Internet vielfältige Möglichkeiten, die eigene Bewerbung zielgerichteter zu gestalten. Und vor allen Dingen, das „umworbene" Unternehmen so richtig zu beeindrucken.

Die Möglichkeiten im Netz sind vielfältig. Es gibt so gut wie keine Information, die Sie sich nicht aus dem „www" holen können. Und doch nutzen viel zuwenig Bewerber das für ihre Karriere aus.

Erfolgreiches Personalmanagement der Zukunft wird im Wesentlichen davon abhängen, inwieweit die personalwirtschaftlichen Prozesse von der Technik und dem Menschen synergetisch wahrgenommen werden. Ein Paradebeispiel hierfür ist der Bereich der Personalbeschaffung, bei dem die web- und internetbasierte Option, also das E-Recruitment, zunehmend mehr an Bedeutung gewinnt.

Eine besondere Bedeutung spielen hierbei die Stellenmärkte im Internet. Sie bilden auf einer Seite eine Plattform zur Artikulation und Veröffentlichung des angebots- und nachfrageseitigen Bedarfs, zum anderen sind sie heute und zukünftig noch mehr die Schnittstelle zur Synchronisation derselben. Mit zunehmender Verbreitung des Internets und seiner Verfügbarkeit für jeden Einzelnen werden im Jahre 2010plus rund 90 Prozent der Weltbevölkerung einen Zugriff auf das Internet besitzen, und jeder Erwerbsfähige wird seinen Lebenslauf in mindestens einer Datenbank einer Jobbörse abgelegt haben und diesen auch ständig fortschreiben.

Auf dem deutschen Markt arbeiten verschiedene Internet-Jobbörsen, wie etwa:

- *www.monster.de*
- *www.jobscout24.de*
- *www.worldwidejobs.de*
- *www.jobware.de*
- *www.jobs.de*
- *www.stepstone.de*
- *www.stellenanzeigen.de*
- *www.jobpilot.de*
- *www.akademiker-online.de*

- *www.unister.de*
- *www.arbeitsamt.de*
- *www.uni-gateway.de*
- *www.jobware.de*
- *www.mamas.de*
- *www.meinestadt.de*
- *www.teleosforum.de*
- *www.auswaertiges-amt.de*
- *www.bund.de*
- *www.stellenblatt.de*
- *www.verwaltungstreff.de*
- *www.iqb.de*

Daneben kommen speziell für Juristen folgende Internet-Jobbörsen in Betracht:

- *www.marktplatz-recht.de/stellenmarkt/*
- *www.job4law.de*
- *www.advojob.de*
- *www.rechtsfinder.de/job/*
- *www.beck.de*
- *www.karriere-jura.de*
- *www.juve.de*
- *www.brak.de*
- *www.ra-job.de*
- *www.recht.de*

Im Folgenden werden einige englischsprachige Adressen und weiterführende Links zur Jobsuche aufgezeigt:

- *www.joboptions.com* (USA)
- *www.hoovers.com* (USA)
- *www.4works.com* (USA)
- *www.ajb.dni.us* (USA)
- *www.collegegrad.com* (USA)
- *www.careermosaic.com* (USA)
- *www.monster.com* oder *www.monster.co.uk* (USA und GB)
- *www.jobhunter.co.uk* (GB)
- *www.jobsunlimited.co.uk* (GB)
- *www.lifestyle.co.uk/careers/index.htm* (GB)
- *www.gradlink.edu.au* (AU)
- *www.lib.uwaterloo.ca/society/overview.html* (CAN)

Unternehmens-/Kanzlei-Websites

Einige Unternehmen und Kanzleien betreiben auf ihren Websites eigene Bewerbungsportale, über die der gesamte Bewerbungsprozess bis zum persönlichen Gespräch läuft. Selbst Anschreiben und Lebenslauf werden zum Teil online eingegeben.

Initiativbewerbung

Nun sind Stellenangebote nicht die einzige Möglichkeit, einen Arbeitgeber zu finden. Gerade in größeren Unternehmen können auch Initiativbewerbungen erfolgreich sein. Einen für Sie attraktiven Arbeitgeber können Sie finden, indem Sie eine Liste erstellen, die Ihre Anforderungen an einen Arbeitgeber beschreibt. Solche Erwartungen können sich zum Beispiel auf Entwicklungsmöglichkeiten, Gehalt, Standort und weitere Eigenschaften des Unternehmens beziehen. Wichtig ist es, dass Sie sich bei der Auswahl und Gewichtung der Kriterien weniger an Standards von Kollegen und Kommilitonen orientieren, sondern vielmehr Ihre persönlichen Bedürfnisse und Anforderungen in den Vordergrund stellen.

Eine unaufgeforderte Bewerbung zeigt Motivation und Eigeninitiative des Bewerbers und ist als Chance zu verstehen, wenn es sich um einen „Exklusivauftritt" des Bewerbers handelt. Aber es gibt durchaus auch Unternehmen, die ihre neuen Mitarbeiter zu 50 bis 100 Prozent aus den eingegangenen Initiativbewerbungen rekrutieren. Große Unternehmen erhalten bis zu 2.000 Initiativbewerbungen täglich! Gerade weil Sie auf kein Anzeigenprofil zurückgreifen können, geht es bei dieser Art der Bewerbung darum, sich selbst am Besten zu vermarkten und seine Vorstellungen und konkreten Interessen klar und zielorientiert zu verfassen.

Insofern wird auf die ausführlichen Erläuterungen zu „Schriftliche Bewerbung" unten verwiesen.

Messen / Absolventenbörsen

Top-Personaler rekrutieren am liebsten vor Ort. Das hat eine Umfrage unter führenden deutschen Unternehmen ergeben: Bewerbermessen und Veranstaltungen an Hochschulen seien die wichtigsten Rekrutierungsinstrumente.

Anders als bei klassischen Bewerbungsgesprächen im Unternehmen müssen Sie bei spontanen Gesprächen auf der Messe davon ausgehen, dass Ihr Gegenüber Ihre Unterlagen nicht kennt. Bereiten Sie sich also darauf vor, die wichtigsten Punkte Ihres Lebenslaufs in Kürze wiedergeben zu können.

Gute Leute sind immer gesucht. Deshalb schießen auch die Karriere-Messen wie Pilze aus dem Boden. Grosse Unternehmen präsentieren sich, geben Informationen zum Berufseinstieg und Karriere und nehmen bei dieser Gelegenheit gleich Kontakt zu viel versprechenden Leuten auf.

Für Messen gilt: Bereiten Sie sich gut vor! Holen Sie sich vorher ein Verzeichnis der Aussteller, entscheiden Sie sich, welche Unternehmen Sie interessieren und bereiten Sie sich auf jedes Gespräch vor, als wäre es bereits Ihr Bewerbungsgespräch.

Ihre Bewerbungsmappe haben Sie selbstverständlich in ausreichender Anzahl dabei.

Die Messe als Recruiting-Forum bietet Stellenanbietern eine effiziente Möglichkeit, interessante Bewerber vor Ort kennen zu lernen und verspricht durch die persönliche Kontaktaufnahme mit Jungjuristen unmittelbaren Erfolg bei der Stellenbesetzung. Auch ist die Beteiligung an den Absolventen-Messen im Verhältnis zu anderen Werbemaßnahmen relativ kostengünstig und zeitsparend.

Wer sich als Aussteller beteiligt, profitiert von einem Full-Service-Paket, das von einer Standfläche auf der Präsenzmesse nebst Möblierung und ansprechender Ausstattung bis hin zur Vereinbarung von Gesprächsterminen reicht. Sämtliche Aussteller werden kostenlos in der Messebroschüre dargestellt. Umfangreiche PR- und Marketingmaßnahmen der Organisatoren garantieren nicht nur für hohe Besucherzahlen, sondern auch für eine gesteigerte Bekanntheit der Aussteller bei Nachwuchs, Kollegen und Mandanten.

Adressen von Recruiting-Events finden Sie im Internet unter:

- *www.karrieretag.de*
- *www.characters.de*
- *www.bonding.de*
- *www.career.de*
- *www.igb.de*
- *www.access.de*
- *www.aiesec.de*
- *www.akademika.de*
- *www.jurafair.de*
- *www.praxis-online.de*
- *www.karriere-jura.de*
- *www.hochschulanzeiger.de*

Besuch von Fachvorträgen und Veranstaltungen

Vor allem regionale Vortragsveranstaltungen, die bei den örtlichen Anwaltskammern und -vereinen angeboten werden, bieten Möglichkeiten, mit dem zukünftigen Arbeitgeber ins Gespräch zu kommen. Gleiches gilt für Kammerversammlungen und den *Deutschen Anwaltstag*, der einmal jährlich stattfindet.

Agentur für Arbeit

Auch die *Agentur für Arbeit*, früher „Arbeitsamt" genannt, sollte in den Prozess der Arbeitssuche miteinbezogen werden. Für die Vermittlung von Akademikern sind dort die so genannten „Hochschulteams" zuständig. Die Hochschulteams geben Ihnen wertvolle Hinweise und Möglichkeiten, einen qualifizierten Überblick über die gegenwärtige Arbeitsmarktsituation zu erhalten.

Zuständig für die Vermittlung von Fach- und Führungskräften ist *die Zentralstelle für Arbeitsvermittlung* (ZAV).

☞   Zentralstelle für Arbeitsvermittlung (ZAV)
Villemomberstraße 76
53123 Bonn
Fon 0228 / 713 – 0
Fax 0228 / 713 – 1111
www.arbeitsamt.de

Bei den örtlichen Agenturen für Arbeit erscheinen zudem monatlich die Zeitschriften *UNI-Magazin, Perspektiven für Berufs- und Arbeitsmarkt* und *Markt + Chance*, die ebenfalls Stellenangebote enthalten.

Private Arbeitsvermittler

Eine weitere Methode, um an einen Job zu gelangen, die sich aber noch nicht richtig durchgesetzt hat, ist die des privaten Arbeitsvermittlers. Diesen können Sie als Bewerber kostenlos in Anspruch nehmen, da das Unternehmen, das den privaten Arbeitsvermittler beauftragt hat, die Kosten, bzw. die Vermittlungsgebühr bezahlt.

Adressen von privaten Arbeitsvermittlern finden Sie in Ihrem örtlichen Brachenbuch.

Personalberater

Die externe Suche und Beurteilung von Kandidaten macht Sinn und findet als spezielle Dienstleistung zunehmend Akzeptanz. Es gibt zwar viele schwarze Schafe in dem Metier der Personalberater oder Headhunter, aber der fähige und harte Kern der *Consultants* (Berater) ist etabliert. Im Auftrag des Klienten legt der Personalberater Suchfelder fest, spricht durch direkte Animation Kandidaten an, führt Interviews und beurteilt die Bewerber.

Der ideale Personalberater kann den erfolgreichen Abschluss eines Hochschulstudiums vorweisen, dazu Praxis in verantwortlicher Position, und er sollte mindestens 35 sein.

Bei anzeigengestützten Aktionen berechnet der Personalberater für Erfassung und Bewertung der schriftlichen Bewerbungen, für Telefondienst, Interviews, Einholung von Referenzen und sogar Beratung bei der Vertragsgestaltung eine Pauschale von ca. 15 bis 20 Prozent des geplanten Jahreseinkommens. Schmerzlich müssen die Klienten allerdings akzeptieren, dass die hohen Kosten einer Stellenanzeige (oder zwei oder drei) hinzukommen.

Geht es um *Headhunting,* wird sehr oft ein Erfolgshonorar vereinbart, das zwischen 25 und 40 Prozent eines Jahreseinkommens liegt. Wovon der Prozentsatz abhängig ist? Von der Schwierigkeit der Besetzung, von der Marktstellung und dem Know-how des Personalberaters, vom Level der Stelle oder auch von der Kundentreue. Ist ein Klient ein „Wiederholungstäter", wird einem Berater viel Vorlaufinvestition erspart und deshalb kann er beim dritten, vierten Auftrag kostengünstiger arbeiten.

Ein seriöser Berater wird aber nie ein Honorar von einem Kandidaten verlangen. Auch bei einer Initiativbewerbung ist die kontaktierte Kanzlei oder Firma als Auftraggeber anzusehen, die dann die Kosten des Beraters übernimmt. Meistens verläuft das Gespräch unter vier Augen im Büro des Beraters. Der eingeladene Kandidat trifft auf einen neutralen Partner, der beobachtet und hinhören kann. Nach einem *warming up* und (hoffentlich) Hinweis auf gegenseitige Vertraulichkeit gibt der Berater einige Informationen über das Unternehmen, wenn der Bewerber interessiert ist, auch mehr und mehr detailliert. Der Berater gleicht seinen persönlichen Eindruck mit der schriftlichen Bewerbung ab und beobachtet Auftreten, Kleidung, Gestik, Mimik, Redeweise und erkennbare Eigenschaften. Als Profi zeichnet er sich durch gute Fragetechnik aus und wird die Vor- und Nachteile seines Besuchers in der Persönlichkeit, im Fach- und Führungskönnen professionell gewichten, und das im Vergleich mit anderen bereits interviewten Kandidaten. Wird man von einem Headhunter angesprochen, kann das erste Interview sehr kurz verlaufen. Auch ungewöhnliche Treffpunkte werden gegenseitig akzeptiert.

Zunehmend wenden sich Stellen Suchende an Berater und lassen sich bei der Bewerbung helfen. Der Berater kennt den Markt, weiß bei welchen Kanzleien sich aufgrund der persönlichen Qualifikationen des Kandidaten eine Bewerbung lohnt, oder hat vielleicht sogar einen Auftrag für eine Position, die bisher im allgemeinen Stellenmarkt noch nicht bekannt ist. Er hilft aber auch vor der eigentlichen Bewerbung. Es geht dann darum, zum Beispiel Stellengesuche zu texten, sich auf Vorstellungsgespräche trainieren zu lassen oder eine allgemeine Strategie für ein berufliches Fortkommen zu entwickeln. Man sollte meinen, je höher ein Fachspezialist oder eine Führungskraft in der Unternehmenshierarchie angesiedelt ist, umso weniger bedarf es derartiger Orientierungshilfe. Dem ist nicht so. Gerade Manager der höheren Ebenen suchen das Karrieregespräch mit einem Profi. Für Juristen in gehobenen Positionen und einiger Berufserfahrung ist ein Wechsel nicht immer einfach. Gerade bei den Großkanzleien kennen sich viele Anwälte untereinander. Bei einer Initiativbewerbung bei einer anderen Kanzlei besteht daher eine besonders große Gefahr der Indiskretion. Kommt ein Arbeitsplatzwechsel nicht zustande, kann die eigene, bisher sichere Position gefährdet werden und der gute Ruf beschädigt sein. Hier kann der Berater als Vermittler helfen, indem er zunächst anonymisierte Unterlagen an die vom Kandidaten gewünschte Kanzlei weiterleitet und erst bei konkretem Interesse die Anonymität lüftet.

Zum einen kann der Kandidat sich mit einer gut formulierten und begründeten Absage zufrieden geben und es sportlich ein anderes Mal wieder versuchen. Zum anderen besteht die Möglichkeit, den Berater anzurufen und sich detaillierter nach dem Absagegrund zu erkundigen. Und ein guter Headhunter „pflegt" seine Kandidaten auch weiterhin. Durch eine Absage eines Personalberaters sollte man sich nicht entmutigen lassen. Eine Absage von ihm ist etwas anderes als eine Absage einer Kanzlei. Das Urteil hat sich nur auf eine ausgeschriebene Position *einer* Kanzlei oder *eines* Unternehmens bezogen. Außerdem hat vielleicht der Personalverantwortliche, nicht aber der Personalberater gegen Sie entschieden. Deshalb

kann der Berater getrost bei der nächsten interessanten Anzeige wieder ange-
schrieben werden.

Die Personalberatung im Bereich Jura ist in Deutschland – anders als beispielsweise im englischsprachigen Raum – noch nicht besonders verbreitet.

Auftraggeber sind meist Rechtsanwaltskanzleien unterschiedlichster Größe,
Steuerberatungs- und Wirtschaftsprüfungsgesellschaften sowie Unternehmen der
Wirtschaft, die auf der Suche nach neuen Mitarbeitern in der Rechtsabteilung sind.

Hierbei handelt es sich um Positionen auf jedem Level, vom Berufsanfänger bis
zum Partner, Abteilungsleiter oder sogar Vorstand. Zumeist sind es dabei Positionen, die allein über Stellenanzeigen in Tageszeitungen nicht mehr zu besetzen
sind. In anderen Fällen will man der Konkurrenz nicht zeigen, dass in einem Bereich einen Mitarbeitermangel besteht oder will einfach eine Position neu besetzen, ohne dass dieses intern bekannt wird. Nach einer intensiven Suche werden
geeignete Kandidaten gezielt auf eine Position angesprochen. Ein erstes persönliches Treffen dient dem Kennen lernen. Der Berater kennt den Auftrageber, dessen
Mentalität und die Position genau und kann im Gespräch mit dem Kandidaten
feststellen, ob er/sie zu der zu besetzenden Position und dem Unternehmen oder
Kanzlei passt. Ein schriftlicher Lebenslauf kann in der Regel hierzu allein noch
keine Auskunft geben.

Die Erfolgschancen, auf diesem Wege zu einem Job zu kommen, sind für Berufseinsteiger als relativ gering einzustufen. Dennoch sollten Sie auch diese Chance
nutzen.

Karriereberater

Professionelle Hilfe im Bewerbungsprozess erhalten Sie bei so genannten Karriereberatern. In Deutschland ist für viele jedoch der Begriff „Karriere" negativ be-
haftet. Es bedeutet vielfach schneller Aufstieg, fast schon etwas Zwanghaftes.

Im Grunde genommen ist die Karriere aber einfach die berufliche Geschichte
eines jeden Einzelnen. Die Kurve geht nicht immer nach oben, sie nimmt manchmal auch einen Zick-Zack-Kurs. Dabei sollte berücksichtigt werden, dass der Beruf nicht isoliert gesehen werden kann. Die gesamte Lebensplanung spielt eine
Rolle, auch die Ausgewogenheit zwischen Beruf und Privatleben.

Karriereberater beraten in allen Fragen, die mit Ihrer Bewerbung im Zusammenhang stehen. Sie sind nicht von Unternehmen zur Personalsuche beauftragt,
sondern werden von den Bewerbern aufgesucht. Die Berater helfen, Fähigkeiten
und Berufswünsche zu erkennen und begleiten die Job Suchenden im Idealfall
durch den gesamten Bewerbungsprozess, bis das gesteckte Ziel verwirklicht ist.

Das Betätigungsfeld der Karriereberater erstreckt sich auf die Stärken-
/Schwächen-Analyse, die Erstellung und Durchsicht Ihrer Bewerbungsunterlagen,
die Suche und Auswahl von potenziellen Arbeitgebern sowie auf das Training von
Vorstellungsgesprächen.

Bei der Suche nach dem geeigneten Berufsfeld ist von allen beteiligten Kreativität und Ehrlichkeit gefragt. Viele Menschen denken in festen Bahnen und brin-

gen sich so selbst um viele Möglichkeiten. Vielleicht hat man Fähigkeiten, die nicht durch ein Uni-Zeugnis belegt sind, aber einer Firma dennoch helfen können.

Diese Eigenschaften und Fertigkeiten muss der Bewerber erkennen. Dann kann er im Gespräch mit dem Personalchef auch vermitteln, dass seine Einstellung die Lösung eines Unternehmensproblems darstellen kann.

Einigen Klienten reicht schon eine 60-minütige Sitzung. Manche kommen mit einer konkreten Frage, zu der eine Antwort gefunden werden muss. Andere brauchen für die Standortbestimmung zwei Stunden und weitere Sitzungen, um eine Strategie auszuarbeiten und Unterlagen zusammenzustellen. Mit fünf bis zehn Beratungsstunden liegt man im Durchschnitt. Nun sind Karriereberater nicht gerade günstig, doch die Investition ab ca. 100 EUR pro Stunde lohnt sich.

Allerdings fällt es vielen Menschen schwer, für ihre persönliche Lebensplanung überhaupt Hilfe von Profis in Anspruch zu nehmen; dabei fällt Frauen der Gang zum Karriereberater offensichtlich etwas leichter.

Adressen von Karriereberatern erfahren Sie aus den örtlichen Branchenbüchern. Weitere Informationen erhalten Sie unter *www.dgfk.org*.

Weitaus günstiger, nämlich kostenlos, aber längst nicht so effektiv, sind da schon die umfassenden Career Services (Berufsstarter-Seminare und Trainings für das Assessment-Center), die z.B. von der *MLP Finanzdienstleistungen AG* in der Geschäftstelle an jedem Hochschulort in Deutschland und sogar in einigen anderen europäischen Ländern angeboten werden. Im Internet erfahren Sie mehr zu den Seminaren und Trainings unter *www.mlp.de*.

4.2   Schriftliche Bewerbung

Auf dem deutschen Büchermarkt gibt es eine Vielzahl verschiedenster Ratgeber zum Thema „Bewerbung". Es muss auch nicht immer gleich das neueste Werk sein.

Aber Vorsicht: Oft werden inhaltlich überholte Werke billig verramscht. Es hilft Ihnen aber recht wenig, zu wissen, wie ein Anschreiben oder ein Lebenslauf 1980 richtig ausgesehen hätte. Wenn Sie unwissentlich so einen Musterbrief als Vorlage verwenden, hält Sie die angeschriebene Firma bestenfalls für altmodisch, nach einem Blick auf Ihr Geburtsdatum aber möglicherweise gar für verwirrt.

Tatsächlich sind es nur 30 bis 40 Sekunden, die heute in der ersten Auswahl von Bewerbungsunterlagen für jeden einzelnen Bewerber verwendet werden. Wenn Sie diese erste Runde überstehen wollen, müssen Sie dafür sorgen, dass Ihre Unterlagen einen tadellosen Eindruck machen. Immer noch scheitert eine große Anzahl von Bewerbern an der mangelnden Professionalität ihrer Unterlagen. Ihre persönlichen Papiere sind mehr als nur reine Formalitäten, denn Sie geben hier schon eine erste „Arbeitsprobe" ab, die dem Personalentscheider wichtige Hinweise zu Ihrer Person geben.

Als Jurist haben Sie eine Ausbildung, die vor allem sprachliche Kompetenz voraussetzt. Das Schreiben von Briefen ist wesentlicher Bestandteil Ihres späteren Broterwerbs. Im Grunde genommen vertreten Sie sich schon mit Ihrer Bewerbung (als Rechtsanwalt) in eigener Sache. Mehr noch als in jeder anderen Branche wird deshalb ein potenzieller Arbeitgeber das Augenmerk auf Ihr Bewerbungsschreiben legen. Aus Ihrer „Sorgfalt in eigenen Angelegenheiten" wird ohne weiteres auf Ihre Arbeitsweise und Arbeitseinstellung geschlossen. Verfassen Sie daher Ihr Bewerbungsschreiben mit der gleichen Sorgfalt wie etwa Liebesbriefe.

4.2.1 Marketing in eigener Sache

Um eine vorzeitige Disqualifikation durch grobe inhaltliche oder formale Fehler zu vermeiden, haben die Autoren für Sie nachfolgend Tipps zusammengestellt, die Ihre Chancen für die zweite Runde, dem Vorstellungsgespräch, auf jeden Fall erhöhen.

Woran Bewerber am häufigsten scheitern (in Prozent)

Unvollständige Bewerbungsunterlagen	26
Zu hohe Gehaltsforderungen	11
Unklare Vorstellungen von der ausgeschriebenen Position	9
Mangelndes sprachliches Ausdrucksvermögen	8
Fehlen von Prägnanz, Kürze und Übersichtlichkeit	8
Überheblichkeit und übertriebene Selbstdarstellung	8
Ungünstiger persönlicher Eindruck	8
Keine klaren Vorstellungen	7
Gleichgültigkeit und Oberflächlichkeit der Bewerbung	6
Orthographische / grammatikalische Fehler in Anschreiben und Lebenslauf	5
„Lücken" im Lebenslauf oder negative Vorkommnisse werden verheimlicht	5
Andere Details (fachliche Qualifikation, Persönlichkeit des Bewerbers, usw.)	26

(Quelle: Der Brief-Berater)

Mehr als jede dritte Bewerbung bewerten Personalverantwortliche in den Unternehmen mit „unbefriedigend", egal ob vom Berufseinsteiger, einer Fach- und Führungskraft bis zur Abteilungsleiterebene oder vom Topmanager. Dies zeigt eine Erhebung der Unternehmensberatung *von Rundstedt und Partner*. Die Umfrage wurde bei 1.000 Unternehmen aller Größen und Branchen gemacht. Befragt wurden Geschäftsführer, Personalleiter und Personalreferenten.

Danach sind die vier häufigsten Fehler in Bewerbungen bei Berufseinsteiger:

1. Anschreiben passt nicht auf Jobprofil
2. Rechtschreibfehler
3. Nicht aussagekräftiger Lebenslauf
4. Anschreiben zu übertrieben.

Doch dazu nun im Einzelnen:

4.2.2 Anschreiben

Das Anschreiben ist der individuellste Teil Ihrer Bewerbung. Nachfolgend finden Sie detaillierte Informationen, welche Bausteine das Bewerbungsschreiben auf jeden Fall enthalten muss. Damit erlangen Sie dann einen generellen Bauplan für Ihre Anschreiben.

Es wird nicht von Ihnen verlangt, dass Sie jedes Anschreiben immer wieder neu gestalten müssen, sondern vielmehr, dass Sie den Inhalt der Bausteine gezielt an die Stellenanzeige und die angestrebte Position ausrichten.

Hiermit müssen Sie Interesse und Neugier der Personalfachleute für sich wecken, denn fast 70 Prozent von ihnen messen dem Anschreiben die entscheidende Bedeutung für den weiteren Verlauf Ihrer Bewerbung bei. Wichtig ist, dass Sie auf alle Aspekte, die in der Stellenanzeige angesprochen werden, eingehen.

80 von 100 Bewerbungen werden allein auf Grund von mangelhafter Präsentation aussortiert. Nicht zu unterschätzen ist also die Bedeutung dieses Briefes. Er ist eine erste Arbeitsprobe des Bewerbers und liefert somit ein Kurzgutachten über Sie selbst. Wer sind Sie? Was können Sie? Warum soll man gerade Sie für diese Stelle auswählen? Hier gilt es, Profil zu zeigen, Qualitäten hervorzuheben und Schwächen zu kaschieren.

Denken Sie daran, dass Personalentscheider überwiegend konservativ sind. Von der äußeren Form her sollte eine Bewerbung nicht zu ausgefallen sein, auf gutem Papier und möglichst ohne Plastikhüllen.

Verwenden Sie weißes, aber nicht zu dünnes DIN-A4 Papier (90 bis 110 g/qm mit Wasserzeichen), das nur einseitig beschrieben ist. Lassen Sie ausreichend Platz am oberen und unteren Papierrand, vor allem auf der linken Seite (mindestens 2,5 cm Rand), damit die Unterlagen auch in der Bewerbungsmappe noch gut lesbar sind.

Die ausgewählte Schriftart und Größe sollte gut lesbar sein und sich dem Seitenlayout anpassen.

Für ein sauberes Schriftbild sollten Sie einen Laserdrucker verwenden. Tödlich sind nicht nur schriftliche Unterlagen, die mit billigen Nadeldruckern erstellt wurden, oder übertriebene Kreativität in der Orthografie, sondern auch der Versuch, sich besonders zu profilieren. Telefonbuchdicke, ledergebundene Bewerbungswälzer und Anschreiben auf buntem Papier landen postwendend wieder beim Absender oder nehmen die Abkürzung in den Papierschredder.

Ihr Anschreiben wird für den Leser verständlich, wenn es einfach geschrieben ist (d.h. Verzicht auf komplizierte Redewendungen), eine klare Gliederung durch z.B. ausreichende Absätze, Überschriften und Hervorhebungen sowie eine gewisse Ordnung (innere Folgerichtigkeit und logischer Aufbau) einhält, kurze präzise Sätze enthält und den Leser stimuliert, also Interesse und Neugier weckt.

Geben Sie Ihre vollständige Postanschrift sowie die Telefonnummer an, unter der Sie zu erreichen sind, damit Fragen oder Terminvereinbarungen für ein Vorstellungsgespräch telefonisch erledigt werden kann. Sollten Sie Ihren Emailbriefkasten regelmäßig auf Eingänge überprüfen, so sollten Sie auch Ihre Emailadresse angeben. Hier sollte jedoch eine schlichte Adresse gewählt werden und nicht eine, die Sie allein aufgrund des Namens aus dem Kreis der Bewerber ausschließt, wie z.B. Bunny1974@xy.de

Das Bewerbungsschreiben muss datiert sein. Tragen Sie das Datum ein, an dem Sie die Bewerbung geschrieben haben. Sie sollten das Schreiben an diesem Datum, spätestens aber am nächsten Tag abschicken.

Die Angabe des Ortes ist unnötig und seit längerem abgeschafft (Ausnahme: Unternehmen mit mehreren Niederlassungen auf dem Briefkopf, die deutlich machen müssen, von welcher Adresse der Brief kommt). Sofern in solchen Fällen der Ort angegeben wird, gibt es kein „den" mehr.

Der Betreff soll dem Empfänger auf den ersten Blick mitteilen, worum es in dem Brief geht. Das Wort „Betreff" oder die Abkürzung „Betr." ist veraltet – der Betreff wird deutlich vom Text abgesetzt, Fettdruck ist vorteilhaft, aber kein Muss. Den Betreff bitte aussagekräftig – nur „Bewerbung" ist nicht aussagekräftig genug: für welche Position, ggf. Hinweis auf welche Ausschreibung (z. B. „Ihre Anzeige in der FAZ vom 23.08.2004").

Abkürzungen für „zu Händen" (z.Hd., z.H.) sind seit Jahren abgeschafft – auch wenn sie in einigen Stellenanzeigen noch genannt werden.

Beim Empfänger kommt zwischen Straße und Ort künftig keine Leerzeile mehr. Die Anschrift des Unternehmens sollte korrekt und vollständig angegeben sein. Häufig ist in der Stellenanzeige auch ein Ansprechpartner genannt; diesen Namen sollten Sie mit vollständigem Titel in einer eigenen Zeile unterhalb des Firmennamens und der Abteilung angeben. Ist kein Ansprechpartner genannt und können Sie auch keinen in Erfahrung bringen, sollten Sie in der Anschrift den Zusatz „Personalabteilung" verwenden.

Auch als Assessor dürfen Sie Rechtsanwälte, sollten Sie sich in einer Anwaltskanzlei bewerben, als Kollegen ansprechen. Dieses „Wir stehen auf gleicher Ebene"-Spiel sollten Sie ruhig mitspielen, auch um Selbstbewusstsein zu zeigen.

Bewerben Sie sich als Referendar, sollten Sie den kollegialen Umgangston nur dann wählen, wenn Sie vom Rechtsanwalt bereits in den „Kollegenstand" befördert wurden. Im Zweifel wäre dann die Anrede „Sehr geehrter Herr (Rechtsanwalt) X" angebrachter. Hinter die Anrede wird stets ein Komma gesetzt und kein Ausrufezeichen.

Bitte beachten Sie nachfolgende Checkliste:

- Schreiben Sie im „Sie-Stil", also nicht „Ich bewerbe mich...", sondern „Sie suchen...". Damit vermeiden Sie den Eindruck von Unterwürfigkeit.
- Beschränken Sie sich auf das Wesentliche, auf Ihre besonderen Stärken.
- Vermeiden Sie Redundanzen, d.h. Sachverhalte, die aus dem Lebenslauf oder den Arbeitsproben hervorgehen, müssen Sie nicht noch einmal im Anschreiben aufgreifen.
- Unter Journalisten heißt es, ein Satz darf nicht länger als 15 Wörter sein.
- Verwenden Sie die neue Rechtschreibung.

Im Einstieg sollten Sie sagen, worauf Sie sich mit Ihrer Bewerbung beziehen. Gehen Sie kurz auf die Stelle bzw. Kanzlei ein und bringen Ihre Begeisterung zum

Ausdruck, dass eine so tolle Firma/Kanzlei noch einen Mitarbeiter sucht. Schmeicheln Sie, aber übertreiben Sie es nicht; dies ist ein sehr schmaler Grad.

Der werbende Teil bildet den Hauptteil des Anschreibens. Er sollte Angaben zu Ihrer Person, bisherige Tätigkeiten, Ihre besonderen Fähigkeiten und Kenntnisse sowie für die angestrebte Position relevante (Berufs-) Erfahrungen enthalten. Es ist wichtig, dass Sie Ihre Qualifikationen und Interessen den Anforderungen des Unternehmens gegenüberstellen, d.h. Sie sollten einen Bezug zwischen Ihnen und dem Unternehmen herstellen. Dazu gehört auch die Begründung, warum Sie unbedingt bei dieser Firma arbeiten wollen (Nutzen Sie dafür die Analyse der Anzeige und sämtliche Informationen, die Sie über das Unternehmen bekommen können). Ebenfalls muss deutlich werden, warum Sie Ihre bisherige Stelle aufgeben möchten und wie eventuelle Lücken im Lebenslauf zu erklären sind.

Achten Sie darauf, dass Sie Ihre Angaben auf den Punkt bringen, Sie haben nur eine Seite zur Verfügung, die Eigenwerbung sollte daher dezent, aber selbstbewusst (auch originell) dargestellt sein, nicht zu forsch oder überheblich.

Ebenfalls berücksichtigen sollten Sie Ihre Gehaltvorstellung und den Eintrittstermin für den Job.

Die Absicht Ihres Schreibens, nämlich eine Einladung zu einem Vorstellungsgespräch zu erhalten, muss am Ende unbedingt angesprochen werden. Dabei bleibt es Ihrer Phantasie und Kreativität überlassen, wie Sie diesen Satz formulieren.

Fakt ist, Sie möchten eingeladen werden.

So könnten Sie z.B. schreiben:

- „Auf eine Einladung zu einem Vorstellungsgespräch freue ich mich."
- „Auf eine Fortsetzung unseres Gesprächs freue ich mich sehr."
- „Auf ein persönliches Gespräch freue ich mich."
- „Ich freue mich darauf, von Ihnen zu hören."
- „Für ein Gespräch stehe ich Ihnen gerne zur Verfügung."

Antiquierte Standart-Floskeln wie „Hochachtungsvoll" oder „Bis dahin verbleibe ich, Ihr ..." sollten Sie vermeiden. Mit der Grußformel „Mit freundlichen Grüßen" oder „Freundliche Grüße" sind Sie besser beraten. Das Schreiben muss mit leserlichem Vor- und Nachnamen unterschrieben sein.

Nicht mit roter, grüner oder schwarzer Tinte unterschreiben, sondern mit konservativer königsblauer Tinte.

Ein Anschreiben der vorbezeichneten Art können Sie natürlich nicht bei Bewerbungen auf Chiffreanzeigen verfassen. Hier müssen Sie sich mit der herkömmlichen Floskel „Sehr geehrte Damen und Herren" begnügen und etwas im Dunkeln tappen. Chiffreanzeigen bei Stellenausschreibungen sind aber inzwischen recht selten geworden. In diesen Fällen dürfen Sie sich aber auch mit einer Kurzbewerbung begnügen. Es besteht dann nur aus Ihrem Anschreiben und Ihrem Lebenslauf und allerhöchstens einem Foto von Ihnen. Weisen Sie darauf hin, dass Sie bei näherem Interesse gerne die kompletten Unterlagen versenden.

4.2.3 Lebenslauf

Der Lebenslauf enthält die wichtigsten Informationen Ihrer Person. Er ist nach dem Anschreiben die zweite Grundlage für die Einschätzung Ihrer Person und die Prüfung, ob Sie zum Unternehmen und Arbeitsplatz passen. Aus dieser Tatsache heraus sollten Sie Ihren Lebenslauf den Anforderungen der Stellenanzeige anpassen und für das Unternehmen markante Situationen Ihres beruflichen Werdeganges optisch attraktiv präsentieren und hervorheben, so dass der „rote Faden" sichtbar wird.

Bezüglich der Form gelten hier die gleichen Angaben wie beim Anschreiben.

Die Struktur sollte tabellarisch und übersichtlich sein. Die Gestaltung der Übersichtlichkeit mit Hilfe entsprechender Stilmittel (z.b. Trennstriche, Balken) ist empfehlenswert und obliegt Ihrer Originalität.

Gliedern Sie den Lebenslauf in sachliche Kategorien, z.b. persönliche Daten, Ausbildungsdaten, Praktika, zusätzliche Informationen, Qualifikationen, Kenntnisse, damit der Empfänger mit einem Blick das Wesentliche erfassen kann.

Innerhalb dieser Kategorien sollten Sie die einzelnen Ausführungen antichronologisch (also Ihre aktuelle Tätigkeit an erster Stelle nennen, da der Leser sonst, nachdem er eine Seite über Ihre Schulbildung gelesen hat, eher genervt ist) und vollständig anordnen und diese Verfahrensweise kontinuierlich fortsetzen.

Wählen Sie bitte nur die Dinge aus, die für Sie und Ihr Ziel relevant sind. Angaben zur Person, zur schulischen Ausbildung und zu besonderen Fähigkeiten oder Kenntnissen sind obligatorisch.

Geben Sie bei den „Persönlichen Daten" die vollständigen Angaben über Name, Anschrift, Telefon (und Handynummer), Fax, Email-Adresse, Geburtsdatum, Geburtsort, Familienstand und Nationalität an.

Die berufliche Position der Eltern und der Geschwister hat hier nichts zu suchen, denn diese stehen ja auf eigenen Beinen.

Erwähnen Sie in Ihrer Bewerbung Ihren Familienstand und gegebenenfalls die Anzahl Ihrer Kinder. Ihr zukünftiger Arbeitgeber erhält so Informationen über Ihre finanzielle Verpflichtung und Ihre Flexibilität. Der Beruf Ihres Ehepartners kann interessant sein. Unwichtig sind dagegen die Namen des Ehepartners und der Kinder.

Häufig geben Stellenanzeigen ein Alterslimit vor. An dieses müssen Sie sich zwar nicht unbedingt halten, aber völlig ignorieren sollten sie es auch nicht. Abweichungen von bis zu drei Jahren dürften meist zu tolerieren sein. Besonders wenn Sie über einer ohnehin sehr niedrigen Altersbegrenzung liegen, können Sie dies oft durch persönliche oder fachliche Zusatzqualifikationen (Promotion, Auslandsaufenthalt) ausgleichen. Schließlich sind Top-Juristen selten jünger als 30 Jahre alt.

Zu den Ausbildungsdaten gehoren die Schulausbildung, ggf. Wehr-/Zivildienst oder Soziales Jahr, Berufsausbildung, Studium inklusive Studiengang, Studienschwerpunkt, Promotion, Ort und Art der Schule, bzw. Ausbildungsstätte sowie Art des Abschlusses. Je weiter aber die schulische Ausbildung zurückliegt, umso unwichtiger sind detaillierte zeitliche Angaben, vielmehr genügen dann Jahreszahlen. Angaben zur Grundschule komplett entbehrlich. Die Angaben zum Wehr- oder Zivildienst (mit Monat und Jahr, eventuell Waffengattung, Dienstgrad und Ort) dürfen nicht fehlen, zumal die Tatsache, ob Sie nun Zivil- oder Wehrdienst absolviert haben, auch ein gewisses Licht auf Sie wirft. In alteingessenen Anwaltskanzleien kommt man ohne diese Angaben noch nicht einmal zu einem Bewerbungsgespräch.

Geizen Sie in Bezug auf Ihre „Berufserfahrung" nicht mit Informationen. Geben Sie abgesehen von Dauer, Unternehmen und Standort auch eine kurze Darstellung Ihrer Aufgabe, Position und Ihrem Verantwortungsbereich an.

Unter der Sparte „Berufspraktische Erfahrungen" können Sie alle Praktika und sonstigen Tätigkeiten aufzählen, die Sie im Rahmen Ihrer Qualifikation für wichtig erachten.

Falls Sie über besondere Qualifikationen verfügen, die für die neue Position wichtig sind oder Sie interessanter machen, lassen Sie diese in der Sparte „Fort- und Weiterbildung" nicht unerwähnt, ebenso wie persönliche Highlights z.B. Auszeichnungen.

Zu den „Weiteren Qualifikationen" gehören Sprach- und EDV-Kenntnisse, die Sie näher erläutern und bewerten sollten (z.B. gute Kenntnisse in MS Office wie Word, Excel, PowerPoint, usw.).

Schreiben Sie Ihre Hobbys und/oder besondere Tätigkeiten (z.B. gemeinnützige Aktivitäten), die Sie übernommen haben, in den entsprechenden Unterpunkt „Interessen, besondere Tätigkeiten". Generell können die Angaben für die persönliche Profilabrundung sinnvoll sein (besonders, wenn sie zum Studium und Berufsbild passen), stellen aber kein Muss dar.

Die Angabe von gefährlichen Hobbys (z.B. Drachenfliegen) sollten Sie dagegen tunlichst vermeiden.

Soziales Engagement zählt wieder bei Bewerbungen. So wird in der Wirtschaft eine Renaissance alter Tugenden festgestellt: Vertrauen, Ehrlichkeit, Verlässlichkeit. Mit der Rückbesinnung auf konservative Werte wächst auch die Bedeutung von *Soft Skills* wie sozialer Kompetenz. Heute kann man mit sozialem Engagement wieder punkten, wenn auch eine entsprechende Expertise nicht „kriegsentscheidend" ist.

Einer repräsentativen Befragung des *Bundesfamilienministeriums* zufolge ist jeder dritte Deutsche über 14 Jahren ehrenamtlich tätig. Mit Abstand ist am häufigsten Sport, gefolgt von den Bereichen Schule und Kindergarten, Kirche und Freizeit. Durchschnittlich 15 Stunden investieren die Freiwilligen pro Monat in organisatorische und praktische Tätigkeiten.

Eine gewisse soziale Ader des Bewerbers wird immer positiv bewertet, wenn sie nicht extrem auf Kosten des Fachstudiums gegangen ist. Für den, der nichts Entsprechendes vorzuweisen hat, ist es aber auch kein Knockout-Kriterium, es sei denn, die Stelle ist genau darauf zugeschnitten.

Wer sich sozial engagiert, ist kein Eigenbrödler. Wer also während seines Studiums ehrenamtlich eine Fußballmannschaft trainiert hat, wer sich bei der Kirche engagiert oder wer nach dem Abitur ein freiwilliges soziales oder ökologisches Jahr absolviert hat, sollte dies unbedingt im Lebenslauf erwähnen. Ehrenamtliche

Aktivitäten können die Persönlichkeitsentwicklung ganz wesentlich fördern. Diese Persönlichkeitsentwicklung ist unbezahlbar und auch später oft nicht mehr nachzuholen.

Wer sich zusammen mit anderen Menschen sozial betätigt, kann Teamfähigkeit und Führungskraft unter Beweis stellen. Und zwar oft besser, als es im persönlichen Gespräch oder im Assessment-Center nachzuprüfen ist.

Wer aber seine ehrenamtliche Tätigkeit im Bewerbungsanschreiben allzu ausführlich darstellt, lässt vermuten, dass er sich dort wohler fühlt als in seinem Job.

Zu viel Engagement generell kann somit auch ein Nachteil sein. Bei „Vereinsmeiern" würde man sich fragen, ob der Bewerber überhaupt genug Zeit zum Arbeiten hat.

Zudem sollte das Engagement auch immer zielgerichtet sein. Wer nämlich ein halbes Jahr in Afrika war und dadurch zwei Jahre seines Studiums verplempert hat, der hat etwas falsch gemacht. Den besten Eindruck erzielt der Bewerber, der zügig studiert und mit sozialem Engagement „noch etwas drauflegt".

Auf Erfahrungen aus der Zeit als „Schülersprecher" sollte aber besser verzichtet werden.

Und Engagement in einer politischen Partei? Höchst gefährlich, so die überwiegende Meinung von Beratungsprofis. Da vor allem die mittelständische Wirtschaft- und Anwaltskanzleien in der Regel eher konservativ sind, kann die Erwähnung einer Mitgliedschaft in der *SPD* oder gar bei den *Grünen* ein regelrechtes Killer-Kriterium sein. Insofern sollte besser keine Partei namentlich genannt werden, allenfalls sollten Sie in einem solchen Fall nur von parteilicher Mitarbeit sprechen.

Unbedingt notwendig sind Ort, Datum und eigenhändige Unterschrift. Ein kopierter Lebenslauf, insbesondere mit kopierter Unterschrift, darf nicht weitergereicht werden.

Zusammenfassend gilt zu beachten, dass ein Lebenslauf nach Muster X aus einem Ratgeber oder aus dem Internet den Personalentscheidern häufig unterkommen und meistens bereits dadurch in den Papierkorb wandern. Eine wohlüberlegte Struktur gepaart mit individuellem, nicht aufdringlichem Design kann den ersten Blick des Personalentscheiders auf sich ziehen. Jedoch sollte nicht ein völlig professionelles oder übertriebenes Design den Eindruck erwecken, Sie eigneten sich besser als Grafikdesigner, als zum Juristen. Es gilt den richtigen Mittelweg zu finden.

4.2.4 Deckblatt

Das Deckblatt hat die Funktion des Titelblattes. Die Autoren empfehlen Ihnen, auf dem Deckblatt Ihren Namen mit vollständiger Adresse anzugeben. Dieses Verfahren erleichtert dem Personalentscheider, Ihre Mappe auf Anhieb wieder zu finden, d.h. Sie ersparen ihm dadurch die unnötige Suche nach Ihrer Telefonnummer und damit Zeit. Denkbar ist auch, dass Sie an dieser Stelle Ihr Bewerbungsfoto platzieren und eventuell sogar, falls vorhanden, das Firmenlogo einscannen.

4.2.5   Dritte Seite

Verwenden Sie die „Dritte Seite", um einzelne relevante Stationen Ihres Lebenslaufs näher zu erläutern. Überzeugen Sie den Leser z.B. anhand der Beschreibung von Projekten, Ihrer Aufgabengebiete und eventueller Veröffentlichungen davon, dass Sie die für die angestrebte Position erforderlichen Qualifikationen und Kompetenzen besitzen. Auch für diese Seite gelten eine übersichtliche Gestaltung und die Verwendung kurzer prägnanter Sätze.

4.2.6   Foto

Oft entscheidet das Foto über Sympathie und Antipathie, davon kann sich kaum ein Personalverantwortlicher frei machen. Deshalb müssen Sie sich auch hier präsentieren und gut verkaufen. Es sollte sich um ein Passfoto handeln und aktuell sein. Überlassen Sie dem Fotografen die Entscheidung, ob ein Schwarzweiß- oder ein Farbfoto sowie welche Hintergrundgestaltung besser zu Ihrem Typ passt. Tendenziell sind Farben natürlich freundlicher. Ein gutes Schwarz-Weiß-Foto ist allerdings auch sehr ästhetisch und künstlerisch.

Die Qualität des Fotos bietet die Gelegenheit, sich von der Masse der Bewerber abzuheben. Nutzen Sie diese Chance!

Sie sind nicht auf Passbildformat festgelegt. In der Bewerbung sind Sie hier völlig frei. Es gibt allerdings schon Grenzen, was die Größe betrifft. Es muss ja nicht gleich ein „Starschnitt" mit mehreren Quadratmetern Fläche sein. Generell gilt aber folgende Größe zu berücksichtigen: 6 cm x 4,5 cm.

Ein gutes Foto darf aber durchaus „plakativ" sein. Gerade als Deckblatt können Sie hier, wenn Sie sympathisch „rüberkommen", gleich Punkte machen.

Und vor allem: Weg vom Automaten! Ein guter Fotograf ist eine lohnende Investition. Wenn Sie für Ihren Personalausweis schnell in den Passbildautomaten gehen, kein Problem: Wenn Sie sich erfolgreich bewerben wollen, machen Sie um die Automaten bitte einen großen Bogen. Auch die fotogenste Schönheit sieht auf einem Automatenbild nicht gut aus. Das Licht ist immer so, dass es „Zombies" produziert und Ihre unvorteilhafteste Seite zum Vorschein bringt. Und die Hektik der Straße zeichnet sich auf Ihrem Gesicht ab.

Wenn Sie keinen Fotografen persönlich kennen und in ein Fotogeschäft gehen, schauen Sie sich die Bilder im Schaufenster an: Gefallen Ihnen die Bilder? Mögen Sie die fotografische Umsetzung? Ist der Fotograf abwechslungsreich – oder sieht jedes Foto gleich aus?

Heutzutage ist es auch üblich, das Foto einzuscannen. Wenn das eingescannte Foto die oben genannten Qualitätskriterien erfüllt, ist generell dagegen nichts einzuwenden. Seien Sie sich aber darüber bewusst, dass einige Personalentscheider das herkömmliche Passfoto immer noch vorziehen.

Jetzt können Sie gezielt überlegen:

- ### *Welche Umgebung soll das Bild haben?*
  Achten Sie auf den Hintergrund: Was soll zu sehen sein? Der Hintergrund ist dazu da, Sie in den Vordergrund zu stellen. Also keine 70er-Jahre-Tapete, bei deren Anblick der Betrachter „high" wird. Kommen Sie sympathisch „rüber", also möglichst natürlich.

- ### *Portrait, Halbportrait oder Ganzkörperaufnahme?*
  Wenn Sie Ganzkörperaufnahmen machen, sollten Sie sich schon zuhause in voller Montur vor den Spiegel stellen: Manchmal ist es regelrecht erschreckend, wenn Sie sich plötzlich in voller Größe sehen – dann merken Sie nämlich, dass dieses Hemd mit jener Hose überhaupt nicht gut aussieht.

- ### *Was ziehe ich an?*
  Genauso wichtig wie die Aufmachung des Fotos ist Ihr Outfit. Die Wahl der Kleidung ist hierbei abhängig von der Position, für die Sie sich bewerben, und dem Unternehmen. Sehen Sie sich das Unternehmen an, bei dem Sie sich bewerben. Wie sehen die Anzeigen, die Website, der allgemeine Auftritt der Firma aus?

  Wie ist die Wortwahl? Handelt es sich um ein eher konservatives Unternehmen oder ist es eher locker-lässig? Kennen Sie Personen, die Kunden dieser Firma sind? Oder sogar Mitarbeiter? Lernen Sie das Unternehmen und dessen Auftritt kennen.

  Für welche Position bewerben Sie sich? Ist es eine reine Innendiensttätigkeit, oder repräsentieren Sie vor Ort?

  Wenn Sie wissen, wie eine Firma nach außen auftritt, wissen Sie auch, welche Art von Mitarbeiter gesucht wird. So können Sie mit Ihrem Bild einen wichtigen Akzent setzen und Ihre Bewerbung positiv unterstützen.

  Umgebung und Farben sollen Ihre Person vorteilhaft unterstützen und nicht in den Hintergrund drängen oder sich gar negativ auswirken.

  Es ist bekannt, dass es Farben gibt, die Ihnen besser stehen, in denen Sie vorteilhafter und „gesünder" aussehen. Ziehen Sie nicht irgendwas an, wenn Sie Fotos machen lassen. Achten Sie auf Farben (lassen Sie sich gegebenenfalls beraten) und auch darauf, dass Sie sich in der Kleidung wohl fühlen. Wenn Sie ein Jeansmensch sind, der Krawatten hasst, dann sollten Sie für den Fototermin nicht einen strengen Anzug mit Krawatte wählen. Nur wenn Sie sich auch wohl fühlen, kommen Sie natürlich rüber.

  Noch ein kleiner Tipp: Kleiden Sie sich lieber ein wenig *overdressed*. Wählen Sie im Zweifel keine auffallenden Farben und Muster, entscheiden Sie sich vielmehr für die dezentere Variante auch hinsichtlich Schmuck, Frisur und Make-up und achten Sie auf ein gepflegtes Äußeres.

- ### *Frisur?*
  Schauen Sie unmittelbar, bevor Sie anfangen, in den Spiegel, und richten Sie gegebenenfalls Ihre Frisur, Ihren Hemdkragen, lächeln Sie Probe. Wenn Sie während der Fotosession unsicher sind, ob Sie noch gut aussehen oder die Haare wieder zusammengefallen sind: kurze Pause und ab zum Spiegel.

Bitte verschicken Sie nicht ein Bild, das vor 15 Jahren aufgenommen wurde, nur weil Ihnen Ihre damalige Frisur so gut gefällt. Oder weil gerade kein anderes Foto zur Hand ist. Der Personalentscheider möchte sich als Empfänger ein Bild vom Bewerber machen. Wenn er ein Foto bekommt, das in keiner Weise identisch mit der wirklichen Person ist, dann lassen Sie es doch besser, im Zweifel wird er enttäuscht sein.

- ***Wie möchte ich wirken?***
  Wenn Sie locker und humorvoll rüberkommen möchten, sind ein strenger Anzug und ein ernsthaftes Gesicht kontraproduktiv. Wenn Sie sich bei einem konservativen Unternehmen bewerben, das Wert auf Ernsthaftigkeit und Korrektheit legt, ist das Urlaubsfoto mit dem knalligen Hawaiihemd fehl am Platz.

Noch ein Wort zum Foto: Unterschätzen Sie nicht die Macht der Bilder! Ein gewinnendes Lächeln, eingefangen von einem professionellen Fotografen, bringt Sympathiepunkte. Und Sie sollten sich ähnlich sehen – für den Wiedererkennungseffekt beim Vorstellungsgespräch.

Erfahrungsgemäß ist der Fotograf der Schlüssel: Er hat den Blick für die Situation. Er lockert Sie auf. Er drückt ab, wenn Sie es nicht erwarten.

Der richtige Platz für das Foto ist rechts oben auf dem Lebenslauf, neben den Angaben zur Person.

Die Autoren empfehlen Ihnen Ihr Foto entweder oben rechts auf dem Lebenslauf anzubringen, oder Sie positionieren es auf dem Deckblatt. Auf keinen Fall gehört das Foto auf Ihr Anschreiben.

Das Foto sollte auf keinen Fall mit einer Heftnadel in den Bewerbungsunterlagen angebracht oder angeklammert werden. Auch vor übermäßigem Gebrauch von Klebstoff ist zu warnen. Es ist daher ein Kleberoller oder Fotokleber zu empfehlen, denn zum einen lassen sich die Bilder gut wieder entfernen und können problemlos noch einmal verwendet werden. Zum andern kann der Personalverantwortliche das Bild mühelos in einen Personalbogen kleben.

Schreiben Sie auf die Rückseite des Fotos Ihren Namen, damit es nicht verloren geht.

Bewerbungskosten

An den Bewerbungskosten beteiligen sich die Ämter. Bis zu 260 EUR im Jahr schießen sie auf Antrag zu den Kosten für Bewerbungsfotos, Mappen und Porto hinzu. Seit Mai 2003 werden auch ohne Einzelbelege pauschal 5 EUR pro nachgewiesene Bewerbung erstattet. Wer höhere Kosten hat, kann diese gegebenenfalls von der Steuer absetzen.

4.2.7 Zeugnisse

Alle Angaben, die Sie im Bewerbungsschreiben oder im Lebenslauf gemacht haben, sollten Sie durch gute Zeugnisse belegen können. Sie geben den Personalfachleuten Auskunft über Ihre Qualifikationen, die Sie im Laufe der Zeit erworben haben und damit weiteren Aufschluss über Ihre Person. Hierzu gehören relevante Schul-, Praktikanten-, Arbeits- und Dienstzeugnisse sowie sonstige Nachweise, etwa Teilnahmebestätigungen an Weiterbildungsmaßnahmen, Lehrgängen oder Seminaren. Verschicken Sie niemals Originale, Zeugnisse werden immer als Kopien beilegt. Sie müssen nicht beglaubigt sein, aber qualitativ hochwertig, d.h. keine schwarzen Ränder. Notwendige Beglaubigungen werden von Einwohnermeldeämtern, Bürgerbüros, Schulen oder Notaren durchgeführt. Manchmal wird auch ein polizeiliches Führungszeugnis verlangt. Dieses erhalten Sie vom Einwohnermeldeamt. Allerdings sollten Sie eine Wartefrist von etwa drei Wochen einkalkulieren. Trennen Sie Ausbildungs- und Arbeitszeugnisse. Manche Arbeitgeber lassen sich jedoch bei der Einstellung die Originale vorlegen.

Das aktuellste Zeugnis folgt in der Mappe direkt nach dem Lebenslauf, die anderen werden antichronologisch geordnet.

Wenn Sie mindestens zehn Jahre Berufserfahrung mitbringen, brauchen Sie Ihre Schulzeugnisse nicht mehr beizufügen. Auch Grundschulzeugnisse legen Sie der Bewerbung nicht bei.

4.2.8 Sonstige Anlagen

Zur Ergänzung Ihrer Bewerbungsunterlagen können folgende Unterlagen wichtig sein:

Stellenbeschreibung Ihrer jetzigen oder letzten Stelle

Für den Personalentscheider ist es sicherlich nicht uninteressant zu erfahren, wie Ihre letzte/gegenwärtige Stelle aussah/aussieht. Daraus lassen sich Schlüsse über Ihre Person und Ihre Fähigkeiten ziehen.

Ärztliches Attest

Ein ärztliches Attest wird in aller Regel nicht gefordert. Sie sollten ein solches aber auch nur den Bewerbungsunterlagen beifügen, sofern es für die Position relevant ist oder ausdrücklich gefordert wird.

Arbeitsproben

Von Juristen werden nur selten Arbeitsproben gefordert. Können Sie allerdings z.B. eine Veröffentlichung in einer Fachzeitschrift oder Promotion nachweisen, so sollten Sie diese Möglichkeit nicht ungenutzt lassen.

Referenzadressen

Einige Arbeitgeber verlangen von Ihnen, dass Sie Referenzadressen angegeben. Auf diese Weise können Sie von den angegebenen Gesprächspartnern gezielt Informationen über Sie einholen, die eventuell nicht aus den übrigen Bewerbungsunterlagen hervorgehen. Wenn Sie sich allerdings nicht sicher sind, ob der Eindruck, den Sie hinterlassen haben, tatsächlich sehr positiv war, sollten Sie Referenzen nicht angeben. Wenn Sie aber Referenzadressen angeben, zeigt die Erfahrung, dass es gut ist, den Referenzgeber im Vorfeld darüber zu informieren.

Handschriftenprobe

Eine Handschriftenprobe sollten Sie den Bewerbungsunterlagen nur auf ausdrücklichen Wunsch beifügen. Sollte eine Handschriftenprobe erwünscht sein, so bietet sich dazu die „Dritte Seite" an. Wenn Sie diese jedoch lieber mit einer Textverarbeitung erstellen, müssen Sie zusätzlich etwas mit der Hand schreiben.

Fassen Sie an dieser Stelle dann nochmals zusammen, was Sie für diese angestrebte Position qualifiziert, ohne das bereits Geschriebene einfach zu wiederholen.

Allerdings werden mittlerweile Handschriftenproben nur noch selten gefordert, da die aus der Analyse gewonnene Erkenntnis nicht wirklich Rückschlüsse auf den Charakter des Bewerbers erlaubt.

Achten Sie bitte darauf, dass die Handschriftenprobe nur in anonymisierter Form an Dritte weitergegeben werden darf.

Anlagenverzeichnis

Bei der Vielfalt der Zeugnisse der Studierenden ist es ratsam, ein Anlagenverzeichnis anzufertigen. Dies ermöglicht dem Leser, einen schnellen Überblick über die vorhandenen Zeugnisunterlagen zu bekommen, ohne sie einzeln durchzugehen. Das Anlagenverzeichnis sollte aber wirklich nur dann angefertigt werden, wenn den Unterlagen mehrere Zeugnisse (Schul-, Universitäts-, Auslandsstudiums-, Ergänzungsstudiums-, Referendariats-, und Arbeitszeugnisse sowie Nachweise über absolvierte Ausbildungen, Praktika, Sprachausbildung, EDV-Kurse, Auslandsaufenthalte, Fortbildungen, usw.) in Kopie beigefügt werden.

Unter dem Anlage-Vermerk geben Sie alle Unterlagen an, die Ihre Bewerbung außer dem Bewerbungsschreiben noch enthält. Es ist sinnvoll auch die Anzahl anzugeben (z.B.: vier Zeugnisse).

Um den Eindruck noch abzurunden, kann man z.B. nach der letzten Zeugniskopie noch ein einzusätzliches Blatt mit einer eigenen Visitenkarte anfügen. Sie lässt sich mühelos mit Fotoecken fixieren, so dass der Leser sie unbeschädigt herausnehmen kann. Die Wirkung einer guten Visitenkarte sollte man nicht unterschätzen, vorausgesetzt natürlich, dass sie einen professionellen Eindruck hinterlässt.

4.2.9   Bewerbungsmappe

Die erste Unterlage, die der Personalverantwortliche von Ihnen erhält, ist die Bewerbungsmappe. Hat sie eine schöne Struktur, Farbe und Druck, können diese Kriterien bereits eine erhöhte Aufmerksamkeit, Neugierde und eine gewisse Euphorie auf den zu erwartenden Inhalt beim Betrachter entfachen. Ähnlich verhält es sich mit der Verpackung für Ihre Bewerbung. Zeigen Sie, dass Sie sich hinsichtlich der Gestaltung Ihrer Unterlagen bzgl. der Erlangung einer schnellen Übersicht und Handlichkeit Gedanken gemacht haben – und bedenken Sie: Weniger ist mehr.

Der Schnellhefter hat Gesellschaft bekommen: Unterschiedlichste Bewerbungsmappen sind mittlerweile auf dem Markt – sowohl, was das Material als auch was das Design betrifft. Und eine Mappe will auch bewusst ausgewählt werden: Denn mit der Ästhetik Ihrer Mappe bestimmen Sie, welchen Eindruck der Empfänger von Ihnen gewinnt. Und dieser Eindruck sollte natürlich zu Ihrer Persönlichkeit passen.

Die Autoren vertreten die Ansicht, dass das Wichtigste bei der Bewerbungsmappe die Sauberkeit und Sorgfältigkeit ist.

Das bedeutet, dass Sie von Haus aus eine gut verarbeitete Mappe wählen sollten (superbillige Schnellhefter, bei denen noch „Plastikstanzfransen" rumhängen, sollten tabu sein). Grundsätzlich sollte Ihnen Ihre Bewerbung so viel wert sein, jedes Mal eine neue Mappe zu verwenden.

Kunststoff oder Karton – die Varianten von Mappen sind heute gigantisch. Es gibt übrigens kein besser oder schlechter. Wählen Sie das Material, das Ihnen am besten gefällt. Die Autoren empfehlen Ihnen jedoch eine schlichte weiße Papiermappe zu wählen. Hier gibt die grundsätzlich eher konservative Einstellung des Juristen den Ausschlag.

Achten Sie darauf, dass von der Bewerbungsmappe das Preisschild entfernt wurde.

Professionelle Bewerbungsmappen können, je nach Art der Mappe, beim Leser den Eindruck von Professionalität hinterlassen. Allerdings gibt es auch Personalverantwortliche, die gerade diese Mappen kategorisch ablehnen, und zwar aus folgenden Gründen: Zum einen sind diese Mappen teilweise zu groß und unhandlich und daher sehr zeitintensiv. Zum anderen sind der Name und die Adresse des Bewerbers ohne Aufschlagen der Mappe nicht zu ermitteln. Für Sie als Bewerber haben diese Mappen den Nachteil, dass eine professionelle Mappe Ihnen eine Gliederung Ihrer Bewerbung bereits vorgibt, d.h. entweder Sie gestalten Ihre Unterlagen entsprechend der Mappenstruktur oder Sie lassen Freiräume. Ferner sind wichtige und unwichtige Informationen nicht so leicht voneinander zu trennen, so dass Sie eventuell die „falschen" Unterlagen zusammenlegen bzw. trennen.

Benutzen Sie einen Schnellhefter (am Besten transparent), um Ihre Unterlagen ordentlich zu präsentieren. Besonders benutzerfreundlich sind Klemmhefter oder Thermoschnell- bzw. Spiralbindungssysteme mit Overheadfolie und Karton-Deckel, bei denen der Betrachter ohne Aufschlagen des Hefters Namen und Adresse direkt erkennen kann und denen man leicht einzelne Unterlagen entnehmen kann.

Achten Sie darauf, dass die Hefter stabil sind.

Damit sich Ihr Ansprechpartner in Ihren Unterlagen (im Schnellhefter) schneller zu Recht finden kann, können Sie Trennblätter für die Ankündigung der einzelnen Bewerbungsabschnitte verwenden. Die Unterlagen sollten Sie in folgender Reihenfolge zusammenstellen: Zuerst das Anschreiben, dahinter das Deckblatt, dann der Lebenslauf mit anschließender „Dritter Seite" und zu dessen Ergänzung eine Liste Ihrer Veröffentlichungen, Tätigkeitsbeschreibungen sowie anschließend die Zeugnisse mit dazugehörigen Referenzen, die in folgender zeitlicher Abfolge hintereinander liegen sollten: Das aktuelle Zeugnis kommt nach vorne, das älteste nach hinten. Sonstige Unterlagen gehören an den Schluss der Mappe.

Ach ja: Verwenden Sie keine Klarsichthüllen für die einzelnen Blätter. Dies sieht immer nach Massenbewerbung aus.

Sehr wichtig bei der Einheftung der Unterlagen ist auch, dass Sie das Anschreiben gesondert und daher leicht zugänglich oben auflegen, also auf keinen Fall mit in die Mappe eingeheftet wird.

4.2.10 Verpackung

Es ist nicht nur wichtig, was Sie verschicken, sondern auch, wie Sie es verschicken. Für die Verpackung empfiehlt sich ein ausreichend großer und fester Umschlag. Besonders gut geeignet sind Briefumschläge mit einem zusätzlichen Pappboden, auch wattierte Umschläge bieten einen optimalen Schutz für Ihre wertvollen Unterlagen. Wenn Sie dann noch zusätzlich mit einem schwarzen Filzstift den Vermerk „Bitte nicht knicken!" anbringen, werden Ihre Unterlagen so ankommen, wie Sie es sich wünschen.

Hinein gehören die Bewerbungsmappe und das Anschreiben, das als Brief lose oben aufgelegt wird. Neben der korrekten Adresse des Unternehmens gehört noch die eigene auf das Kuvert, und zwar vorne in die linke, obere Ecke.

Wenn Sie die Möglichkeit haben, Adressetiketten zu drucken, sollten Sie diese der handschriftlichen Beschriftung des Umschlags vorziehen.

Beachtet werden sollte auch die ausreichende Frankierung der Umschläge.

Briefträger haben nämlich die Angewohnheit, den Fehlbetrag mit roter Kreide groß und unübersehbar auf dem Umschlag zu vermerken. Dieses „Brandzeichen" eignet sich zwar, um einen bleibenden Eindruck bei der Firma zu hinterlassen, nur ist er nicht für eine erfolgreiche Bewerbungsstrategie geeignet. Ob die Bewerber nun Sondermarken verwenden oder gewöhnliche, ist wiederum eine Frage des eigenen Geschmacks. Sicher ist nur, dass die Bewerber nicht unbedingt Automatenmarken verwenden und die Briefmarken auch nicht kreuz und quer auf dem Umschlag verteilen sollten. Ratsam ist es auch nicht, die Briefmarken von einem sich völlig in Eile befindlichen Postbeamten aufkleben zu lassen.

Also: Briefmarken in der nötigen Ruhe aufkleben und die ausreichende Frankierung beachten.

Auf die Versendung durch die Post sollte verzichtet werden, wenn der Bewerber ohne Mühe die zukünftige Arbeitsstätte erreichen könnte. In solchen Fällen wird es gern gesehen, wenn der Bewerber seine Unterlagen persönlich abgibt.

Natürlich ist das nicht immer möglich, aber wenn eine Chance besteht, sollte sie ergriffen werden. Nicht den Kontakt scheuen, denn am Ende zahlt sich das persönliche Engagement aus. Perfekt ist es natürlich, wenn man die Unterlagen nicht einfach dem Pförtner in die Hand drückt und wegrennt, sondern sich die Mühe macht, die Personalabteilung oder den Ansprechpartner aufzusuchen. Ein paar freundliche Worte mit der Sekretärin bei der Abgabe können wahre Wunder wirken.

Weitere Tipps und Hinweise zu Bewerbungen finden Sie im Internet unter:

- *www.bewerbung.de*
- *www.berufsstart.de*
- *www.bewerben.de*
- *www.1a-bewerbung.de*
- *www.berufswelt.de*
- *www.profibewerbung.de*
- *www.unicum.de*

4.2.11 Kurzbewerbung

Die Kurzbewerbung besteht in der Regel nur aus einem Anschreiben (evtl. mit Foto), das wesentliche Angaben über Ihre Qualifikationen und den bisherigen Berufsweg enthält. Sie können davon ausgehen, dass Sie bei Interesse von Seiten des Unternehmens eine vollständige Bewerbung nachreichen müssen.

Kurzbewerbungen eignen sich bei Chiffre-Anzeigen, aus denen nicht hervorgeht, welches Unternehmen die Anzeige geschaltet hat und aus „Not", wenn Ihnen noch keine vollständigen Unterlagen vorliegen, Sie aber Ihre Chance nicht verpassen möchten oder bei einer Initiativbewerbung, bei der Sie herausfinden möchten, ob grundsätzlich Interesse an einer ausführlichen Bewerbung besteht.

Achten Sie darauf, dass Ihre Bewerbungsunterlagen sauber, lesefreundlich und „aufgeräumt" sind. Es gelten auch hier die zuvor dargestellten Voraussetzungen.

Von über 90 Prozent der angeschriebenen Unternehmen erhalten Sie keine Antwort, lediglich ca. acht Prozent werden sich bei Ihnen zwecks Anforderung der kompletten Bewerbungsunterlagen bzw. Einladung zu einem Vorstellungsgespräch melden.

4.2.12 Initiativbewerbung

„Ich schenke Ihnen Zeit!", las der Unternehmer auf dem Deckel eines Taschenkalenders, der ihm aus einem dicken Brief entgegen glitt. Kein Anschreiben, kein Lieferschein, der Absender auf dem Umschlag sagte ihm nichts. Flüchtig blätterte er durch das Büchlein – und blieb an mehreren Einträgen für die nächsten Wochen hängen: eine Fachtagung, auf der sich Vertreter wichtiger Kunden treffen würden, der Beginn der Tarifverhandlungen, die Bilanzpressekonferenzen zweier Konkurrenzunternehmen. Sogar der Geburtstag eines Geschäftspartners war vermerkt.

Alles sauber recherchiert mit Adressen, Telefonnummern – und einem Vorschlag für ein Geburtstagsgeschenk.

Des Rätsels Lösung folgte einen Tag später. „Ich schenke Ihnen noch mehr Zeit!", las der Unternehmer auf der Mappe einer Absolventin, die sich als Organisationstalent und Assistentin der Geschäftsleitung bewarb. Letzter Satz: „Über eine Einladung zum Vorstellungsgespräch würde ich mich sehr freuen." Allerletzter Satz: „P.S. Bitte nicht vergessen, unseren Gesprächstermin in den Kalender einzutragen." Was der Unternehmer prompt tat.

Experten schätzen, dass Initiativbewerber bei zehn bis 20 Prozent aller Stellenbesetzungen die Nase vorn haben. Manche Unternehmen schalten überhaupt keine klassischen Stellenanzeigen mehr, sondern locken Absolventen und *Young Professionals* allein mit Imagewerbung aus der Reserve – der Wettlauf der kreativsten Jobsucher kann beginnen. Oberstes Gebot: Versetzen Sie sich an die Stelle des Arbeitgebers. In welcher Situation befindet er sich? Welche Mitarbeiter braucht er? Bieten Sie die Lösung. Arbeiten Sie Ihre passenden Fähigkeiten und Erfahrungen genau heraus.

Das setzt natürlich voraus, dass sich der Bewerber gründlich informiert hat – und seine Mappen nicht wahllos versendet. Eine gute Strategie ist, mindestens ein halbes Jahr vor der konkreten Jobsuche ein Ranking der 100 Wunschunternehmen zu erstellen. Die Bewerbungen sollten dann zehnerweise *bottom-up* rausgehen, das heißt zuerst an Platz 91 bis 100 des Rankings, dann an Platz 81 bis 90 und so weiter. Das hat den Vorteil, dass der Bewerber seine Unterlagen nach dem Feedback der Unternehmen optimieren kann und schließlich bei seinen Top-Favoriten in Bestform antritt.

Formal unterscheidet sich die Initiativbewerbung kaum von der „normalen" Bewerbung, die auf eine Stellenanzeige reagiert. Also eine Seite Anschreiben, ein bis zwei Seiten Lebenslauf mit Foto, Zeugnisse und Arbeitsproben sind von neu bis alt sortiert. Das Ganze funktioniert wie ein gut geschnittener Bikini: beste Unterstützung bei minimaler Stofflichkeit. Möglich ist auch eine Kurzbewerbung, die aus Anschreiben, Lebenslauf und eventuell einem Qualifikationsprofil besteht.

„Hallo, ich wollte mich mal kurz vorstellen." Bewerber, die „einfach so" mit ihrer Mappe unterm Arm vorbeispazieren, zeigen Mut, Eigeninitiative und Durchsetzungsvermögen. Eigenschaften, die bei Personalern gut ankommen.

Dennoch ist der Überraschungsbesuch keine Strategie für jedermann. Wer sich spontan bis zum Personalchef durchkämpfen will, sollte selbstbewusst und charmant sein und wissen, dass er sympathisch rüberkommt.

Auch eine gehörige Portion Überredungskunst gehört dazu, denn schließlich versuchen Pförtner und Sekretärinnen, unangemeldete Besucher abzuwimmeln. Umso beeindruckender, wenn der Bewerber es trotzdem schafft.

Wichtig: Der unangemeldete Besuch muss gut vorbereitet sein. Denn der erste Eindruck zählt. Daher unbedingt auf die richtige Kleidung achten, wie bei einem offiziellen Vorstellungsgespräch. Und sich von einer Abfuhr nicht nervös machen lassen. Bleiben Sie höflich, auch wenn man versucht, Sie abzuwimmeln. Denn damit müssen Sie rechnen. Hat niemand Zeit, sollte der Bewerber die Unterlagen da lassen, Name und Telefonnummer des zuständigen Personalers erfragen und einige Tage später telefonisch nachhören.

4.2.13 Bewerbung auf Englisch

Immer häufiger stehen Arbeitnehmer und Arbeitsuchende vor der Aufgabe sich auf Englisch zu bewerben, nicht zuletzt durch eine zunehmende Globalisierung des Arbeitsmarktes. Schließlich verbringen immer mehr Menschen, ob als Student oder Hochschulabsolvent, einen Teil ihres Lebens außerhalb Deutschlands. Studieren und Arbeiten im Ausland sind gefragt.

Aber wie bewirbt man sich?

Eine Bewerbung muss zunächst einmal natürlich dem Land, der Branche, der Stelle und nicht zuletzt dem Bewerber entsprechend gestaltet werden. Darüber hinaus gibt es aber auch noch Regeln, Normen und Bewerbungsstile, die hier kurz skizziert werden sollen.

Wie in Deutschland senden Sie dem potenziellen Arbeitgeber z.B. in Großbritannien und den USA eine Bewerbungsmappe zu. Die Verpackung Ihrer Bewerbung spielt im englischsprachigen Ausland keine derart exponierte Rolle wie in Deutschland.

Der Inhalt der Mappe ist identisch, egal ob Sie sich nun initiativ oder auf eine Stellenausschreibung bewerben. Sie besteht demzufolge aus Anschreiben, Lebenslauf und Referenzen, Empfehlungsschreiben, eventuell Zeugnisse.

Anders als in Deutschland enthält die britische Bewerbung nicht unbedingt ein Bewerbungsfoto. Dieses hängt zusammen mit der Vermeidung von Diskriminierungen wegen Hautfarbe oder Alter. Das Bewerbungsfoto ist jedoch auch eine Option, die Ihnen zum Vorteil gereichen kann. Wenn Sie daher ein gutes aktuelles Bewerbungsfoto (aus professioneller Hand) von sich haben und sich selber darauf gut gefallen, können Sie dieses Ihren Unterlagen beifügen.

In den USA und Großbritannien spielen Referenzen eine weitaus größere Rolle als in Deutschland. Falls Sie schriftliche Referenzen einreichen, dann in von den Referenzgebern selbst verschlossenen Umschlägen.

Wenn Sie Ihre Unterlagen ins nicht-europäische Ausland verschicken, informieren Sie sich bitte noch einmal ganz genau über das notwenige Porto. Nachporto ist peinlich und für die Bewerbung dann ein K.O.-Kriterium.

Im britischen Englisch wird der Lebenslauf *Curriculum Vitae* (CV) im amerikanischen Englisch *Résumé* oder auch *Resume* genannt. Ein Unterschied zwischen englischen und deutschen Bewerbungen besteht darin, dass englische Bewerbungen weniger persönliche Informationen enthalten können.

In aller Regel finden Sie folgende Punkte nicht im englischsprachigen Lebenslauf: (BE = britisches Englisch; AE = amerikanisches Englisch)

- Bewerbungsfoto
- Geburtsdatum und -ort (im BE enthalten)
- Alter (im BE enthalten)
- Eltern
- Familienstand
- Ethnischer Hintergrund
- Religionszugehörigkeit
- Nationalität (im BE enthalten)
- Arbeitszeugnisse
- Gehaltsvorstellungen
- Datum und Unterschrift

Es gibt im Englischen drei mögliche Formen des Lebenslaufs:

- *(Reverse) Chronological Curriculum Vitae*
  Im *chronological CV* – der traditionellen Form des Lebenslaufs – werden persönliche Daten des Bewerbers, Ausbildung und beruflicher Werdegang chronologisch aufgezählt und mit Erfolgen ausgeschmückt.
  Eine immer beliebter werdende Variante ist der *reverse chronological CV*, der mit der aktuellen Tätigkeit beginnt und chronologisch rückwärts läuft. Diese Form ist bei älteren Bewerbern zu empfehlen: Die aktuelle Berufserfahrung wird hier hervorgehoben.

- *Functional Curriculum Vitae*
  Der *functional CV* entstand in den 70er- und 80er-Jahren, wird jedoch in Deutschland von einigen Arbeitgebern noch mit Skepsis betrachtet. Dieser CV stellt nicht eine chronologische Reihenfolge mit entsprechenden Titeln dar, sondern fasst die Tätigkeiten des Bewerbers in Themengruppen zusammen. Er betont Qualifikationen und Tätigkeiten. Diese Form kann bei beruflichen Richtungswechseln oder bei Lücken (Arbeitslosigkeit, Krankheit) geeignet sein.

- *Customized oder Combinated Curriculim Vitae*
  Diese dritte Form des Lebenslaufs verknüpft Komponenten des *chronological* und des *functional CV* miteinander. Er schildert chronologisch den beruflichen Werdegang und beschreibt Erfolge in den verschiedenen Bereichen. Diese Form sollte ein Bewerber wählen, der einen soliden Hintergrund besitzt und zusätzlich spezielle Erfolge und Talente hervorheben möchte.

Fazit: Sie sollten also genau überlegen, welche Form des Lebenslaufs für Sie am besten geeignet ist. Die Entscheidung sollte davon abhängen, mit welcher Form Sie Ihre Fähigkeiten und Qualifikation optimal verkaufen können.

Das so genannte „Bewerbungsformular" (*application form*) ist vor allem in Großbritannien von den Firmen ein gerne eingesetztes Instrument bei der Mitarbeiterrekrutierung. Besonders junge Bewerber und Studienabsolventen, die sich für Trainee-Programme oder Junior-Positionen bewerben, werden sich wahrscheinlich mit einem solchen *application form* befassen müssen. Da alle Bewerber hier identische Fragen beantworten müssen, fällt es den Personalentscheidern in den Unternehmen leichter, erste Vergleiche anzustellen und so zu entscheiden, wer zum Bewerbungsgespräch eingeladen wird.

Links zu Informationen zum Lebenslauf, Anschreiben, Bewerbungsgespräch und Selbstmarketing, sowie zu allen möglichen Berufen und eine Auswahl und Leseproben von Literatur zum Thema Bewerben finden Sie unter:

- *www.garywill.com/worksearch/workbook.htm* (USA)
- *www.rileyguide.com* (USA)
- *www.gti.co.uk* (GB)

📖 *Erfolgreich bewerben auf Englisch*
von Murray und Gröning
Langenscheidt
ISBN 3468299370

In Stellenanzeigen ist häufig die Rede von „verhandlungssicherem Englisch", zuweilen auch von Französisch, Spanisch oder Russisch. So mancher Bewerber kommt da ins Grübeln, was nämlich unter diesen Begriffen genau zu verstehen ist. Reicht es aus, sich in der fremden Sprache geläufig über Begebenheiten des Alltags unterhalten zu können? Oder muss man wirklich so gewandt sein, dass man die Strategie seines Gesprächspartners bis ins Letzte durchschaut und mühelos in der fremden Zunge antworten kann?

Perfekte oder verhandlungssichere Fremdsprachenkenntnisse sind im Grunde nicht ohne genaue Kenntnis der Kultur und des Arbeitslebens des jeweiligen Landes zu gewinnen. Bewerber sollten also einen längeren (beruflichen) Aufenthalt im Ausland nachweisen können. Wer das nicht kann, sich aber im Allgemeinen problemlos verständigen kann, spricht die Sprache gut oder fließend – aber eben nicht verhandlungssicher.

Wenig Sinn hat es, sich dennoch zu bewerben und zu hoffen, man käme damit durch. Denn heute muss man in allen großen Unternehmen und Kanzleien immer damit rechnen, dass neben dem deutschen Personaler auch ein Kollege aus der Muttergesellschaft oder aus der europäischen Zentrale sitzt. Oder dass ein nach Deutschland entsandter Ausländer das Einstellungsgespräch führt. Der entlarvt Bluffer natürlich sofort.

Wer sich bei der deutschen Tochtergesellschaft eines ausländischen Konzerns bewirbt, sollte seinen Lebenslauf auch in der Konzernsprache – meist Englisch – mitschicken. Wer das noch toppen will, liefert auch noch eine dritte Fassung in der Sprache der Konzernheimat in Französisch oder Spanisch. Das macht es dem Personaler einfach, den CV seinem Kollegen, der vielleicht auch ein Wörtchen mitzureden hat, in die Zentrale zu senden. Und bei der Übersetzung kann man sich schließlich von Sprachkundigen helfen lassen – allerdings sollte man in einem späteren Gespräch nicht so tun, als sei man dem mächtig gewesen. Sprachbluffer fliegen fast immer auf.

Auch bei der Angabe des Sprachniveaus sollte man ein paar Worte mehr als üblich verlieren. Dadurch gewinnt die Angabe an Aussagekraft und der Bewerber wirkt ehrlich. Statt Grundkenntnisse, unter denen jeder etwas anderes versteht, sollte man präzisieren: Schulkenntnisse, seither nicht mehr gebraucht. Oder: Schulkenntnisse, ein Jahr Auslandsaufenthalt. Schließlich geht es ja nicht nur um ein möglichst genaues Bild, das sich der Empfänger der Bewerbung vom Kandidaten machen will, sondern auch um die Zwischentöne. Spätestens im Vorstellungsgespräch merkt der Personaler dann doch, ob hier jemand blufft oder – das gibt es auch – vermeintlich charmant untertrieben hat. Wer seine Fremdsprachenkenntnisse als gut bezeichnet und dann wie ein Muttersprachler daherkommt, wirkt nämlich auch unehrlich.

4.2.14 Bewerbungs-Schwindler

Die Bewerbungsmappe des Bewerbers machte einen tadellosen Eindruck. Der Jurist bewarb sich um eine leitende Position im mittleren Management, er hatte das richtige Alter, die erforderlichen Qualifikationen, und auch die Berufserfahrungen passten ins Profil. Die Hobbys Golf und Tennis zeugten von Statusbewusstsein – doch an dieser Stelle stutze der Personalchef. Ein passionierter Tennisspieler, dem das Dienstzeugnis der Bundeswehr gleichzeitig bescheinigte, dass er körperlich nur begrenzt leistungsfähig war? Der Bewerber wollte sich perfekt präsentieren, eine kleine Schwäche vertuschen – und tappte prompt in die Widerspruchsfalle.

Die Deutschen sind im internationalen Vergleich offensichtlich Weltmeister im Schummeln, fand die deutsche Niederlassung der britischen *Control Risks Group* heraus. Rund zwölf Prozent der Bewerber machen danach falsche Angaben über ihren beruflichen Werdegang.

Die Bewerbung als Lizenz zum Lügen? Angesichts der Arbeitsmarktkrise empfinden viele Bewerber die Schummelei als Kavaliersdelikt. Jedes Unternehmen nimmt für sich in Anspruch, nur die besten Mitarbeiter einzustellen.

Das Anforderungsprofil in Stellenanzeigen erfüllen aber nur die wenigsten Bewerber. Also werden für den Schönheitswettbewerb kleinere Operationen vorgenommen – hier und da auch mal tiefere Einschnitte.

Bei welchen Themen wird nicht die Wahrheit gesagt? (in Prozent)

Daten zur Beschäftigung	30
Qualifikationen	18
Gehalt	13
Daten zum Lebenslauf	11
Daten zur Ausbildung	10
Verhältnis zu Ex-Arbeitgeber	6
Position	4
Angaben zu Vermögensverhältnissen	2
Führungsverantwortung	1
Sonstiges	4

(Quelle: Control Risks Group, www.crg.com)

Die häufig bemängelte Marotte, für jeden Kurs und jeden Job eine Bescheinigung zu verlangen, erweist sich im Personalalltag als nützlich. Aber auch auf Zeugniskopien ist im medialen Zeitalter kein Verlass mehr. Mit den technischen Möglichkeiten wächst auch die Tendenz zum Tricksen. Im Internet finden sich Firmenlogos für Briefkopf und Zeugnisvorlagen. Auch wer die zuständigen Entscheidungsträger sein könnten, lässt sich leicht recherchieren. Mit Scanner, Grafikprogramm und Fantasie entsteht die ideale Bewerbung im Baukastensystem.

Je weniger Papier im Spiel ist, desto leichter ist die Manipulation. Einige Firmen verlangen daher inzwischen im Vorstellungsgespräch ganz traditionell von jedem das Original.

Personaler stecken in einer Zwickmühle. In Zeiten, in denen Unternehmen ihre Belegschaft verkleinern, müssen immer weniger Beschäftigte immer größere Stapel mit eingehenden Bewerbungen durcharbeiten. Für Firmen, die auf Nummer Sicher gehen wollen, bieten Detekteien ihre Dienstleistungen an. Zuerst prüfen sie die Bewerbungsunterlagen auf Herz und Nieren. Wenn sich Lücken oder Unstimmigkeiten ergeben, folgt die Ermittlung. Dazu muss der Bewerber allerdings zuerst seine Zustimmung geben. Denn auch Detektive sind an Persönlichkeitsrechte und Datenschutz gebunden. Schließlich rücken die Bewerber im Lebenslauf ihre Daten freiwillig heraus, und der künftige Arbeitgeber darf ohne Zustimmung davon keinen weiteren Gebrauch machen. Alle Details, die von der Detektei ans Tageslicht gefördert werden, können dann im Vorstellungsgespräch thematisiert werden.

Der Vorteil für das Unternehmen ist ein gläserner Bewerber ohne unentdeckte Schattenseiten. Der Nachteil ist die geschrumpfte Anzahl möglicher Aspiranten. Die Erfahrung hat gezeigt, dass viele Bewerber einen Rückzug machen, wenn sie erfahren, dass ein Detektiv eingeschaltet wird.

Immerhin zeigt sich bei der Hälfte der Bewerbungen nach eingehender Untersuchung, dass getrickst oder schön gefärbt wurde.

Bei *Urkundenfälschung* hört der Spaß auf. Die betroffenen Firmen reagieren zu Recht allergisch und erstatten Strafantrag. Denn wer seinen Lebenslauf schönt, der hat es meist nötig.

Noch eins: Legt ein Bewerber seinem späteren Arbeitgeber gefälschte Zeugnisse vor und erweist sich dann, dass er für die vorgesehene Aufgabe ungeeignet ist, muss er nach seiner Entlassung auch noch *Schadensersatz* (wegen Anstellungsbetrugs) leisten (LAG Köln, Az: 11 Sa 1511/99).

4.3 Online-Bewerbung

Während der normale Rekrutierungs-Prozess über die Zeitungsannonce durchschnittlich 90 Tage dauert, ist die Personalsuche per Internet in der Regel in einer bis vier Wochen erledigt. Denn im Web ist ein direkter Abgleich zwischen den Anforderungen des Arbeitgebers und der Qualifikation der Bewerber möglich (*Profil-Matching*).

Mit der Online-Bewerbung zeigen Sie dem angeschriebenen Unternehmen gleichzeitig, dass Sie Internet-Kompetenz haben. Sollte ein Unternehmen dann doch eine normale Mappe aus Papier haben wollen, so ist dies kein Problem: Sie können davon genügend auf Vorrat halten, um sie den wenigen Firmen zukommen zu lassen, wo es wirklich Sinn macht.

Auch wenn Sie Ihren Schwerpunkt konsequent auf die Online-Bewerbung legen, sollten Sie übrigens auf jeden Fall zunächst eine Bewerbungsmappe aus Papier anlegen: So stellen Sie nämlich fest, welche Unterlagen Sie brauchen. Ein vergessenes Zeugnis fällt online nämlich genauso auf wie auf Papier und könnte unnötigerweise den Eindruck erwecken, Sie hätten etwas zu verbergen.

Außerdem sollten Sie zur Einladung zu einem Vorstellungsgespräch stets noch eine „Papiermappe" mitbringen, die Sie auf Verlangen parat haben. Sind Sie im Bewerbungsprozess bereits so weit fortgeschritten, so lohnt sich der Aufwand und oft werden die Unterlagen ohnehin für die Akten benötigt.

90 Prozent der Online-Bewerbungen lassen in Bezug auf Qualität, Aufbau und Aussagekraft allerdings sehr zu wünschen übrig und sind somit nicht verwertbar.

Daher nachfolgende Hinweise, die Sie unbedingt beachten sollten.

Das Anschreiben tippen Sie im Klartext direkt in die Email. Bitte keine HTML- oder RTF- oder anderweitig formatierten Mails, von denen Sie nicht wissen, wie sie je nach Email-Programm beim Empfänger dargestellt werden – nur normalen ASCII-Text. Wollen Sie ganz sicher gehen, können Sie auch noch die Umlaute vermeiden. Wenn diese wirklich einmal als Sonderzeichen ankommen, wird die Email deshalb aber nicht unlesbar, und in den restlichen 90 Prozent der Fälle sieht es mit Umlauten einfach besser aus.

Smileys oder sonst bei Emails übliche flapsige Bemerkungen haben in einem Bewerbungsschreiben ebenso wenig verloren wie launige *Taglines*. Sie schreiben genauso förmlich „Sehr geehrte..." und „Mit freundlichen Grüßen", wie Sie es auch bei einer Bewerbung auf Papier tun würden. Ihre Adresse können Sie statt an den Anfang des Textes allerdings auch nach den „freundlichen Grüßen" im *Footer* der Email bringen, so wie es bei Emails üblich ist. So kommen Sie im Anschreiben schneller auf den Punkt.

Schreiben Sie gezielt an jemanden in der Personalabteilung oder an eine dafür vorgesehene Adresse – beispielsweise wie in einem Inserat angegeben. Nicht an Adressen wie *info@firma.de* schreiben, außer, Sie wollen tatsächlich nur Informationsmaterial als Vorbereitung auf die Bewerbung oder ein Vorstellungsgespräch anfordern.

Und schreiben Sie auch nicht an irgendwen in Ihrer Wunschabteilung mit der Bitte um Weitergabe, wenn er nicht tatsächlich für die Einstellung neuer Mitarbeiter zuständig ist. Auch wenn Sie einen Freund in dieser Abteilung haben, klären Sie, ob Sie die Bewerbung wirklich ihm zur Weiterleitung schicken oder ihn besser nur im Anschreiben als Referenz angeben. Je nach Firmenkultur schaut die ganze Sache sonst vielleicht nach „Vetternwirtschaft" aus, anderswo könnte Ihr Freund dagegen sogar ein „Kopfgeld" für Ihre Anwerbung bekommen.

Behalten sie immer Ihre Zielperson im Auge und machen Sie es ihr so einfach wie möglich. Der beste Weg: Fragen Sie vorher nach, ob Online-Bewerbungen erwünscht sind. Denn viele Personalabteilungen haben gar keine Internet-Kompetenz.

Halten Sie Ihre Email kurz, sehr kurz. Stellen Sie sich einen sehr beschäftigten Personalmanager vor, der ca. 50 bis 100 Emails am Tag (manchmal mehr) bekommt, die alle von sich behaupten, sie seien so ungeheuer wichtig. Der Personalmanager wird sich daher nur wenig Zeit nehmen. Kopieren Sie in keinem Falle Ihren kompletten Lebenslauf in die Email. Eine Email, die über zwei DIN-A4 Seiten geht, fliegt nach zehn Sekunden in den Papierkorb (des Computers, versteht sich).

Stellen Sie sich vor, dass Sie nur eine Minute Zeit bekommen um Ihre Qualifikationen darzustellen.

Emaillen ist gut, jedoch ist es unbedingt erforderlich nach zwei bis drei Tagen nachzufassen – und zwar persönlich per Telefon. Fragen Sie, ob Ihre Email auch empfangen wurde, ob der Link funktioniert hat und was denn der Status sei bzw. wann Sie mit einer Entscheidung rechnen können. Sie wollen ja schließlich, dass sich Ihr Name im Gedächtnis vom Personalmanager verankert. Außerdem ist es professionelles Verhalten. Der letzte Schritt im Management-Prozess ist die Kontrolle. Da Sie ein professioneller Bewerber sind, möchten Sie diesem Schritt genüge tun. Jedoch: Rufen Sie nicht dreimal an. Dann wird es für denjenigen am anderen Ende nämlich lästig.

Bitte fügen Sie Ihrer Email keine Dateianhänge (*File-Attaches*) bei, ob Word (DOC), GIF, Zip, PDF oder was auch immer. Sie wissen nicht, ob Ihr Gegenüber überhaupt die passende Software hat, um den Anhang zu öffnen, außerdem könnte er z.B. bei Word-Dateien ja auch Viren enthalten, und schließlich kosten Anhänge einerseits Downloadzeit und Festplattenplatz, andererseits auch die Zeit des Empfängers, weil er sie erstmal öffnen muss, um festzustellen, was sie enthalten. Stattdessen können Sie im Anschreiben den Link zu Ihrer Bewerbungssite mit Usernamen und Passwort benennen.

Wenn es besonders schnell gehen soll oder das Unternehmen auch Zeugnisse und Diplome auf dem Datenhighway anfordert, achten sie darauf, dass das Gesamtdokument 500 Kbyte nicht übersteigt. Das sind etwa 20 Seiten und ist von der Ladezeit gerade noch erträglich – obwohl das mit zunehmenden Verbindungsgeschwindigkeiten die langsam aber sicher zum Standard werden, in der nahen Zukunft nicht mehr gelten wird.

Falls Sie nun Ihr Schreiben nicht bereits entworfen haben, achten Sie darauf, dass Sie alle Ihnen bekannten Sachverhalte berücksichtigen und strukturiert in Ihren Brief einfließen lassen. Ihre Bewerbung sollte enthalten, auf welche Stelle Sie sich bewerben, wo und wann Sie von der Stellenausschreibung erfahren haben, Ihre komplette Anschrift möglichst inklusive Telefonnummer und Email-Adresse.

Da auch Sie erwarten, schnell eine Antwort zu bekommen, sollten Sie dem Empfänger hierzu die Möglichkeit geben. Sollten Sie bislang keine eigene Email-Adresse haben, um Antworten zu empfangen, richten Sie sich eine Adresse ein. Bei diversen Anbietern können Sie kostenlos Ihre eigene Email-Adresse eintragen.

Denken Sie jedoch daran, diesen Briefkasten auch regelmäßig auf Eingänge zu prüfen.

Mehr als die Hälfte der deutschen Großunternehmen, die Online-Bewerbungen akzeptieren, haben auf ihrer Homepage ein Web-Formular eingerichtet. Wie eine Studie von *monster.de* und der *Universität Frankfurt* ergeben hat, ignorieren jedoch 60 Prozent der Online-Bewerber das Kontaktformular und senden ihre Bewerbungsunterlagen per Email.

Tipp: Den potenziellen Arbeitgeber nicht mit Daten-Wust verärgern.

Kostenloses Programm zum Erstellen einer Bewerbungs-Homepage unter:

www.job-office.com/primus.

📖 *Erfolgreich bewerben im Internet*
von Metzger / Funk / Post
Falken Verlag
ISBN: 3806828555

4.4 Telefonbewerbung

Ganz wichtig kann die Telefonbewerbung sein. Der Aspekt, einen Adressaten für eine schriftliche Bewerbung zu erfragen und vorab einen bleibenden Eindruck bei ihm zu hinterlassen, ist nur ein Vorteil von vielen. In einem solchen Gespräch kann der Bewerber herausfinden, ob und welche Stellen zu besetzen sind, wie das Unternehmen tickt, welche Qualifikationen er mitbringen und in seiner schriftlichen Bewerbung betonen sollte.

Ein Entrée, das nur zehn Prozent aller Bewerber nutzen. Viel zu viele verschenken die Möglichkeit, hier gleich zum ersten Mal ihre *Soft Skills* zu beweisen.

Ohne gründliche Vorbereitung sollte aber niemand zum Hörer greifen – schließlich ist schon der Anruf eine Bewerbung. Bereiten Sie sich also auf das Telefonat mit dem Personalentscheider sorgsam und anhand konkreter Fragen vor.

Für die Erlangung allgemeiner Informationen über das Unternehmen ist es ratsamer, sich anhand der üblichen Quellen wie z.B. das Internet und einschlägige Fachzeitschriften zu informieren.

Wichtig ist, dass Sie mögliche Hindernisse im Gespräch voraussehen und Antworten überlegen – zum Beispiel einen Ausweichtermin anbieten, wenn der Personaler keine Zeit hat oder genervt ist.

Stellen Sie sicher, dass Sie nicht gestört werden durch Handy, Familie oder Hunde.

Halten Sie Ihre Lebenslaufdaten, weitere Qualifikationen und Wünsche parat, falls das Telefonat gleich zum Bewerbungsgespräch mutiert.

Sie sollten am Besten im Stehen telefonieren, beim Sprechen lächeln und nur an Wohlfühl-Tagen loslegen.

Nennen Sie klar und deutlich Ihren Namen und dann kurz Ihr Anliegen.

Entschuldigen Sie sich für die Störung und fragen Sie, ob Ihr Gesprächspartner ein paar Minuten Zeit hat. Falls nötig, fragen Sie nach einem Ausweichtermin. Beginnen Sie dann mit dem Gespräch.

Fingerspitzengefühl brauchen Jobjäger schon deshalb, weil sie unaufgefordert anrufen und den Gesprächspartner aus der Arbeit reißen. Eine höfliche Anfrage, ob es dem Personaler gerade passt, ist also Pflicht. Und weil sich niemand gerne von langatmigen Erklärungen und banalen Fragen die Zeit stehlen lässt, sollten Bewerber ihr Anliegen kurz und präzise vorbringen. Stellen Sie in drei, vier Sätzen Ihre Kernkompetenzen dar. Neutral, ohne Bewertung, aber immer durch die Unternehmensbrille.

Verabschieden Sie sich freundlich – auch wenn das Gespräch nicht wie gewünscht gelaufen ist. Immerhin hat Ihnen Ihr Gesprächspartner seine Zeit geschenkt. Und man begegnet sich im Leben immer zweimal.

Humor und Begeisterung dagegen werden gerne gehört: Sie müssen nicht perfekt sein. Sie wirken nicht kompetenter, nur weil Sie bierernst oder abgeklärt sind. Seien Sie einfach Sie selbst, aber zeigen Sie engagiertes Interesse für das Unternehmen.

Neben guter Vorbereitung müssen Telefonbewerber Ausdauer mitbringen, denn nicht jede Telefonbewerbung verläuft nach Plan. Und die nachgeschobene schriftliche (gute) Bewerbung kann notfalls einen peinlichen Ausrutscher am Telefon ausbügeln.

4.5 Antwort auf Bewerbungsschreiben

Zitternde Finger reißen den Umschlag auf. Ist das die ersehnte Einladung zum Vorstellungsgespräch? Immerhin – die Bewerbungsmappe haben sie nicht zurückgeschickt. Ein gutes Zeichen. Schnell den Brief überfliegen. Oh verdammt, nicht schon wieder: ... müssen wir Ihnen leider mitteilen, dass wir zurzeit keine für Sie geeignete Position ...".

Auch wenn Absagen für Bewerber frustrierend sind: Der Bescheid sollte jetzt auf keinen Fall im Mülleimer landen. Denn Absagen können – so absurd das klingt – der Schlüssel zur Stelle sein. Vorausgesetzt, man liest sie bis zum Ende.

Oft genug signalisieren Unternehmen einem interessanten Bewerber: Wir haben zwar momentan keinen Job für Sie, würden Sie aber gerne kennen lernen, sobald sich die Stellensituation ändert. Etwa, wenn in ein paar Monaten ein neuer Geschäftsbereich aufgebaut werden soll. Eine momentane Absage sollte man nicht als Niederlage, sondern als Teilerfolg sehen. Wenn ein Unternehmen so etwas ausdrücklich sagt, ist das ein Kompliment, und das sollte man als Brücke in die Zukunft nutzen.

Viele Unternehmen bewahren viel versprechende Unterlagen auf. Es kommt vor, dass Kandidaten die Probezeit nicht überstehen. Und dann greift man gerne auf die zweite Wahl zurück. Aber nur, wenn die abgelehnten Bewerber sich nicht in die Schmollecke zurückziehen. Jetzt heißt es: dranbleiben, Interesse zeigen, Kontakte pflegen.

Am besten sind die Chancen bei denen, die sich immer mal wieder bei den Unternehmen, bei denen Sie im Bewerberpool aufgenommen wurden, melden. Dann bleibt der Name einfach hängen.

Es kommt aber auf die richtige Dosierung an, denn wer alle zwei Wochen nachfragt, wann denn endlich eine Stelle frei wird, macht sich bei Personalern nicht beliebt. Es wird stattdessen empfohlen, sich in etwa halbjährlichen Abständen mit einem Hallo-ich-bin-immer-noch-an-einer-Stelle-interessiert-Anruf in Erinnerung zu bringen – aber bitte auf eine unaufdringliche Art.

Aber was, wenn in der Absage nirgendwo die Rede ist von „erneut bewerben" oder „Unterlagen behalten"? Schlaue Stellensucher lernen aus einer Abfuhr für die nächste Bewerbung. Wenn Sie zum Vorstellungsgespräch eingeladen waren, dann fragen Sie telefonisch nach, insistieren Sie, lassen Sie sich nicht mit netten Worten abspeisen.

Doch von den meisten abgelehnten Bewerbern hören die Unternehmen nach dem Vorstellungsgespräch nie wieder etwas. Eine nicht repräsentative Statistik besagt, dass von acht eingeladenen Bewerbern hinterher höchstens einer anruft. Die anderen schleichen beleidigt vom Hof. Schade eigentlich, aber genau das macht doch Sozialkompetenz aus. Es werden Leute gebraucht, die sich auch mal den Spiegel vorhalten lassen.

Es kann aber auch passieren, dass Sie auf Ihre Bewerbung keine Antwort erhalten. Dies ist vor allem bei kleineren Unternehmen und Kanzleien der Fall, die nicht selten aus Kostengründen dazu übergegangen sind, auf Zwischenbescheide oder abschlägige Beantwortungen zu verzichten.

Es kann also vorkommen, dass Sie als Bewerber einige Wochen oder gar Monate nicht mehr von dem angeschriebenen Unternehmen hören. Das muss selbstverständlich nichts heißen, es kann Ihnen aber die Gelegenheit geben, sich durch Nachfragen noch einmal in Erinnerung zu bringen.

4.6   Vorstellungsgespräch

Stellen Sie sich vor, Sie werden zu einem Gespräch eingeladen. Dies ist ein schöner Erfolg, und darüber soll man sich zunächst einmal freuen. Danach geht es an die Vorbereitung. Was kann ich? Was will ich? Mit wem habe ich es vermutlich zu tun? Um diese Kernfragen dreht sich jedes Vorstellungsgespräch.

4.6.1   Pünktlichkeit

Studien zufolge sind 80 Prozent aller Bewerber – für den Einstieg in ein Unternehmen als Hochschulabsolvent – meist eine halbe Stunde vor dem Vorstellungsgespräch an dessen Ort. Gehören auch Sie dazu, denn nichts ist schlimmer, als zu einem Vorstellungsgespräch zu spät zu kommen, aus welchem Grunde auch immer. Der Personalchef „muss" ja davon ausgehen, dass Sie in diesem Fall die falschen Prioritäten gesetzt haben.

Aber auch wenn Sie sonst immer alles auf den letzten Drücker machen – am Tag des Vorstellungsgesprächs sollten Sie unnötige Hektik vermeiden. Denn wenn Sie erst noch panisch Ihre rote Lieblingsbluse suchen und sie in der Waschmaschine finden, die Einladung mit der Wegbeschreibung verlegen und dann auch noch den Bus verpassen, kommen Sie völlig abgehetzt zu Ihrem wichtigen Termin.

Bei der Ankunft in dem Unternehmen / der Kanzlei ist darauf zu achten, dass man seine ganze Freundlichkeit nicht nur dem Chef reserviert, sondern auch zum Personal höflich ist. Nach 90 Prozent aller Bewerbungsgespräche wird die Sekretärin um ihre Meinung zu dem Kandidaten gefragt. Ein aufgesetztes Verhalten bringt Sie keinen Schritt nach vorn, Natürlichkeit ist das oberste Gebot.

4.6.2   Kleidung, Haarschnitt, Schmuck

Zum Glück sind die Zeiten vorbei, in denen Frauen im dunkelblauen Kostüm und Männer im schwarzen Einreiher zum Vorstellungsgespräch gehen mussten. Trotzdem ist es nicht egal, was Sie anziehen. Angemessen ist eine „gepflegte Erscheinung". Die oberste Regel lautet: Sie müssen sich in den Sachen wohlfühlen. Verzichten Sie lieber auf neue Schuhe, in denen Sie sich bereits auf dem Hinweg eine riesige Blase laufen, so dass Sie dann mit schmerzverzerrtem Gesicht beim Gespräch sitzen. Auch ständiges Baucheinziehen im figurbetonten Rock führt eher zu verkrampfter Körperhaltung als zu einem selbstbewussten Auftritt.

Wenn Sie die Anzeige aufmerksam gelesen haben, wenn Sie sich per Internet oder Firmenprospekt über das Unternehmen, bei dem Sie sich bewerben, genauer informiert haben, dann erkennen Sie bereits einen Stil des Unternehmens.

Dieser Stil lässt in Grenzen schon erahnen, ob es eine eher konservative oder locker-legere Firma ist. Betonung liegt auf „erahnen".

Als weiteres Indiz haben Sie die Branche: Werbeagenturen sind bekannt dafür, dass sie kreativ-locker sind, können also eher Jeans vertragen als eine konservativere Bank. Aber Achtung: Es kommt natürlich auch darauf an, für welche Position Sie sich bewerben. So sieht es in Wirtschaftsunternehmen und Anwaltskanzleien sehr viel konservativer aus.

Vielleicht möchten Sie Ihre Bewerbungsmappe persönlich in der Firma abgeben. Dann können Sie unter Umständen einen Blick auf die Mitarbeiter erhaschen. Wenn Sie am frühen Morgen, bei Arbeitsbeginn oder gegen Mittag vorbeikommen, sehen Sie Mitarbeiter raus- und reingehen.

Es gibt also durchaus die Möglichkeit, sich vorher ein bisschen umzusehen und zu informieren, um nicht völlig blind in den Schrank zu greifen.

Wenn Sie sich tagein, tagaus sportlich kleiden, werden Sie sich in einem Anzug mit Krawatte oder im Kostüm seltsam vorkommen. Wenn Sie immer flache Halbschuhe tragen, werden Sie ein Problem haben, mit fünf Zentimeter hohen Pumps herumzustöckeln. Ihre Kleidung muss Ihre Mission unterstützen!

Ziehen Sie sich unbedingt ordentlich an. Ordentlich heißt schlicht und ergreifend: Ihr Hemd oder Ihre Bluse ist nicht von Knitterfalten übersät. Ihre Kleidung ist geordnet, das heißt, es hängt nichts labberig und unordentlich an Ihnen rum (außer natürlich Sie tragen Ihre Bluse mit Absicht über der Hose).

Tragen Sie saubere Kleidung. Es sollte selbstverständlich sein, dass nicht Ihr Mittagessen am Hemd klebt und Kaffeeflecken auf der Hose sind. Ausnahme ist, dass Sie kurz vor dem Gespräch in einem Café waren und das Schreckliche passiert ist: Sie haben sich den Kaffee übers Hemd gekippt und hatten keine Zeit mehr, sich umzuziehen, etwas Neues zu kaufen. Dann hilft nur Offensive.

Wenn Sie im Stil nicht sicher sind, gilt der goldene Mittelweg. Es gibt immer einen Goldenen Mittelweg. Der sportliche Typ kann durchaus in einer schönen schwarzen Jeans, Hemd und Sakko kommen, wird sich wohl fühlen, weil er seinen legeren Stil behält, sieht trotzdem gut, modern und schick aus.

Eine Frau, die immer nur Hosen trägt und sich im Rock seltsam vorkommt, kann ebenfalls kombinieren oder statt eines Kostüms einen Hosenanzug wählen.

Kurz: *dressed for success* sind Sie dann, wenn Ihre Kleidung gut zu Ihnen passt.

In der Nase trägt die Frau ein Glitzersteinchen oder ein Piercing, ein Mann hat lange Haare, ein anderer junger Mann trägt Glatze und fürchtet, dass das nicht gut ankommt ... die Fragen und Unsicherheiten zu Frisuren, Tattoos, Piercings etc. sind endlos. Wie wirkt sich „das" auf Ihre Bewerbung aus? Besser erst mal verstecken?

Getrickst werden kann ja mal schnell: Da überlegt sich der junge Mann mit Glatze, dass er sich für das Bewerbungsfoto zumindest ein paar Millimeter Haare wachsen lässt. Der überzeugte Drei-Tage-Bart-Träger rasiert den Bart fürs Foto ab. Und das Piercing wird raus genommen.

Fragen Sie sich daher also immer: Wie wichtig ist mir das (Tattoo, Piercing, etc.) – wie sehr gehört es zu mir und wie wichtig ist es mir, so auch zur Arbeit gehen zu können?

Doch respektieren Sie es auch, wenn ein Unternehmen ein bestimmtes Aussehen nicht gut findet und es für manche ein Absagegrund ist. Insbesondere wird man in Anwaltskanzleien, da man dem Mandanten und dem Gericht Seriosität vorgibt, dafür keine Akzeptanz finden.

   Stilvoll zum Erfolg
   Der moderne Business-Knigge
   von Bonneau
   Verlag Hoffmann und Kampe

   Das perfekte Business-Outfit
   Ein Leitfaden durch die Welt der Unternehmen
   von Ruppert
   Verlag Moderne Industrie/Redline Wirtschaft

   Der Gentlemen
   von Rotzel
   Könemann in der Tandem Verlags-GmbH

4.6.3   Schreibutensilien, Unterlagen

Nehmen Sie ausreichend Schreibutensilien mit. Darunter fallen mindestens ein Kugelschreiber (falls einer mal nicht funktioniert) und ein Schreibblock für wichtige Notizen.

Unter Umständen müssen Sie nochmals Ihre Bewerbungsunterlagen, d.h. die Originale (Zeugnisse) mitbringen und vorlegen.

Wer aber zu einem Vorstellungsgespräch ohne Unterlagen erscheint, vermittelt den Eindruck eines Uninteressierten oder ahnungslosen Anfängers. Der Gesprächspartner erwartet in der Hand des Bewerbers eine Art Akte oder den Vorgang der Bewerbung. Dazu zählen u.a. Materialien über das Unternehmen oder der Kanzlei, die Sie recherchiert haben (Anzeigenausschnitte, Prospekte, Broschüren, usw.).

4.6.4   Firmeninformationen

Ganz wichtig ist es, zum Vorstellungstermin alle gängigen Firmeninformation gecheckt zu haben. Nichts ist peinlicher als nach allgemein zugänglichen Daten zu fragen. Der Personalchef wird, zu Recht, meinen, dass Sie sich für diesen wichtigen Termin nicht vorbereitet haben und wird Ihnen mit dem gleichen Maß an Ignoranz entgegentreten.

Sie möchten sich bei einer Firma bewerben und brauchen vorab aber weitere Informationen, um sich ein genaueres Bild vom Unternehmen zu machen, Ihre Bewerbung individuell zu gestalten oder sich optimal aufs Vorstellungsgespräch vorzubereiten.

Hier einige Tipps für Sie, wie Sie an Informationen kommen können:

- Internet / Suchmaschinen / Unternehmenshomepage
- Branchendienste
- Berufsverbände
- Adress-Datenbanken & Firmenverzeichnisse
- Firma anrufen
- Fachzeitschriften
- Fachmessen

Nach dem Motto *Who is who* in der deutschen Wirtschaft bietet das u.g. Firmenlexikon eine Fülle von wichtigen, bewerbungsrelevanten Firmenfakten. Darüber hinaus werden dem Leser umfangreiche und nach Fachrichtungen gegliederte Stellen-, Praktika- und Diplomarbeitsregister zum schnellen Auffinden von Unternehmen geboten.

📖 *Das Firmen-Lexikon*
Ein Leitfaden durch die Welt der Unternehmen
Kontakt-Verlag
Zu bestellen unter: www.kontakt-verlag.de

4.6.5   Anreise, Übernachtung

Bewerben Sie sich bei einem Unternehmen, das weiter weg beheimatet ist, und müssen Sie daher eine längere Anreise in Kauf nehmen, sollten Sie gegebenenfalls am Ort in einem Hotel übernachten, damit Sie morgens ausgeruht zum Vorstellungsgespräch erscheinen können.

Keineswegs aber sollten Sie eine mehrstündige Autofahrt in Kauf nehmen, womöglich noch mit diversen Staugefahren. Dadurch kommen Sie eventuell nicht nur zu spät zum Termin, Sie sind auch völlig genervt und können sich nicht auf das Wesentliche konzentrieren, nämlich das Vorstellungstermin als Sprungbrett zu Ihrer Karriere.

Wer aber muss die Kosten für die Reise und die Übernachtung zahlen?

Wenn in der Einladung zum Vorstellungsgespräch nichts anderes steht, muss der einladende Arbeitgeber für angemessene Kosten aufkommen. Die Firmen müssen in diesem Fall für die Anreise und – falls notwendig – auch für die Übernachtung aufkommen, so § 670 BGB. Wer zum Vorstellungsgespräch fliegt oder in der Bahn die Erste Klasse benutzt, sollte dies mit dem Unternehmen vorher abstimmen. Die Richter des Arbeitsgerichts Frankfurt (Az.: 7 Ca 6251/02) sprachen einem erfolglosen Stellenbewerber 120 EUR Benzinkosten zu.

Firmen können die Kostenübernahme allerdings auch ausdrücklich ausschließen – und genau dies geschieht häufig. Der Bewerber bleibt somit auf seinen Kosten sitzen. Das ist zwar knauserig und für die Firma nicht gerade eine gute Werbung, rechtlich kann man hiergegen aber nicht vorgehen. Ein kleiner Trost bleibt dennoch: Diese Kosten können Sie von der Steuer absetzen.

Anders ist es bei Arbeitslosen und bei Arbeitnehmern, die bereits ihre Kündigung erhalten haben. In diesen Fällen kommt die Arbeitsbehörde nämlich – falls das notwendig wird und die einladende Firma nicht zahlt – sowohl für die Fahrt- als auch für die Übernachtungskosten auf. Über letzteres sollten sich Arbeitslose allerdings vorab mit ihrem zuständigen Vermittler beim Arbeitsamt verständigen.

Anträge auf Kostenübernahme müssen immer vor dem Vorstellungsgespräch gestellt werden. In aller Regel werden sie auch bewilligt, die Bedürftigkeit des Antragstellers wird dabei nicht geprüft. Auch wer ein hohes Arbeitslosengeld erhält, kann gefördert werden. Wie gesagt, es handelt sich hierbei um Kann-Leistungen.

Grundsätzlich muss belegt werden, dass die einladende Firma die Kosten nicht trägt. Das steht oft bereits im Schreiben, mit dem die Firma einlädt. Andernfalls sollte man es sich nach dem Vorstellungsgespräch formlos bestätigen lassen.

Wer direkt nach dem Hochschulstudium oder nach einer Schulausbildung arbeitslos wird, hat in aller Regel keinen Anspruch auf Arbeitslosengeld. Doch auch in diesen Fällen kommt das Arbeitsamt für Reise- und Übernachtungskosten im Zusammenhang mit Vorstellungsgesprächen auf. Der Weg zum Arbeitsamt lohnt sich also auch dann, wem das Amt keine „Stütze" zahlt (siehe hierzu auch die weiteren Ausführungen unter „Hartz IV").

Tipps zur steuerlichen Geltendmachung von Bewerbungs-, Fahrt-, Übernachtungs- und Verpflegungskosten finden Sie im Internet unter

- *www.steuerberatungs-hotline.de*
- *www.steuernetz.de*
- *www.finanztipp.de*

4.6.6 Körpersprache

Verschränkte Arme, hochgezogene Augenbraue, ständiges Beinübereinanderschlagen – Körpersprache und Mimik sagen bekanntlich mehr aus, als einem lieb ist. Aber was zeigen wir unserer Umwelt, indem wir die Hände ineinander falten oder uns am Kinn reiben? Es gibt unendlich viele Deutungen, und die Wahrheit liegt wohl wie so oft irgendwo dazwischen. Hier einige der häufigsten Gesten und ihre Interpretation – ohne Gewähr!

Bewegung	Deutung
Kopf senken	sich entschuldigen, unsicher, niedergeschlagen
direkter Blickkontakt	Sicherheit, Interesse, forsch, ehrlich
Blickkontakt wird vermieden	unsicher (vielleicht sogar lügen)
Stirn runzeln	zweifeln, Konzentration, Aufmerksamkeit
Oberkörper vorlehnen	interessiert
Oberkörper zurücklehnen	ablehnend, desinteressiert, selbstzufrieden
Arme vor der Brust verschränkt	skeptisch, desinteressiert, ablehnend
weite, offene Armbewegungen (Ellenbogen vom Körper weg)	sicher, überzeugt
verhaltene Armbewegungen (Ellenbogen am Körper)	unsicher, gehemmt
Hände ballen	zornig, entschlossen
Hände um Gegenstand (z.b. Stuhllehne)	verkrampft unsicher, verhalten
Hände in die Hüften gestemmt	entrüstet, zielstrebig, überheblich
Beine übereinanderschlagen zum Partner	an Kommunikation interessiert
Beine vom Partner weg	an Kommunikation nicht interessiert
Beine oft bewegen	unruhig, nervös

📖 *Körpersprache im Assessment-Center*
Sicher auftreten – souverän überzeugen
von Püttjer / Schnierda
Campus Verlag
ISBN: 3593366924

4.6.7   Gesprächsverlauf

Man darf sich als Bewerber auf alles gefasst machen: Von der Ermunterung zum Monolog über das strukturierte Interview bis zur anscheinend beiläufigen Plauderei.

Legen Sie sich folglich nichts zurecht, üben Sie nichts ein. Das gilt besonders für eventuelle Unstimmigkeiten oder Fehlschläge im Werdegang. Wer hier mit den Worten nicht fertig wird oder etwas beschönigt, wo es nichts zu beschönigen gibt, ist für jedes Unternehmen ein potentieller Risikofaktor.

Es kann weiterhin passieren, dass Ihr Gegenüber im Vorstellungsgespräch bis zu 80 Prozent der gesamten Zeit redet und Sie zuhören, freundlich zustimmend nicken und hin und wieder eine kluge, den Gesprächspartner bestätigende Bemerkung oder Frage fallenlassen. Es kann aber auch die umgekehrte Situation eintreten, nämlich dass der Gesprächspartner Ihnen mit gezielten Fragen „auf den Zahn fühlt" und Sie somit plaudern lässt.

Sollten Sie sich auf eine Stelle mit hauptsächlich juristischem Charakter beworben haben, so erwartet Sie in der Regel kein formaler Test Ihrer juristischen

Kenntnisse und Fähigkeiten. Stattdessen wird häufig in zunächst oberflächlich erscheinenden Gesprächen über juristische Zusammenhänge und aktuelle Sachverhalte aus der Rechtsprechung und den Medien gefachsimpelt. Selbstverständlich ist es wichtig, auch hier über ein solides juristisches Basiswissen zu verfügen und dies in der Argumentation und in der Diskussion in der Praxis anwenden zu können.

In international tätigen Unternehmen oder Wirtschaftskanzleien sollten Sie damit rechnen, zumindest einen Teil der Gesprächsführung in Englisch absolvieren zu müssen.

Ein Vorstellungsgespräch, das nach den Regeln der Kunst geführt wird, durchläuft verschiedene Phasen:

Aufwärmphase

Die Aufwärmphase besteht aus Begrüßung, Vorstellung und Reichung von Getränken.

Die Begrüßung soll dazu dienen, eine lockere und angenehme Gesprächsatmosphäre herzustellen und Ihnen die Nervosität zu nehmen. Reagieren Sie kurz und freundlich-positiv darauf. Beklagen Sie sich aber auf keinen Fall darüber, dass Sie schon sehr früh aufstehen mussten, um pünktlich zu sein.

Die ersten Sekunden des Gesprächs sind sehr wichtig. Gehen Sie daher offen auf Ihren Gesprächspartner zu, lächeln Sie und geben Sie ihm einen kräftigen Händedruck. Sollten mehrere Gesprächspartner zugegen sein, merken Sie sich ihre Namen, wenn sie Ihnen genannt werden, damit Sie Ihren Gesprächspartner richtig namentlich ansprechen können.

Bietet man Ihnen Getränke an, sollten Sie dankend annehmen. Alkohol und Zigaretten sind jedoch in jedem Fall tabu.

Informationen über den Arbeitgeber

Nun stellt sich Ihnen das Unternehmen vor, und Sie werden in aller Regel nochmals über das Anforderungsprofil der ausgeschriebenen Stelle informiert.

Das Abfassen von Notizen wirkt nicht gerade souverän und vor allem wenig belebend auf den Gesprächsverlauf.

Hören Sie aktiv zu und schauen Sie ihren Gesprächspartner direkt an.

Natürlich haben Sie selbst auch Fragen und selbstverständlich werden Sie diesbezüglich im Laufe des Gesprächs auch animiert. Bitte keine Liste mit vorformulierten Fragen herauskramen. Es geht um Ihre Zukunft und da erwartet man, dass Sie einiges im Kopf haben.

Interview

Nun beginnt das eigentliche Gespräch. Hierbei geht es um folgende Punkte: Fragen zur Ausbildung und beruflicher Erfahrung, zur fachlichen Eignung und Motivation für die Stelle, zur Motivation zur Bewerbung und Leistungsbereitschaft, zum persönlichem Hintergrund und Lebenslauf.

Die Fragen könnten etwa folgendermaßen aussehen:

Fragen des Personalchefs

- Warum haben Sie Jura studiert?
- Wo haben Sie sich noch beworben?
- Welches Buch haben Sie zuletzt gelesen?
- Weshalb sollten wir gerade Sie einstellen?
- Warum haben Sie nicht promoviert?
- Was wollen Sie in fünf Jahren erreicht haben?
- Welche persönlichen Stärken / Schwächen haben Sie?
- Warum hat Ihr Studium so lange gedauert?
- Warum haben Sie so schlechte Noten?
- Was halten Sie von Familie?

Fragen des Bewerbers

- Wird die Stelle neu geschaffen?
- Gibt es Weiterbildungsmöglichkeiten?
- Wie sind die Entwicklungsmöglichkeiten?
- Gibt es konkrete Zielsetzungen für diese Stelle?
- Wo bin ich hierachisch angesiedelt, wem bin ich untergeordnet?
- Welche Qualifikationen haben die zukünftigen Mitarbeiter?
- Gibt es ein spezielles Programm für die Zeit der Einarbeitung?
- Ist ein Auslandseinsatz denkbar?
- Wie sieht ein typischer Arbeitstag aus?
- Ist der Vertrag befristet?
- Tarifliche und außertarifliche Leistungen?
- Gibt es Betriebsvereinbarungen?
- Gibt es eine betriebliche Altersvorsorge?
- Gibt es zusätzliche Vergütungen (Weihnachts-, Urlaubsgeld, Erfolgs-beteiligungen, etc.?)
- Wie hoch sind die Bezüge?

Wichtig im Umgang mit unangenehmen Fragen ist, dass Sie sich darauf vorbereiten und sich anhand Ihrer Vorbereitungen und Taktiken Ihre Antworten zu Recht legen. Bleiben Sie daher immer gelassen.

In einem Vorstellungsgespräch darf der potentielle Arbeitgeber weiterhin nur solche Fragen stellen, die mit der zu besetzenden Position in Zusammenhang stehen. Daher gibt es einige Fragen, die unzulässig sind, etwa nach der Zugehörigkeit einer politischen Partei oder einer Religionsgemeinschaft, nach Schwangerschaft oder Familienplanung.

Wenn Sie also hier die Unwahrheit sagen, weil Sie befürchten sonst die Stelle nicht zu erhalten, wird das keinerlei Auswirkungen auf die Gültigkeit Ihres Arbeitsvertrages haben.

Abschlussphase

Es ist häufig üblich, am Ende des Gesprächs eine klare Verabredung über weitere Schritte zu treffen. Tabu sind selbstverständlich Fragen nach einer sofortigen Beurteilung Ihres Auftretens oder das Drängen nach einer schnellen Entscheidung. Beim Abschied bedanken Sie sich noch einmal für die Einladung und vergessen auch nicht, der Empfangsdame ein ehrliches „Auf Wiedersehen" zu wünschen.

Der Erfolg eines Vorstellungsgesprächs hängt vom selbstsicheren Auftreten ab, das behaupten zumindest die meisten Ratgeber. Stimmt das?

Es ist zwar in der Tat so, dass Menschen, die sich sehr positiv einschätzen, andere häufig beeindrucken. Doch empirische Untersuchungen zeigten, dass das oft nicht lange anhält. In verschiedenen Studien und Experimenten, die Bewerbungssituationen ähnelten, wurde festgestellt, dass positive Selbstbeschreibungen auch als übertrieben erlebt werden können. Qualifikationen werden im Bewerbungsgespräch kaum abgefragt, in der Regel gehen sie ja aus den schriftlichen Unterlagen hervor. Viel entscheidender ist der persönliche Eindruck. Denn wer attraktiv ist, hat statistisch gesehen einen gewissen Vorteil. Und Sympathien spielen eine wichtige Rolle, ob jemand als passend für die jeweilige Abteilung erlebt wird. Als Bewerber will man natürlich sowohl kompetent als auch sympathisch wirken. Aus Experimenten weiß man jedoch, dass das eine oft auf Kosten des anderen geht.

Natürlich muss man die eigenen Fähigkeiten deutlich herausstellen. Aber man sollte es nicht auf eine aggressive Art machen, in dem man beispielsweise andere abwertet. Es macht schließlich einen Unterschied, ob man sagt: „Ich kann das" oder ob man sagt: „Ich kann das und alle anderen sind Versager". Die meisten Firmen suchen keine Einzelkämpfer, sondern teamfähige Mitarbeiter. Und über Sympathie und Antipathie entscheidet vor allem das nonverbale Verhalten, also:

Wie gibt sich jemand bei der Begrüßung? Beim Verabschieden? Lächelt er?

Schaut er seinem Gegenüber während des Gesprächs in die Augen? Diese positive Selbstdarstellung kann man trainieren. Allerdings ist es nicht sinnvoll, das zu tun, nur um in einem Bewerbungsgespräch etwas vorzuspielen, was man nicht ist.

Möglicherweise bekommt man zwar den Job, besteht aber die Probezeit nicht oder wird am Arbeitsplatz nicht glücklich. Doch für Menschen, die sich nicht optimal präsentieren können, weil sie zu nervös sind oder einfach zu wenig Übung darin haben, kann ein Training durchaus nützlich sein. Mit Hilfe externer Beurteilungen können sie lernen, sich so darzustellen, wie es ihrer Person entspricht.

Doch bedenken Sie: Bei jedem Vorstellungsgespräch menschelt es. Und ob Sie den Job schließlich bekommen oder nicht, hat viel damit zu tun, ob die Chemie stimmt. Verhaltenspsychologen empfehlen einen einfachen Trick:

Nehmen Sie eine Sitzhaltung ein, die der des Gegenübers entspricht. Denn Menschen, die sich sympathisch sind, nehmen oft dieselbe „gespiegelte" Körperhaltung ein. Kommt Ihnen dies „spanisch" vor, probieren Sie es trotzdem.

Denn es bewahrt Sie davor, wie ein Häufchen Elend auf der Stuhlkante zu hocken, breitbeinig den Lässigen zu markieren oder aus lauter Nervosität mit den Füßen zu scharren oder sich am Ohrläppchen zu zupfen.

Darüber hinaus ist der Besuch eines Rhetorik-Seminars hervorragend geeignet, um sich mit den Fragestellungen „Wie wirke ich auf andere?" oder „Welche rhetorischen Fähigkeiten könnte ich verbessern?" zu beschäftigen. Der Bewerber bekommt hierdurch eine gewisse Übung im Gesprächsablauf und der freien Rede. Es gibt einige Anbieter, die spezielle Präsentationsseminare für Juristen anbieten. Schauen Sie dazu in die örtlichen *Gelben Seiten.*

📖 *Fangfragen im Vorstellungsgespräch*
  von Siewer
  Redline Verlag
  ISBN: 3478743303

4.6.8 Nachbereitung

In der Nachbereitung des Vorstellungsgesprächs sollten Sie die wesentlichen Inhalte in einem Gedächtnisprotokoll stichpunktartig festhalten:

- Ergebnisse notieren
- Offene Fragen für Folgegespräche
- Wo und in welcher Situation hat es gehapert?
- Hat mir irgendetwas gefehlt? (Nächstes Mal einpacken)
- Passt das, was ich gesehen habe, zu meinen Vorstellungen?

Auch sollten Sie einen Tag nach Ihrem Vorstellungstermin einen (Dankes-) Brief an das Unternehmen oder die Kanzlei schicken, in dem Sie sich noch einmal für das gute Gespräch bedanken. Formulieren Sie, was Sie als wichtigen Punkt oder gar Höhepunkt des Gesprächs empfunden haben. Tragen Sie unter Umständen nach, was im Gespräch offen geblieben ist. Signalisieren Sie weiterhin, wie sehr Sie an der Position interessiert sind und wie stark Ihre Motivation ist, Ihre Arbeitskraft mit einzubringen.

Es ist auch nichts Ungewöhnliches, wenn auf das Vorstellungsgespräch ein bis zwei weitere Gespräche folgen. Dies bedeutet ja schließlich nur, dass Sie in die engere Wahl gelangt sind, somit also noch keine definitive Entscheidung über die Annahme eines bestimmten Bewerbers gefallen ist.

4.7 Assessment-Center

Wer glaubt, er hätte mit den Abschlussprüfungen an Schule oder Universität das Schlimmste hinter sich, der irrt. Denn viele große Unternehmen wenden stressige Methoden an, um ihren Nachwuchs zu rekrutieren. In so genannten Assessment-Centern (AC) wird die Eignung potentieller Kandidaten geprüft.

Assessment kommt aus dem Englischen und bedeutet so viel wie Feststellung, Abschätzung, Bewertung.

Das Assessment-Center, manchmal auch „Auswahltag" oder „Personalentwicklungs-Seminar" genannt, ist eine Kombination aus verschiedenen Tests, Planspielen und Gesprächen. Vertreter des Unternehmens prüfen und begutachten die Bewerber ein bis drei Tage lang – in Gruppen und in Einzelübungen.

Im Gegensatz zu vielen anderen Branchen werden von Wirtschaftskanzleien keine ACs durchgeführt. In der Regel führt man mehrere Einstellungsgespräche mit Partnern, Associates, aber auch mit den voraussichtlichen Mentoren, die die Kanzleien für die Bewerber vorsehen. Häufig finden die Gespräche, die jeweils 45 bis 60 Minuten dauern, auch auf mehrere Tage verteilt statt. Die Gespräche sind meist auf einer persönlich fachlichen Ebene. Es werden also keine juristischen Fälle abgehandelt, sondern vielmehr findet eine juristische Diskussion auf höchstem Niveau statt.

In der Personalauswahl setzen dagegen die Unternehmen verschiedene Methoden ein, um geeignete Hochschulabsolventen zu rekrutieren. Die weite Verbreitung von ACs zur Auswahl von Hochschulabsolventen ist vor allem in ihrer hohen Prognosegüte begründet. ACs gehören zu den Verfahren, die im statistischen Sinne die höchste Erfolgsprognose liefern.

4.7.1   Allgemeines

Erhalten Sie eine Einladung zu einem AC, dann sind Sie schon in den Kreis der engen Bewerber aufgenommen worden. Aber was erwartet Sie jetzt?

Es gibt viele Gerüchte über AC, aber meist ist es doch unbekannt, nach welchen Kriterien die Bewerber dort bewertet werden und welches Verhalten zum Erfolg führt.

In einem AC finden sich typischerweise neben den acht bis zwölf Bewerbern auch noch bis zu sechs Beobachter aus den Fachabteilungen des Unternehmens.

Diese Beobachter werden durch die Moderatoren ergänzt. Als Moderatoren fungieren in aller Regel Psychologen, Personalverantwortliche oder Personalberater.

Das AC ist aber kein undurchschaubarer Hindernisparcours. Durch eine gute Vorbereitung lässt sich Ihre Aussicht auf Erfolg erheblich steigern.

Obwohl einige Personaler von großen deutschen Unternehmen behaupten „Die beste Vorbereitung ist keine Vorbereitung", sollten sich AC-Kandidaten doch im Vorfeld einige Gedanken machen. Sie sollten sich darüber klar werden, um welche Position und welches Unternehmen es geht. Überlegen Sie sich, welche Ihre Stärken und Schwächen sind und üben Sie, sich selbst vorzustellen, empfehlen Experten.

Die häufigsten Fehler: Kandidaten teilen sich die Zeit nicht richtig ein, haben keine Ahnung vom Unternehmen oder bauen keinen Kontakt zu den Zuhörern auf.

Auch mit übertriebener Selbstdarstellung schießen sich viele Bewerber selbst ins Knie. Das andere Extrem sind jene Bewerber, die das AC zu einer Art Beichte nutzen und ausgiebig über ihre Schwächen schwadronieren.

Die wichtigste Regel lautet daher: Keine Panik! Das AC ist keine Leistungsschau, die Unternehmen wollen die Bewerber kennen lernen. Zumal nach dem AC auch immer vor dem AC ist. So kam es schon vor, dass ein Bewerber bei einem Unternehmen glorreich durchgefallen ist und bei einem anderen Unternehmen dann als Goldfisch für Führungsaufgaben gehandelt wurde.

Bewertungsfaktoren

Neben der fachlichen Kompetenz wird selbstverständlich auch Ihre soziale und methodische Kompetenz beleuchtet.

Sie sollten sich als Bewerber im AC möglichst normal verhalten. Denn wer nur eine eingeübte Rolle spielt, die er im späteren Berufsleben nicht ausfüllen kann, schadet letztlich nur seiner beruflichen Entwicklung.

Gefragt ist ein situationsangemessenes Verhalten, in dem Sie zeigen, dass Sie Situationen, Aufgaben und Problemstellungen analysieren und deren spezielle Anforderungen erkennen können.

Die natürlichen Reaktionen von Menschen auf Stresssituationen sind Flucht oder Angriff. Diese Verhaltensweisen sind aber sowohl im Berufsleben als auch im AC kontraproduktiv. Wenn Sie einen Mitbewerber verbal attackieren, zeigen Sie nur, dass Sie kein Teamplayer sind. Gehen Sie dagegen in Deckung, wenn man Sie mit schwierigen Aufgaben konfrontiert, zeigen Sie nur, dass Sie beruflichen Herausforderungen nicht gewachsen sind.

Die Prüfer eines AC achten daher auf folgende Fähigkeiten:

* Auffassungsgabe
* Organisationsfähigkeit
* Führungskompetenz
* Belastbarkeit

4.7.2 Ablauf

Wir stellen Ihnen jetzt im Überblick dar, was sich hinter den einzelnen Übungen verbirgt und welche Anforderungen überprüft werden sollen.

Selbstpräsentation

Die Aufgabe der Selbstpräsentation, die üblicherweise am Anfang eines AC steht, ist es, sich den Beobachtern und den anderen Bewerbern vorzustellen.

Hier sollten Sie durch Ihr individuelles Profil Ihre Eignung für die ausgeschriebene Anstellung deutlich machen.

Gruppendiskussion

Die Gruppendiskussion (über ein beliebiges vorgegebenes Thema) ist ein zentraler Bewertungspunkt, da die Beobachter die Kandidaten in einem direkten Vergleich erleben.

Von den Beobachtern wird weniger beurteilt, was das Ergebnis der Diskussion ist, als vielmehr, wie es zustande kam. Hauptkriterien sind Sozialverhalten und sprachliches Ausdrucksvermögen. Es gibt Diskussionen mit und ohne Rollenvorgabe.

Rollenspiel

Dieses „Stehgreif-Theater" dauert meist bis zu 30 Minuten, zur Vorbereitung bleiben maximal 15 Minuten. Oft schlüpft der Bewerber in die Rolle des Chefs, der AC-Beobachter wird zum bockigen Mitarbeiter. Manchmal mimt er einen Kunden, der sich beschwert oder einen potenziellen Käufer.

Vortrag

Im zukünftigen Berufsalltag müssen Sie Ergebnisse präsentieren, über Vorgänge im Unternehmen (bzw. vor Gericht oder Mandanten) informieren und Kollegen und Mitarbeiter für neue Aufgaben begeistern können.

Hier werden deshalb Ihre rhetorischen Fähigkeiten von den Beobachtern bewertet.

Postkorb

Bei der Postkorb-Übung müssen Sie eine bestimmte Anzahl von Schriftstücken betrieblicher Vorgänge, Entscheidungsvorlagen und privaten Notizen bearbeiten und in dafür mit bestimmten Dringlichkeiten vorgesehenen Ablagefächern ablegen.

Das hierbei vorgegebene Zeitlimit ist von dem Bewerber dabei meist nicht einzuhalten.

Sonstiges

Vorwiegend sind vom Bewerber im AC auch Aufsätze zu verfassen sein. Hier soll er lediglich beschäftigt werden, während mit anderen Kandidaten Übungen durchgeführt werden.

Bei der Selbst- und Fremdeinschätzung müssen Sie Ihre Leistungen mit denen anderer Bewerber vergleichen zum Teil unter Erstellung einer Rangliste aller Bewerber. Es kann auch vorkommen, dass Sie die Leistungen der anderen Bewerber bewerten müssen.

Vergessen Sie bitte auch nie, dass Sie während der gesamten Zeit unter Beobachtung stehen, ob bei der Begrüßung, der Verabschiedung oder sogar während der Kaffee- und Mittagspause. So empfiehlt es sich, in allen Situationen einen möglichst positiven Eindruck zu hinterlassen.

4.7.3 Körpersprache

Die Körpersprache der Bewerber spielt aus zwei Gründen eine zentrale Rolle. Erstens dient im AC das sichtbare Verhalten der Teilnehmer als Bewertungskriterium. Zweitens wird über die Körpersprache die kommunikative Kompetenz vermittelt. Ganz wichtig ist daher, dass die Äußerungen und Gesprächsbeiträge des Bewerbers von einer angemessenen Körpersprache begleitet werden.

📖 Assessment-Center
Das härteste Personalauswahlverfahren bestehen
von Hesse / Schrader
Eichborn Verlag
ISBN: 3821838167

📖 *Assessment Center*
Entwicklung, Durchführung, Trends.
von Obermann
Gabler Verlag
ISBN: 3409238565

📖 *Körpersprache im Assessment-Center*
Sicher auftreten – souverän überzeugen
von Püttjer / Schnierda
Campus Verlag
ISBN: 3593366924

4.7.4 Abschlussrunde

Unmittelbar nach Abschluss des AC findet die Beobachterkonferenz statt. Im Rahmen dessen werden die Einzelergebnisse über jeden Bewerber zusammengetragen und anschließend sein individuelles Stärken- und Schwächenprofil erstellt.

Danach wird darüber diskutiert, ob ein Vertragsangebot unterbreitet werden soll oder nicht.

In nahezu allen professionell durchgeführten AC erfolgt unmittelbar nach der Beobachterkonferenz das Feedback-Gespräch. Dies bedeutet, dass jedem Teilnehmer im Rahmen eines Einzelgesprächs eine Rückmeldung gegeben wird über sein Verhalten während der einzelnen Übungen. Anschließend wird die Entscheidung seitens der Organisation begründet.

In der anschließenden Abschlussrunde werden die Teilnehmer dazu aufgefordert, ihren Eindruck vom AC wiederzugeben und hervorzuheben, was ihnen besonders wichtig war.

4.7.5 Aussichten

Wer von deutschen Unternehmen etwas über ihre Assessment-Center erfahren will, bekommt meist die Türe vor der Nase zugeschlagen. Wie man die Spreu vom Weizen trennt, das ist vielerorts Verschlusssache. Personalabteilungen wollen sich beim Auswahlverfahren nicht in die Karten schauen lassen. Doch unter der Oberfläche tut sich einiges: Viele DAX-Unternehmen haben ihre ACs umgestaltet – weg vom Postkorb hin zu mehr Praxisnähe.

Wohl auffälligstes Merkmal: Das Schaulaufen ist kürzer geworden. Wurden Kandidaten früher noch bis zu drei Tage geprüft, dauern ACs mittlerweile oft nur noch einen Tag, inklusive der Feedback-Gespräche, in denen die Bewerber erfahren, wie sie abgeschnitten haben.

Üblich ist zwar immer noch eine Mischung aus mündlichen und schriftlichen Aufgaben, aber in veränderter Zusammensetzung: So machen einige Unternehmen keine „Pencil- oder Paper-Übungen" mehr. Derzeit beträgt der schriftliche Anteil am AC im Schnitt nur noch 20 Prozent. Das können Psycho- oder Intelligenztests sein oder Fragen zur Allgemeinbildung. Dem Rückzug des Schriftlichen fällt zunehmend auch die traditionelle Postkorb-Übung zum Opfer. Bei den Persönlichkeitstests ist derzeit das *Bochumer Inventar zur berufsbezogenen Persönlichkeitsbeschreibung* (BIP) angesagt. Bei diesen Tests müssen die Kandidaten zu Aussagen Stellung beziehen wie „Es macht mir nichts aus, berufsbedingt zu reisen" oder „Ärger mit den Kollegen bringt mich um den Schlaf". Die Personaler schätzen anhand der Aussagen ein, wie stabil, zuverlässig und offen ein Bewerber ist. Wie aber können sich die Bewerber auf den Seelenstrip vorbereiten? Nun, sie müssen wissen, welches Bild sie darstellen wollen. Bücher, die den Modus Operandi solcher Tests erklären, gibt es ja schließlich genug. Und: Schauspieler fliegen früher oder später auf.

Zweiter und mit 80 Prozent wichtigster Test jedes ACs sind Verhaltenstests.

Der Trend hier: Die Unternehmen gehen weg von den allgemeinen Themen. So wird stattdessen versucht, möglichst nah am späteren Arbeitsgebiet zu sein. Beliebt ist das Format *Business Case*: Dabei erhalten fünf bis sechs Bewerber Zahlenmaterial aus dem Unternehmensalltag und müssen dazu eine Lösung erarbeiten und präsentieren.

Auch Rollenspiele zu Alltagssituationen verbreiten sich zunehmend, etwa: Chef stellt rebellischen Mitarbeiter zur Rede. Bei all diesen Übungen müssen die Bewerber immer mit Zwischenfragen und gezielten Unterbrechungen durch die Personaler rechnen. Andere Firmen lassen die Kandidaten einfach nur miteinander diskutieren und beobachten das Geschehen: Wer ist das Alpha-Tierchen? Wem hören alle zu? Wer setzt sich schlechter durch? Hier gilt ebenfalls: Supermänner und -frauen sind nicht gefragt. Der Bewerber sollte zeigen, dass er ein sympathischer und kooperativer Mensch ist, meinen Experten.

4.8 Zusage

Was machen Sie während des Bewerbungsprozesses, wenn eine Stelle Sie ganz besonders interessiert, die betreffende Firma jedoch länger braucht?

Was machen Sie, wenn Sie von einer Firma einen Vertrag angeboten bekommen, eine andere Stelle jedoch mehr reizt – Sie von dort allerdings noch nichts gehört haben? Kann und sollte man das Unternehmen, das einen einstellen möchte, hinhalten – und wenn ja, wie lange?

Können Sie die Firma, wo Sie lieber hin möchten, bitten, innerhalb von zwei Tagen Bescheid zu geben?

Wenn Sie sich schon einmal beworben haben oder momentan aktiv in Bewerbungen stecken, kennen Sie dieses Dilemma aus eigener Erfahrung. Man will keinen komischen Eindruck machen, man möchte die einen weder hinhalten, noch die anderen drängeln. Aber irgendwie einfach einen Vertrag unterschreiben, nur weil eine Firma schneller „Ja" sagt, das will man nun auch nicht.

Wie lange dauert der Entscheidungsprozess? Es gibt keine festen Zeiten, wie lange ein Unternehmen für eine Entscheidung braucht. Die eine Firma entscheidet sich zeitnah, bei der anderen dauert es Wochen. Es gibt Unternehmen, die mehrere Monate brauchen.

Wenn Sie ein Angebot von einer Firma erhalten und zögern und nicht sicher sind, dann gibt es in der Regel auch Gründe für Ihre Zweifel: Hinterfragen Sie Ihr Zögern und Ihre „Nicht-Freude" über das Angebot – Was begeistert Sie an dieser Stelle/Firma? Was gefällt Ihnen weniger? Warum zögern Sie? Hatten Sie schon im Vorfeld ein schlechtes Gefühl? Setzen Sie sich mit den einzelnen Aspekten auseinander.

Manchmal stellt sich auf diese Weise heraus, dass man das Angebot einfach nicht annehmen will – völlig unabhängig von anderen Möglichkeiten. Verstellen Sie sich den Blick nicht, indem Sie eine weitere Firma mit in die Waagschale werfen.

Möglicherweise stellt sich auch heraus, dass Sie voller Überzeugung bei der ersten Firma einschlagen möchten – und nur im direkten Vergleich zögerlich waren.

Natürlich heißt das nicht, dass Sie das als Bewerber einfach hinnehmen müssen. Selbstverständlich sind Sie am Bewerbungsprozess auch aktiv beteiligt und nicht „wartender Bittsteller". Zum anderen sagt es auch einiges über die Firma aus, wenn sich diese über Gebühr Zeit lässt oder gar Monate braucht, bis sie sich bei ihren Bewerbern meldet.

In den meisten Fällen wird man Ihnen einen ungefähren Zeitrahmen mitteilen, wie es nun weitergeht und wie lange die Entscheidung in etwa dauern wird. Wenn dies nicht passiert: Fragen Sie ruhig danach. Es ist jedem Unternehmen klar, dass sich Bewerber aktiv um eine neue Stelle bemühen und deshalb natürlich auch ungefähr wissen müssen, wie die Planung seitens der Firma aussieht.

Manche Bewerber trauen sich nicht nachzufragen, aus Angst, das könnte schlecht ankommen. Ein guter Personalentscheider wird es jedoch positiv auffassen, wenn sich ein Bewerber aktiv meldet. Viele Firmen bieten sogar von sich aus an, sich ruhig zu melden, wenn es während des Bewerbungsprozesses Fragen gibt.

Achten Sie jedoch darauf, dass auch dieser Anruf einen positiven Eindruck von Ihnen vermittelt. Wer sich meldet und schon ganz pessimistisch meint, dass die Stelle sicher schon vergeben sei, der macht nicht den besten Eindruck. Auch ein unentschlossenes „Ich wollte nur mal fragen ..." ist nicht die Krönung. Seien Sie freundlich und selbstbewusst, erkundigen Sie sich danach, wie der Stand des Entscheidungsprozesses ist. Je nachdem, in welcher Phase des Bewerbungsprozesses Sie sind, können Sie den Anruf dazu nutzen, weitere Informationen zu geben, Fragen, die sich aus dem Gespräch ergeben haben, zu stellen oder auch eine Probearbeit anzubieten.

Bitte haben Sie Verständnis, wenn sich eine Firma nicht sofort meldet. In der Regel ist mit einer Stellenausschreibung eine Menge Arbeit verbunden – vom Sichten der Bewerbungen angefangen bis hin zu administrativen Dingen wie dem Verschicken von Zwischenbescheiden, Einladungen, Absagen. Und dem Koordinieren von Gesprächsterminen. Das braucht seine Zeit – insbesondere, wenn in einem Unternehmen mehrere Leute an der Entscheidung beteiligt sind.

Tun Sie sich einen Gefallen und wägen Sie Firmen nicht endlos gegeneinander ab. Wenn Sie bei Firma X ein Vorstellungsgespräch hatten und begeistert sind, das Angebot auch passt, dann schlagen Sie ein! Sie würden ja auch privat, wenn Sie jemanden kennen lernen, nicht ständig denken: Vielleicht ist die/der nächste ja „besser", oder?

Wenn Sie beide Vorstellungsgespräche hatten – und von Ihrer „zweiten Wahl" eher ein Angebot bekommen, dann rufen Sie Ihre Favoritenfirma, die sich noch nicht gemeldet hat, an und sagen Bescheid: „Ich habe ein Angebot von einer anderen Firma vorliegen, ich würde jedoch lieber bei Ihnen anfangen. Haben Sie sich schon entschieden?" – Dann wird man Ihnen sagen, ob Sie vorne mit dabei sind oder getrost bei den anderen zusagen sollen. Und eine gute Firma wird sich jetzt schnell entscheiden und Sie nicht in die Situation bringen, das andere Unternehmen hinzuhalten.

Hinhalten ist übrigens immer schlecht. Meist haben sich Leute, die gezögert haben, auch nicht „gehalten" oder selbst wieder umorientiert.

Denken Sie auch an die weiteren Konsequenzen: Sie zögern mit einer Zusage – und Ihr Hinhalten zögert den gesamten Bewerbungsprozess auch für andere Kandidaten hinaus. Manche Firmen sagen ihren anderen Bewerbern sogar gleich vollständig ab, sobald sie einen Vertrag verschickt haben.

Wichtig ist: Wenn Sie sich über das Angebot einer Firma nicht so recht freuen können, dann konzentrieren Sie sich nicht nur darauf, ob die andere Firma vielleicht besser ist. Zum einen haben Sie von beiden Unternehmen nur einen ersten Eindruck erhalten und kennen die Praxis nicht. Zum anderen ist es wichtig, dass Sie die Stellen und Angebote auch separat beurteilen.

Übrigens: Entgegen anders lautenden Gerüchten dauert die Stellensuche bei Rechtsanwälten nicht ewig, sondern im Durchschnitt nur 2,7 Monate. In einer repräsentativen Untersuchung gaben 44 Prozent der Befragten an, nicht länger als einen Monat auf ihre Stelle gewartet zu haben, bei 49 Prozent dauerte dies maximal sechs Monate und nur sieben Prozent gaben an, länger als ein halbes Jahr gesucht zu haben.

Nun haben Sie aber einen Arbeitsvertrag unterzeichnet, und dann kommt ein viel besseres Angebot – was tun?

In einem solchen Fall sollte man umgehend beim verschmähten Arbeitgeber anrufen und absagen. Man sollte es aber nicht bei einem Anruf belassen, sondern sofort die schriftliche Kündigung nachschieben, denn für die Kündigungen ist generell die Schriftform vorgeschrieben. Viele betroffene Arbeitgeber werden darin keinen Sinn sehen, jemand einzustellen, der quasi mit einem Bein schon wieder draußen ist.

Das muss aber nicht immer so glatt laufen. In manchen Fällen sind Firmen oder Kanzleien einfach nicht bereit, Arbeitnehmer aus der Pflicht zu entlassen. Und vor allem sehen manche Arbeitsverträge so genannte Vertragsstrafen für den Fall vor, dass der Arbeitnehmer den Arbeitsvertrag vorzeitig kündigt oder die Arbeit gar nicht antritt. Dann muss der Arbeitgeber gar nicht erst nachweisen, dass ihm durch das Fernbleiben des Arbeitnehmers ein bestimmter Schaden entstanden ist, was häufig nur schwer gelingt. Genau deshalb wird eine pauschale Vertragsstrafe vereinbart. Diese wird unabhängig davon fällig, ob später ein Schaden entsteht oder nicht. Arbeitsgerichte akzeptieren oft ein Monatsgehalt als Vertragsstrafe, aber das ist juristisch umstritten.

Wer auf Jobsuche ist und verschiedene Eisen im Feuer hat, sollte auf Vertragsstrafen-Klauseln im Arbeitsvertrag achten. Diese muss niemand akzeptieren. Allerdings kann mit dem Streichen dieser Klausel auch der ganze Arbeitsvertrag kippen.

4.9   Arbeitsvertrag

Aus dem Arbeitsvertrag erwachsen Rechte und Pflichten, und zwar sowohl für Sie als auch für Ihren Arbeitgeber. Im Arbeitsvertrag ist die rechtliche Seite geregelt, mit deren Einzelheiten Sie dieser Beitrag vertraut machen möchte.

4.9.1   Allgemeines

In der Regel schließt ein Unternehmen oder eine Kanzlei mit dem neuen Mitarbeiter einen Einzelvertrag ab. Rechtlich gesehen handelt es sich regelmäßig um einen Dienstvertrag, für den die Bestimmungen nach §§ 611 ff. BGB gelten. Für den überwiegenden Teil des Arbeitsvertrages wird es gerade bei größeren Unternehmen oder Kanzleien kaum oder auch keinen Verhandlungsspielraum geben.

Denn die Verträge sind meist vorformuliert und gleichen damit denjenigen anderer Mitarbeiter in einer adäquaten Position. Diese unverrückbaren Bestandteile, die meist grundsätzlicher Natur sind, stehen deshalb auch in einem Vorstellungsgespräch nicht zur Disposition. Verhandelt werden daher nur die Positionen, die individuell mit der Person des Arbeitsnehmers oder der Tätigkeit in unmittelbarem Zusammenhang stehen.

Angehörige freier Berufe, so auch Rechtsanwälte und Steuerberater, bieten vielfach Verträge für „freie Mitarbeiter" an. Das sind keine Arbeitsverträge in der oben skizzierten Form, denn ein freier Mitarbeiter ist mangels persönlicher, weisungsabhängiger Gebundenheit an den Arbeitgeber ebenfalls kein Arbeitnehmer.

Die Abgrenzung ist von entscheidender Bedeutung, denn nur der Arbeitnehmer ist sozialversicherungspflichtig. Vorsicht ist deswegen geboten, wenn statt eines Arbeitsvertrages eine Vereinbarung über freie Mitarbeite getroffen werden soll, nur um die Sozialversicherungsbeiträge zu sparen. Sollte sich bei Lohnsteuerprüfungen des Arbeitgebers herausstellen, dass der vermeintlich freie Mitarbeiter in rechtlicher Sicht tatsächlich wie ein Arbeitnehmer gearbeitet hat, werden nachträglich Sozialversicherungsbeiträge erhoben, was auf beiden Seiten zu empfindlichen Belastungen führen kann.

4.9.2 Aufgabengebiet

Das Aufgabengebiet, das der Arbeitnehmer innerhalb seiner Stelle zu bewältigen hat, bedarf der näheren Erläuterung und Eingrenzung. Eine schriftliche Stellenbeschreibung, unter Umständen gesondert angefertigt, sollte unbedingt Bestandteil des Vertrages werden.

Dazu gehören weiterhin die Beschreibung der Art der Tätigkeit, die Festlegung der Stellung innerhalb der betrieblichen Organisation des Arbeitgebers und die Regelung von Über- und Unterordnungsverhältnissen.

4.9.3 Gehaltsvorstellungen

Es ist schwierig im Bewerbungsschreiben das „richtige" Gehalt zu nennen.

Nach einem Studium, welches viel Geld gekostet hat, und einem Referendariat, welches kaum Geld einbringt, kommt der Tag, an dem man nach den eigenen Gehaltsvorstellungen gefragt wird. Diese Situation tritt spätestens im Bewerbungsgespräch ein. Unsere hier folgenden Angaben sind jedoch stark verallgemeinert, da für die Gehaltsfrage die subjektive Seite d.h. Qualifikation oder das „Sich-verkaufen-können" starke Auswirkungen haben kann. Hinzu kommt, dass auch die einzelnen Branchen unterschiedlich entlohnen.

Einfacher wird es, wenn man seine berufliche Zukunft statt in der freien Wirtschaft im öffentlichen Dienst sucht. Hier hilft schon ein Blick in das Bundesbesoldungsgesetz. Dort findet man dann je nach Position und Alter eine konkrete Angabe.

Berufseinsteiger haben aber meist weniger Verhandlungsspielraum. Die Spanne für Einstiegsgehälter liegt aktuell zwischen 30.000 und 45.000 EUR pro Jahr – abhängig von Branche, Studium und Titel.

Bewerber haben grundsätzlich die schwierige Aufgabe, herauszufinden, welche Einkommenshöhe die ausgeschriebene Stelle ergibt. Die Autoren empfehlen z.B. Kontakte zur Belegschaft, um Informationen über das Einkommensniveau zu erhalten.

Die Einstiegsgehälter sind in den meisten Unternehmen ziemlich genau festgelegt und schwanken um durchschnittlich zehn Prozent je nach Abschluss und Zusatzqualifikation. Zu den geldwerten Pluspunkten zählen gute Examina, Praxis- und Auslandserfahrung, besondere Fremdsprachenkenntnisse oder andere Zusatzqualifikationen wie beispielsweise eine Promotion oder ein LL.M./MBA-Abschluss.

Rund 4.000 bis 6.000 EUR mehr pro Jahr springen für die besonderen akademischen Titel heraus. Im Einstellungsgespräch müssen die Gehaltserwartungen den richtigen Korridor treffen, sonst fliegt der Bewerber aus der Gruppe der Kandidaten heraus.

Ziel jeder erfolgreichen Gehaltsverhandlung muss auf jeden Fall ein Ergebnis sein, bei dem beide Seiten das Gefühl haben, etwas gewonnen zu haben, lautet eine Grundregel geschickter Verhandlungsführung. Außerdem sollte man nicht vergessen, dass das Einstiegsgehalt nur ein erster Schritt auf dem persönlichen Karriereweg ist.

Strategisch ist es eventuell besser, wenn Sie im Anschreiben Ihr (möglicherweise) derzeitiges Gehalt angeben (denn dann ist es klar, dass Sie mehr verdienen möchten) oder Sie schreiben, dass das Gehalt von den Aufgaben und den Sozial- und Nebenleistungen abhängig ist. Damit lassen Sie sich noch ein wenig Spielraum für das Vorstellungsgespräch. Sollten Sie eine vorsichtige Gehaltsvorstellung abgeben, dann vergessen Sie bitte nicht, dass in gehobenen Positionen Jahresgehälter genannt werden und dass es sich um Bruttogehälter handelt. Die meisten Unternehmen zahlen auch ein Urlaubs- und/oder Weihnachtsgeld, so dass Sie von 13 oder 14 Monatsgehältern ausgehen müssen. Wer das nicht in seine Kalkulation mit einbezieht, macht einen großen Fehler.

Das Gehalt wird in der Regel als Bruttobetrag angegeben, es bezieht sich entweder auf eine monatliche oder eine jährliche Basis.

Neben dem Grundgehalt sind weitere Leistungen des Arbeitgebers vorstellbar, etwa Zulagen, Erstattung von Umzugskosten, vermögenswirksame Leistungen, betriebliche Altersvorsorge, Lohnfortzahlung im Krankheitsfall, Provisionen, Gewinnbeteiligung, Prämien, Gratifikationen und Sachleistungen, wie z.B. Firmenwagen, Dienstwohnung und die kostenlose Inanspruchnahme betrieblicher Einrichtungen. Zu klären ist auch die Frage, inwieweit Überstunden durch das Gehalt abgegolten sind.

Gut 40.000 Unternehmen in Deutschland stehen vor der Pleite, mehr als eine halbe Million Arbeitsplätze fallen dadurch weg. Dies war kürzlich von *Creditreform* zu hören. Die Zahl der Arbeitslosen insgesamt klettert auf Rekordniveau, während die Gehälter auf breiter Front sinken.

Die Zeiten für Gehaltsverhandlungen scheinen momentan alles andere als günstig zu sein. Sollte man den Chef in dieser Situation überhaupt um mehr Geld angehen? Auf jeden Fall, meinen Karriereexperten einstimmig. Denn gut qualifizierte Akademiker sind nach wie vor begehrt. In den nächsten Jahren befürchten Experten sogar einen Mangel an qualifizierten Fach- und Führungskräften, die schließlich die wichtigste Ressource in der globalen wissensbasierten Wirtschaft sind.

Allerdings sind die Unternehmen kritischer geworden, wenn es um Neueinstellungen geht, denn die Töpfe werden neuerdings höher gehängt. „Differenzierung" heißt der aktuelle Trend in der Vergütungspolitik. Wer nur seine Arbeit macht, hat es zunehmend schwerer, eine Gehaltserhöhung zu bekommen.

Wer aber die Spielregeln im Gehaltspoker beherrscht, hat die besten Aussichten auf mehr Bares. Wichtigste Voraussetzung für eine erfolgreiche Gehaltsverhandlung ist zum einen eine klare und realistische Einschätzung der eigenen Fähigkeiten und Kompetenzen, zum anderen ein gutes fundiertes Wissen über die Vergütung am Markt. Anhaltspunkte für die Einstufung des persönlichen Marktwertes liefern branchenbezogene Gehaltsstudien von Consulting-Unternehmen oder Vergütungsagenturen. Gehalts-Checks im Internet sind dagegen eher mit Vorsicht zu genießen. Bei den vielen Online-Gehalts-Checks besteht nämlich die Datenbasis aus freiwilligen Angaben der Nutzer, die oftmals aus Jux falsche Daten eingeben.

Verlässlichere Daten bietet das *Statistische Bundesamt* mit dem Service „Zeitreihen". Die Wiesbadener Statistiker erhalten ihre Zahlen direkt von den Unternehmen und ermitteln alle drei Monate den durchschnittlichen Verdienst der deutschen Arbeitnehmer differenziert nach Wirtschaftszweigen, Qualifikationen und Bundesländern.

Die vielfach in den Medien publizierten Durchschnittsgehälter sind allerdings immer nur als Annäherungswerte zu verstehen. Im Einzelfall gibt es erhebliche Abweichungen je nach Betriebsgröße, eigener Tätigkeit und der Region. Als Faustregel gilt: Große Unternehmen zahlen besser als kleine.

Ist das Umfeld abgesteckt, muss der persönliche Marktwert im Vorfeld der Gehaltsverhandlung möglichst realistisch taxiert werden. Geldwerte Faktoren sind *Hard-* und *Softskills*, die dem Unternehmen einen Mehrwert bringen. Wer besonders kommunikativ und integrativ ist, Teams zusammenbringen und ergebnisorientiert führen kann, sollte sich nicht scheuen, beim Gehaltspoker auch die sozialen Kompetenzen ins Spiel zu bringen.

Je größer und angesehener die Kanzlei und je länger die Arbeitszeiten, desto höher die Bezahlung, kann als Faustregel gelten. Amerikaner zahlen meist mehr als Engländer und Deutsche, mit WP-Gesellschaften assoziierte Sozietäten (*Andersen Luther, KPMG, Menold & Aulinger, PriceWaterhouseCoopers Veltins*) meist weniger als Nur-Anwälte. Einige Kanzleien bieten dafür spezielle Vergünstigungen oder Boni (Berufsunfähigkeitsversicherung, Essensgutscheine und Fahrgeld bei *Lovells* in Frankfurt, Leasing-Programme für Autos bei *Andersen*, Umzugskosten bei Wohnungswechsel bei *Baker & McKenzie*).

Früher waren die Gehälter in Frankfurt meist höher als anderswo, weil sich da sehr viele Kanzleien um eine begrenzte Anzahl von Bewerbern stritten; das hat sich mittlerweile aber bei den meisten Kanzleien angeglichen. Einige Kanzleien zahlen bei besonders hohen Qualifikationen mehr als bei „normalen" Qualifikationen (*White & Case*: Doktor-Titel und LL.M. erhöhen das Einstiegsgehalt; *Lovells*: zweimal Prädikat und Doktor-Titel erhöhen das Einstiegsgehalt; *Gleiss*: Einstiegsgehalt von Qualifikationen abhängig). Einige Kanzleien bieten darüber hinaus Boni, die vom Erfolg der Kanzlei oder der Leistung des Bewerbers (*White & Case, Andersen Luther*) abhängen. Bei letzterem sollte man im Bewerbungsgespräch fragen, nach welchen Kriterien der Bonus ausgeschüttet wird und wie viel Prozent der Junganwälte ihn tatsächlich erhalten. Außerdem eine interessante Frage: Wie entwickelt sich die Bezahlung in den ersten Berufsjahren weiter?

📖   *Gespräche mit dem Chef*
       von Schubert / Zimmermann
       Verlag Gräfe und Unzer
       ISBN: 3774234043

📖   *Mehr Geld durch erfolgreiche Gehaltsverhandlungen*
       von Hesse / Schrader
       Eichborn Verlag
       ISBN: 3821815760

📖 *Netto mehr verdienen*
Gehaltserhöhungen durch steuerfreie Extras
von Köstler
Falken Verlag
ISBN: 3635606995

📖 *Besser verdienen – richtig verhandeln*
von Mendack
Walhalla Verlag
ISBN: 3802945913

4.9.4   Eintrittstermin

Der Eintrittstermin sollte realistisch sein. Falls Sie sich noch in einem Arbeitsverhältnis befinden, informieren Sie sich rechtzeitig über die Kündigungstermine und -fristen. Ist diese Angabe vom vermeintlichen Arbeitgeber gefordert, sollten Sie unbedingt darauf eingehen, damit die Personalabteilung entsprechend disponieren kann.

Liegt zwischen dem Zeitpunkt des Vertragsabschlusses und dem Stellenantritt mehr als ein halbes Jahr, sollten Sie auf die Vereinbarung eines Rücktrittsrechts drängen. Damit erleichtern Sie sich selbst den Ausstieg aus dem Vertrag, für den es viele Gründe geben kann, wie etwa Promotionsmöglichkeit, ein sich zwischenzeitlich ergebender besserer Vertrag oder Veränderungen im persönlichen Bereich.

In der Praxis ist auch immer wieder festzustellen, dass missverständliche, unklare Formulierungen im Zusammenhang mit Befristungen und Probe-Arbeitsverhältnissen im Arbeitsvertrag enthalten sind.

Wird eine befristete Probezeit – in der Regel nicht länger als sechs Monate – vereinbart, so bedeutet dies, dass eine Fortsetzung des Arbeitsverhältnisses über diese Zeit hinaus eine ausdrückliche Erklärung des Arbeitgebers vor Ablauf der Probezeit erfordert. Bei Fortsetzung des Arbeitsverhältnisses gilt es bis auf unbestimmte Zeit verlängert. Hier spricht man von einer „echten" Probezeit.

Im Unterschied dazu gibt es eine „vorgeschaltete" Probezeit bei einem unbefristeten Arbeitsverhältnis, wodurch die Möglichkeit kurzer Kündigungsfristen entsteht. Es wird also kein separates Arbeitsverhältnis zum Zwecke der Erprobung abgeschlossen, sondern vielmehr die erste Zeit des auf Dauer angelegten Arbeitsverhältnisses zur Probe dienen. Nach dem Kündigungsschutzgesetz tritt der Kündigungsschutz erst nach einer sechsmonatigen Beschäftigung ein, was in diesem Zusammenhang zu beachten ist. Grundsätzlich kann jedes Arbeitsverhältnis während der Dauer des ersten Jahres auch ohne Angabe von Gründen ordentlich von beiden Seiten gekündigt werden

4.9.5   Arbeitszeit

Empfehlenswert ist auch die genaue Angabe der Arbeitszeit im Vertrag. Sowohl die Dauer als auch der Beginn und das Ende der täglichen Arbeitszeit einschließlich der Pausen sind näher zu bestimmen. Die Beanspruchung von Gleitzeiten,

Kompensation von Überstunden durch Freizeit und ähnliches lassen sich durch vertragliche Vereinbarung genau regeln. Gerade in Positionen auf der Führungsebene bzw. bei außertariflicher Bezahlung werden Überstunden häufig stillschweigend erwartet und stellen für Vorgesetzte nicht zuletzt einen Gradmesser für die Beurteilung der Belastbarkeit und Motivation des Mitarbeiters dar.

Mehr als 50 Stunden die Woche wird in jeder Wirtschaftskanzlei gearbeitet. Trotzdem gibt es signifikante Unterschiede. In manchen Kanzleien gehen die Lichter in der Regel gegen 20 Uhr aus, bei anderen erst zwei Stunden später, und in einigen trifft man sich samstags, um die eingegangene Post zu sortierten. Amerikanische Kanzleien gelten als härter als englische, aber auch hier gibt es Abstufungen.

Deutsche Kanzleien verweisen oft darauf, weniger Druck zu haben, weil die Engländer und Amerikaner in ihren Heimatländern oft horrende Stundensätze nähmen und in Deutschland mit niedrigeren Stundensätzen und längeren Arbeitszeiten dieselbe Profitabilität erreichen wollten – vor allem, weil die Partner dort nicht (über ein *Lockstep-System*) ihren eigenen Profit geschmälert sehen wollen, weil die deutschen Kanzleien weniger profitabel arbeiten. Allerdings gilt, dass auch einige deutsche Kanzleien als „sehr hart" von den Arbeitszeiten her gelten und ihren angloamerikanischen Kollegen sicher in nichts nachstehen.

Generell muss man sich in allen Wirtschaftskanzleien bewusst sein, dass es abends später werden oder Wochenendarbeit nötig sein kann, wenn aufgrund äußerer Umstände enge Terminrahmen eingehalten werden müssen. Die Regel sollte dies aber nicht sein.

Oft arbeitet man in den renommierteren Kanzleien länger und verdient dort auch mehr. Eine Leitlinie: *Freshfields Bruckhaus Deringer, Clifford Chance, Linklaters Oppenhoff Rädler, Hengeler Müller, Gleiss Lutz Hootz Hirsch* haben wohl etwas kürzere Arbeitszeiten als *Shearman & Sterling* oder *Skanden Aps* und etwas längere als *Lovells Boesebeck Droste, Wessing* oder *White & Case, Fedderssen*. Ausnahmen bestätigen natürlich die Regel, und die Arbeitszeiten von Büro zu Büro derselben Sozietät unterliegen oft beträchtlichen Schwankungen.

Brüssel gilt allgemein beispielsweise als lockerere Adresse im Vergleich zu Frankfurt, Stuttgart oder München.

Einige Kanzleien bieten mittlerweile auch Tätigkeiten ohne Partnerchancen mit geregelten Arbeitszeiten an. Das nennt sich dann beispielsweise „Professional Support Lawyer" oder „Knowledge Management" (siehe hierzu nähere Ausführungen unten) und kann anspruchsvolle juristische Arbeit (mit oder ohne Mandantenkontakt) bedeuten, manchmal aber auf eine reine Bibliothekarsstelle hinauslaufen.

Die meisten Wirtschaftskanzleien berechnen zudem ihre Gebühren nach Stundensätzen, da sich auf die beratende Tätigkeit das *RVG* (ehemals BRAGO) nicht anwenden lässt. Daher müssen die dem Mandanten in Rechnung gestellten Stunden erfasst werden. Dies geschieht teilweise noch mit Stundenzetteln, überwiegend aber über ein elektronisches Zeiterfassungsprogramm, bei dem in den Computer eingegeben wird, an welchem Fall wie viele Stunden gearbeitet wurde. Dies sind die so genannten *billable hours*.

Oft wird noch von dem Partner kontrolliert, ob die Zeit angemessen ist und dann etwas dafür abgezogen, dass ein Anfänger noch länger braucht als ein Anwalt mit zehnjähriger Erfahrung und das tatsächlich in Rechnung gestellte Netto-Ergebnis nennt sich dann *chargeable hours*, wobei die Terminologie uneinheitlich ist. Entsprechend besteht auf Seiten der Kanzlei eine gewisse Erwartungshaltung, wie viele Stunden der Junganwalt in Rechnung stellen sollte. Diese Werte bewegen sich zwischen rund 1.400 Stunden pro Jahr (mit WP-Gesellschaften assoziierte Kanzleien) über rund 1.800 Stunden pro Jahr (englische Kanzleien) bis hin zu 2.400 bis 2.800 Stunden (amerikanische Kanzleien) im Jahr. Oft wird die Bedeutung dieser Zahlen heruntergespielt. Für das erste Berufsjahr mag das auch noch richtig sein, aber spätestens nach einem Jahr ist dieser Wert durchaus eine Richtschnur. Vorsicht ist geboten, wenn eine Kanzlei sagt, dass 2.400 Stunden pro Jahr locker erreichbar seien – was das für die Arbeitszeit pro Tag und den Urlaub bedeutet, kann sich jeder selbst ausrechnen.

Nicht ganz unwichtig ist, beim Vorstellungsgespräch nachzuhaken, ob denn der genannte Wert nun der Netto-Wert (*Chargeable hours*) oder der Brutto-Wert (*Billable hours*) ist oder ob eine Vollzeiterfassung erfolgt (auch das Sortieren der eigenen Zeitschriften wird eingetragen). Wenn eine Kanzlei sagt, sie kenne hier keine Zielvorgaben, mag das anfangs verlockend klingen, aber man sollte dann unbedingt nachfragen, nach was sich die Arbeitszeit dann bemisst. Denn die 35-Stunden-Woche gilt in Wirtschaftskanzleien nicht, dann aber die *Face Time*?

Als *Face Time* wird ein Zeitraum bezeichnet, in dem man möglichst in der Kanzlei sein sollte und nicht vor einem bestimmten Zeitpunkt gehen sollte – damit einen Chef und Kollegen sehen. Viele Kanzleien streiten ab, dass es so etwas gibt, in dem Fall sollte man nachhaken und fragen, was denn „üblich" ist, wann die Leute kommen und gehen. Wer eine Stunde früher geht als alle anderen, macht sich damit meist keine Freunde – ein wenig auf die *Face Time* kommt es eben doch an.

4.9.6 Urlaub

Auch über den Urlaub sollte sich ein möglichst klarer Passus im Arbeitsvertrag befinden. Es besteht ein gesetzlicher Anspruch auf bezahlten Erholungsurlaub, der im *Bundesurlaubsgesetz* näher erläutert ist.

Der Mindesturlaub für Arbeitnehmer beträgt demnach 18 Werktage im Jahr. In den meisten Fällen hat der Arbeitnehmer einen Anspruch auf mehr Urlaub, sei es durch tarifliche Regelungen oder durch individuelle Vereinbarungen. Auf die präzise Festlegung im Arbeitsvertrag sollte unter keinen Umständen verzichtet werden.

Während der ersten sechs Monate des Arbeitsverhältnisses haben Sie als Arbeitnehmer keinen Anspruch auf Urlaub, § 4 BUrlG, danach aber erwerben Sie den vollen Urlaubsanspruch für ein Kalenderjahr.

Was die zeitliche Festlegung des Urlaubs angeht, so hat der Arbeitgeber prinzipiell ein Weisungsrecht. Urlaubswünsche des Arbeitnehmers sind aber zu berücksichtigen, sofern keine dringenden betrieblichen Belange entgegenstehen.

4.10 Nachwuchsförderung

Schon seit langem besteht der Wunsch nach einer besseren Ausbildung junger Juristen auch für den Anwaltsberuf. Denn die Ausrichtung von Studium und Referendariat ist schon lange überholt. Besonders die als Karrieresprungbrett für Spitzenjuristen geltenden Großkanzleien beklagen die Diskrepanz zwischen Ausbildung und Arbeitserfordernissen in einer international ausgerichteten Kanzlei.

Obwohl man ohnehin nur die besten Absolventen einstellt, reicht den Kanzleien auch deren Profil oft nicht aus.

In Wirtschaftsunternehmen sieht dies grundsätzlich nicht anders aus. Welche Möglichkeiten bieten sich darüber hinaus?

4.10.1 Trainee

Im Zusammenhang mit der vor allem in Großunternehmen die Regel darstellenden internen Besetzung von Führungspositionen gewinnt die berufsbegleitende Qualifikation in Form von Trainee-Ausbildung für angehende Wirtschaftsjuristen beständig an Bedeutung. Trainee-Kurse bieten jungen Akademikern die Möglichkeit, sich auf verantwortungsvolle Aufgaben im Management vorzubereiten, indem gute theoretische Kenntnisse durch eine praxisorientierte Allround-Ausbildung ergänzt werden.

Trainees verdienen während ihrer Stationen im Betrieb zwar etwas weniger als vergleichbar qualifizierte Berufsanfänger, ihre Karriereaussichten gelten aber als besser. Ein Trainee-Programm dauert im Schnitt 16 Monate und sieht fünf verschiedene Positionen im Betrieb vor. 90 Prozent aller Trainees sind zwischen 26 und 28 Jahren. Dabei kommen auf eine Trainee-Position in Deutschland im Schnitt 50 Bewerber.

Die Kanzlei *Freshfield Bruckhaus Deringer* geht einen Schritt weiter und wirbt seit jüngster Zeit mit einem „Anwalts-Traineeprogramm" um qualifizierte Referendare.

4.10.2 Direkteinstieg

Ziel von Trainee-Programmen ist eine breit angelegte Ausbildung. Damit wollen sich die Unternehmen einen Pool vielseitig einsetzbarer Nachwuchskräfte schaffen. Dagegen ist der Direkteinstieg, etwa als Assistent, mit einer gezielten Vorbereitung auf eine bestimmte Position im Unternehmen verbunden. Zunächst lernt der Neuling wichtige Mitarbeiter des Hauses kennen, mit denen er funktionsübergreifend zusammen arbeitet. Wie der Trainee, der mehrere Stationen innerhalb des Unternehmens durchläuft, baut auch der Direkteinsteiger ein Kontakt-Netzwerk auf.

Der Direkteinstieg durch Maßnahmen aus dem Bereich *training-on-the-job* hat deutlich an Attraktivität gewonnen. Die meisten Firmen sind nämlich gar nicht mehr bereit, Trainees so lange einzuarbeiten, ohne dass sie zur Wertschöpfung etwas beitragen.

4.10.3 High-Potential-Programm

Unzufrieden mit dieser Situation haben Großunternehmen, wie etwa *Philips*, nach einem dritten Weg der Nachwuchsförderung gesucht. Deshalb entwickelten die Personalstrategen das so genannte „High-Potential-Programm". Es vereint Elemente aller bekannten Einstiegsangebote. Mit ihm werden ausgewählte Absolventen systematisch auf die Übernahme von Führungspositionen vorbereitet, indem ihnen ein besonders breiter betrieblicher Erfahrungshintergrund vermittelt wird. Im Mittelpunkt steht dabei die Einbringung ins Tagesgeschäft. So sollen sie möglichst schnell konkrete Verantwortung übernehmen.

Darum kommen auch nur etwa zehn Prozent der Bewerber, die einen Marathon aus Assessment-Center, strukturiertem Interview und einem speziellen Eignungstest erfolgreich hinter sich bringen müssen, in den Genuss der begehrten Plätze bei *Philips*.

Die Kanzlei *Clifford Chance* setzt für die Weiterbildung auf die unternehmenseigene Akademie. Vor allem die bisher in der staatlichen Juristenausbildung fehlenden, nach dem neuen Richtergesetz zukünftig vorgesehenen *Soft Skills* – also Verhandlungsführung, Teamfähigkeit und Rhetorik – werden hier geschult.

Angesichts der hohen Anforderungen an die einzustellenden Anwälte kann man hier wohl von einer „Kader-Schmiede" sprechen.

4.10.4 Assistentenfunktion

In Großunternehmen und großen mittelständischen Unternehmen besteht die Möglichkeit, eine Assistentenposition im Bereich der Geschäftsführung oder des Vorstands zu besetzen. Der Berufseinstieg als Assistent der Geschäftsführung war lange Zeit Garant für eine steile Managementkarriere. Häufig führt nun der Weg aber auch in die Sackgasse, aus Mangel an freien Stellen. Dennoch: Assistenten qualifizieren sich schnell für Leistungsfunktionen.

Der neue Mitarbeiter erhält recht schnell einen Einblick in das Machtzentrum und die wesentlichen Fragestellungen des Unternehmens. Das geschieht allerdings häufig auf einem hohen Niveau und ist in aller Regel vom Alltagsleben und der operationalen Praxis des Unternehmens entfernt.

Typische Aufgaben des Assistenten sind:

- Entscheidungsvorbereitung durch Informationsselektion, -analyse und -auswertung
- Kommunikation von Entscheidungen aus dem Vorstands- und Geschäftsführungsbereich an nachgelagerte Organisationseinheiten
- Betreuung von Sonderprojekten
- Vorbereitung, Organisation und Protokollierung von Vorstandssitzungen

Bewerber für eine Assistentenstelle sollten über Verhandlungsfähigkeit, planerisches und analytisches Denken sowie Fremdsprachenkenntnisse verfügen. Oft werden Kandidaten mit Zusatzqualifikationen wie Promotion, MBA oder Zweitstudium eingesetzt. Die Altersobergrenze liegt häufig bei 30 Jahren.

4.11 Arbeitslosigkeit

Kaum hat man die mündliche Prüfung zum Ersten und Zweiten Staatsexamen bestanden, stellt sich für viele die Frage: Womit bestreite ich nun meinen Lebensunterhalt?

Alle (Voll-)Juristen, die nahtlos nach Bestehen der mündlichen Prüfung in ein Beschäftigungsverhältnis überwechseln oder den Schritt in die Selbstständigkeit wagen, haben Glück gehabt. Ihnen bleibt ein Teil des Prozedere, das jetzt im Anschluss beschrieben werden wird, erspart.

Was aber machen die (Voll-)Juristen, die nicht sofort eine Beschäftigung finden?

Führt sie der erste Gang zur Agentur für Arbeit oder doch zu einer anderen Stelle?

4.11.1 Allgemeines

Interessant ist die statistische Entwicklung bei den arbeitslos gemeldeten Berufsanfängern: Während 1987 noch 26 Prozent der Berufsanfänger zunächst als arbeitslos gemeldet war, sank der Anteil auf 16 Prozent im Jahr 1993 und sogar bis auf 13 Prozent im Jahre 1999.

Im Jahre 2003 gab es einen Zuwachs der Arbeitslosigkeit bei den Juristen um 34 Prozent gegenüber dem Vorjahr, d.h. 7.593 Juristen waren arbeitslos gemeldet.

Die Zahl der Vermittlungen durch die Agenturen für Arbeit sank im gleichen Zeitraum sogar um 53 Prozent auf 495 im Bundesgebiet.

Ende 2002 waren fast die Hälfte derjenigen Juristen, die sich über die Agenturen für Arbeit um eine Stelle bewarben, junge Berufsanfänger ohne vorherige Anstellung. Dieser Anteil ist nahezu doppelt so hoch wie bei anderen akademischen Berufen (22 Prozent). Der Zuwachs gegenüber dem Vorjahr betrug hier 46 Prozent.

Auffallend ist, dass Frauen bei der Jobvergabe tendenziell offensichtlich schlechtere Karten haben als Männer. Der Anteil der Bewerberinnen bei den Agenturen für Arbeit lag mit 44 Prozent im Jahr 2002 wesentlich höher als ihr Anteil an den erwerbsmäßigen Juristen, der etwa bei den Rechtsanwälten im Jahre 2001 nur 24 Prozent betrug.

Ein wichtiger Faktor für den großen Anstieg der Arbeitslosigkeit gemeldeter Juristen dürfte sein, dass viele Bundesländer von der durch den Gesetzgeber neu geschaffenen Möglichkeit Gebrauch gemacht haben, ihre Referendare nicht mehr als Beamte auf Widerruf, sondern als Angestellte im öffentlichen Dienst anzustellen.

Man muss sich allerdings vor Augen führen, dass die Arbeitslosenquote bei Juristen verglichen mit der alle Berufe umfassenden Arbeitslosigkeit geradezu lachhaft niedrig ist. Eine Quote nur für Juristen wird von der Bundesagentur für Arbeit allerdings nicht erhoben.

Zwar rechnet man damit, dass sich die Arbeitsmarktlage infolge der hohen Einstellungszahlen in den 60er und 70er Jahren altersbedingt wieder ein wenig entspannen wird. Das ist allerdings für denjenigen nur ein schwacher Trost, der sich aktuell nach Beschäftigungsmöglichkeiten umsieht.

Somit kommt die eigentliche Frage zum tragen: Wer ist nun zuständig für den arbeitslosen Juristen, die Agentur für Arbeit oder das Sozialamt?

4.11.2 Arbeitslosengeld

Bei realistischer Betrachtung des Arbeitsmarktes muss man heute damit rechnen, nach Abschluss der Referendarzeit zumindest für einige Monate ohne Beschäftigung zu sein. Da trifft es sich gut, dass man in dem heute fast überall geltenden, öffentlich-rechtlichen Ausbildungsverhältnis wenigstens in der Arbeitslosenversicherung ist.

Die Dauer des Referendariats erfüllt die Anwartschaftsvoraussetzungen der Arbeitslosenversicherung – Beschäftigungsverhältnis von mindestens einem Jahr innerhalb der letzten drei Jahre – so dass nach Abschluss der Ausbildung Anspruch auf Arbeitslosengeld besteht, je nachdem, wie lange das Referendariat gedauert hat, für zehn und zwölf Monate.

Die Höhe dieses Anspruchs bestimmt sich nach dem durchschnittlichen Nettoverdienst im letzten Jahr vor Beginn der Arbeitslosigkeit. Es kann also durchaus von Interesse sein, rechtzeitig die Steuerklasse zu wechseln oder auch etwaige Nebenjobs im Rahmen eines Beschäftigungsverhältnisses und damit für das Arbeitslosengeld wirksam – so auch der Nebenjob endet – auszuführen. Für Ledige und Verheiratete beträgt der Anspruch 60 Prozent des pauschaliert berechneten, ausfallenden Nettoeinkommens. Hat man für mindestens ein Kind zu sorgen, so gibt es für diese Grundlage 67 Prozent.

Nähere Fragen zu diesem Thema beantwortet Ihnen gerne die Bundesagentur für Arbeit bzw. die Zentralstelle für Arbeitsvermittlung.

   🖃   Bundesagentur für Arbeit (BA)
          Hauptstelle
          Regensburger Straße 104
          90478 Nürnberg
          Fon 0911 / 179 – 0
          Fax 0911 / 179 – 2123
          www.arbeitsagentur.de

   🖃   Zentralstelle für Arbeitsvermittlung (ZAV)
          Villemombler Straße 76
          53123 Bonn
          Fon 0228 / 713 – 0
          Fax 0228 / 713 – 1111

Juristen, die sich arbeitslos gemeldet haben, können unter Umständen eine Unterstützung durch die Agentur für Arbeit erhalten. Aus der Sichtweise des betroffenen Juristen würden sich vor allem Fort- und Weiterbildungslehrgänge in Form von Fachanwaltskursen, Seminaren im Bereich des Steuerwesens und der Betriebswirtschaftslehre, Personalwesen, Marketing, Mediation und Fremdsprachen anbieten.

Aufgrund der leeren Kassen werden solche Aktivitäten mittlerweile entweder überhaupt nicht oder nur noch bedingt finanziert, etwa wenn ein potenzieller Arbeitgeber den arbeitslosen Bewerber nur unter der Voraussetzung einstellt, dass er die bestimmte Fortbildungsmaßnahme nachweisen kann.

Sofern eine Maßnahme nach §§ 77 ff SGB III gefördert wird, werden neben etwaigen Lehrgangskosten auch Fahrt-, Unterbringungs- und Verpflegungskosten sowie mögliche Aufwendungen für die Betreuung von Kindern getragen.

4.11.3 Arbeitslosenhilfe

Lief die Unterstützung für Arbeitslosengeld aus, bestand bislang die Möglichkeit, Arbeitslosenhilfe zu beantragen. Allerdings gab es diese nur, wenn der Antragsteller seinen Lebensunterhalt nicht auf andere Art und Weise bestreiten konnte, d.h. bedürftig war. Die Arbeitslosenhilfe wurde für einen Bewilligungszeitraum von zwölf Monaten gezahlt.

Seit dem 01.01.2005 ist stattdessen das Arbeitslosengeld II in Kraft getreten, die Arbeitslosenhilfe gibt es somit nicht mehr.

4.11.4 Sozialhilfe und Wohngeld

Heute fertiger Volljurist – morgen Sozialhilfeempfänger? Kaum zu glauben, doch mittlerweile gibt es auch ausgebildete Juristen ohne einen Arbeitsplatz, die auf staatliche Hilfeleistung angewiesen sind.

4.11.5 „Hartz IV"

Von Januar 2005 an sind Sozial- und Arbeitslosenhilfe zusammengelegt worden. Anfang Juli 2004 verständigte sich der Vermittlungsausschuss auf die letzten umstrittenen Punkte einer der tiefgreifendsten Sozialreformen der Bundesrepublik.

Sodann stimmte auch der Bundesrat mit dem so genannten „kommunalen Optionsgesetz" für Hartz IV (benannt nach dem VW-Personalvorstand *Peter Hartz*), für das „Vierte Gesetz für moderne Dienstleistung am Arbeitsmarkt".

Wenn nun mit Hartz IV das Nebeneinander der beiden Fürsorgesysteme aufhört und das neue „Arbeitslosengeld II" kommt, stehen mithin mehr als drei Millionen Menschen vor teils schwerwiegenden Veränderungen. Schaffen es die Bundesagentur für Arbeit mit ihren Filialen und die Kommunen mit ihren Sozialämtern, die vorgesehenen Jobcenter und Arbeitsgemeinschaften mit Mitarbeitern beider Institutionen aufzubauen? Gelingt es, all die nötigen Daten der drei Millionen Klienten zu erheben und zusammenzutragen? Wie bereiten sich die 69 Kommunen vor, die alles in eigener Regie unabhängig von der Bundesagentur durchziehen wollen? Und: Bekommt jeder Anspruchsberechtigte sein Arbeitslosengeld II auch ausbezahlt? In den ersten Monaten des Jahres 2005 gab es zum Teil erhebliche Probleme.

Wie sich diese Reform weiter entwickelt, auch und gerade für arbeitslose Juristen, bleibt abzuwarten.

4.11.6 Weitere Möglichkeiten

Absolventen müssen sich klar werden, wo sie beruflich hin wollen und dann eine Strategie entwickeln. So gibt es zur Hilfe kommerzielle Karriereberater. Sicher schadet es nicht, da Geld reinzustecken. Nur daran fehlt es ja bei jungen und arbeitslosen Absolventen ja gerade. Die Agenturen für Arbeit haben Hochschulteams, die kostenlos beraten und informieren. Sie übernehmen vielfach sogar die Bewerbungskosten und bezahlen unter Umständen auch ein Bewerbungsseminar.

Wichtig ist, dass Absolventen nach dem Studium/Referendariat Fahrt aufnehmen. Denn auch mit Praktika kann man zeigen, wo man hin will. Laut *Kienbaum*-Studie zählen Praktika für Arbeitgeber zu den wichtigsten Rekrutierungsquellen. Die meisten Firmen setzen ihre Praktikanten voll in den Betrieb ein. 40 Prozent der befragten Firmen übertragen ihnen sogar eigene Projekte. In manchen Branchen ist es gang und gäbe, dass ohne Praktikum keine Einstellung erfolgt. Auch wenn man ein bestimmtes Ziel hat, z.B. in den Personalbereich will, und dort noch keine Berufserfahrung hat, ist ein Praktikum ideal.

Doch wenn der Sprung ins Unternehmen nicht klappt, kommt bei manchen Praktikanten das ungute Gefühl auf, für wenig Geld die gleiche Arbeit zu leisten wie ein Festangestellter. Es gibt sicherlich Firmen, die Jobs über lange Zeit mit Praktikanten abdecken. Aber das dürften Einzelfälle sein.

Man darf die Anforderungen nicht zu hoch setzen. Gerade als Absolvent sollte man nicht irgendein Praktikum machen. Es sollte zur eigenen Zielrichtung passen, es sollte die Chance im Unternehmen geben, und man sollte etwas dabei lernen.

Schließlich sind Praktika keine Dauerlösung. Irgendwann wird das auch kurios, das vierte Praktikum nach dem Studium ist dann schon fragwürdig. Dazu kommt die Geldfrage: Laut *Kienbaum*-Umfrage bezahlen die Firmen ihren Praktikanten im Schnitt zwischen 400 und 600 EUR monatlich. Damit kommt man in einer Stadt wie München kaum über die Runden.

Andere Hochschulabsolventen müssen jobben. Viele machen einfach damit weiter, womit sie schon während des Studiums ihr Geld verdient haben. Hilfreich ist hier sicherlich die Zeitarbeit. Dort verdient man viel mehr als im Praktikum und die Nachfrage zieht leicht an. Nach dem Tarifvertrag für die Zeitarbeitsbranche verdient man bei einer Tätigkeit, die Studium und Berufserfahrung voraussetzt, 15,50 EUR pro Stunde. In der Regel werden Akademiker aber eher für Sachbearbeiterjobs eingesetzt und daher niedriger vergütet.

Sicherlich keine endgültige Lösung, aber eine gute Möglichkeit nicht dem Staat auf der Tasche zu liegen und seine Zeit sinnvoll zu überbrücken.

Weil die Konkurrenz auf dem Arbeitsmarkt zunimmt, klagen viele Jura-Absolventen gegen die Beurteilung ihres Examens.

Für viele bedeuten die Ergebnisse des Ersten oder Zweiten Juristischen Staatsexamensprüfung mit der Gesamtnote „ausreichend" ein böses Erwachen. „Mit diesem Zeugnis kann ich mich doch nicht als Jurist in einem Unternehmen bewerben, sondern muss versuchen, anderswo unterzukommen" hört man vielerorts. Wegen der großen Konkurrenz auf dem Arbeitsmarkt hoffen viele Studenten und Referendare ihre Prüfung mit einem Prädikat abzuschließen. Allerdings spielen da nicht immer die Prüfer mit. Auch ist man als Kandidat nicht auf alle Rechtsgebiete vorbereitet – die Folge ist dann eine Schlechtbenotung oder gar das Durchfallen.

Um doch noch irgendwie auf ein „befriedigend" zu kommen, wird dann Widerspruch gegen die Note eingelegt.

Zum Beispiel das Justizprüfungsamt bei der Landesregierung in Wiesbaden, das die hessischen juristischen Staatsexamina abnimmt, erlebt derzeit einen wahren Klageboom gegen Abschlussnoten. Doppelt so viele Jura-Absolventen wie im Vorjahr legten 2003 Widerspruch gegen die Note ihrer zweiten juristischen Staatsprüfung ein. Fast zehn Prozent aller insgesamt im vergangenen Jahr abgelegten 921 Prüfungen wurden rechtlich angezweifelt.

Laut des Präsidenten des Justizprüfungsamtes werden 95 Prozent der Einsprüche jedoch als unbegründet zurückgewiesen. Denn nur wenn gravierende Formfehler vorliegen, besteht Aussicht auf Erfolg, etwa wenn während der Prüfung ein Presslufthammer dröhnt oder der eine Examenskandidat eine Stunde, der andere nur eine halbe Stunde Prüfungszeit erhält.

Nur fünf Prozent der Widersprüche landeten als Klagen beim Verwaltungsgericht.

Die zunehmenden Streitigkeiten erklären sich damit, dass Jura-Absolventen juristisch versierter seien. Rechtlich können sie laut Prüfungsordnung ihre Noten durch ein Sachverständigengutachten gerichtlich überprüfen lassen. Mit einer höheren Punktzahl wollen sie aber vor allem ihre Chancen auf dem Arbeitsmarkt verbessern.

5 Juristische Berufe

Der Allround-Jurist ist in Zukunft immer weniger gefragt, auch wenn die Studenten als solche erst einmal ausgebildet werden. Wer also nach dem Ersten oder Zweiten Examen Karriere machen will, sollte sich schon sehr früh auf das eine oder andere Rechtsgebiet spezialisieren, bzw. Schwerpunkte bilden. Nach Meinung von Experten werden sich zukünftig nämlich nur Spezialisten durchsetzen, also Juristen mit gezielten Arbeitsfeldern, auf denen sie aber wirklich Spitze sind. Dieses hat damit zu tun, dass der Jurist nicht alle Rechtsgebiete umfassend abdecken kann (auch wenn dieses durch die Rechtsprechung gefordert wird), insbesondere vor der Fülle der jährlich neu erscheinenden Gesetze und Gesetzesänderungen.

Ein erfolgreich abgeschlossenes Studium und Referendariat führen heute nämlich nicht automatisch in einen bestimmten Beruf. Wer sich den Realitäten stellen will, muss flexibel reagieren. Das gilt gerade im Hinblick auf bestimmte Einstiegspositionen. Wer sich fachlich und persönlich weiterbildet und sich nicht allein auf die traditionellen Tätigkeitsfelder in der Justiz, Rechtspflege oder Verwaltung konzentriert, wer bereit ist, auch Alternativen außerhalb der klassischen Tätigkeitsbereiche in Betracht zu ziehen, für den bieten sich nach wie vor Einstiegschancen.

In diesem Kapitel wollen die Autor zunächst typisch juristische Arbeitsfelder vorstellen, damit der interessierte Schüler, Student oder Rechtsreferendar sich ein Bild davon machen kann, was sich dem fertigen Juristen bietet und was ihn grundsätzlich dort erwartet. Auf diese Weise erfährt der interessierte Leser die Vorzüge einer bestimmten juristischen Fachrichtung, aber auch Nachteile oder Unannehmlichkeiten. Auf jeden Fall könnten die Vorstellungen einen kleinen Beitrag bei der eigenen Suche nach dem richtigen Berufsfeld für sich selbst bieten.

Leider werden nicht alle Juristen auch solche. Einige werden natürlich Staatsanwälte oder Richter. Oder sie gehen in die öffentliche Verwaltung als Beamter.

Oder sie gehen in die Wirtschaft als Mitarbeiter einer Rechtsabteilung. Wieder andere machen sich als Rechtsanwalt selbstständig oder gehen als Angestellte in eine größere Kanzlei, mit welchem persönlichem Schwerpunkt auch immer. Man sieht, es steht einem grundsätzlich eigentlich alles offen. Das ist ja auch gerade einer der reizvollen Aspekte der juristischen Ausbildung, nämlich vielseitig einsetzbar zu sein.

Die Autoren haben deshalb den weitläufigen juristischen Bereich ebenfalls durchleuchtet.

5.1 Rechtsanwalt

Aufgaben, Funktion und Rechtsstellung des Rechtsanwalts erschließen sich aus dem Dienstleistungscharakter der anwaltlichen Tätigkeit. Der Rechtsanwalt setzt seine juristischen und sonstigen professionellen Kenntnisse und Fähigkeiten zur „Besorgung fremder Rechtsangelegenheiten" seiner Mandanten ein.

Seine gesetzliche Ausgestaltung hat das Berufsbild des Rechtsanwalts in der *Bundesrechtsanwaltsordnung* (BRAO) erhalten. Danach ist der Rechtsanwalt ein „unabhängiges Organ der Rechtspflege". Er übt zudem einen freien Beruf aus, und seine Tätigkeit ist kein Gewerbe.

Nach den neuesten Statistiken kommen jedes Jahr 5.000 bis 7.000 Rechtsanwälte dazu, eine Zahl, die der Markt einfach nicht verkraften kann. Wir haben derzeit 132.569 Rechtsanwälte in Deutschland (Stand: 01.01.2005). Von ihnen sind im oberen Segment (High-End-Geschäft) etwa 4.500 Rechtsanwälte tätig. In den großen Sozietäten mit 30 bis 500 Rechtsanwälten sind es insgesamt rund 7.000 Kollegen. Der Bereich der mittleren oder kleinen Sozietäten hat zugenommen: Die mittleren Sozietäten mit vier bis 30 Rechtsanwälten beschäftigen fast 20.000 Kollegen. Die kleineren Sozietäten mit zwei bis vier Rechtsanwälten haben Arbeit für etwa 37.000 Kollegen. Die Mehrzahl der Rechtsanwälte arbeitet aber nach wie vor als Einzelanwalt (ca. 62.000, darunter 10.000 Syndikusanwälte).

Da die Sozietäten extrem vorsichtig sind bei der Einstellung junger Kollegen, finden derzeit auch sehr gut qualifizierte Nachwuchsjuristen nur schwer Arbeit.

Der Bedarf an der Spitze ist gesättigt und im Mittelfeld wird eher mal ein paar Stunden länger gearbeitet, als jemand eingestellt. Die Folge ist, dass sich viele junge Kollegen selbstständig machen. Nach wie vor kann man eine Kanzlei gründen mit ungefähr 16.000 EUR und mit 3.000 EUR pro Monat unterhalten (Quelle: DAV-Ratgeber).

Auch wer mehr Geld in die Hand nimmt, weil er sich beispielsweise aus einem großen wirtschaftlichen Büro mit Spezialmandanten selbstständig macht, kann die dadurch entstehenden Kostenvorteile für sich und den Mandanten nutzen. Die Relation zwischen Einzelanwälten und Sozietäten wird sich daher weder mittel- noch langfristig wesentlich verschieben. Das zeigt uns ein Blick in die Vergleichszahlen in den USA, wo es auch heute noch etwa 45 Prozent Einzelanwälte gibt.

Trotz zunehmender Konkurrenz gibt es für Junganwälte bei richtiger Ausrichtung der Tätigkeit gute Karrierechancen. Im Rahmen der Karriereplanung setzt dies aber voraus, Tätigkeitsbereiche mit Zukunftschancen zu ermitteln. Nur so kann schon im Referendariat oder spätestens beim Berufseinstieg die Ausrichtung auf ein Spezialgebiet vorgenommen werden. Bei der Ermittlung sind fremde Untersuchungen, eigene Interessen, Phantasie und die Beobachtung des Marktes wichtig. Was spricht dagegen, dass Junganwälte neue und bisher unbekannte Rechtsberatungsmärkte erschließen, etwa Existenzgründungsberatung oder Europarecht?

5.1.1   Zulassungsvoraussetzungen

Es wird häufig verkannt, dass eine zeitnahe Zulassung zur Anwaltschaft viele Vorteile bringt, die die vermeintlichen Nachteile überwiegen. So ist beispielsweise die Gebühr für die eigentliche Zulassung kein Nachteil, da diese bei einer späteren Zulassung auch anfällt. Hinsichtlich der laufenden Beiträge (für RAK-

Mitgliedschaft, Berufshaftpflichtversicherung, Versorgungswerk), die mit der Zulassung verbunden sind, ist nicht zu verkennen, dass diese eine nicht unerhebliche finanzielle Belastung darstellen. Allerdings bekommt man dafür auch eine Gegenleistung und investiert demzufolge nicht sinnlos.

Die Einstellungspraxis zeigt, dass Bewerber, die sich mit dem Titel „Rechtsanwalt" bewerben, sich leichter tun als solche, die sich als „Assessor" bewerben. Dies gilt vor allem bei Bewerbungen in Anwaltskanzleien. Derjenige, der als Assessor auftritt, haftet der Schein an, dass er nicht recht weiß, ob die Anwaltschaft für ihn das richtige Terrain darstellt. Teilweise ist auch bei Unternehmen zu beobachten, dass die Personalverantwortlichen sich von dem Titel „Rechtsanwalt" eher beeindrucken lassen als von dem unscheinbaren Assessor-Titel.

Da die meisten Bundesländer von der in § 224 a BRAO enthaltenen Ermächtigung Gebrauch machen, fast alle Befugnisse im Zusammenhang mit dem Zulassungswesen auf die regionalen *Rechtsanwaltskammern* (RAK) zu übertragen, müssen sich die Zulassungsbewerber regelmäßig an die zuständige RAK wenden und nicht an die jeweiligen Justizministerien bzw. Präsidenten der OLGs.

Wenden Sie sich also an diejenige RAK, die für den OLG-Bezirk zuständig ist, in dem Sie zugelassen werden wollen, und fordern Sie dort den Zulassungsantrag an.

Der Bewerber hat ein Recht auf Zulassung zur Anwaltschaft, sofern diese nicht aus dem Gesetz abgelehnt werden kann. Die Gründe, bei deren vorliegen die Zulassung zur Anwaltschaft versagt werden muss, sind in § 7 BRAO abschließend geregelt:

- Fehlende charakterliche Eignung
- Fehlende persönliche Leistungsfähigkeit
- Umstände, die sich nicht mit der Stellung des Bewerbers als Rechtsanwalt vereinbaren lassen

Sofern es um die „lokale" Zulassung geht, muss der Bewerber, unter der Pflicht zur Kanzleieinrichtung, entscheiden, ob er am Amtsgericht und/oder Landgericht zugelassen werden will. Eine Zulassung am Oberlandesgericht ist für Berufseinsteiger mangels der in § 20 Abs. 1 BRAO geforderten fünfjährigen Anwaltstätigkeit regelmäßig nicht möglich.

In aller Praxis erfolgt regelmäßig eine Zulassung am Amtsgericht und gleichzeitig am Landgericht.

🖃 Bundesrechtsanwaltskammer
Littenstraße 9
10179 Berlin
www.brak.de

🖃 Deutscher Anwaltverein
Littenstraße 11
10179 Berlin
www.anwaltverein.de

📖 *Der Beruf des Richters und das Gerechtigkeitspostulat*
von Vultejus
DRiZ 2003, 232

📖 *Erfolgreich als Anwalt praktizieren*
  von Zwanziger / Heitmann
  Boorberg Verlag
  ISBN: 3415023982

5.1.2 Juristische Kompetenzen

Die Stellung des Rechtsanwalts im Rechtspflegesystem verleiht ihm besondere Privilegien gegenüber dem Staat. Die Gewährung dieser Freiheit ist nur möglich, wenn die Anwaltschaft einer Aufsicht unterworfen ist und eine Kammerpflichtmitgliedschaft besteht.

Es ist daher wichtig, sich die drei Grundpfeiler des anwaltlichen Berufs zu verdeutlichen. Die Legaldefinition im ersten Teil der *Bundesrechtsanwaltsordnung* (BRAO), genauer in §§ 1 bis 3 BRAO, hilft nur begrenzt weiter, da dort nur ein Grundpfeiler, nämlich die „Unabhängigkeit", verankert ist. Hinzu tritt die „einseitige Interessenwahrnehmung", also das in § 43 a Abs. 4 BRAO und § 3 BORA verankerte Verbot der Vertretung widerstreitender Interessen. Der dritte Grundpfeiler ist die Pflicht zur „Verschwiegenheit" nach § 43 a Abs. 2 BRAO und § 2 BORA und das damit verbundene Verschwiegenheitsrecht.

Daneben gibt es Tatbestände, die in keinem direkten Zusammenhang mit den berufsrechtlichen Regelungen stehen wie z.B. Strafvereitelung, Begünstigung, Hehlerei, usw., die aber auch geahndet werden.

Die Überwachung der Einhaltung anwaltlicher Berufspflichten und die Ahndung disziplinarischer Verstöße obliegen der örtlich zuständigen Rechtsanwaltskammer (RAK) im Wege der Berufsaufsicht und bei schweren Verstößen der Anwaltsgerichtsbarkeit.

📖 *Anwaltliches Berufsrecht. Ein Kurzlehrbuch*
  von Volker Römermann / Wolfgang Hartung
  C.H. Beck Verlag
  ISBN: 3406491073

📖 *Anwalts-ABC Berufsrecht*
  von Rüdiger Zuck
  Schmidt Verlag
  ISBN: 3504181028

Die Tätigkeit als Kanzleiabwickler, Betreuer und Verfahrenspfleger, Testamentsvollstrecker sowie als Insolvenzverwalter zählt dagegen zum versicherten Kern des Anwaltsbereichs. Schließlich zählen hierzu auch die Bestellung als Treuhänder oder als Mediator bzw. Schiedsrichter.

Wenn ein Schadensfall droht, ist der Berufshaftpflichtversicherer möglichst schnell zu informieren. Die „Spielregeln" sollte man dabei unbedingt einhalten, um den Versicherungsschutz nicht unnötigerweise zu gefährden oder ganz zu verlieren.

Die so genannte Schadenshäufigkeit der deutschen Rechtsanwälte liegt bei ca. 25 Prozent im Jahr, d.h. im Durchschnitt meldet jeder Anwalt seiner Berufshaftpflichtversicherung etwa alle vier Jahre einen Versicherungsfall. Erfahrungsgemäß stellen sich nur bei einem geringen Teil der gemeldeten Versicherungsfälle

Schadensersatzansprüche des Mandanten auch als tatsächlich begründet heraus. Es ist allerdings auch davon auszugehen, dass es eine nicht unerhebliche Dunkelziffer gibt, in denen der Mandant überhaupt nicht bemerkt, dass die Mandatsbearbeitung möglicherweise fehlerhaft war.

Für Rechtsanwälte hat die Vermögensschaden-Haftpflichtversicherung eine erhebliche Bedeutung: Denn wenn Sie für einen beruflichen Fehler haftbar gemacht werden, kann Sie das schnell ihre Existenz kosten. Deshalb ist es für Sie als Anwalt gesetzlich vorgeschrieben, dass Sie nur dann zur Anwaltschaft zugelassen werden, wenn Sie eine solche Vermögensschaden-Haftpflichtversicherung abgeschlossen haben.

Was also tun, wenn ein Haftpflichtfall droht?

Als erstes sollten die Anzeigeobliegenheiten beachtet werden. Gemäß § 5 Abs. 2 Satz 1 AVB ist jeder Versicherungsfall dem Versicherer unverzüglich, spätestens innerhalb einer Woche schriftlich anzuzeigen. Hier kommt es mitunter zu Missverständnissen, was unter dem „Versicherungsfall" zu verstehen ist und wann ein solcher vorliegt.

In § 5 Abs. 1 AVB wird der Versicherungsfall dahingehend definiert, dass es sich um den Verstoß handelt, der Haftpflichtansprüche gegen den Versicherungsnehmer zur Folge haben könnte. Der Gebrauch des Konjunktivs in dieser Bestimmung verdeutlicht, dass bereits die Möglichkeit einer Inanspruchnahme durch den Mandanten bzw. einen sonstigen Dritten genügt, um den Versicherungsfall zu begründen. Es kommt nicht darauf an, ob die Ansprüche schon konkret erhoben wurden. Zudem ist unerheblich, ob der Anwalt die Auffassung vertritt, die Ansprüche seien unbegründet und es bedürfe deshalb keiner Anzeige beim Berufshaftpflichtversicherer.

Grundüberlegung für die frühzeitige Einschaltung und Information des Versicherers ist, dass dieser bereits in einem frühen Stadium mit seinen hochspezialisierten Schadensjuristen in die Lage versetzt werden soll, das mögliche Gefahrenpotenzial einzuschätzen und auch etwaige Rettungsmöglichkeiten aufzuzeigen.

Die Tagespraxis zeigt, dass gerade bei Fristsäumnissen der frühzeitige Kontakt wichtig ist. Das „Anzapfen" des Know-how beim Berufshaftpflichtversicherer im Wiedereinsetzungsrecht sowie in problematischen Verjährungsfragen (z.B. Primär- und Sekundärverjährung bei § 51 b BRAO) ist äußerst wichtig und kann im Fall des Unterlassens zu unliebsamen „Überraschungen" führen.

Letzteres dann, wenn der Versicherer mit Blick auf die Unterlassungen seine Leistungspflicht ablehnt oder mindert. Im AVB werden harte Konsequenzen statuiert. Auch wenn vorsätzliche Obliegenheitsverletzungen, die eine gänzliche Leistungsfreiheit des Versicherers begründen, selten vorkommen, können auch die Folgen grob fahrlässiger Obliegenheitsverletzungen und die damit einhergehenden Kausalitätsüberlegungen mitunter dramatisch sein.

Ein Beispiel aus der Praxis mag dies verdeutlichen: Gegenüber einem Rechtsanwalt wurden Regressansprüche in Höhe von etwa 50.000 EUR vorgerichtlich geltend gemacht. Da der Rechtsanwalt die Ansprüche für gänzlich unbegründet und zudem verjährt ansah, meldete er den Vorgang nicht beim Versicherer und lehnte auch eine vom Mandanten vorgeschlagene Vergleichslösung in Höhe von 25.000 EUR rigoros ab. Der Mandant erhob Klage gegen den Rechtsanwalt und siegte in voller Höhe über zwei Instanzen.

Erst nach Vorliegen des zweitinstanzlichen Urteils, dessen Hauptsachebeträge der Rechtsanwalt zunächst aus eigenen Mitteln ausgeglichen hatte, informierte er seinen Berufshaftpflichtversicherer und bat um Erstattung der Gesamtaufwendungen (Hauptsache, Zinsen, Kosten). Der Versicherer berief sich auf eine grob fahrlässige Obliegenheitsverletzung des rechts- und vertragskundigen Rechtsanwalts. Der Versicherer war lediglich zur Zahlung des vorprozessual diskutierten Vergleichsbetrages von 25.000 EUR (zzgl. der auf diesen Teilbetrag entfallenden Zinsen) bereit.

Letzteres mit der Begründung, dass er wegen der risikoreichen, wenn nicht aussichtslosen Verteidigungsposition den Vergleichsbetrag sofort akzeptiert und es zu keiner gerichtlichen Auseinandersetzung hätte kommen lassen. Der Rechtsanwalt blieb damit auf dem hälftigen Klagebetrag (nebst Zinsen) sowie den Verfahrenskosten „sitzen".

Bei der Schadensmeldung kann sich die Frage stellen, bei welchem Versicherer die Anzeige zu erfolgen hat; letzteres dann, wenn der Rechtsanwalt während seines beruflichen Werdegangs den Versicherer ein- oder mehrmals gewechselt hat. Anders als in der Allgemeinen Haftpflichtversicherung kommt es in der anwaltlichen Berufshaftpflichtversicherung auf den Verstoß und damit den Zeitpunkt des beruflichen Versehens an. Nicht der Schadenseintritt oder die Regresserhebung sind von Bedeutung. Der Schadensfall ist damit bei dem Versicherer zu melden, in dessen zeitliche Zuständigkeit das (behauptete) fehlerhafte Tun oder Unterlassen fällt.

📖   *Die Beweislast im Anwaltshaftungsprozess*
      von Lange
      Nomos Verlag
      ISBN: 3789081094

📖   *Handbuch der Anwaltshaftung*
      Zap-Verlag für die Rechts- U. Anwaltspraxis
      ISBN: 3896550128

📖   *Haftungsbeschränkungsmöglichkeiten für Rechtsanwälte*
      von Lehmann
      Deutscher Anwaltverlag
      ISBN: 3824051982

5.1.3 Verdienstmöglichkeiten

Der *Bundesrechtsanwaltskammer* (BRAK) ist es zu verdanken, dass seit 1993 empirische Erhebungen zur beruflichen und wirtschaftlichen Lage und Entwicklung der deutschen Anwaltschaft vom *Institut für Freie Berufe* im Rahmen der *STAR-Ergebnisdokumentation* veröffentlich werden. Dabei werden vor allem Umsätze, Kosten, Kostenstrukturen und das erzielte Einkommen ermittelt.

Die Einkommen der Rechtsanwältinnen und Rechtsanwälte in Deutschland gehen zurück. Die sich rapide verschlechternde Einkommenssituation der Anwaltschaft zeigt eine durch die Bundesrechtsanwaltskammer in Auftrag gegebene Untersuchung des *Institut der Freien Berufe* zu den Umsatz- und Einkommensentwicklungen der Rechtsanwälte für das Wirtschaftsjahr 2000. Nachfolgend sind die Durchschnittseinkommen von Anwälten dargelegt:

Durchschnittseinkommen von Einzelanwälten

Neben der Tätigkeit in einem Unternehmen oder dem öffentlichen Dienst bleibt dem (Voll-) Jurist noch die Tätigkeit als angestellter Rechtsanwalt. Diesen Weg schlägt der größte Teil der Bewerber ein. Aus diesem Grunde sind hier auch die Einstiegsgehälter eher unterdurchschnittlich, wobei zudem die Gehälter zwischen Ost und West auseinander fallen. Ausnahmen bilden hier allein große Rechtsanwalts- und Beratungskanzleien. Diese stellen jedoch auch höchste Ansprüche an die Bewerber.

Die riesige Bandbreite der deutschen Anwaltschaft zeigt sich auch bei den Einkommen, wobei Fachleute hier bereits von einer „Amerikanisierung" der Verhältnisse sprechen:

Die aktuellen Zahlen über die Zunahme von Rechtsanwälten in Deutschland belegen, dass die Einkommen der Rechtsanwälte nach dem ungewöhnlichen Boom zwischen 1994 und 2000 wieder nach unten gehen, und zwar stark.

Ein Einzelanwalt hat 1996 rund 94.000 DM persönlichen Jahresüberschuss erzielt. Im Jahr 2000 waren es noch 71.000 DM und heute dürften es um die 37.000 EUR sein. Damit liegt das persönliche Netto-Monatseinkommen nach Abzug aller Kosten und typischen Steuern nicht höher als 1.500 EUR. Dies sind ca. 20 Prozent weniger als im Jahr 1999.

Nach einer Studie des Nürnberger *Institut für Freie Berufe* erzielt jeder zweite selbstständige Rechtsanwalt in den alten Bundesländern gerade einmal ca. 22.500 EUR. Im Durchschnitt verdient der Einzelanwalt bei einem durchschnittlichen Jahresumsatz von ca. 130.000 EUR lediglich 53.500 EUR vor Steuern im Jahr. Bei einer Umrechnung kommt man dabei lediglich auf einen Stundenlohn von etwas über 20 EUR.

Das oben genannte Gehaltsgefälle zeigt sich aber nicht nur bei den bereits etablierten Rechtsanwälten, sondern auch bei den Berufseinsteigern: In kleineren Kanzleien sind oftmals Anfangsgehälter von unter 2.000 EUR im Monat an der Tagesordnung; dies gilt gerade in Groß- und Universitätsstädten, in denen der Andrang der Bewerber entsprechend groß ist. Zu allem Überfluss werden Rechtsanwälte dort in der Regel als freie Mitarbeiter beschäftigt, so dass das Gehalt durch die zu zahlenden Abgaben weiter geschmälert wird.

Trotz des schmalen Salärs wird regelmäßig eine 50-Stunden-Woche erwartet.

Es mag viele Kollegen geben, die ein so niedriges Einkommen durch andere Tätigkeiten oder Familieneinkommen ausgleichen können. Die Zahl der Rechtsanwälte, die weit unterdurchschnittlich verdienen, dürfte bei 20 bis 30 Prozent liegen und künftig weiter wachsen. Das hat Auswirkungen sowohl auf die Qualität als auch auf den Umgang mit dem Geld.

Von den Rechtsschutzversicherern hört man, dass viele Rechtsanwälte Fremdgelder nicht mehr zeitnah abrechnen, sondern sich offenbar auch über diese Quellen „zwischenfinanzieren" – obwohl das die Grenze zur Strafbarkeit überschreiten kann. Es werden auch Mandate angenommen, die zu gesetzlichen Gebühren noch nicht einmal Kosten deckend zu erledigen sind. Wie ein Kollege aus einer Kammer berichtete, steigen die Zahlen für den Zulassungsentzug aufgrund des Vermögensverfalls nicht dramatisch, wohl aber die Fälle, bei denen Rechtsanwälte ihre Gläubiger nicht mehr bedienen können.

Interessant sind auch die Unterschiede zwischen den einzelnen Bundesländern. In Berlin betreut ein Rechtsanwalt 386 und in Bayern 641 Einwohner. Diese Relationen dürften sich auch in dem Einkommen entsprechend niederschlagen.

Seit dem 01.07.2004 gibt es das neue Rechtsanwaltsvergütungsgesetz (RVG). Das RVG wird sich aber regelmäßig in Bezug auf die Erhöhung der Anwaltsgebühren wahrscheinlich nicht wirklich einkommensverbessernd auswirken. Doch dazu unten mehr.

Durchschnittseinkommen von Partnern einer Sozietät

Deutlich besser sieht es bei den Rechtsanwälten aus, die sich zu einer örtlichen oder überörtlichen Sozietät zusammengeschlossen haben: Hier erwirtschaftet jeder Partner im Schnitt bei einem auf ihn entfallenden Jahresumsatz von ca. 180.000 EUR einen Gewinn von 87.000 EUR vor Steuern; in überörtlichen Sozietäten einen Jahresumsatz von 335.000 EUR bei einem durchschnittlichen Jahresgewinn von 235.000 EUR vor Steuern.

Nach Abzug der Kosten und der Einkommenssteuer verblieben dem Sozius einer örtlichen Sozietät monatlich 3.172,05 EUR (minus 8,29 Prozent), so eine Untersuchung der BRAK.

Die Stars der Zunft, die Stundensätze von bis zu 1.000 EUR verlangen und bekommen, verdienen natürlich ebenso wie die Seniorpartner großer Sozietäten ein Vielfaches. Dies wird nicht zuletzt daran liegen, dass sich in derartigen Sozietäten über 80 Prozent aller Rechtsanwälte spezialisiert haben und die mit diesen Spezialkenntnissen betreuten Mandate einen ganz anderen Umsatz erzielen.

Bei der Gewinnverteilung zwischen den Partnern stehen letztlich drei Modelle zur Wahl, die allerdings bei vielen Kanzleien miteinander kombiniert werden:

- *Lockstep-Verfahren*
  Hier erfolgt die Gewinnverteilung abhängig von der Dauer der Sozietätszugehörigkeit nach einem vorher festgelegten Punkteverfahren unabhängig vom persönlichen Umsatz. Der Partner erhält zu Anfang der Partnerschaft eine gewisse Punktzahl, die über einen zuvor festgelegten Zeitraum bis zu einer festgelegten Höchstgrenze ansteigt. So erhält in manchen Kanzleien ein Juniorpartner nur 30 Prozent dessen, was die Seniorpartner bekommen; erst nach zwölf Jahren wird er paritätisch beteiligt. Oftmals wird dieses Lockstep-Verfahren mit zusätzlichen Leistungsanreizen für umsatzstarke Partner kombiniert.

- *Erfolgsabhängige Vergütung*
  Unabhängig von der Dauer der Sozietätszugehörigkeit entscheidet der persönliche Beitrag, den der einzelne Partner zum erwirtschafteten Sozietätsgewinn beigetragen hat. Dies kann letztlich zu einer sozietätsinternen Jagd nach umsatzstarken Mandaten führen. Auch der Ausbau von spezialisierten Abteilungen, die nicht am ersten Tag bereits profitabel arbeiten können, wird erschwert.

- *Eat what you kill*
  Jeder Partner arbeitet quasi als Profit-Center auf eigene Rechnung, in dem er sämtliche auf ihn entfallenden Kosten trägt, aber auch den von ihm persönlich erwirtschafteten Gewinn in voller Höhe entnehmen darf.

Durchschnittseinkommen von Associates

„Von den rund 20 Kollegen meines Einstiegsjahrgangs ist nur einer Partner geworden, von den anderen 19 sind höchstens noch einer oder zwei in der Kanzlei." Dies ist die Aussage eines Aufsteigers in einer renommierten Großkanzlei.

Nachwuchstalente schätzen – mangels offizieller Zahlen – , dass bis zur Hälfte aller *Associates* in Großkanzleien in den ersten Jahren die Kanzlei wechseln oder sich einen anderen Job suchen, viele freiwillig, immer mehr aber auch unfreiwillig.

Noch vor gut drei Jahren rannten die Großkanzleien dem qualifizierten Nachwuchs die Türen ein und überboten sich mit immer enormeren Gehaltsangeboten. Mittlerweile stöhnen Kanzleimanager gegenwärtig über die geänderten Zeiten, in denen man sich wieder von umsatzschwächeren Partnern trennt und Beratungsbereiche abwirft.

Die Fusion mit angloamerikanischen Law Firms beschert den deutschen Kanzleien häufig eine ungewohnte Unternehmensstruktur. Diese fordert von den Rechtsanwälten betriebswirtschaftliches Denken und unterwirft sie einem Controlling, das von vielen als Zumutung empfunden wird. Zeiterfassungsbögen, regelmäßige Umsatzmeldungen, festgelegte Jahresvorgaben von wenigstens 2.000 Stunden Arbeitszeit sind für die traditionell selbstständigen Juristen Neuland. Eine 50- bis 60-Stundenwoche wird als durchschnittlich eingeschätzt, es kann auch gelegentlich Arbeit am Wochenende dazukommen.

Auch das Anfangsgehalt von 5.000 bis 7.000 Euro brutto tröstet nicht jeden hoffnungsvollen Nachwuchsjuristen darüber hinweg, jahrelang als Sachbearbeiter für den federführenden Rechtsanwalt zu arbeiten. Und der Schritt zur Partnerschaft ist keineswegs vorgezeichnet. Allzu häufig wird der bei einer Law Firm beschäftigte Junganwalt morgens um neun Uhr die Computer anschalten, die bereits begonnenen Schriftsätze vom Vortag kontrollieren oder sich von einem Partner erklären lassen, was an dem gerade Geschriebenen noch verbessert werden kann. Abends gegen sechs Uhr wird es dann etwas ruhiger, das Tagesgeschäft ist erledigt. Jetzt kann er daran denken, längere, komplizierte Entwürfe zu schreiben. Wenn es dann gut läuft, ist gegen 21 Uhr Feierabend.

So avancierten beispielsweise nur drei von insgesamt 498 Rechtsanwälten der Kanzlei *Freshfields, Bruckhaus, Deringer* im Jahr 2003 in den Status der Partnerschaft.

Von den Law Firms wird gerne die voll entwickelte, kreative Persönlichkeit der Jungjuristen angepriesen – für viele ist dies nur Propaganda.

Für Associates bedeutet dieser Strukturwandel: engerer Markt, gesunkener Marktwert und verschlechterte Aufstiegschancen.

Nachfolgend finden Sie eine Auflistung von Höchstverdienst in Euro für Associates in Deutschland (Stand 2003):

Kanzlei	Gehalt	Bemerkung
Allen & Overy	80.000 + Bonus	Bonus je nach Geschäftserfolg, prozentualer Anteil gestaffelt nach Gehalt
Baker & McKenzie	77.000	–
Beiten Burkhardt Goerdeler	65.000 – 75.000	abhängig von Qualifikation
Cleary Gottlieb Stehen & Hamilton	87.000 + Bonus	abhängig von Qualifikation
Clifford Chance Pünder	80.000 + Bonus	Bonus für außerordentliche Leistung
CMS Hasche Sigle	bis 75.000 + Bonus	Gehalt nach Qualifikation, Bonus nach Ertragslage und individueller Performance
Coudert Brothers	60.000 – 65.000 + Bonus	Bonus max. 7.500
Freshfield Bruckhaus Deringer	78.000	72.000 ohne LL.M. oder Promotion
Gleiss Lutz	70.000 – 80.000	je nach Qualifikation
Hengeler Mueller	bis 80.000	ohne Auslandsaufenthalt 75.000
Hölters & Elsing	70.000	Bonus nur im Ausnahmefall
Linklater Oppenhoff & Rädler	bis 82.000 + Bonus	Bonus leistungsabhängig
Luther Menold	60.000 – 75.000	als Gesamtpaket
Norton Rose Vieregge	bis 81.600 + Bonus	umsatzabhängig
Shearman & Sterling	74.000 + Bonus	Bonus abhängig von Ertragslage und individueller Performance
Skadden, Arps, Slate Meagher & Flom	85.000 + Bonus	Bonus umsatzabhängig
Weil, Gotshal & Manges	70.000 + Bonus	Bonus leistungsabhängig

Das neue Rechtsanwaltsvergütungsgesetz

Am 01. Juli 2004 trat das neue Rechtsanwaltsvergütungsgesetz (RVG) in Kraft. Das RVG löst das bisherige Gebührenrecht (Bundesrechtsanwaltsgebührenordnung/BRAGO) ab. Es enthält wichtige strukturelle Änderungen des alten Anwaltsgebührenrechts sowie die Abschaffung des zehnprozentigen „Gebührenabschlages Ost". Nach Ansicht des *Deutschen Anwaltvereins* (DAV) war diese Regelung notwendig, da die Anwaltschaft bislang auf der Grundlage der seit Mitte 1994 unveränderten Gebühren arbeitete. Die seitdem gestiegenen Kosten für Personal- und Sachleistungen hätten zu einem erheblichen Rückgang anwaltlicher Erträge geführt. Keiner anderen Berufsgruppe habe man so viele Nullrunden zugemutet. Vor diesem Hintergrund war die Steigerung von etwa 14 Prozent für die Zeit seit 1994 sehr maßvoll und entsprach einer jährlichen Anpassung von nur 1,4 Prozent. Diese Steigerung ergab sich aus Berechnungen des *Bundesministeriums der Justiz.*

Die von Seiten der Medien und der Versicherungswirtschaft vorgebrachten „Steigerungen von 21 Prozent" seien dagegen unseriös gerechnet, so der DAV. Bei diesen Berechnungen haben diese immer die höchsten Gebühren im Vergleich zu den bisherigen niedrigsten Gebühren gerechnet. Motivation für solche einseitig verzerrten Rechenbeispiele sei nach Ansicht des DAV wohl der Verkauf von Rechtsschutzversicherungen (bzw. die geplante Anhebung der Versicherungsprämien).

Angesichts des sehr mäßigen Umfangs der Anhebung kann die Anwaltschaft keine Freudentänze aufführen. Sie bleibt weit hinter der allgemeinen wirtschaftlichen Entwicklung zurück. Hervorzuheben ist, dass es einen politischen Konsens gegeben hat. Das RVG war von allen Bundestagsfraktionen und vom Bundesrat beschlossen worden.

5.1.4 Syndikusanwalt

Der Syndikusanwalt ist ein Rechtsanwalt, der seiner beruflichen Tätigkeit vornehmlich in einem regelmäßig durch Dienstvertrag (Anstellungsvertrag) geordneten Beschäftigungsverhältnis mit einem ständigen Arbeitgeber nachgeht. Sehr häufig liegt indessen der Schwerpunkt der beruflichen Arbeit des Syndikusanwalts durchaus, manchmal sogar ausschließlich, in der Tätigkeit für den ständigen Arbeitgeber. Syndikusanwälte sind meist in Unternehmen, Banken, Versicherungen und Verbänden aller Art sowie ähnlichen Vereinigungen tätig.

Da die Märkte immer mehr zusammenwachsen und die Zahl der internationalen Fusionen immer größer werden, wächst auch der Bedarf an einer Rechtsberatung, die über das nationale Recht hinausgeht. Nur durch Personalstärke und der damit verbundenen Spezialisierung sind die Top-Kanzleien in der Lage, den betreuten Unternehmen einen Full-Service zu bieten.

Allein die 18 größten Wirtschaftskanzleien stellen insgesamt etwa 500 Rechtsanwälte pro Jahr ein, also acht Prozent eines jeden Jahrgangs.

Die 20 größten Kanzleien in Deutschland sind:

Name	Umsatz in Mio. EUR	Anzahl Anwälte
1. Freshfield Bruckhaus Deringer	285	499
2. Clifford Chance Pünder	151	409
3. Hengeler Mueller	149	203
4. Linklaters Oppenhoff & Rädler	145	344
5. CMS Hasche Sigle	125	324
6. Lovells	106	254
7. Gleiss Lutz	93,9	218
8. Baker & McKenzie	83	176
9. EY LAW Luther Menold	82,8	280
10. Nörr Stiefenhofer Lutz	82,5	207
11. Haarmann Hemmelrath	78,5	163
12. Shearman & Sterling	73	124
13. Taylor Wessing	73	206
14. Beiten Burkhardt Goerdeler	70	240
15. White & Case	67	184
16. Allen & Overy	48,5	120
17. Rödl & Partner	47,1	170
18. Heuking Kühn Lüer Wojtek	43,8	133
19. Norton Rose Vieregge	34	95
20. Heussen Rechtsanwalts-GmbH (PricewaterhouseCoopers Veltins)	33	155

(Quelle: Azur Juve 2003/2004)

Die Berufsgruppe der Syndizi zeichnet sich, wie Examina und Promotionsraten belegen, durch eine überdurchschnittliche Qualifikation aus.

Ungeachtet der in weiten Teilen der Wirtschaft anhaltenden Tendenz, mittels Fremdvergabe von Aufgaben an Dritte (*Outsourcing*) die Kosten zu senken, können Syndizi zumeist ihre Stellung im Unternehmen behaupten. Dies erklärt sich sowohl aus den vergleichsweise hohen Kosten, die mit einer externen Beratung verbunden sind, als auch aus dem Erfordernis nach beständig verfügbarer rechtlicher, die unternehmens- und verbandsinternen Besonderheiten berücksichtigender Kompetenz im Unternehmen oder Verband. In Zeiten durchgreifender technologischer und gesellschaftlicher Veränderungen sowie einer zunehmenden Verrechtlichung aller Lebensbereiche besteht in den Unternehmen mehr denn je ein Bedarf an einen mit Strukturen vertrauten Juristen, der dem strengen anwaltlichen Berufsethos unterlieg, im Rahmen seiner juristischen Tätigkeit unabhängig arbeitet und aufgrund seiner internen Kenntnisse die nötige Umsetzung kaufmännischer oder technischer Sachverhalte in eine rechtliche Betrachtung zu leisten vermag.

Der Syndikusanwalt ist aufgrund seiner ständigen Präsenz und Ansprechbarkeit im Unternehmen, seiner Kenntnis von Personen, Produkten und Geschäftssachverhalten wie kein zweiter in der Lage, die rechtlichen Dimensionen einer geschäftlichen Maßnahme früh zu erkennen, etwaige Risiken und Handlungsalternativen schnell und unternehmensadäquat aufzuzeigen und so dem Unternehmen Gewinnchancen zu eröffnen, Kosten zu ersparen oder Schaden von ihm abzuwenden.

Das durchschnittliche Bruttojahreseinkommen der Unternehmenssyndizi aus Angestelltentätigkeit beträgt durchschnittlich 100.000 EUR, während die Verbandssyndizi mit durchschnittlich 80.000 EUR ein erheblich niedrigeres Einkommen aus unselbstständiger Tätigkeit erzielen. Dieser Einkommensvorteil kehrt sich bei den Einkünften aus anwaltlicher Kanzleitätigkeit ins Gegenteil. In diesem Bereich weisen die Verbandssyndizi mit durchschnittlich 32.000 EUR wesentlich höhere Honorarumsätze aus als ihre in Unternehmen beschäftigten Berufskollegen, die durchschnittlich „nur" 16.000 EUR erwirtschaften.

5.1.5 Ausländisches Betätigungsfeld

Nach bestandenen Ersten oder Zweiten Staatsexamen steht bei vielen Juristen ein weiterer Abschluss auf der Tagesordnung. So besteht die Möglichkeit, die Prüfung zum Rechtsanwalt im Ausland – etwa als *Attorney at Law*, *Maître en Droit* oder als *Solicitor/Barrister* – in Angriff zu nehmen.

Lesen Sie dazu die nachfolgenden Ausführungen:

Attorney at Law

Für Studenten, die ihren LL.M. in den USA absolvieren, bietet sich nach dem Abschluss noch eine interessante Möglichkeit die „Titelsammlung" zu erweitern.

Attorney at Law darf sich ein Anwalt nennen, der in den USA nach bestandener Prüfung (*bar exam*) als Rechtsanwalt zugelassen wird. Mit dieser Zulassung kann der *Attorney at Law* in dem jeweiligen Bundesstaat als Rechtsanwalt Mandanten betreuen und vor Gericht auftreten. Um für die Prüfung zugelassen zu werden, muss man in der Regel einen angloamerikanischen Juraabschluss haben. In einigen Bundesstaaten, z. B. in New York, genügt dafür der LL.M.-Abschluss, der nach dem Ersten Staatsexamen erworben werden kann. Am anspruchsvollsten, aber auch am beliebtesten, ist die Anwaltsprüfung im Bundesstaat New York (90 Prozent aller ausländischen Bewerber entscheiden sich dafür).

Am Beispiel des *New York Bar Exam* soll hier einmal kurz der Prüfungsablauf dargestellt werden: Verteilt auf zwei Testtage wird vom Prüfling die Anfertigung von fünf kurzen Aufsätzen zum Recht des Staates New York, die Beantwortung von 50 Multiple-Choice-Fragen zu Besonderheiten des New Yorker Rechts, die Anfertigung einer Klausur im Stile einer Klausur des Zweiten Staatsexamens und die Beantwortung von 200 Multiple-Choice-Fragen über Hauptgebiete des *Common Law* erwartet. Sollte der Bewerber erfolgreich gewesen sein, muss er sich noch einem Charaktertest stellen, in dem die moralische Eignung des Bewerbers getestet wird. Sofern der Antrag zur Aufnahme als Anwalt bei dem *New York State Supreme Court* ordnungsgemäß eingereicht wurde, erfolgt nach dem Charaktertest die Eintragung in die Anwaltsrolle, die Aushändigung der Urkunde und das Ablegen des Amtseids. Danach darf man sich *Attorney at Law* nennen.

Zum *New York Bar Exam* siehe *www.nybarexam.org* und *www.jumag.de/ ju3525.htm*.

Praktisch alle Prüflinge besuchen vor der Anwaltsprüfung ein zweimonatiges Repetitorium. Dort werden täglich sechs bis sieben Stunden sowohl das nötige Wissen vermittelt als auch der Umgang mit dem Multiple-Choice-Verfahren geübt. Der Marktführer *Barbri* (*www.barbri.com*) bietet regelmäßige Vorbereitungskurse an.

Diese Zeit ist sehr hart, schon die amerikanischen Kollegen rechnen mit bis zu zwölf Stunden Lernpensum pro Tag.

Man kann diese Prüfung auch bestehen, ohne vorher das amerikanische Recht kennen gelernt zu haben. Im Unterschied zum deutschen Studium und der Examensvorbereitung diskutiert man an amerikanischen Universitäten hauptsächlich. Erst in der Vorbereitung auf die Anwaltsprüfung lernt man das materielle und prozessuale Recht richtig kennen und anzuwenden. Da sich in jedem Rechtskreis ähnliche Probleme stellten, kann ein deutscher Jurist nach dem Ersten Staatsexamen und dem amerikanischen Repetitor die Prüfung wagen. Der Schwierigkeitsgrad ist mit den deutschen Staatsexamina vergleichbar. Ein Großteil der Kandidaten, ca. 60 Prozent, besteht die Prüfung nicht, Kennedy jr. scheiterte bekanntlich gar sieben Mal.

Wenn man die Kosten für den *Attorney at Law* ohne den LL.M.-Abschluss beziffert, so kommt man insgesamt auf ca. 3.000 US Dollar: ca. 1.600 US-Dollar für das Standardrepetitorium, 500 US-Dollar für ein weiteres Repetitorium, das besonders Ausländern empfohlen wird, und 1.000 US-Dollar für Prüfung und Zulassung. Dazu kommen jährlich etwa 150 US-Dollar Verwaltungskosten für die Zulassung. Ein Stipendium für den *Attorney at Law* gibt es nicht.

Aber lohnt sich der Aufwand? Bei amerikanischen Mandanten zählt ein Auslandsstudium bzw. der LL.M.-Titel nicht viel. Aber der *Attorney at Law* kann ein erheblicher Vorteil sein. Das ist praktisch eine staatliche Legitimation, die zeigt, dass man was kann. Zu ihm kommen amerikanische Mittelstands-Unternehmen, die in Deutschland oder in den USA Rechtsprobleme haben.

Außerdem gibt es nur wenige Anwälte in Deutschland, die als *Attorney at Law* zugelassen sind. Wer hingegen in einer deutschen oder amerikanischen Großkanzlei arbeiten will, dem genügt der LL.M.-Abschluss.

Auch wenn die wenigsten deutschen Juristen tatsächlich in New York als Anwalt praktizieren werden, so stellt die Prüfung eine gute Erfahrung dar und auch Großkanzleien sehen diese Qualifikation nicht ungern.

Allerdings: Es gibt in amerikanischen Kanzleien kaum Mandantenkontakt, keine Prozessführung, vorwiegend Arbeit am Sachverhalt und am Vertragstext.

Weitere Informationen kann man auch bei der *Deutsch-Amerikanischen Juristenvereinigung* unter *www.dajv.de* erfragen.

Maître en Droit

Die Bezeichnung *Maître en Droit* bezeichnet den Titel, den man führen darf, wenn man die Abschlussprüfung nach dem vierjährigen französischen Hochschulstudium, die *maîtrise en droit*, bestanden hat. Diese Bezeichnung *Maître en Droit* ist nicht zu verwechseln mit der Anrede *Maître*, mit der die französischen Rechtsanwälte respektvoll tituliert werden.

Anders als in Deutschland endet das französische Jurastudium nicht mit einem Staatsexamen. Stattdessen finden Jahresprüfungen statt, die von den Universitäten selbst abgenommen werden. Die am Ende des vierten Studienjahres stattfindende *maîtrise* entspricht am ehesten dem deutschen Referendarexamen. Dabei ist jedoch zu beachten, dass diese stets im Zusammenhang mit den vorangegangenen Jahresexamen, dem „D.E.U.G" (*diplôme d'études universitaires générales*) nach dem zweiten Studienjahr, und der „licence en droit" nach dem dritten Studienjahr, gesehen werden muss. Mit der *maîtrise* hat der Student grundsätzlich einen Studienabschluss erlangt, der den Eintritt ins Berufsleben ermöglicht. Häufig folgen jedoch noch Aufbaustudien an der Universität (D.E.A. oder D.E.S.S.), eine Promotion oder eine Weiterbildung an einer der Eliteschulen Frankreichs.

Der Erwerb der *maîtrise* berechtigt jedoch noch nicht, wie in Deutschland das Referendarexamen, unmittelbar zur Ausübung einer der typischen juristischen Berufe, weshalb die Aufbaustudien in der Regel notwendig sind. Dabei führt das „D.E.A." (*diplôme d'études approfondies*) zu einer juristisch-wissenschaftlichen und das „D.E.S.S." (*diplôme d'études supérieures spécialisées*) zu einer juristisch-beruflichen Qualifikation.

Die Ausbildung zum Rechtsanwalt (*avocat*) ist in Frankreich den berufsständischen Organisationen übertragen. Zugangsberechtigt sind Inhaber der *maîtrise*, die zusätzlich eine Aufnahmeprüfung abgelegt haben. Nach einer zwölfmonatigen Ausbildung findet ein auf die typischen Anwaltsfunktionen bezogenes Examen statt, das zum *certificat d'aptitude à la profession d'avocat* führt.

Erst nach zwei weiteren praktischen Jahren erhält man das *certificat de fin de stage*, das die Eintragung in das Verzeichnis der Anwaltskammer und schließlich die Niederlassung als *avocat* ermöglicht.

Als deutscher Student kann man das französische Jurastudium genau so wie Franzosen absolvieren, wenn man die allgemeinen Voraussetzungen erfüllt. Das Abitur wird anerkannt, eine Sprachprüfung ist vorher abzulegen und in den meisten Fällen müssen studienbegleitend weitere Sprachkurse an der Universität belegt werden.

Je nach persönlichem Berufswunsch empfiehlt es sich für den deutschen Juristen, entweder vor dem ersten Staatsexamen ein Studienjahr in Frankreich einzuschieben, um die *licence en droit* abzulegen, oder aber nach dem ersten Staatsexamen, um nach Abschluss des vierten französischen Studienjahres die *maîtrise* zu bestehen. Die deutschen Studienleistungen werden entsprechend anerkannt, so dass ein Quereinstieg direkt in das dritte oder vierte französische Studienjahr möglich ist.

Der Vorteil des vierten Studienjahres liegt darin, dass man sich spezialisieren und beispielsweise Fächer im allgemeinen Zivilrecht, Wirtschaftsrecht oder im internationalen öffentlichen Recht belegen kann, ohne sich mit den Grundlagen anderer Rechtsgebiete befassen zu müssen, die nach den ersten Studienjahren bereits abgeprüft wurden. Die Prüfungen werden dann universitär von den Professoren abgenommen, die auch die Vorlesungen gehalten haben.

Die Prüfungen der *maîtrise en droit* sind in zwei Sektionen unterteilt. Von den insgesamt neun zu belegenden Fächern (zzgl. zwei Arbeitsgemeinschaften) werden vier nach dem ersten halben Jahr im Winter geprüft, die restlichen fünf am Ende des Studienjahres im Sommer. Man kann zu Beginn des Studienjahres selbst wählen, ob die Prüfungen schriftlich oder mündlich erfolgen sollen, wobei mindestens zwei Prüfungen schriftlich und eine mündlich erfolgen müssen.

Als deutscher Student kann man sich entweder direkt an die Universität seiner Wahl wenden und sich selbst durch den Verwaltungs- und Aufnahmedschungel kämpfen. Mittlerweile gibt es jedoch auch Universitäten, die entsprechende deutsch-französische Programme und Studiengänge anbieten.

Der praktische Nutzen einer *maîtrise* hängt zum einen natürlich von den persönlichen Berufsvorstellungen des Absolventen ab. Wer als Jurist im deutsch-französischen Umfeld arbeiten möchte, hat mit der *maîtrise* den Abschluss des französischen Jurastudiums und die intensive Beschäftigung mit dem anderen Rechtssystem nachgewiesen.

Solicitor / Barrister

Im angloamerikanischen Rechtskreis wurde ursprünglich die Aufgabe des Anwalts in zwei Bereiche aufgeteilt. Den Bereich des Kontakts mit dem Mandaten und der Erarbeitung des Falles, und den Bereich der Vertretung des Falles vor Gericht. Der erste Bereich wurde vom *Solicitor* und der Zweite vom *Barrister* übernommen.

Der einfachste Weg, solch ein *Solicitor* zu werden, führt auch in England über ein *Law Degree* einer akademischen Institution. Und da fangen die Unterschiede zu Deutschland schon an. Die Universitäten dürfen sich Ihre Studenten nämlich selbst aussuchen, einen einklagbaren Studienplatzanspruch gibt es nicht. Wer also nach Oxford oder Cambridge will, der muss in seinen drei A-Level-Fächern jeweils ein A erzielt haben. Übersetzt: In den drei Prüfungsfächern des Abiturs muss es jeweils die Note eins geben. Aber auch dann ist der Studienplatz an einer Elite-Universität noch lange nicht gesichert: Wer bei den oft mehrtägigen Auswahlprozeduren nicht überzeugt, muss es bei einer anderen Universität versuchen.

Das Jurastudium selbst dauert meist drei Jahre, bis es mit einem LL.B. (*Bachelor of Laws*) oder einem vergleichbaren Abschluss beendet wird. Aber Vorsicht: die *Law Society*, die später über die Zulassung zum *Solicitor* entscheidet, verlangt, dass der Student ein *Qualifying Law Degree* ablegt. Das kann er aber nur dann, wenn er in den sieben juristischen Kernfächern (Vertragsrecht, Deliktsrecht, Strafrecht, Equity & Trusts, EU-Recht, Immobilienrecht, Öffentliches Recht) mit 40 Prozent bestanden hat.

An das *Qualifying Law Degree* schließt sich ein so genannter *Legal Practice Course* an, der in Vollzeit ein Jahr dauert oder in Teilzeit zwei Jahre. Falls Sie mal in eine Diskussion verwickelt werden sollten: Die abkürzungsverrückten Engländer sprechen nur von „QLD" und „LPC".

Die Law Society macht einem nicht gerade Mut, wenn sie in ihrem offiziellen Merkblatt mitteilt, dass QLD und LPC noch lange keinen *Training Contract* garantieren. Den *Training Contract* muss der hoffnungsvoll aufstrebende Jungjurist nämlich bei einem bereits praktizierenden *Solicitor* ergattern – und wenn gerade Rezession herrscht und in den großen Law Firms der City Entlassungswellen Angst und Schrecken verbreiten, sieht es mau aus mit Angeboten. Selbst wenn man sein Examen mit 60 Prozent oder mehr bestanden hat, dem so genannten *„upper second“* oder „2.1.“, einer Note, die ein wenig vergleichbar mit dem deutschen „vollbefriedigend" ist. Nur wer eines der seltenen *„First“* schafft, das ab 70 Prozent vergeben wird, muss sich keine allzu großen Sorgen machen.

Wenn man es geschafft hat, einen *Training Contract* zu ergattern, dann geht man nicht nur bei seinem Anwalt in die Lehre, sondern muss gleichzeitig auch noch einen *Professional Skills Course,* besuchen. Die von der Rechtsgesellschaft, der *Law Society,* festgelegte jährliche Mindestvergütung beträgt 18.000 EUR, die Law Firms in der Londoner City locken mit Gehältern bis zu 45.000 EUR per anno.

So kann man es in sechs Jahren vom Schulabgänger zum Anwalt schaffen – und viele erreichen diese Zeitvorgabe auch. Wobei die letzten zwei Jahre der Ausbildung auch noch bezahlt werden. Aber selbst wer partout in Deutschland Anwalt werden will, sollte nachdenken, ob er nicht nach dem Abitur ein Jurastudium in England beginnt und so die beiden gefürchteten deutschen Staatsexamen mit ihren Durchfallquoten von bis zu 50 Prozent und die deutsche Massenuniversität umgeht. Denn nach den Vorschriften des europäischen Rechtsanwaltsgesetzes kann ein in England zugelassener *Solicitor* auch in Deutschland Recht Suchende beraten, ohne gegen das Rechtsberatungsgesetz zu verstoßen. Und nach drei Jahren kann ein Antrag auf Zulassung zur deutschen Rechtsanwaltschaft gestellt werden.

Neben der Standardroute zum Anwaltsberuf gibt es aber noch unzählige Alternativen. Wer Anwalt werden will, muss nicht notwendigerweise Jura studieren. Jedes andere Fach tut's auch: *„Degree in any subject“* vermerkt die *Law Society.* Zum *Solicitor* reift auch, wer mit einem *Non-law Degree* entweder einen einjährigen *Common-Professional-Examination* (CPE)- oder *Post-Graduate-Diploma-in-Law* (PgDL)-Kurs erfolgreich absolviert. Der ersetzt das Jurastudium und mit dem CPE oder PgDL kann man dann den *Legal Practice Course* besuchen, mit anschließendem *Training Contract* und *Professional Skills Course.*

Man kann aber auch noch ohne Universitätsstudium *Solicitor* werden, und zwar mit Hilfe des *Institute of Legal Executives* (ILEX). Dieser Weg steht denen offen, die bereits in einem juristischen Bereich arbeiten und sich weiterqualifizieren wollen.

Regeln über die örtliche, sachliche oder instanzielle Zuständigkeit der Anwälte bestehen nicht.

Jedoch ist zwischen der Tätigkeit des *Solicitors* und des *Barristers* zu unterscheiden: Der *Solicitor* ist ein selbstständiger Rechtsanwalt, der im Allgemeinen allein direkten Kontakt mit dem Mandanten hat und den Prozess vorbereitet. *Solicitors* treten selbst traditionellerweise (aber zunehmende Ausnahmen) nur vor den *Magistrates' Courts* und den *County Courts* (untere Gerichte) auf. *Barrister* dagegen haben in der Regel keinen Kontakt mit dem Mandanten und präsentieren vor Gericht die von den *Solicitors* vorbereiteten Fälle. Vor dem *Court of Appeal* (Berufungs- und Revisionsgericht) konnte man sich früher ausschließlich von einem

Barrister vertreten lassen. Die Trennung *Barrister/Solicitor* ist nicht mehr so strikt, die Entwicklung ist im Fluss.

Es bestehen keine amtlichen Rechtsanwaltsgebührenregelungen. Gebühren richten sich nach dem zeitlichen Aufwand. Als Stundensatz in guten Rechtsanwaltsfirmen ist durchaus mit einem Betrag von mindestens 300 £ zu rechnen.

Spitzenwerte in London liegen sogar deutlich höher. In zunehmendem Maße sind Erfolgshonorare (*conditional fee agreement*) zulässig. Zu berücksichtigen ist, dass auch bei Obsiegen in einem Prozess vom Gegner oft nicht mehr als 2/3 der Kosten zu erstatten sind. Es empfiehlt sich daher, mögliche Kosten frühzeitig abzuklären.

Der Einigungsvertrag zwischen England und Schottland von 1707 schreibt die unterschiedlichen Rechtssysteme der beiden Landesteile fest. Wenn inzwischen auch bedeutende Rechtsgebiete identisch oder ähnlich sind, so gibt es im Grundstücks-, Familien-, Erb- und Strafrecht weiterhin ausgeprägte Unterschiede.

Das *House of Lords* als oberstes Gericht in Großbritannien ist das einzige Zivilgericht im Vereinigten Königreich, das sowohl über englische als auch schottische Rechtsstreitigkeiten entscheidet.

Die englische „Gesellschaft für Recht" informiert darüber in einem Merkblatt, das im Internet zu finden ist unter *www.the-law-society.co.uk*.

Der *Barrister* Berufsverband der Anwälte vor höheren Gerichten, der *Barcouncil*, informiert über sich unter *www.barcouncil.org.uk/document.asp*.

Mehr über die Ausbildung zum *Barrister* erfährt man unter *www.legaleducation. org.uk/Careers/stages.php*.

Das Gesetz über die Tätigkeit europäischer Rechtsanwälte in Deutschland (EuRAG) ist nachzulesen unter *www.brak.de/seiten/pdf/EuRAG.pdf*.

5.2   Richter

Wer dem Trubel der Kanzleien und der Sorge um einen Arbeitsplatz oder zahlungskräftige Mandanten entfliehen will, kann sich – die entsprechenden Noten vorausgesetzt – auch bei Vater Staat verdingen.

Zurzeit sind ca. 21.000 Richter (Frauenanteil: 26 Prozent) tätig. Auch hier ist die positive Wirkung der deutschen Wiedervereinigung längst verflogen: Trotz der leicht steigenden Zahl der anhängigen Gerichtsverfahren ist die Zahl der Richter in den vergangenen Jahren um sechs Prozent zurückgegangen.

Die Verschiedenartigkeit der Fälle vor Gericht stellt differenzierte Anforderungen an die fachliche und menschliche Kompetenz des Richterpersonals. So werden innerhalb der Strafgerichtsbarkeit von der Jugendrichterin, die über eine Diebstahlsserie eines drogensüchtigen Jugendlichen zu urteilen hat, andere Kenntnisse und Fähigkeiten verlangt als von den Richtern einer Wirtschaftskammer, die die komplizierten europaweiten Zusammenhänge eines Subventionsbetruges aufzuklären und rechtlich zu bewerten haben.

Bei aller Unterschiedlichkeit haben diese Fallkonstruktionen eine Gemeinsamkeit: Es ist eine verbindliche Entscheidung über das, was Rechtens ist, erforder-

lich, weil das Recht zwischen den Beteiligten umstritten ist oder eine Rechtsver-
letzung geltend gemacht wird. Hier zeigt sich dann die „Herrschaftlichkeit" des
Richterspruchs. Absolute Garantien für die Rechtlichkeit und Richtigkeit des
Richterspruchs gibt es naturgemäß nicht.

Gemäß Artikel 92 des *Grundgesetzes* (GG) ist die Rechtsprechung (die recht-
sprechende Gewalt – die dritte Gewalt im Staat) den Richtern anvertraut.

Sie entscheiden als neutrale und unabhängige Staatsorgane in einem gesetzlich
geregelten Verfahren einen Rechtsstreit oder eine Strafsache.

Der Richter als unabhängiges Organ der Rechtspflege ist nur dem Gesetz und
seinem Gewissen unterworfen (Art. 97 GG). Der Richter gewährt so dem Bürger
Rechtsschutz gegenüber seinen Mitbürgern und gegenüber staatlichen Institutionen.

Der Richter ist sachlich und persönlich unabhängig. Sachliche Unabhängigkeit
bedeutet, dass den Richtern keine Weisungen erteilt werden können.

Persönliche Unabhängigkeit bedeutet, dass planmäßige Richter von keiner
staatlichen Stelle gegen ihren Willen an eine andere Stelle versetzt, dauernd oder
zeitweise ihres Amtes enthoben oder entlassen werden können.

Einen Überblick über die Ausbildung finden Sie im *Deutschen Richtergesetz*
(DRiG).

Grundsätzlich gibt jedoch folgendes:
In das Richterverhältnis darf nur berufen werden, wer:

- Deutscher im Sinne des §116 des Grundgesetzes ist
- die Gewähr dafür bietet, dass er jederzeit für die freiheitliche demo-
  kratische Grundordnung eintritt, und
- die Befähigung zum Richteramt besitzt

Assessoren können grundsätzlich unmittelbar nach bestandenem Zweiten Staatsexamen die Richterlaufbahn einschlagen.

Es werden laufend qualifizierte Bewerber zur Einstellung in das Richterverhältnis auf Probe gesucht. Nach unterschiedlichen Angaben fehlen der Justiz einige
hundert Richter und Staatsanwälte. Qualifiziert heißt hier aber in der Regel „Prädikatsexamen", und dies wird schon aufgrund des Angebots an jungen Juristen
auch auf beide Examina bezogen. Bewerbungen lohnen sich ab ca. 8,5 Punkten.

Trotz der strengen Notenauslese sind die Berufsaussichten des jungen Richters
nicht allzu rosig: Zum einen wartet auf jeden jungen Richter ein Aktenberg von
ca. 600 Neueingängen am Amtsgericht bzw. 100 Neueingängen am Landgericht.

Zum anderen sind viele Richter beim Aufbau der Gerichtsbarkeit in den neuen
Bundesländern im Zuge eines regelrechten Beförderungsschubs in hohe Positionen gelangt, in denen sie aufgrund ihres jungen Alters auch noch vergleichsweise
lange bleiben werden.

Die Ernennung zum Richter auf Probe erfolgt durch Aushändigung einer Ernennungsurkunde. Während der auf mindestens drei Jahre bemessenen Probezeit
erfolgt eine Beschäftigung bei einem Amtsgericht, einem Landgericht und einer
Staatsanwaltschaft. Nach diesem Durchlauf erfolgt die Ernennung zum Richter auf
Lebenszeit und die Zuweisung in eine Planstelle.

Die Besoldungstabellen sind im *Sartorius* unter der Ordnungsnummer 230 abgedruckt. Weitere Hinweise finden Sie in den jeweiligen Landesbesoldungsgesetzen (für NRW im *Hippel-Rehborn* unter Ordnungsnummer 45).

Assessoren, die in den Richterdienst eintreten wollen, richten ihr Gesuch entweder an den Präsidenten des OLG oder an das jeweilige Landesjustizministerium, in dessen Bezirk der Bewerber beschäftigt sein möchte.

Eine Übersicht zur Einstellung in den Justizdienst mit einer Aufzählung der jeweiligen Ansprechpartner der Länder findet sich im Internet unter *www.drb.de/ doc/einstellung_justizdienst.pdf*.

Kandidaten, die in die engere Auswahl kommen, erhalten eine Einladung zu einem Bewerbungsgespräch. Einzelheiten zu dem Bewerbungsgespräch lassen sich bei der zuständigen Einstellungsbehörde erfragen.

Das Bayerische Staatsministerium der Justiz hält auf seiner Internetseite ein Anforderungsprofil für Richter bereit, und zwar unter *www2.justiz.bayern.de*.

Weitere Informationen erhalten Sie unter:

⌐ Deutscher Richterbund
Kronenstraße 73 – 74
10117 Berlin
www.drb.de

⌐ Deutsche Richterakademie
Berliner Allee 7
54295 Trier
www.deutsche-richterakademie.de

📖 *Der Beruf des Richters und das Gerechtigkeitspostulat*
von Vultejus
DRiZ 2003, 232

📖 *Pro und Contra zur Praxis der Einstellung von Richtern und Staatsanwälten*
von Kramer / Meisenburg
DRiZ 2003, 226

📖 Einstellungsverfahren für junge Richter im Bezirk des OLG Hamm
von Debusmann
DRiZ 2003, 263

5.3   Staatsanwalt

Der Staatsanwalt ist ein Beamter des höheren Dienstes. Er muss die Befähigung zum Richteramt besitzen, hat also dieselbe juristische Ausbildung wie ein Richter.

Er führt in erster Linie zur Strafverfolgung das Ermittlungsverfahren und erhebt Anklage bei Gericht. Dort ist er dann auch Vertreter der Anklage. Im Falle einer Verurteilung leitet er zudem die Vollstreckung des Urteils ein. Im Gegensatz zu den Richtern haben die Beamten der Staatsanwaltschaft die dienstlichen Anweisungen ihres Vorgesetzten zu befolgen, da die Staatsanwaltschaft hierarchisch aufgebaut ist und in der Regel von einem Oberstaatsanwalt geleitet wird.

Zurzeit gibt es in Deutschland ca. 5.000 Staatsanwälte, ein Viertel davon sind Frauen.

Zwar möchten viele junge Juristen heute im öffentlichen Dienst arbeiten, doch stellt der Staat nach dem Diktat der leeren Kassen immer weniger Juristen ein. Dies hat zur Folge, dass nur vier Prozent eines Juristenjahrgangs die Laufbahn eines Richters oder Staatsanwalts einschlagen. Voraussetzung für die Übernahme in den Richterdienst bzw. die Staatsanwaltschaft sind in aller Regel zwei Prädikatsexamina sowie überdurchschnittlich gute Stationszeugnisse bei der Bewertung des Referendars durch die Richter bzw. Staatsanwälte.

Wenig positiv werden die Arbeitsbedingungen in der Staatsanwaltschaft beurteilt. Arbeitsüberlastung, Zeitdruck, schlechte Aufstiegsmöglichkeiten und eine in der Einarbeitungsphase gesteigerte Unselbstständigkeit sind immer wieder die geäußerten Klagen

Die erforderlichen Examensnoten sind nicht starr festgelegt, sondern hängen nach dem Leistungsprinzip von Angebot und Nachfrage ab – wie viele Stellen sollen neu besetzt werden und wie viele Bewerber stehen zur Verfügung?

Kommt der Bewerber aufgrund seiner Examensnoten in Betracht, so wird er zum Vorstellungsgespräch eingeladen. Diese Vorstellungsgespräche werden in den einzelnen Behörden sehr individuell gestaltet. Bewirbt sich z.B. der Kandidat um die Aufnahme in den Dienst des Staatsanwalts bei der Generalstaatsanwaltschaft, so muss der Bewerber bereits vor dem ersten Einstellungsgespräch den Personalfragebogen einreichen, mit dem sich die Einstellungskommission bereits vor dem ersten Gespräch auseinandersetzt.

Wenn Sie nähere Auskünfte über Art und Umfang des Vorstellungsgesprächs sowie über die aktuell erforderlichen Examensnoten erhalten möchten, können Sie sich jederzeit, auch telefonisch, an den zuständigen Personalsachbearbeiter der jeweiligen Einstellungsbehörde wenden.

Im Übrigen sei auf die vorherigen Ausführungen zum Richter verwiesen, wobei hervorzuheben ist, dass Bewerber, die als Staatsanwalt starten wollen, ihr Gesuch an den jeweiligen Generalstaatsanwalt zu richten haben.

Die Besoldungstabellen sind im *Sartorius* unter Ordnungsnummer 230 abgedruckt. Weitere Hinweise finden Sie in den jeweiligen Landesbesoldungsgesetzen (für NRW im *Hippel-Rehborn* unter Ordnungsnummer 45).

☞ Deutscher Richterbund
Kronenstraße 73 – 74
10117 Berlin
www.drb.de

☞ Deutsche Richterakademie
Berliner Allee 7
54295 Trier
www.deutsche-richterakademie.de

📖 *Pro und Contra zur Praxis der Einstellung von Richtern und Staatsanwälten*
von Kramer / Meisenburg
DRiZ 2003, 226

📖   Das Berufsbild des Staatsanwalts in Deutschland an der Schwelle zum neuen
       Jahrtausend
       von Günther
       DRiZ 2002, 55

📖   *Die Staatsanwaltschaft. Arbeitsgebiet und Arbeitspraxis*
       von Hellebrand
       C.H. Beck Verlag
       ISBN: 3406444784

5.4 Amtsanwalt

Amtsanwälte sind ausgebildete Rechtspfleger, die eine Zusatzausbildung von zwischen 15 und 18 Monaten, je nach Bundesland, absolvieren und die anschließende Amtsanwaltsprüfung bestanden haben. In einigen Bundesländern befähigt gegebenenfalls das bestandene Zweite juristische Staatsexamen zur Ernennung.

Amtsanwälte vertreten die Staatsanwaltschaft in Strafrichtersitzungen bei den Amtsgerichten. Im Jahre 1999 wurden durch die Amtsanwälte 47 Prozent aller Ermittlungsverfahren der Staatsanwaltschaft Braunschweig bearbeitet.

Ihr Tätigkeitsgebiet umfasst den überwiegenden Bereich der kleinen und mittleren Kriminalität, die beim Strafrichter der Amtsgerichte angeklagt werden. Die Amtsanwälte sind auch zuständig für die Bußgeldsachen im Einspruchsverfahren.

Amtsanwälte rekrutieren sich aus dem Rechtspflegerdienst und werden nach erfolgreicher Ausbildung in eine Sonderlaufbahn eingewiesen (A12/A13).

Der Amtsanwalt kann nur beim Amtsgericht auftreten und zu diesem anklagen, daher die Bezeichnung Amtsanwalt.

Die Befähigung für den Amtsanwaltsdienst besitzt, wer eine Einführungszeit abgeleistet und die Prüfung für den Amtsanwaltsdienst bestanden hat.

Zur Einführung kann ein Beamter zugelassen werden, der

- die Prüfung für den gehobenen Justizdienst bestanden hat,
- nach seiner Persönlichkeit und seinen bisherigen Leistungen für den Amtsanwaltsdienst besonders geeignet ist,
- das 35. Lebensjahr, bei Schwerbehinderten das 40. Lebensjahr noch nicht vollendet hat; bei Bewerbern, die wegen der Betreuung mindestens eines Kindes unter 18 Jahren von einer Bewerbung um Zulassung vor Erreichen der Höchstaltersgrenze abgesehen haben, wird diese auf Antrag auf 40 Jahre heraufgesetzt.

Ziel der Ausbildung ist es, Amtsanwälte heranzubilden, die in der Lage sind, selbstständig und mit sozialem Verständnis die ihnen zugewiesenen Aufgaben in der Strafrechtspflege wahrzunehmen.

Die Einführungszeit gliedert sich wie folgt:

Erster Ausbildungsabschnitt

Der erste Ausbildungsabschnitt ist der praktischen Einführung des Beamten in die Geschäfte eines Amtsanwalts gewidmet. Der Beamte soll in der Verfolgung und Aufklärung von Straftaten, in dem Entwurf von Anklagen und Einstellungsbescheiden sowie in der Vertretung der Anklage vor Gericht geübt werden.

Neben der praktischen Ausbildung nimmt der Beamte an einem Begleitunterricht teil, der die für den Amtsanwaltsdienst erforderlichen grundlegenden Kenntnisse vermitteln und auf den zweiten Ausbildungsabschnitt vorbereiten soll. Der *Generalstaatsanwalt* des jeweiligen Landes stellt dazu einen Unterrichtsplan auf. Die Aufsichtsarbeiten und die mündliche Beteiligung am Unterricht sind durch die zuständigen Lehrkräfte mit einer Note zu bewerten.

Zweiter Ausbildungsabschnitt

In dem Lehrgang sollen dem Beamten über die in dem ersten Ausbildungsabschnitt erworbenen fachtheoretischen Grundkenntnisse hinaus die erforderlichen theoretischen Kenntnisse vermittelt werden.

Der Unterricht wird in Form von Vorträgen, Besprechungen und Übungen erteilt.

Dritter Ausbildungsabschnitt

Im dritten Ausbildungsabschnitt soll der Beamte lernen, die im zweiten Ausbildungsabschnitt erworbenen Kenntnisse in der Praxis anzuwenden. Er soll so gefördert werden, dass er am Ende der Ausbildung in der Lage ist, die Aufgaben eines Amtsanwalts selbstständig zu erledigen.

Neben der praktischen Ausbildung nimmt der Beamte an einem Begleitunterricht teil, in dem die in der praktischen und theoretischen Ausbildung erworbenen Kenntnisse und Fähigkeiten vertieft werden sollen. Daneben sind mindestens drei fünfstündige Klausuren zu fertigen. Für die Besprechung der Klausuren sind entsprechende fünfstündige Veranstaltungen anzusetzen, in denen auch der Sachvortrag geübt werden soll.

In den letzten zwei Monaten der Ausbildung prüft der Leiter der Staatsanwaltschaft, der dem Beamten zur Ausbildung überwiesen ist, in einer Hauptverhandlung, ob der Beamte die für das Amt des Amtsanwalts erforderliche Redegabe, Gewandtheit und Sicherheit besitzt. Über seine Wahrnehmungen stellt er ein besonderes Zeugnis aus und übersendet es dem *Generalstaatsanwalt* des Landes.

📖 *Der Amtsanwalt – Ein Berufsbild für junge Assessoren?*
von Franz
JuS 1998, 670

5.5 Notar

Der Notar ist unabhängiger Träger eines öffentlichen Amtes. Der Notar muss, wie Richter oder Rechtsanwälte, die Befähigung zum Richteramt haben. Seine Befugnisse und Aufgaben im Amt sind in der *Bundesnotarordnung* (BNotO) geregelt. Ein Blick in das Gesetz erleichtert auch hier das Verständnis für den Beruf des Notars.

Der Notar wird in der Regel von der Landesjustizverwaltung für einen bestimmten Amtsbezirk bestellt. Amtsbezirk ist der Oberlandesgerichtsbezirk, in dem er seinen Amtssitz hat. Der Notar leistet einen Amtseid vor dem Präsidenten des Landgerichts und er führt ein Siegel und einen Dienststempel mit dem Landeswappen.

Es werden, anders als bei der Zulassung zur Rechtsanwaltschaft, nur so viele Notare bestellt, wie hierfür ein Bedürfnis besteht. Der Notar ist, anders als der Rechtsanwalt, nicht Vertreter einer Partei, sondern unparteiischer Berater der Beteiligten.

Die Aufgaben des Notars sind vor allem Beurkundungen jeder Art (z.B. Grundstückskaufverträge, Testamente), Beglaubigung von Unterschriften u.a.

Die Amtsführung der Notare unterliegt einer staatlichen Dienstaufsicht, die von den Präsidenten der Landgerichte und der Oberlandesgerichte ausgeübt wird.

Die Notare bilden, vergleichbar den Anwälten, ebenfalls eine Kammer. Die so genannten *Notarkammern* haben hierbei über das Ansehen ihrer Mitglieder zu wachen und die Aufsichtsbehörden bei ihrer Tätigkeit zu unterstützen.

Eine Besonderheit bilden die so genannten „Anwaltsnotare". Diese spezielle Gruppe übernimmt neben der Anwaltstätigkeit auch noch die notariellen Aufgaben. Es gibt sie in den Rechtsanwaltskammerbezirken Berlin, Braunschweig, Bremen, Celle, Düsseldorf, Frankfurt, Hamm, Kassel, Oldenburg, Schleswig, Stuttgart und Tübingen.

Die Anwaltsnotare zeichnen sich nicht nur dadurch aus, dass es sie nur in bestimmten Bezirken gibt, die Zulassung zu diesem Beruf ist auch beschränkt, d.h. die Bundesländer legen fest, wie viele Anwaltsnotare gebraucht werden.

Aufgrund der Zulassungsbeschränkungen wundert es nicht, dass sich die Zahl der Anwaltsnotare nicht so dynamisch entwickelt hat wie die Anzahl der Rechtsanwälte insgesamt. So nahm die Zahl der Anwaltsnotare von 1994 bis 1998 leicht zu, ging aber in den folgenden Jahren wieder zurück und lag zum 01.01.2004 sogar niedriger als 1994.

Auch 2001 war festzustellen, dass das Anwaltsnotariat noch immer eine Männerdomäne ist: Während bei den Rechtsanwälten 2001 bereits 27 Prozent Frauen waren, betrug der entsprechende Anteil bei den Anwaltsnotaren lediglich acht Prozent.

Um Notar werden zu können, muss der Bewerber mindestens fünf Jahre als zugelassener Rechtsanwalt gearbeitet haben. Hinzu kommen weitere Voraussetzungen und Prüfungen.

Neben den Ausführungsbestimmungen derjenigen Bundesländer, in denen es das so genannte Anwaltsnotariat gibt, ergeben sich die Voraussetzungen zur Bestellung u.a. aus der *Bundesnotarordnung* (BNotO).

Ausführliche Informationen sind über die Bundesnotarkammer unter *www.bnotk.de* erhältlich. Dort ist auch die kostenlose Broschüre „Der Zugang zum Anwaltsnotariat" erhältlich.

5.6 Steuerberater und Wirtschaftsprüfer

Insbesondere die steuer- und wirtschaftsberatenden Berufe sind schon seit längerem durch die Tendenz zu immer größeren Organisationseinheiten gekennzeichnet. Auch dies ist im Wesentlichen eine Folge der Internationalisierung von Wirtschaftsbeziehungen. Zugleich aber entstanden auch und gerade in diesem Bereich große Dienstleistungseinheiten, die – getragen vom Gedanken einer umfassenden Kundenbetreuung – dazu übergingen, nicht nur im engeren Sinne ihr Geschäft zu betreiben, sondern alle möglichen Beratungsdienste unter einem Dach zusammenzufassen. Steuerberatung wurde auf diese Weise verkoppelt mit Unternehmensberatung und nicht zuletzt auch mit Rechtsberatung.

Dem Wirtschaftsprüfer (WP) kommt darüber hinaus die wichtige Aufgabe zu, als Abschlussprüfer der Jahresabschlüsse von Unternehmen und die Erteilung von Bestätigungsvermerken vorzunehmen. Wirtschaftsprüfer, in Deutschland gibt es rund 12.200 von ihnen, beraten Unternehmen heute zudem in Steuerfragen, bei Zusammenschlüssen von Unternehmen oder Investitionsentscheidungen. Und auch als Treuhänder oder Insolvenzverwalter schätzt man die Experten aufgrund ihres breiten Wissens.

Etwa zwei Drittel aller WP sind zugleich Steuerberater (StB).

Deshalb und wegen der Tatsache, dass die Anzahl der Steuerberater und Wirtschaftprüfer, im Vergleich zu den Rechtsanwälten (132.569) niedrig ist, wobei davon nur knapp 1.582 der Steuerberater, 555 der Wirtschaftsprüfer und 498 als vereidigte Wirtschaftsprüfer (Stand: 01.01.2005) gleichzeitig zugelassene Rechtsanwälte sind, ist die Einkommenssituation bei Rechtsanwälten mit dieser Zusatzqualifikation sehr gut.

Nach dem Jurastudium muss der künftige Steuerberater mindestens drei Jahre auf dem Gebiet des Steuerwesens hauptberuflich praktisch tätig sein. Die Tätigkeit kann bei einem Unternehmen, bei einer Kammer, einem Verband oder Steuerberater bzw. einer Steuerberatungsgesellschaft absolviert werden. Die Schwerpunkte der beruflichen Ausbildung eines Steuerberaters sind das Steuer- und Handelsrecht, Gesellschaftsrecht und Betriebswirtschaftslehre sowie die betriebliche und finanzwissenschaftliche Steuerlehre. Erst nach einer mindestens dreijährigen praktischen Tätigkeit und einer recht harten Prüfung kann dann die Zulassung zum Steuerberater erfolgen.

Die Zulassung zum Wirtschaftsprüferexamen setzt eine mindestens fünfjährige Tätigkeit in der Wirtschaft voraus, davon mindestens vier Jahre als Prüfer.

Durchfallquoten von mehr als 50 Prozent beim Wirtschaftprüfer-Examen sprechen allerdings für sich.

Für einen Vorbereitungskurs ist mit Kosten in Höhe von 3.000 EUR bis zu 6.000 EUR zu rechnen. Hinzu kommen Prüfungsgebühren für das Examen selbst und gegebenenfalls für die Anschaffung ergänzender Literatur.

Und warum tut sich man sich dies überhaupt an? Es handelt sich um eine gute Branche, gute Entwicklungsmöglichkeiten und abwechslungsreiche Arbeitsbereiche. Das Einkommen des WP ist aufgrund der schwierigen und langen Ausbildung verhältnismäßig hoch. WP stehen mit an der Einkommensspitze der Freiberufler.

Einstiegsgehälter schwanken bei großen Wirtschaftsprüfer-Gesellschaften zwischen 35.000 EUR und 55.000 EUR. Nach zwei Jahren verdient ein Teamleiter etwa 60.000 EUR bis 90.000 EUR jährlich. Karriereziel sollte es sein, Partner oder Wirtschaftsprüfer als persönlich haftender Gesellschafter zu sein. Und wer nach mindestens sieben Jahren zum Partner in einer Prüfungsgesellschaft aufsteigt, kommt locker auf das Dreifache, jeder Zehnte ist sogar Gehaltsmillionär.

Dass in der Branche Talente knapp sind, hat jedoch nicht nur mit der schwierigen und langwierigen Ausbildung zu tun. Auch der Arbeitsalltag, gerade bei den großen Beratungsfirmen, gilt als hart. Insider klagen über ständige Reisetätigkeit, exzessive Überstunden und Burnout. Die Folge: Viele WP steigen vorzeitig aus, machen sich selbstständig oder wechseln in die Beratungswirtschaft.

Nachfolgend finden Sie auszugsweise Links zu professionellen Vorbereitungskursen auf das Steuerberater-Examen:

- *www.aka-schermbeck.de*
- *www.banas.com*
- *www.berliner-seminar.de*
- *www.dr-bongartz.com*
- *www.dws-steuerberater-online.de*
- *www.econet.com*
- *www.fachinstitut.de*
- *www. knoll-steuer.de*
- *www.steuerakademie-bremen.de*

Bundessteuerberaterkammer KdöR
Neue Promenade 4
10178 Berlin
www.bstbk.de

Bundesverband der Steuerberater e.V.
Ludwigstraße 2
50667 Köln
www.bvstb.de

Wirtschaftsprüferkammer KdöR
Rauchstraße 26
10787 Berlin
www.wpk.de

Institut der Wirtschaftsprüfer in Deutschland e.V.
Tersteegenstraße 14
40474 Düsseldorf
www.idw.de

📖 *Steuerrecht und Juristenausbildung*
   Zum Steuerrecht im Studium, Referendariat und Beruf
   von Frye
   JuS 1996, 179

5.7 Wissenschaft und Bildung

Eine weitere berufliche Möglichkeit für Assessoren ist der Einstieg in Forschung und Lehre. Auch die Aus- und Weiterbildung nimmt gerade bei unserer angespannten Arbeitsmarktsituation einen großen Platz ein. Die traditionelle Universitätslaufbahn nimmt immer mehr ab. Dennoch bieten sich an Forschung und Lehre Interessierten einige Optionen.

Mögliche Arbeitgeber sind Universitäten, Fachhochschulen, Akademien, Volkshochschulen, Fernlehrinstitute, Repetitorien, Berufs- und weiterführende Schulen. Der Bildungs- und Wissenschaftsbereich ist bunt gemischt und eröffnet allerhand Möglichkeiten. Die Tätigkeit reicht vom wissenschaftlichen Mitarbeiter über den Assistenten, Dozenten und Referenten bis hin zum Professor.

🖃 Verband der Lehrerinnen und Lehrer an Wirtschaftsschulen
   Völkinger Straße 9
   40219 Düsseldorf

In den nächsten fünf Jahren werden 40 Prozent aller Professuren neu besetzt – das ist der am tiefsten einschneidende Generationswechseln in der deutschen Wissenschaftsgeschichte. Denn mehr als ein Viertel der Professoren ist mindestens 60 Jahre alt. Das Durchschnittsalter der rund 38.000 Professoren liegt bei 52 Jahren, so das Statistische Bundesamt in Wiesbaden.

Die Zugehörigkeit zur respektablen Wissenschaft verbürgt ein vom Staat verliehenes Amt. Sie wird erworben und vollzieht sich als Beamtenlaufbahn, über die vom Staat berufene Vorgesetzte nach den Regeln amtlicher Eignungsprüfungen entscheiden, unter denen nebenbei die Verfassungstreue obenan steht. Die Laufbahnerfolge werden auf wissenschaftlichen Werken und Lehrbüchern als Empfehlung vermerkt; denn sie sind gleichbedeutend mit der wissenschaftlichen Reputation des Autors.

Die Zahl der ausgebildeten Professoren in Deutschland steigt: Im Jahr 2002 habilitierten 2.302 Wissenschaftler an den Hochschulen des Landes. Im Vorjahr waren es noch 2.143, vor zehn Jahren sogar erst 1.311 Wissenschaftler. Auch der Anteil der Anwärterinnen auf eine Professur ist gewachsen: von 17 Prozent in 2001 auf 22 Prozent im vergangenen Jahr.

Männer habilitieren derzeit mit 40 Jahren, Frauen sind im Schnitt ein halbes Jahr älter. Die beliebtesten Fächer für die Habilitation sind Humanmedizin, Mathematik, Naturwissenschaften sowie Sprach- und Kulturwissenschaften.

Eine Voraussetzung zur Berufung als Universitätsprofessor war bis Ende des 20. Jahrhunderts in der Regel die Habilitation oder eine gleichwertige herausragende wissenschaftliche Leistung; an wissenschaftlichen Hochschulen ist in der Mehrzahl der Fachbereiche zumindest die Promotion erforderlich.

Aber wie wird man Professor? Indem man habilitiert. Die Habilitation ist die höchste akademische Prüfung, in der herausragende Leistungen in wissenschaftlicher Forschung und universitärer Lehre nachgewiesen werden müssen. An wissenschaftlichen Hochschulen war sie in Deutschland bis Ende des 20. Jahrhunderts in den meisten Fächern (außer z.b. den Ingenieurwissenschaften) Voraussetzung für die Berufung zum Universitätsprofessor. Als Berufungsvoraussetzung sind jedoch gleichwertige Leistungen anerkannt, die im Rahmen der Tätigkeit als Juniorprofessor oder im Ausland erbracht werden. Mit der Habilitation werden in der Regel auch die Lehrbefähigung für ein bestimmtes Fach und der Titel eines Privatdozenten verliehen.

Eine Habilitationsschrift ist eine schriftliche wissenschaftliche Arbeit, die (in aller Regel) im Rahmen der Habilitation zum Erwerb der Lehrberechtigung an einer wissenschaftlichen Hochschule nötig ist.

In Deutschland sind die Einstellungsvoraussetzungen sowie die dienstrechtlichen Verpflichtungen der Professoren im *Hochschulrahmengesetz* (HRG) und in den *Landeshochschulgesetzen* geregelt. In Bayern gibt es zudem ein eigenes *Hochschullehrergesetz*.

Das sollte sich durch die so genannte „Juniorprofessur" nun ändern. Die Einführung der Juniorprofessur sollte auch das Ende der Habilitation bedeuten; die Junioren sollen keine totschlägerschwere Schrift mehr anfertigen und sich diese dann von einer Kommission absegnen lassen müssen – ein für manchen Habilitanden demütigendes akademisches Initiationsritual. Die Habilitation ist ohnehin ein Unikum des deutschsprachigen Raums, das international nicht anschlussfähig ist, wie der Wissenschaftsrat bereits 2001 feststellte.

Warum überhaupt die Juniorprofessur? Jahr für Jahr verlassen Nachwuchswissenschaftler Deutschland, um im Ausland Karriere zu machen. In genauen Zahlen bedeutet dies: Jeder siebte Student, der in Deutschland promoviert, wandert in die Vereinigten Staaten aus. 30 Prozent von ihnen bleiben dort auf Dauer. 20.000 deutsche Nachwuchsforscher arbeiten derzeit in den USA. Vor allem Naturwissenschaftler und Ingenieure, aber auch Juristen und Wirtschaftswissenschaftler zieht es über den Atlantik. Die Hälfte aller Forschungsleistungen in den USA wird inzwischen von Ausländern erbracht. Nach den Chinesen und Japanern sind die Deutschen die größte Ausländergruppe unter den Wissenschaftlern. Drei von vier Nobelpreisträgern deutscher Herkunft haben ihre Karriere in den USA gemacht. Für Deutschland hat dies schwerwiegende Konsequenzen: Die Abwanderung mindert die Innovations- und Wettbewerbsfähigkeit. Wo keine Forscher sind, finden sich auch keine kreativen Unternehmen. Führende Wissenschaftsexperten schlagen daher Alarm.

Ein wesentlicher Grund für diese Abwanderung: 42 Jahre alt ist ein Wissenschaftler im Durchschnitt, wenn er das Glück hat, zum ersten Mal deutscher Professor zu werden. Mehr als zwanzig Jahre hat er zuvor an der Universität verbracht – als Student, Doktorand und als Assistent eines Professors, dem er zuarbeitet und dem er im Zweifelsfall die lästigen Anfängerseminare für die Erstsemester abnimmt. Das ist für die Betroffenen kaum zumutbar. Vor allem aber ist das wissenschaftspolitisch höchst kontraproduktiv. Denn nach allen Untersuchungen ist die kreativste Lebensphase dann bereits abgeschlossen. Seit Jahren wird darüber geklagt, dass deutsche Wissenschaftler zum Zeitpunkt ihrer Erstberufung zu alt sind. Geändert hat sich bislang aber wenig. Erstmals wurde in einem deutschen Hochschulgesetz dann die Einführung von Juniorprofessuren vorgesehen.

Diese neue Personalkategorie soll für promovierte Nachwuchswissenschaftler den Weg auf eine Universitätsprofessur entscheidend verkürzen und zudem frühzeitig vollkommen selbstständiges Arbeiten ermöglichen, ohne Bindung an irgendwelche Weisungen. Zudem können Juniorprofessoren eigenständig Drittmittel einwerben und sind somit gleichberechtigt in den Wissenschaftsbetrieb integriert.

Folgerichtig sind die Juniorprofessuren dienstrechtlich den herkömmlichen Professuren gleichgestellt, mit ihnen zusammen bilden sie in den Gremien der akademischen Selbstverwaltung eine gemeinsame „Statusgruppe".

Die Juniorprofessuren sind auf höchstens sechs Jahre befristet, schließlich sollen sie ja der wissenschaftlichen Qualifizierung dienen und damit – je nach Fachkultur – die herkömmliche Habilitation ersetzen. Die Gesamtdauer der Qualifizierungsphase nach dem Hochschulabschluss soll in Zukunft zwölf Jahre nicht mehr überschreiten.

Weil auf Juniorprofessuren eigenständig geforscht und gelehrt wird, orientiert sich das Auswahlverfahren an den bekannten Berufungen, natürlich werden auch hier die Frauenbeauftragten beteiligt. Der einzige Unterschied: Eine „Hausberufung" auf eine herkömmliche Professur ist möglich, wenn der Juniorprofessor an einer anderen Hochschule promoviert hat.

Einstellungsvoraussetzung ist in der Regel eine überdurchschnittlich bewertete Promotion.

Die Juniorprofessoren sollen sich durch selbstständiges Arbeiten in Forschung, Lehre und Weiterbildung für die Berufung auf eine reguläre Professur qualifizieren. Juniorprofessoren werden vom Präsidium auf Vorschlag des Fakultätsrates eingestellt. Zur Vorbereitung des Vorschlags setzt die Fakultät eine Auswahlkommission ein. Juniorprofessuren werden zunächst für drei Jahre besetzt, die Anstellung kann nach positiven Evaluationen um bis zu drei Jahre verlängert werden.

Die Juniorprofessur ersetzt gleich vier Personalkategorien des alten Hochschulgesetzes: Wissenschaftliche Assistenten, Oberassistenten und Ingenieure sowie Hochschuldozenten sollen in Zukunft nicht mehr eingestellt werden.

Erfolgreiche Juniorprofessoren können sich „Privatdozent" nennen.

Durch die Juniorprofessur ist es gelungen, eine Reihe von Forschern aus dem Ausland nach Deutschland zu holen. Die meisten der 933 Juniorprofessoren an 65 Universitäten sind, das zeigen Umfragen, mit ihrer gegenwärtigen Situation zufrieden.

Trotzdem hat das Bundesverfassungsgericht im Juli 2004 die Juniorprofessur gekippt, ein Projekt der Bundesbildungsministerin *Edelgard Bulmahn*, gegen das Bayern mit Sachsen und Thüringen geklagt hatten. Zwar waren die Länder dagegen, dass die Habilitation abgeschafft wird und die Juniorprofessur der einzige Weg zur Dauerstelle ist. Im Kern ging es bei der Klage jedoch nicht um die Ausbildung des wissenschaftlichen Nachwuchses, sondern um das Bund-Länder-Hickhack. Die Länder wehren sich schon seit Jahren gegen Eingriffe in ihre Kompetenzen im Bildungsbereich. Denn wenn der Bund immer Zuständigkeiten für Schulen und Universitäten übernimmt, verlieren die Länder eines ihrer letzten Einflussterrains. Die „apodiktische Art und Weise" von Bundesbildungsministerin *Bulmahn*, wie Bayerns Wissenschaftsminister *Thomas Goppel* (CSU) klagt, hat viele Länderkollegen gegen sie aufgebracht.

Das BVerfG gab den Klägern Recht. Damit hat *Bulmahn* eine schwere Niederlage erlitten – die Juniorprofessur ist schließlich ein zentrales Vorhaben ihrer Bildungspolitik. Das Urteil hat die Juniorprofessur als solche in Frage gestellt.

Bulmahn kündigte sodann an, sehr zügig ein verfassungskonformes Hochschulgesetz vorzulegen – mit dem Juniorprofessor, allerdings ohne ein Verbot der Habilitation. Man wird sehen.

5.8   Öffentlicher Dienst

Der Öffentliche Dienst ist sehr vielfältig, deshalb nachfolgend auch nur ein kleiner, aber interessanter Ausschnitt.

5.8.1   Bund, Länder und Gemeinden

35.000 Juristen sind beim Bund, den Ländern oder Gemeinden in der Verwaltung tätig. Während sich die Nachfrage nach Verwaltungsjuristen im Zuge der Wiedervereinigung zunächst erhöht hatte, beziehen sich heute nur noch elf Prozent der Stellenangebote auf diesen Sektor. Erschwerend kommt hinzu, dass Juristen im öffentlichen Sektor zunehmend mit Wirtschafts- und Sozialwissenschaftlern um die ausgeschriebenen Positionen konkurrieren.

Der öffentliche Dienst kann in Betracht kommen, wenn man keinen der klassischen juristischen Berufe (Richter, Staatsanwalt oder Rechtsanwalt) im Auge hat.

In diesem mehrdimensionalen Bezugssystem lassen sich nun typische Tätigkeitsfelder des volljuristisch ausgebildeten Verwaltungspersonals ausmachen.

Aufgrund ihrer Ausbildungsvoraussetzungen gehören die Juristen in der Verwaltung zum *höheren Dienst* und damit zur obersten Klasse der Personalhierarchie. Der Schwerpunkt ihrer Tätigkeit liegt in der allgemeinen inneren Verwaltung. Die Tätigkeitsprofile sind aufgrund der verschiedensten Tätigkeitsmöglichkeiten vielfältig. Es würde den Rahmen dieses Buches sprengen, wollte man auf alle in Betracht kommenden Tätigkeitsprofile eingehen. Ihre ersten Erfahrungen können Sie sicherlich in der Verwaltungsstation während des Referendariats sammeln.

Innerhalb und außerhalb der Verwaltungen wird gemutmaßt, dass das richtige Parteibuch der Garant für berufliches Fortkommen sei. Doch faktisch spielt die politische Zuordnung außer bei den Spitzenpositionen der politischen Beamten kaum eine Rolle.

Niemand, kein Bewerber und kein Mitarbeiter, sollte Mitglied einer politischen Partei werden, nur um sich vermeintliche Karrierechancen zu sichern. Opportunismus wird als solcher erkannt und zahlt sich nicht aus.

Wichtig sind ein guter schriftlicher und mündlicher Ausdruck, da ein Teil der Arbeit in der Erstellung von Vorlagen besteht, die gegebenenfalls noch mündlich erläutert werden müssen. Hier ist Prägnanz hilfreich, denn die Erfahrung lehrt, dass aufgrund der Fülle des Materials in den Leitungsfunktionen von Ministerien nur relativ kurze Vorlagen gelesen werden.

Eine weitere unerlässliche Eigenschaft ist Verhandlungsgeschick. Alle Gesetzes- und Verordnungsvorhaben, aber auch alle Modellprojekte und Forschungsvorhaben, sind je nach Beteiligungsnotwendigkeiten innerhalb des Ministeriums mit anderen Ressorts, den Bundesländern, den einschlägigen Verbänden und mit vielen weiteren Stellen zu diskutieren.

Die Einweisungszeit für Volljuristen in der Verwaltung dauert etwa eineinhalb bis drei Jahre. Ein einsemestriges Ergänzungsstudium („Speyer-Semester") oder ein zweisemestriges Aufbaustudium können an der *Hochschule für Verwaltungswissenschaften* in Speyer absolviert werden.

Während des Studiums oder auch danach kann man sich verwaltungswissenschaftliche Zusatzqualifikationen aneignen, und zwar an einer der zahlreichen Verwaltungs- und Wirtschaftsakademien.

Hochschule für Verwaltungswissenschaften
Freiherr-vom-Stein-Straße 2
67324 Speyer
Fon 06232 / 6540
www.hfv-speyer.de

Bundesverband Deutscher Verwaltungs- und Wirtschaftsakademien e.V.
Eschersheimer Landstraße 230
60320 Frankfurt/M.
Fon 069 / 920 0670
Fax 069 / 568 549
www.vwa.de

Weitere Informationen und Stellenangebote rund um den Bereich öffentliche Verwaltung finden sich im Dienstleistungsportal des Bundes. In seiner Stellenbörse bietet das Internetportal Jobs für Hochschulabsolventen u.a. der Rechtswissenschaften an unter *www.bund.de*.

Karrieren in der Bundesverwaltung. Voraussetzungen, Merkmale, und Etappen von Aufstiegsprozessen im öffentlichen Dienst
von Dreher
Verlag Dunker und Humboldt
ISBN: 3428086279

5.8.2   Europäische Institutionen

Die europäischen Institutionen innerhalb der EU locken mit hochbezahlten, sicheren Jobs. Allein in den nächsten paar Jahren wollen die EU-Institutionen – Rat, Kommissionen und Europa-Parlament – rund 4.600 solcher Beamtenposten besetzen. So viele Beamte werden in Pension gehen, schätzen die Personalexperten der EU-Institutionen. Um einen davon zu bekommen, müssen die Bewerber ein knallhartes Auswahlverfahren bestehen. Deutsche haben aber vergleichsweise gute Chancen.

Die Jobs sind unkündbar, die Aufstiegschancen gut und mit einem Anfangsgehalt von 3.700 EUR netto nicht gerade bescheiden bezahlt.

Anders als die meisten Stellen, die derzeit ausgeschrieben sind, stehen sie zudem allen Bürgern offen. Vor allem würden Politologen und Juristen aus ganz Europa gesucht. Doch die Konkurrenz ist riesig. Wenn die EU ein paar hundert Stellen ausschreibt, melden sich gleich Zehntausende. Und so bekommen auch letztlich nur zwischen zwei und fünf Prozent der Bewerber einen Job. Die meisten scheitern schon in der Ersten Runde des knallharten Auswahlverfahrens, dem so genannten *Concours*. Zwingend sind Berufserfahrung oder Elite-Uni aber nicht.

Es werden Leute mit guten kommunikativen und analytischen Fähigkeiten gesucht.

Welcher *Concours* gerade läuft, steht samt aller Infos über die geforderten Qualifikationen auf den Internetseiten des *Europäischen Amtes für Personalauswahl* (EPSO) und im Amtsblatt der *Europäischen Union*. Wer sich dann online bewirbt, wird Wochen später zum Multiple-Choice-Test eingeladen. Dabei werden unter extremem Zeitdruck Fragen zur EU-Geschichte und dem jeweiligen Fachbereich gestellt. Hinzu kommt ein Logiktest, wie er in normalen Assessment-Centern üblich ist. Die Tests sind in der gewählten Fremdsprache zu absolvieren, die Bewerber müssen also sattelfest sein.

Die zweite Prüfungsrunde findet meist am gleichen Tag statt. Dabei müssen die Bewerber Essays aus dem jeweiligen Fachbereich schreiben oder Fallstudien lösen.

Die Besten auch in dieser Runde werden dann zur mündlichen Prüfung geladen. Die entscheidet, wer auf die begehrte Eignungsliste kommt, aus der die künftigen EU-Beamten rekrutiert werden. Danach gilt es nur noch, sich bei der Abteilung vorzustellen, die gerade Leute sucht.

Gerade die deutschen Bewerber haben neuerdings bei dem Auswahlverfahren gezeigt, dass sie die richtigen Voraussetzungen mitbringen. Seitdem das *Auswärtige Amt* Vorbereitungskurse anbietet, schaffen überdurchschnittlich viele Deutsche den *Concours*. Als die Brüsseler Kommission vor kurzem Experten im Bereich Außenbeziehung suchte, gingen sogar 40 Prozent der Posten an Deutsche. Dass die sich so gut vorbereiteten, hat aber nicht nur mit den Beamtenprivilegien zu tun.

Die meisten der 2.700 Deutschen, die bei der EU arbeiten, sind auch von Europa überzeugt.

Nähere Infos erhalten Sie unter *http://europa.eu.int/epso/*

5.8.3 Lobbyisten-Vertretungen

In Deutschland ist der Begriff „Lobbyismus" immer noch negativ besetzt, während in unseren Nachbarstaaten, insbesondere in Frankreich oder Großbritannien, diese Tätigkeit hohes Ansehen genießt und oftmals von ehemaligen Politikern erfolgreich ausgeübt wird. Natürlich existiert auch in Deutschland seit Jahrzehnten politischer und juristischer Lobbyismus, in der Öffentlichkeit vor allem präsent durch die Interessenverbände der Industrie, Berufsverbände, Gewerkschaften usw.

Daneben besteht in Deutschland die Besonderheit des staatlich „sanktionierten" Lobbyismus, d.h. den Lobbyismus durch öffentlich-rechtliche Körperschaften, wie Industrie- und Handelskammern, die Handwerkskammern oder die Kammern der freien Berufe.

Anders stellt sich dieses Bild etwa in der EU dar. „Lobby" ist demnach jede Person, die im Auftrage Dritter mit Mitgliedern des Europäischen Parlaments oder anderen EU-Institutionen Kontakt aufnimmt, um die Interessen Dritter zu wahren oder ihnen Informationen zu verschaffen. Diese Lobbyisten sind hauptsächlich tätig für Firmen, Rechtsanwaltskanzleien und zunehmend für in diesem Bereich spezialisierte Beratungsunternehmen.

Europarecht bzw. das Recht der Europäischen Union wird zunehmend zu einer Modeerscheinung unter den Rechtsgebieten. Das zeigt sich nicht nur darin, dass Europapolitik und Europarecht verstärkt im Mittelpunkt des öffentlichen Interesses stehen. Hinzu kommt die Erkenntnis, dass das Europarecht auch für das nationale Recht in Deutschland immer prägender wird, da zahlreiche nationale Rechtsvorschriften auf umgesetzten EU-Richtlinien beruhen.

Um Einfluss auf die Europa-Politik zu haben, muss man in Brüssel nicht unbedingt bei den EU-Institutionen arbeiten. Rund 13.000 Lobbyisten-Vertretungen wollen auch mitmischen und suchen meist junge Leute, die an dieser Arbeit Spaß haben. Gerade Juristen und BWLer haben gute Chancen, wenn sie internationale Erfahrungen mitbringen, am besten aus Ost-Europa. Für Politologen oder Absolventen von Europa-Studiengängen sind die Aussichten schlechter: Geschichte und Theoriewissen gilt in Europas Lobbyhauptstadt wenig.

Gefragt ist gerade praktisches Wissen, wie in Brüssel Verordnungen und Richtlinien gemacht werden, wann und wo man noch eine Änderung einbringen kann – eben das tägliche Brot der Lobbyisten, die versuchen, die Gesetzgebungsmaschinerie so zu beeinflussen, wie es Verband oder Kunde wollen. Da unterscheidet sich die Arbeit bei UNICE, dem *Europäischen Dachverband der Arbeitgeberverbände*, nicht groß von der Lobbyisten-Arbeit bei der *Arbeitsgemeinschaft Deutscher Tierzüchter*.

Mit Einstiegsgehältern von 2.500 EUR brutto können die Interessenverbände zwar nicht mit den Gehältern der EU mithalten. Für die meisten Lobbyisten ist Brüssel aber ohnehin nur ein Sprungbrett für eine weitere Karriere. Nach einigen Jahren zum EU-Experten geadelt, haben sie in Deutschland gute Berufschancen.

📖 *Lobbying und Kommunikation in der Europäischen Union*
von Fischer
Berlin Verlag
ISBN: 3870616458

📖 *Lobbying als Beruf, Interessengruppen in der Europäischen Union*
von Lahusen / Jauß
Justament zwei 2002, Seite 32

5.8.4 Auswärtiges Amt

Arbeiten beim Auswärtigen Amt? Vielleicht wird Ihr Dienstort einmal New York, Rio oder Tokio sein. Aber Sie müssen auch damit rechnen, in ein Krisengebiet oder an einen Ort, der Ihnen auf Anhieb weniger attraktiv erscheinen mag, entsandt zu werden.
Wenn Sie

- Deutsche/-r im Sinne des Grundgesetzes und
- das 32. Lebensjahr noch nicht vollendet haben,
- ein wissenschaftliches Hochschulstudium abgeschlossen haben,
- mindestens Englisch und Französisch sprechen (im Auswahlverfahren können Sie Französisch durch die VN-Amtssprachen Arabisch, Chinesisch, Russisch oder Spanisch ersetzen. Englisch ist Pflichtsprache. Spätestens bei Einstellung müssen jedoch befriedigende Kenntnisse in Englisch und mindestens ausreichende Kenntnisse in Französisch vorhanden sein),
- – und ggf. Ihre Familienangehörigen – gesundheitlich geeignet sind,

können Sie sich bewerben.
Im schriftlichen Auswahlverfahren werden Sie gebeten, einen Aufsatz zu einem außen-, innen- oder wirtschaftspolitischen Thema zu schreiben.
Das Auswärtige Amt interessiert sich außerdem für Ihre Kenntnisse in

- Völker-, Europa- und Staatsrecht
- Wirtschaftswissenschaften
- Geschichte und Politik
- Allgemeinwissen.

Für die neuen Einstellungstermine können Sie sich über die Online-Bewerbungsmaske bewerben. Bewerbungen sind nur auf diesem Weg möglich, „Papierbewerbungen" alter Art werden nicht angenommen. Alle Details zur Online-Bewerbung entnehmen Sie den ersten Seiten der Online-Bewerbungsmaske.
Der schriftliche Teil des Auswahlverfahrens wird in Berlin, Bonn und München durchgeführt, der mündliche Teil findet in Berlin statt. Der Vorbereitungsdienst im höheren Dienst wird ein Jahr umfassen und an der Diplomatenschule in Berlin-Tegel (Reihenwerder) stattfinden.
Die Aus- und Fortbildungsstätte veröffentlicht Fach- und Sprachtests (mit Lösungen) aus dem Auswahlverfahren 2003 auf der Website www.auswaertiges-amt.de/hoehererdienst.
Im Oktober/November 2004 fand das mündliche Auswahlverfahren für die ca. 150 Besten aus dem schriftlichen Auswahlverfahren statt. Etwa 40 Kandidatinnen und Kandidaten wurden eingestellt.

Informationen zum Berufsbild „Diplomat" und ausführliche Hinweise für Ihre Bewerbung finden Sie in der Broschüre „Weltweit wir: Informationsbroschüre zu Berufsmöglichkeiten im Auswärtigen Amt", die Sie unter *www.auswaertiges-amt.de* bestellen können oder direkt bei der Aus- und Fortbildungsstätte des Auswärtigen Amts.

📖 *Die Ausbildung zum diplomatischen Dienst*
   von Kramer
   JuS 1988, 999

Wenn Sie am Auswärtigen Dienst interessiert sind, erhalten Sie Informationen unter

📧 Auswärtiges Amt
   Aus- und Fortbildungsstätte des Auswärtigen Amts
   Gudenauer Weg 134 – 136
   53127 Bonn
   Stichwort: Bewerbungsunterlagen höherer Auswärtiger Dienst

   ab. 02. Januar 2006:
   Schwarzer Weg 45
   13505 Berlin
   www.auswaertiges-amt.de/hohererdienst

5.8.5   Bundesnachrichtendienst

Aber auch der *Bundesnachrichtendienst* (BND) in München/Berlin erfreut sich als Arbeitgeber für Hochschulabsolventen großer Beliebtheit. Die Positionen im BND sind – wie alle Arbeitsplätze im öffentlichen Dienst – verschiedenen Laufbahnen zugeordnet. So gibt es Beamte und Angestellte im mittleren, gehobenen und höheren Dienst.

Von Agrarökonomie über Geologie, Geschichtswissenschaften bis Wirtschaftsingenieurwesen – sehr viele Ausbildungsvarianten von Hochschulabsolventen sind für diesen Arbeitgeber interessant und notwendig. Auch das Studium der Rechtswissenschaften kann die Türen zum BND öffnen.

Der Bundesnachrichtendienst ist einer von drei Nachrichtendiensten (Bundesamt für Verfassungsschutz, BND, Militärischer Abschirmdienst) in Deutschland. Während das Bundesamt für Verfassungsschutz ein Inlandsnachrichtendienst ist, ist der BND zuständig für die Sammlung und Auswertung von Informationen über das Ausland, die von außen- und sicherheitspolitischer Bedeutung für Deutschland sind.

Der BND hat neben den Gremien des Präsidenten, zweier Vizepräsidenten und des Qualitätsmanagements derzeit acht Abteilungen, z.B. die Abteilung für operative Aufklärung, für die technische Beschaffung, für die Auswertung usw. Der administrative Bereich des BND umfasst alle Aufgaben eines modernen Managements in Personalwesen, Planung und Organisation und bietet insbesondere für qualifizierte Juristen ein weites und nicht alltägliches Aufgabenfeld.

Selbstverständlich gibt es einige Hürden und hohe Anforderungen, um den BND überhaupt als seinen Arbeitgeber bezeichnen zu können. Es bewerben sich dort nämlich nicht gerade wenige Juristen. Während sich Diplom-Juristen mit Fachhochschulabschluss für den gehobenen Dienst bewerben können, haben Universitätsabsolventen der Rechtswissenschaften die Möglichkeit, in den höheren Dienst zu gelangen. Hier wird jedoch auch das Zweite Staatsexamen gefordert.

Eine weitere Hürde mag für den einen oder anderen Juristen das Erfordernis zweier Prädikatsexamina sein, wobei hier aber Examina ab 6,5 Punkten berücksichtigt werden. Grundsätzlich sollte man auch nicht älter als 35 Jahre alt sein, wobei Ausnahmefälle immer möglich sind.

Auch berufserfahrene Volljuristen können sich somit noch bewerben.

Nähere Informationen erhalten Sie unter

✉   Bundesnachrichtendienst
Postfach 120
82042 Pullach
www.bundesnachrichtendienst.de

5.9   Politik

Ein weiteres nicht direkt juristisches Betätigungsfeld ist die Politik im weitesten Sinne:

So suchen der Bundestag, bzw. die in ihm vertretenen Fraktionen, nach juristisch geschultem Personal für die Büros der Abgeordneten.

Schließlich finden sich unter den Politikern von jeher viele Juristen, wie etwa *Hans-Dietrich Genscher, Otto Graf Lambsdorff, Herta Däubler-Gmelin, Otto Schily* und nicht zuletzt *Gerhard Schröder*. Aber auch auf internationaler Ebene finden sich Juristen (*Tony Blair* und *Bill Clinton*).

Die Affinität der Juristen zur Staatspolitik hat Gründe, denn Gesetze werden auf politischem Wege gemacht, die dann der Jurist wieder anwendet. Juristen sind im Umgang mit Paragraphen geübt und oft sprachlich versiert. Auch innerhalb einer Partei haben die Rechtsexperten einen guten Stand, man vertraut auf ihre Seriosität und wählt sie gerne in höhere Positionen. Somit sind also die besten Voraussetzungen für den Juristen gegeben, eine Karriere als Politiker anzustreben.

Der Bedarf an Nachwuchskräften innerhalb einer Partei ist enorm (wen wundert es?) und die Posten sind gut bezahlt.

Besonders gute Chancen auf eine Parteikarriere erarbeiten Sie sich durch ein Stipendium oder eine Förderung der parteieigenen Stiftungen. Sie können sich auch auf den Seminaren und Weiterbildungsveranstaltungen der Parteien umsehen. Adressen der parteieigenen Stiftungen finden Sie im Anhang.

Lebensläufe von Bundestagsabgeordneten (darunter viele Juristen) finden Sie im Internet unter *www.bundestag.de*.

Weitere Hinweise und Ansprechpartner erhalten Sie im Internet auch unter:

- *www.cdu.de*
- *www.csu.de*
- *www.spd.de*
- *www.fdp.de*
- *www.gruene.de*
- *www.pds.de*

5.10 Sonstige Branchen

Fragt man Referendare, in welchem Bereich sie nach dem Abschluss ihrer Ausbildung gerne tätig werden möchten, nennen viele das Wirtschaftsrecht. Rund 15 Prozent der Juristen sind in der Privatwirtschaft in unterschiedlichen Funktionen und Abteilungen tätig. Egal ob Industrie, Handel, Banken, Versicherungen oder Wirtschaftsverbände, Bedarf an juristisch qualifizierten Mitarbeitern besteht überall – und das nicht nur in den Rechtsabteilungen.

Zu Recht gehen Referendare davon aus, dass der Bedarf an Beratung in diesem Gebiet in der Zukunft eher noch steigen als sinken wird. Einer der Gründe dafür liegt darin, dass das Wirtschaftsrecht immer stärker von Rechtsquellen geprägt wird, die ihren Ursprung nicht in der einzelstaatlichen Gesetzgebung haben. Selbst Rechtsfragen, die sich in einem scheinbar rein nationalen Kontext ergeben, sind schon heute ohne Kenntnis des internationalen und supranationalen Wirtschaftsrechts nicht mehr zu lösen. Dort ist die Nachfrage nach Führungskräften mit juristischen Kenntnissen ausgesprochen groß.

Da momentan andererseits nur etwa 4.000 bis 5.000 Rechtsanwälte aus Altersgründen den Arbeitsmarkt verlassen, gleichzeitig aber in Justiz und Verwaltung Stellen „wegbrechen", wird die Wirtschaft als Arbeitgeber für Juristen auch immer wichtiger.

Einen allgemeinen Akademikerbedarf der Wirtschaft gibt es nicht. Die Unternehmen haben klare Vorstellungen darüber, welche Qualifikationen sie benötigen. Eingestellt werden vor allem Absolventen aus drei Fachbereichen: Ingenieure (54 Prozent), Wirtschaftswissenschaftler und Juristen (27 Prozent) sowie Mathematiker und Naturwissenschaftler (15 Prozent). Der Bedarf an den Absolventen aller übrigen Fachrichtungen erreicht zusammen nicht einmal fünf Prozent.

Wer sich somit als Jurist für einen Arbeitgeber in der freien Wirtschaft entscheidet, trifft auf qualifizierte Wirtschafts- und Sozialwissenschaftler als Konkurrenten um dieselbe Stelle. Hier konkurrieren die (Voll-)Juristen auch zunehmend mit den Wirtschaftsjuristen von den Fachhochschulen, die in der Regel jünger und besser spezialisiert sind.

Zu große Sorgen in Bezug auf Wirtschafts- und Sozialwissenschaftler sollte man sich aber nicht machen. In der juristischen Ausbildung werden Fähigkeiten trainiert, die in der freien Wirtschaft sehr geschätzt sind und die dem Bewerber nur Pluspunkte bescheren: juristische Fachkenntnisse, Analyse- und Urteilsfähigkeit, systematisches Denken und methodisches Arbeiten sowie die Fähigkeit, sich schnell in neue Sachverhalte einzuarbeiten.

In diesem Zusammenhang sei auf die Unternehmens- und Kanzleiprofile im 6. Kapitel verwiesen.

5.10.1 Industrie

Je nach Unternehmen sind dort unterschiedliche Tätigkeitsfelder für Juristen möglich:

Rechtsabteilung

Nur wenige Prozent von Managerposten sind von besonders qualifizierten Juristen besetzt. Das Hauptbetätigungsfeld der Juristen in der freien Wirtschaft sind die Rechtsabteilungen, in denen allerdings keine allzu großen Aufstiegsmöglichkeiten bestehen.

Die Arbeit in einer solchen Abteilung unterscheidet sich erheblich von allen Tätigkeiten, die der Jurist während seiner Referendarzeit kennen gelernt hat. Eine Rechtsabteilung ist nur in verhältnismäßig geringem Umfang mit in der Vergangenheit liegenden Sachverhalten befasst, in denen rechtliche Schwierigkeiten aufgetreten sind. Insbesondere werden gerichtliche Auseinandersetzungen weitgehend an Anwaltskanzleien angegeben. Die Arbeit in einer Rechtsabteilung besteht vielmehr zum überwiegenden Teil darin, die für die Zukunft geplanten Aktivitäten des Unternehmens juristisch abzusichern, um dessen rechtliche Position im Einzelfall im Rahmen des Zulässigen und wirtschaftlich Durchsetzbaren möglichst günstig zu gestalten und zur Vermeidung zukünftiger Auseinandersetzungen alle Unklarheiten auszuschließen. Diese Aufgabe verlangt ein erhebliches Maß an Phantasie, weil alle möglichen zukünftigen Konstellationen erahnt und berücksichtigt werden müssen.

Selbstverständlich stehen den Juristen im Verbands-, Versicherungs- und Verlagswesen weitere Tätigkeitsfelder offen, wie die nachfolgenden Ausführungen zeigen werden.

Personalabteilung

Eine andere Alternative bietet sich dem Juristen in der Personalabteilung, sofern das Unternehmen überhaupt über eine solche verfügt. In Kleinbetrieben werden erfahrungsgemäß die Firmeninhaber bzw. die Geschäftsführer diese Aufgabe wahrnehmen.

Wer in der Ausbildung einen arbeitsrechtlichen Schwerpunkt hatte, ist für eine Tätigkeit in diesem Bereich noch lange nicht qualifiziert. Hier bedarf es näherer Kenntnisse, zumeist über den Umweg einer Zusatzqualifikation.

In den Rechtsabteilungen geht es schon längst nicht mehr um reine Personalarbeit. Gefragt sind Dienstleister, die in allen Belangen der Arbeitnehmer Ansprechpartner sind.

Die eigentlichen Aufgaben eines Mitarbeiters in der Personalabteilung umfassen nunmehr die Personalplanung, Personalrekrutierung, Personalverwaltung und Personalentwicklungsmaßnahmen.

Juristen haben in diesen Abteilungen kaum Konkurrenz zu fürchten, allenfalls von Wirtschaftwissenschaftlern mit Schwerpunkt Personalwesen. Deshalb ist es für den Juristen eigentlich unerlässlich, sich in den Bereichen Personalwirtschaft, Betriebspsychologie und Betriebssoziologie weiterzuqualifizieren.

Des Weiteren sind für eine erfolgreiche Personalarbeit Kommunikationsfähigkeit, psychologisches Einfühlungsvermögen, Empathie, Freude am Umgang mit Menschen, Belastbarkeit und Durchsetzungsfähigkeit als *Soft Skills* unerlässlich.

Juristen, die sich auf diese Aufgabe vorbereiten wollen, empfiehlt sich ein Trainee-Programm im beabsichtigten Unternehmen.

Kaufmännisches Management

Im kaufmännischen Management sind nicht immer Juristen gefragt, vielfach wird auch ein „Assistent der Geschäftsführung" gesucht, der lediglich das Sekretariat unterstützt.

Eine akademische Tätigkeit als Assistent der Geschäftsführung dürfte für diejenigen Absolventen interessant sein, die weniger Wert auf klassische juristische Arbeiten legen, sondern sich vielmehr auf dem breiten Sektor des Managements stark machen wollen. Gesucht werden daher weniger die Spezialisten als vielmehr die Generalisten, die aber dafür eine stärkere Ausrichtung für die Planung, Organisation und Präsentation von Entscheidungsabläufen haben.

An dieser Stelle sei auf die näheren Ausführungen zum Thema „Nachwuchsförderung" unten verwiesen.

Fachabteilung

Fachabteilungen bieten sich den Juristen, die schon während ihrer Ausbildung eine tiefgreifende (juristische) Spezialisierung erfahren haben, etwa im Steuerrecht.

Wer sich in steuerrechtlichen Fragen auskennt oder sich sogar für das Steuerberater- oder Wirtschaftsprüferexamen qualifiziert hat, dem stehen auch die Türen zu den Finanzabeilungen, den Steuerabteilungen und des Rechnungswesens offen.

Andere Spezialisierungen könnten z.B. das Patent- oder Markenrecht sein, wodurch man sich für eine dementsprechende Stelle in einem großen Unternehmen qualifiziert.

Auch umfassende Kenntnisse z.B. in der Unternehmensberatung, der Finanzdienstleistung oder des Versicherungswesens eröffnen neue Nischen für Juristen.

Der Phantasie sind demzufolge keine Grenzen gesetzt.

5.10.2 Finanzdienstleistungen

Ging es zuvor um den Einstieg in Unternehmen, so werden nachfolgend die Einstiegsperspektiven in den deutschen Finanzdienstleistungsbereichen skizziert.

Dabei ist zu berücksichtigen, dass sich ehemals streng getrennte Tätigkeitsfelder zunehmend vermischen.

Banken

Dominierend in dieser Branche sind die Geschäftsbanken, die sich in drei Hauptgruppen unterteilen lassen: die Privatbanken, die genossenschaftlichen Kreditinstitute und die öffentlich-rechtlichem Kreditinstitute.

Wer sich als Jurist um eine Stelle in einer Bank bemüht, sollte als persönliche Voraussetzung ein ausgeprägtes Interesse für das Geld- und Kreditgeschäft mitbringen. Idealerweise kann dies durch zusätzliche Qualifikationen auch belegt werden, wie etwa durch eine Banklehre vor dem Studium oder durch eine Promotion zu einem Thema aus dem Bankwesen.

Der Bankjurist wird in der Privat- oder Firmenkundenabteilung tätig, im Außenhandelsgeschäft, bei Immobilienfinanzierungen, in der Konsortialabteilung, in Filialgeschäftsleitungen oder in Niederlassungen einer Zentralbank.

Bankjuristen, die vorwiegend in den Rechts- und Personalabteilungen arbeiten, sind primär befasst mit dem Bürgerlichen Recht, dem Wettbewerbsrecht, Gesellschaftsrecht, Insolvenzrecht und dem inländischen und ausländischen Recht. In den kaufmännischen Abteilungen einer Bank bearbeiten Juristen u.a. Fragen des Gesellschafts-, Aktien- und Konzernrechts, des Steuer-, Bilanz- und Handelsrechts.

Der Einstieg in das Bankgeschäft erfolgt zum Beispiel häufig im Rahmen von unterschiedlich ausgestalteten Trainee-Programmen. Standardisierte allgemeine Trainee-Programme vermitteln dem Berufsanfänger zunächst eine Orientierung über die Grundlagen des Bankgeschäfts, bevor er sich in einer zweiten Phase auf seine spätere Tätigkeit hin spezialisiert. Individuelle „Bereichs-Trainee-Programme" bereiten Hochschulabsolventen gezielt auf den Einsatz in einem Bereich vor. Trainee-Programme ermöglichen das Kennen lernen verschiedener Aufgabenfelder und Schlüsselpositionen.

Selbst wenn die Einstiegsmöglichkeiten im Bankgewerbe derzeit nicht mehr so rosig sind wie noch vor einigen Jahren, so bleibt der Bankenbereich für Juristen dennoch ein reizvolles Tätigkeitsgebiet.

Der Arbeitsmarkt für Führungskräfte im Bankgewerbe wird derzeit von vier zentralen Punkten bestimmt:

- *Die fortschreitende Internationalisierung*
  Die vollzogene europäische Währungsunion, die nahezu unbegrenzte Mobilität des Kapitals und die damit verbundene Abhängigkeit der internationalen Finanzmärkte haben zu einem verschärften internationalen Wettbewerb geführt. Große amerikanische Investmentbanken gründen Niederlassungen in Deutschland; im Gegenzug kaufen deutsche Banken amerikanische oder britische Trusts.

- *Konzentrations- und Fusionsprozesse*
  Als Folge eines harten internationalen Wettbewerbs schrumpfen die Margen und Gewinne bei einer Reihe von Finanzdienstleistungen. Daher versuchen die Banken, durch Zukäufe, Kooperationen und Fusionen ihre Kompetenz und Produktpalette so auszuweiten, dass sinkende Gewinne bei den herkömmlichen Finanzdienstleistungen durch die Erweiterung ihres

sonstigen Angebots aufgefangen werden. Dies führt einerseits dazu, dass im Zuge von Fusionen Abteilungen zusammengelegt werden, um Kosten zu sparen; andererseits werden hohe Summen in Technik und hochqualifizierte Mitarbeiter gesteckt, um im globalen Wettbewerb bestehen zu können.

- *Einsatz neuer Technologien*
  Durch den zunehmenden Einsatz von Telefonbanking, EDV-Netzwerken und Automaten (Geldautomaten, Kontoauszugsdrucker etc.) lassen sich zahlreiche Dienstleistungen im Kunden-Massengeschäft rationalisieren. Homebanking macht Bankgeschäfte nicht nur bequem, sondern baut auch massenhaft Arbeitsplätze ab.
  Dennoch bewerten 2/3 aller befragten Bankkunden den Einsatz dieser neuen Technologien als gut.

- *Neuer Ablauf und Organisationsstrukturen*
  Die Niederlassungs- und Dienstleistungsfreiheit des europäischen Binnenmarktes hat für zusätzlichen Wettbewerbsdruck gesorgt. Dies hat ein verschärftes Controlling von Kosten, Serviceleistungen und Qualität zur Folge. Gleichzeitig werden neue Vertriebswege (Telefonbanking, Online-Aktienhandel, etc.) sowie neue Formen der Kundensegmentierung (Privatkunden, Geschäftskunden, Massengeschäft – vermögende Privatkunden) erarbeitet. Gerade im Wettbewerb um vermögende Privatkunden konkurrieren Banken in zunehmendem Maße mit Versicherungsunternehmen mit ihrem ausgedehnten Vertriebsnetz und Strukturvertrieben. Dieser Wettbewerb zwingt Banken, ihre Angebotspalette auszuweiten:
  Von der reinen Finanzierung oder Geldanlage hin zu einer umfassenden finanziellen Vorsorge in Form eines Allfinanzanbieters.

Durch die vorgenannten vier Punkte wird sich die Beschäftigungssituation im Bankgewerbe dramatisch verändern. Durch Standardisierungsmöglichkeiten im Massengeschäft, fusionsbedingte Zusammenlegung von Abteilungen und durch den Einsatz neuer Technologien werden zahlreiche Stellen entfallen. Andererseits werden gerade durch die Implementierung neuer Technologien und durch die persönliche kundenorientierte Betreuung gerade vermögender Kunden neue hochqualifizierte Berater gesucht werden. Entsprechend interessierte und qualifizierte Juristen werden also auch in Zukunft ihren Weg im Bankgewerbe gehen.

Und wie sieht das Tätigkeitsprofil für den Juristen in der Bank aus?

Banken beschäftigen Juristen vor allem in zwei Abteilungen:

- Die klassische juristische Tätigkeit mit Schwerpunkt auf der Rechtsberatung und Prozessführung liegt in der Tätigkeit innerhalb der Rechtsabteilung. Hier ist der Bankjurist für sämtliche Rechtsfragen rund um das Bank- und Kundengeschäft sowie um den eigenen Betrieb zuständig:
  - Kapitalmarktrecht
  - M & A (*Mergers & Acquisitions*)
  - Kreditsicherung

- Finanzierung
- Gesellschaftsrecht
- Insolvenzrecht
- Erstellung von Sanierungskonzepten
- Personalwesen, Arbeitsrecht

- Die zweite Sparte ist das reine Bankgeschäft, von dem der Jurist von Haus aus vermutlich wenig versteht, so dass hier der Weg über ein Trainee-Programm sowie interne und externe Fortbildungsveranstaltungen verläuft. Trainee-Programme dauern in der Regel zwischen zwölf und 18 Monaten. Schwerpunkte dieser Ausbildung sind:
  - Investmentbanking
  - Wertpapiergeschäft
  - Firmenkundenbetreuung
  - Zweigstellen-Privatkundengeschäft
  - Vermögensanlage
  - Immobilienfinanzierung
  - Zahlungs- und Giroverkehr

Neben den entsprechenden Examensergebnissen wird Wert auf entsprechende Studienschwerpunkte sowie gute Betriebswirtschafts- und Fremdsprachenkenntnisse sowie persönliche Mobilität gelegt. Weiterhin werden Team- und Kooperationsfähigkeit, Eigeninitiative, analytisches Denken, gutes Auftreten und Kommunikationskompetenz erwartet.

Die Anfangsgehälter liegen zwischen 35.000 EUR und 40.000 EUR. Die weitere Gehaltsentwicklung hängt nicht nur von der persönlichen Karriere ab, sondern auch davon, zu welcher Bank man geht.

Private Geschäftsbanken zahlen ihren leitenden Angestellten in der dritten Führungsebene durchschnittlich 55.000 EUR, in der zweiten Führungsebene durchschnittlich 85.000 EUR und in der ersten Führungsebene 120.000 EUR.

Öffentlich-rechtliche Banken zahlen deutlich schlechter: in der dritten Führungsebene zwar mehr, nämlich 65.000 EUR, aber in der zweiten Ebene 70.000 EUR und in der ersten Führungsebene 90.000 EUR.

Genossenschaftsbanken zahlen in der dritten Führungsebene 50.000 EUR, in den zweiten Ebene 58.000 EUR und in der ersten Führungsebene 65.000 EUR.

Die Bankwirtschaft fährt allerdings auf Schrumpfkurs: Kreditinstitute verkleinern ihre Belegschaft. 27.000 Arbeitsplätze sind allein 2003 verschwunden. Heute arbeiten noch 712.000 Menschen bei Privatbanken, Sparkassen und Volksbanken, wie der Arbeitgeberverband des privaten Bankgewerbes mitteilte. Das Tempo des Abbaus ist beachtlich: Innerhalb der letzten drei Jahre wurden sieben Prozent der Bankarbeitsplätze gestrichen.

In vielen Banken wird der mobile Finanzberater einziehen, der seine Kunden zuhause oder im Betrieb aufsucht. Zudem werden Nicht-Bank-Qualifikationen Einzug halten: IT-Kräfte werden im Prozessmanagement gebraucht, Ingenieure und Wirtschaftingenieure, helfen das Geschäft zu industrialisieren. Flexibilität wird noch wichtiger. Frauen werden es in den Chefetagen auch künftig schwer haben, so Experten über das private Bankgewerbe.

📖   Karriere machen, Bank und Versicherung
       von Bothe-Fehl / Ernst-Auch
       Econ Verlag
       ISBN: 3409317473

📖   Karrieren unter der Lupe: Bank und Börse
       von Vähning
       Lexika Verlag
       ISBN: 3896943669

Versicherungen

Von den rund 200.000 Beschäftigten in der Versicherungswirtschaft sind gut zwei Prozent Juristen oder anders gesagt: Von den ca. 21.000 in der Versicherungswirtschaft beschäftigten Akademikern mit Hochschulabschluss stellen die Juristen mit 5.000 Personen nach wie vor die größte Gruppe. Es folgen die Wirtschaftswissenschaftler mit 4.400, die Diplom-Mathematiker mit 1.900 und Diplom-Ingenieure mit 1.600 Personen.

Auch zukünftig werden Juristen und Wirtschaftswissenschaftler zahlenmäßig überwiegen. Das hängt einfach mit den sehr breiten Einsatzmöglichkeiten zusammen, die bei dieser Ausbildung bestehen.

Versicherungen beschäftigen Juristen in vielfältigen Bereichen: im Innendienst z.b. bei der Schadenssachbearbeitung, der Vertragsgestaltung, der Vermögensverwaltung, der Bearbeitung vertriebs- oder arbeitsrechtlicher Fragen und der Personalverwaltung oder im Außendienst gegenüber den Kunden im Zuge der Kundenakquisition und Kundenbetreuung, dabei überwiegend im Großkundengeschäft.

Hinzu kommt natürlich die klassische juristische Tätigkeit der Prozessführung und der Rechtsberatung, z.B. in Fragen des Handels- und Gesellschaftsrechts, des Kreditsicherungsrechts, des Grundstücksrechts sowie des allgemeinen Vertragsrechts.

Auch hier wird wegen der erheblich gestiegenen Anzahl der Bewerber insbesondere auf die Examensnoten sowie auf Grundkenntnisse der Betriebs- oder auch der Versicherungswirtschaft Wert gelegt. Auch Teamfähigkeit und Verhandlungsgeschick, praxistaugliche EDV-Kenntnisse, Mobilität sowie verhandlungssichere Sprachkenntnisse gehören je nach Art der ausgeschriebenen Position dazu.

Die Aufstiegschancen bei den Versicherungen sind im Allgemeinen gut. In der Rechtsabteilung sind sie jedoch begrenzt. Dort beginnt die Karriere als Syndikus, die Höchststufe erreicht man als Justitiar. Nur wenigen gelingt der Sprung aus der Rechtsabteilung in andere Geschäftsbereiche. In der Personalabteilung ist ein Aufstieg eher möglich. Der Anteil der Juristen an Personalleitern wird auf ungefähr 40 Prozent geschätzt.

Die Einstiegsgehälter in der Versicherungsbranche variieren zwischen 30.000 EUR und 55.000 EUR.

Sonstige Finanzberatungen

Der Finanzberater im weitesten Sinne setzt sich in aller Regel aus mehreren Berufssparten und Tätigkeiten zusammen:

- *Risk-Manager*
  Risk-Manager arbeiten vor allem bei Banken, Sparkassen, Investment-
  Gesellschaften und Versicherungen. Sie identifizieren, analysieren, kom-
  munizieren, steuern, kontrollieren und dokumentieren Situationen, die die
  erfolgreiche Weiterentwicklung des Unternehmens gefährden können.
  Dabei befassen sie sich mit allen Arten von Betriebs-, Partner- und
  Marktrisiken.

  Sind sie beispielsweise bei Versicherungen beschäftigt, erstellen sie für
  deren Kunden ganzheitliche Analysen der jeweiligen Finanz-, Vermögens-
  und Risikosituation. Bei allen strategischen Entscheidungen bieten sie
  langfristige Beratung an, erarbeiten individuelle Vermögens- und Vorsor-
  gepläne und sprechen Empfehlungen für bestimmte Abschlüsse beziehungsweise Versicherungspakete aus.

  Bei Banken und Sparkassen analysieren und bewerten sie zum Beispiel
  Kreditanträge von Privat- oder Firmenkunden im Hinblick auf Kreditwürdigkeit. Eine wichtige Aufgabe ist auch die Untersuchung von Faktoren,
  die den Kurs und damit den Marktpreis von Aktien, Wertpapieren und
  Fondanteilen beeinflussen. Um langfristige Entwicklungen nachvollziehen
  zu können, werden die Ergebnisse dieser Analysen mittels mathematisch-
  statistischer Methoden ausgewertet und dokumentiert.

  Mittlerweile legen auch Betriebe der IT-Branche, des Maschinenbaus
  und Betriebe anderer Branchen, die teure Projekte abwickeln, Wert auf ein
  fundiertes Risikomanagement als integralen Bestandteil des Controlling.
  Risiko-Management wird hier als Teil des Projektmanagements verstanden: Schwachstellen eines Projektes sollen früh erkannt und entsprechende
  Lösungswege rechtzeitig aufgezeigt werden, um anfallende Kosten in einem noch akzeptablen Rahmen zu halten.

- *Finanzmakler*
  Finanzmakler kaufen, verkaufen und vermitteln Finanzierungsleistungen.
  Sie bringen Vertragsabschlüsse zwischen Dritten zustande und erhalten da-
  für prozentual bemessene Provisionen.

  Der Zugang zur Tätigkeit ist nicht geregelt. Eine Ausbildung im Bereich Banken und Sparkassen ist besonders geeignet. Finanzmakler müssen persönliche Zuverlässigkeit und geordnete Vermögensverhältnisse
  nachweisen.

- *Versicherungsmakler*
  Versicherungsmakler kaufen, verkaufen und vermitteln Versicherungsleis-
  tungen aller Art. Sie bringen Vertragsabschlüsse zwischen Dritten zustande
  und erhalten dafür prozentual bemessene Provisionen.

- *Anlageberater*

Anlageberater unterstützen Privat- und Firmenkunden bei ihren Anlagestrategien. Sie empfehlen Anlagen zur Vermögensbildung und -sicherung oder stellen das Portfolio nach den Bedürfnissen des jeweiligen Kunden zusammen. Um kompetente Empfehlungen oder Warnungen aussprechen zu können, verfolgen sie die Entwicklungen auf den Geld- und Kapitalmärkten, insbesondere anhand von Analysen und Fachinformationen. Abgestimmt auf die individuelle Situation des Kunden vermitteln Anlageberater/innen beispielsweise Fonds, Anteilsscheine, Aktien, Schuldverschreibungen, Edelmetalle, Bausparverträge oder Kapitallebensversicherungen.

Anlageberater sind regelmäßig als Mitarbeiter/innen von Banken und Sparkassen beschäftigt. Sie können jedoch auch in Anlage- und Vermögensberatungsunternehmen oder selbstständig tätig sein.

Bekannte unabhängige Finanzdienstleister sind z.b. *MLP* oder *AWD*, um nur wenige zu nennen. Für die „High-Potential-Kunden" werden gerne Absolventen der unterschiedlichsten Fachbereiche genommen, selbst wenn man von Finanzdienstleistungen bislang keine Kenntnisse hatte. Die angenommenen Bewerber werden intensiv geschult und mit den Produkten und Maßnahmen vertraut gemacht.

Die juristischen Kenntnisse geraten dabei völlig in den Hintergrund. Juristen, die einerseits die Selbstständigkeit schätzen, andererseits aber die Risiken einer Existenzgründung minimieren wollen, bieten sich hier weitere Chancen.

Man bekleidet dabei als Unternehmer im Unternehmen die Stellung eines selbstständigen Maklers (§ 93 HGB) oder des Handelsvertreters (§ 84 HGB). Insofern entfällt auch das klassische Gehalt, man generiert sein Einkommen aus den abgeschlossenen Verträgen mit den Kunden. In der Anfangszeit „schießt" das Finanzdienstleistungsunternehmen Provisionen vor, die dann im Laufe der Zeit mit den Einnahmen verrechnet werden.

Immer mehr Finanzberater werben mit dem Titel eines „zertifizierten Finanzplaners" (CFP) für sich. Diese international anerkannte Auszeichnung dürfen sie nur führen, wenn sie einen Studiengang der Finanzökonomie erfolgreich abgeschlossen und eine Prüfung beim deutschen Verband *Financial Planers* abgelegt haben. Allerdings sind die wenigsten CFP unabhängig, die meisten arbeiten in einer Bank.

⊟   MLP Finanzdienstleistungen AG
      Forum 7
      69126 Heidelberg
      Fon 06221 / 308 – 0
      Fax 06221 / 308 – 8701
      www.mlp.de

⊟   AWD Finanzdienstleistungen GmbH
      AWD Platz 1,
      30659 Hannover
      Fon 0511 / 9020 – 0
      Fax 0511 / 9020 – 5115
      www.awd.de

📖 *Haftungsrecht für Finanzdienstleister*
   Aktuelle Rechtsprechung und Praxisfälle
   von Plück / Schmutzler / Kühn
   Gabler Verlag
   ISBN: 3409114335

📖 *Berufseinstieg bei MLP*
   von Lachmann
   jumag 7/1998

5.10.3 Unternehmensberatung

In vielen Fällen werden Juristen in der Unternehmensberatung aber nicht nur juristisch, sondern interdisziplinär tätig, da gerade die wirtschaftsrechtliche Beratung ohne fundierte steuerrechtliche und oft auch bilanzrechtliche Kenntnisse gar nicht möglich ist.

Das Anforderungsprofil der Unternehmensberatungen entspricht im Wesentlichen dem von Großkanzleien. Bei den Examensnoten sind Prädikatsexamina in der Regel unerlässlich.

Geschätzt werden aber auch Zusatzqualifikationen, mit denen der Bewerber ggf. auch ein fehlendes Prädikat ausgleichen kann, wie z.B. ein längerer Auslandsaufenthalt, möglichst mit abgeschlossener Qualifikation (LL.M., MBA), verhandlungssichere Englischkenntnisse sowie ggf. Kenntnisse in anderen Sprachen, abgeschlossene berufsbezogene Promotion oder praxistaugliche EDV- Kenntnisse. Wirtschaftliche Grundkenntnisse sollte man jedoch mitbringen.

Viele Juristen arbeiten in Dienstleistungsunternehmen nicht mehr juristisch, sondern wirtschaftlich. Berater wie *McKinsey* und Co. streben zum Beispiel Quoten von 50 Prozent an nicht primär wirtschaftlich ausgebildeten *High Potentials* an. Den größten Teil des Kuchens schneiden sich hier natürlich die Naturwissenschaftler ab.

Aber dennoch: Die Unternehmensberater stellen wieder ein – und umgarnen die Elite mit pompösen Auswahl-Seminaren. Gesucht wird die Führungselite von morgen. Doch junge, gut ausgebildete *High-Potentials* sind rar, ein äußerst begehrtes Gut. Der berüchtigte *war for talents*, der Krieg um die besten Talente, läuft deshalb längst wieder auf Hochtouren.

Die Unternehmensberatungen betreiben großen Aufwand, um gute Mitarbeiter zu finden. Schließlich geben sie rund 75 Prozent des Umsatzes für Mitarbeiter aus. Ein beliebtes Mittel der Personalentwicklung sind Recruiting-Veranstaltungen.

Vor allem *McKinsey* betreibt wie zu besten Zeiten Rekrutierungs-Tourismus.

Mal locken die Schönheiten Floridas, mal wartet eine Zwölf-Meter-Yacht an der griechischen Küste als Veranstaltungsort. Auch *A.T.Kearney* lädt ausgezeichnete Absolventen regelmäßig zu Bergabenteuern und Hüttenromatik in die Alpen. *Accenture* und *Bosten Consultings* beschränken sich dagegen auf Veranstaltungen in ihren Heimatbüros Kronberg und Berlin.

Um teilnehmen zu können, müssen die Bewerber ein strenges Verfahren samt persönlichen Interviews durchlaufen.

Die Einstiegsgehälter für Hochschulabsolventen variieren sehr stark von Beratungshaus zu Beratungshaus und sind von der Qualifikation und Berufserfahrung des jeweiligen Bewerbers abhängig. Wer direkt nach dem Ersten Staatsexamen einsteigt, verdient um die 35.000 EUR. Einsteiger, die das Zweite Staatsexamen, eine Promotion und erste Praxiserfahrungen nachweisen, erhalten ein Jahresgehalt von rund 75.000 EUR. Wettbewerbsfähige Gehälter, so heißt es bei *Roland Berger*, zahle man Juniorberatern. In der Branche bedeutet das knapp 50.000 bis 100.000 EUR mehr, als Wirtschaftsabsolventen im Durchschnitt verdienen.

Die Beraterbranche kann es sich leisten, sie ist aus dem Gröbsten heraus. Der *Bundesverband Deutscher Unternehmensberater* (BDU) erwartet ein Umsatzwachstum im unteren einstelligen Bereich. Nachdem die Beschäftigungszahl seit 2001 von 70.000 auf 66.800 gefallen war, erwartet der BDU in diesem Jahr wieder Einstellungen. Laut einer BDU-Studie wollen 41 Prozent der Consulting-Firmen ihren Personalbestand erhöhen. Nur fünf Prozent planen Entlassungen.

Nähere Informationen erhalten Sie beim *Bundesverband Deutscher Unternehmensberater.*

🖃 Bundesverband Deutscher Unternehmensberater (BDU) e.V.
Zitelmannstraße 22
53113 Bonn
www.bdu.de

📖 *Unternehmensberater werden und bleiben*
Das Handbuch für den beruflichen Erfolg
von Biech
ISBN: 3931085325

📖 *Die Consulting-Praxis*
66 Fallstudien für Bewerbung und Berufseinstieg
von Hartenstein / Billing / Schawel
ISBN: 3430140625

📖 *„Smack your brain"*
Juristen als Unternehmensberater
von Zawade
jumag 7/2002, II

5.10.4 Journalismus

Immer mehr Juristen drängen in die Medienberufe, so z.B. in den Journalismus. Was wie eine Notlösung angesichts der Juristenschwämme aussieht, ist größtenteils aber überhaupt nicht so. Zahlreiche Erfolgsbiographien beweisen das Gegenteil.

Zu den bekanntesten Journalismus-Juristen gehören Wolf von Lojewski (Moderator des ZDF „Heute-Journals"), Heribert Prantl, Alfred Biolek, Alexander Kluge, Ulrich Wickert, Bodo Hauser, Ulrich Deppendorf und sogar die Sport-Kommentatoren Heribert Fassbender und „Manni" Breuckmann. RTL-Mann Günter Jauch, TV-Moderator Stefan Raab, Grimme-Preisträger Jörg Tadeusz sowie der ehemalige „Zeit" -Chefredakteur Robert Leichtl haben ebenso einige Semester Rechtswissenschaften auf dem Buckel, ohne letztlich je die Examensurkunde in den Händen halten zu können.

Es mag sein, dass der unaufhaltsame Zuwachs von Juristen auf dem Arbeitsmarkt ein Grund ist, der derzeit so viele Absolventen in Medienberufe drängt. Sicher aber öffnet auch der „universale Charakter des Studiums" viele Türen zum Journalismus.

Wenngleich Juristen sich sicherlich gut für die Politikredaktion oder für das Justizressort eignen, wie etwa Bernhard Töpper (Leiter der ZDF-Redaktion „Recht und Justiz") und dessen Kollege Claus Kleber, der sich gar Dr. jur. nennen darf, um nur einige zu nennen, so dokumentieren die Biographien auch andere Wege, etwa als Redakteure für namhafte Wirtschaftszeitungen und -zeitschriften.

Nur um die erste Hürde zu nehmen, DEN Journalisten gibt es nicht. Denn der Hang zur Individualität ist im Journalismus deutlich häufiger ausgeprägt als in anderen Berufssparten. Der Grund hierfür ist sicherlich darin zu sehen, dass die Kunden (Leser, Hörer und Zuschauer) von den journalistisch tätigen Rechercheuren, Reportern und Redakteuren ständig nach Neuem verlangen.

Allerdings ist den Juristen während des Studiums ihr möglicher Hang zur Individualität verloren gegangen, schließlich sind strenge juristische Regeln und Vorgaben zu beachten, den Professoren sei Dank.

Eine weitere Unterscheidung zwischen Journalisten und Juristen liegt in ihrer Denkweise, wie sie eigentlich unterschiedlicher nicht sein könnte. Gerade in sprachlicher Hinsicht muss der Journalist Kompliziertes einfach darstellen und vermitteln. Der Jurist hingegen verstrickt sich (gerne) in einzigen, endlosen und komplizierten Satzgebilden unter Darstellung aller Eventualitäten und rechtlichen Möglichkeiten.

Wo aber sind dann die Überschneidungen dieser beiden „Spezies"? Nun, man findet sie in der Pedanterie, was Begrifflichkeiten und Zusammenhänge, Genauigkeit und Interpretationsfähigkeit angeht. Für Juristen und Journalisten das Handwerkszeug für ihren Beruf.

Dennoch sollte sich der Jurist, der sich im Journalismus wieder finden möchte, der Problematik durchaus bewusst sein, eine Fähigkeit entwickeln zu müssen, ein Ereignis, dessen Hintergründe, dessen Konsequenzen genau auf den Punkt zu bringen.

Im Ergebnis ist somit festzuhalten: Das Handwerk kann man lernen, die Begabung nicht. Und was fördert die Begabung? Es ist die Lebenserfahrung des Journalisten. Was kann man also tun, um das juristisch Erlernte und die Lebenserfahrung, also die Begabung, mediengerecht einzusetzen? Die Parole hierzu heißt: Schreiben. Sie können etwa für eine juristische (Fach-)Zeitschrift schreiben und so aus ihrem großen Repertoire an Lebenserfahrung aus ihrer Studentenzeit oder zu juristischen Themen berichten. Sie sollten hierbei allerdings nicht an große Honorare denken, wenn überhaupt. Denn generell ist die freie Mitarbeit als Journalist (zumindest als Anfänger) ohne entsprechende Honorierung. Darauf kommt es aber auch gar nicht an.

Die so gewonnenen (veröffentlichten) Arbeitsproben sind nicht nur hilfreich, sondern auch notwendig, um im Auswahlverfahren um die begehrten Volontariatsplätze bei Zeitung, Rundfunk und Fernsehen überhaupt die Eingangshürden zu überwinden. Beim *WDR* bewerben sich im Schnitt etwa hundertmal mehr junge Menschen als die Anstalt an Ausbildungsplätzen zur Verfügung stellen kann.

Es macht also (fast) nichts, wenn es Ihnen nicht auf Anhieb gelingen sollte, einen Volontariatsplatz in einer Redaktion zu ergattern. In keinem Beruf ist die Zahl der „Quereinsteiger" größer als im Journalismus. Dennoch setzt sich sicherlich das Talent bzw. die Begabung für diesen Beruf durch; es kann halt ein steiniger und langer Weg werden. Auch bei Journalisten oder gerade bei diesen finden sich Neid, Intrige und Missgunst als normale Handlungsparameter wieder. Und die Angst vor der Jugend (Konkurrenz) findet man in diesem Genre nicht selten.

Seit dem Sommersemester 2000 bietet die *Universität Münster* eine journalistische Fortbildung für Juristen an. Hierbei handelt es sich um einen Versuch, Juristen mit journalistischem Grundwissen zu versehen und in die Grundstrukturen des Verlagswesens einzuführen. Die Studierenden bekommen einen Einblick in die Strukturen der Presse- und Öffentlichkeitsarbeit von Unternehmen sowie in die tägliche Arbeit juristischer Verlage. Gleichzeitig lernen sie, Pressetexte zu erstellen, das allgemein verständliche juristische Wissen zu transferieren. Weitere Informationen erhalten Sie unter *www-uni-muenster.de/Jura.itm/hoeren.*

⊟   Deutscher Journalistenverband
     Bennauerstraße 60
     52115 Bonn
     www.djv.de

📖   *Das Praktikum im Journalismus*
     von Ahlswede
     Uvk Medien
     ISBN: 3896692720

5.10.5 Verlags- und Pressewesen

Ein weiteres Berufsfeld findet sich im Verlags- und Pressewesen, insbesondere als Lektor bei einem juristischen Fachverlag. Hierbei handelt es sich aber nicht um einen für einen Juristen fachfremden Beruf. Insbesondere für Absolventen, die ausgezeichnete sprachliche und schriftliche Formulierungsmöglichkeiten besitzen und Lust haben, über die manchmal trockene juristische Kost anschaulich zu schreiben, bieten juristische Fachverlage berufliche Möglichkeiten an. Juristische Fachverlage beliefern die gesamte Juristenschaft, niedergelassene Rechtsanwälte, wissenschaftliche Institute, Gerichte, den öffentlichen Dienst, Verwaltungen, usw. mit Gesetzestexten, Kommentaren, juristischen Zeitschriften und Fachbüchern.

Hier handelt es sich um ein breites Arbeitsfeld, auf dem das juristische Fachwissen immer auf dem neuesten Stand sein muss und zum Teil echtes Expertenwissen verlangt wird.

Juristische Verlage decken mehr die wissenschaftliche oder mehr die praktische Sparte juristischer Literatur ab. Hieran sind die Fachkenntnisse des Lektors zu messen. Es gibt auch einige Verlage, in denen von dem Lektor in einem speziellen Bereich juristische Fachkenntnisse oder fachliche Spezialqualifikationen (z.B. für das Arbeits- oder Steuerrecht) gefordert werden. Die Arbeit kann hier beispielsweise in der Aufarbeitung und Aktualisierung von Loseblatt-Sammlungen bestehen, aber auch in dem Erkennen und Umsetzen von Bedürfnissen für bestimmte juristische Zielgruppen.

Natürlich sind Fachkenntnisse in juristischen Randbereichen, wie etwa im Umweltrecht, nicht hinderlich. Es gilt daher der Grundsatz: *learning by doing*. Die Vertiefung erfolgt dann in der Praxis. Selbstverständlich werden auch die sonstigen Qualifikationen gefordert, die aber durch eine hohe Flexibilität wieder Wett gemacht werden können.

Diese zeigt sich im Einzelnen dadurch, dass man in der Lage sein muss, sich Geschehensabläufen zu stellen, die nicht zur erlernbaren täglichen Routine gehören. Gefordert werden zudem eine ausgeprägte individuelle Ausdrucksfähigkeit sowie eine gute Allgemeinbildung des Lektors.

Ein weiteres wichtiges Kriterium ist eine gute Menschenkenntnis, sich nämlich in andere Personen, etwa Autoren, Herausgeber und Fachpublikum, hineinzuversetzen, um deren Wünsche und Forderungen erfüllen zu können.

Wichtig ist zudem ein ausgeprägtes Organisationstalent. Als Lektor muss man die verschiedenen Abläufe von der Idee über den Druck bis hin zur Vermarktung parallel im Griff haben.

Der Lektor wird zudem in aller Regel Fachtagungen besuchen, auf Kongressen diverse Kontakte knüpfen und dementsprechend über Inhalte und Neuerungen informieren sowie bei Bedarf Autorenbesuche durchführen.

Es dürfte selbstverständlich sein, dass der Lektor eine Menge Literatur durcharbeiten muss; manchmal reicht auch schon das an- oder querlesen von Texten. Aber auch intensive Gespräche mit Kollegen fließen bei der Entscheidungsfindung mit ein.

Der Lektor hat aber auch noch weitere Umstände zu berücksichtigen, wie etwa der Umfang und die Platzierung des späteren gedruckten Werks

Es versteht sich von selbst, dass der Lektor auch die jeweiligen Konditionen entwickeln bzw. aushandeln muss. Häufig genug ist dem Autor auch mitzuteilen, dass sein eingesandtes Werk in hiesigen Verlag nicht vertrieben werden kann, aus den unterschiedlichsten Gründen. Er muss weiterhin die aktuellen Entwicklungen am Büchermarkt berücksichtigen und analysieren. Hierbei ist der Lektor natürlich nicht allein, es werden hausintern noch andere Stellungnahmen und Freigaben über das vorgelegte Manuskript eingeholt.

Die Akquisition von Projekten, beispielsweise die Entwicklung neuer Ratgeber-Reihen, nimmt einen Teil des Tagesgeschäfts ein. Werden wegen der starken Nachfrage oder wegen neuer Rechtslagen weitere Neuauflagen benötigt, er muss sich mit der Verlagsleitung, mit Herstellungs- und Produktionsabläufen (redaktionell) abstimmen und am Ende eine Menge Termine vereinbaren und einhalten.

Sicherlich findet sich in dem Beruf als Lektor keine Langeweile, da er zudem auch in den Bereichen Vertrieb und Werbung präsent sein muss. Hier ist die breite Kompetenz des Lektors gefragt.

Im Ergebnis ist also festzuhalten, dass der Beruf eines Lektors eine Tätigkeit darstellt, die abwechslungsreicher und vielschichtiger kaum sein kann, denn es werden viel Eigendynamik und ein fachlich hoher Anspruch vorausgesetzt.

Verhandlungsgeschick und Menschenkenntnis werden bei den vielfältigen Kontakten mit praktizierenden Juristen und Wissenschaftlern gefordert – zu Recht. Hier erfährt derjenige viele Entfaltungsmöglichkeiten, der sich für einen lebendigen Beruf interessiert, ohne aber einen Drang zur für viele mitunter spröden Anwaltschaft zu verspüren.

Der Bewerber für einen Job als Lektor in einem juristischen Fachverlag sollte sich schon darüber im Klaren sein, dass die Strukturen in den verschiedenen Verlagen unterschiedlich sein können. Dieses stellt sich vielfach aber erst in einem Bewerbungsgespräch heraus, wenn die Rahmenbedingungen näher erläutert werden.

Es ist anzuraten, dass der Interessent für eine spätere Tätigkeit als Lektor Praktika bei Verlagen absolvieren sollte. Bei Interesse kann man sich selbstverständlich entweder direkt an die Verlage oder an den *Börsenverein des deutschen Buchhandels* wenden. Der Börsenverein stellt eine gute erste Anlaufstelle dar, da er die meisten deutschen Verlage als Verband betreut und zum Beispiel Lehrgänge und Informationsveranstaltungen für Lektoren anbietet.

📖   *Traumberuf in einer juristischen Nische?*
Lektor in einem juristischen Fachverlag
von Diehm
jumag 11/2000, 22

📖   *Karrieren unter der Lupe: Buchhandel und Verlagswesen*
von Salawas
Lexika Verlag
ISBN: 3896943618

5.10.6 Wirtschaftsverbände und Organisationen

Es gibt in Deutschland über 5.000 Verbände und Organisationen, doch arbeiten Verbände oftmals mit einem sehr geringen Personalaufwand. Verbände und Organisationen vertreten die Interessen ihrer Mitglieder vor Ort, werden aber für ihre Mitglieder auch beratend tätig. In Betracht kommen Kammern, Gewerkschaften, Wirtschafts-, Arbeitgeber- und Berufsverbände.

Die hier beschäftigten Juristen arbeiten im Bereich der Wirtschaftsförderung und versuchen, im Zuge der Gesetzesberatung die Interessen ihrer Mitglieder gegenüber dem Staat und der Gesellschaft durchzusetzen, wirken also nicht zuletzt auch auf die politische Willensbildung und auf die öffentliche Meinung ein.

Für einen Kammer- und Verbandsjuristen sind gute Kenntnisse des Wirtschafts- und Steuerrechts sowie des Betriebs- und Sozialrechts unabdingbare fachliche Voraussetzungen. Ihre Tätigkeit besteht überwiegend aus Beratung, Organisation und Administration.

Sie sollten weiterhin über sehr gute rhetorische und schriftliche Ausdrucksfähigkeiten, besondere Kommunikationsfähigkeit und diplomatisches Geschick verfügen, um die Interessen des Verbandes oder der Organisation wirkungsvoll durchsetzen zu können.

Juristen werden dort deshalb gerne eingestellt, weil sie vielseitig einsetzbar sind: Neben der Rechtsberatung für die Mitglieder eignen sie sich sowohl für die Lobbyarbeit als auch für die Tätigkeit als Geschäftsführer. Die Beratung ist oft hochspezialisiert und wird direkt von den Anforderungen bestimmt, die die Wirtschaft an praxisbezogene Rechtsauskünfte stellt. Deshalb ist eine Verbandstätigkeit auch ein ideales Sprungbrett, sich später einmal selbstständig zu machen: In jahrelangen Kontakten zu Unternehmen und deren Syndizi, zu Rechtsanwaltskanzleien, zur (Fach-) Presse, zum Wissenschaftsbetrieb sowie zu Vertretern der politischen Institutionen kann man sich ausgezeichnet als Experte in engen Beratungssegmenten positionieren.

Die *Bundesvereinigung der Deutschen Arbeitgeberverbände* (BDA) bietet eine Trainee-Ausbildung für Juristen mit Zweitem Staatsexamen an, um den Geschäftsführernachwuchs in den deutschen Arbeitgeberverbänden heranzuzüchten. Dabei durchlaufen die Trainees mehrere Ausbildungsstationen bei regionalen Arbeitgeberverbänden und Betrieben.

Der *Deutsche Industrie- und Handelstag* (DIHT) bietet ein vergleichbares Trainingsprogramm an, das 18 Monate dauert. Die Bezahlung entspricht dem Anfangsgehalt eines Volljuristen im öffentlichen Dienst.

☞ Bundesvereinigung der Deutschen Arbeitgeberverbände (BDA)
Breite Strasse 29
10178 Berlin
Fon 030 / 2033 – 0
www.bda-online.de

☞ Deutscher Industrie- und Handelstag (DIHT)
Breite Strasse 29
10178 Berlin
Fon 030 / 20308 – 0
Fax 030 / 20308 – 1000
www.diht.de

Ein nützlicher Link zu den Industrie- und Handwerkskammern befindet sich unter *www.dihk.de*, ein weiterer zu Verbänden unter *www.verbaende.de*.

5.10.7 Nischenberufe

Neben den bislang vorgestellten typischen und abgeleiteten juristischen Berufen kommen immer mehr Juristen auch erfolgreich in so genannten Nischenberufen unter.

Nischen sind derzeit wegen der vielen Firmenpleiten besonders im Insolvenzrecht, in Randsegmenten wie dem Umwelt- und dem Steuerrecht und wegen der
vielen Scheidungen im Bereich der Mediation zu finden.
Nachfolgend werden hier exemplarisch zwei interessante neue Berufe vorgestellt:

Knowledge Management Lawyer

Bei *Freshfields Bruckhaus Deringer* heißen sie „Knowledge Management Lawyer",
bei *Hengeler Müller* kurz „Project-Lawyer" und bei *Linklaters Oppenhoff & Rädler* „Professional Support Lawyer". Viele Namen für ein Berufsbild, das sich in
Deutschland erst noch durchsetzen muss. In Großbritannien gehört das professionelle Wissensmanagement in den Law Firms jedoch schon längst zum Alltag.

Knowledge Management Lawyer sammeln, strukturieren und verwalten Informationen für andere Anwälte. Dabei handelt es sich um einen Job, der in Zeiten
der Wissensexplosion, bedingt durch das Internet, immer mehr an Bedeutung gewinnen wird, meinen Experten.

Wichtig geworden sind diese Info-Manager aber auch, weil Kanzleiwechsel für
Rechtsanwälte immer öfter auf der Tagesordnung stehen. Früher hatten Anwälte
das hoch komplexe Wissen, das sie für ihre Mandantschaft benötigten noch in ihren Hinterköpfen gespeichert. In einer Zeit in der sich Wissen und Informationen
rasch ändern, sollte jemand das Know-how sichern. Dies geschieht oft mit Hilfe
von Datenbanken.

Dort werden Informationen, die beispielsweise bei Fusionen anfallen, indexiert
und mit Schlagworten versehen. Genau dies, ist auch die Schwierigkeit daran: Daten wieder auffindbar und anderen zugänglich zu machen. Denn, sie sollen ja nicht
im Daten-Nirvana verschwinden. Die *Corporate Identity* einer Kanzlei soll dabei
ebenfalls gewahrt bleiben. Einheitliche Standards und Erscheinungsbild werden
hierbei in Sachen Qualitätsmanagement groß geschrieben.

In einer kürzlich durchgeführten Studie unter führenden britischen Kanzleien
gaben praktisch alle der befragten 36 Law Firms an, Knowledge Management
Lawyer zu beschäftigen: Durchschnittlich kommen dort auf je 25 Anwälte ein
Knowledge Management Lawyer und zwar vor allem im Gesellschafts- und Un-
ternehmenskaufrecht, Prozessrecht, Immobilienrecht, Bank- und Arbeitsrecht.

Aber nicht nur in Großkanzleien hat man erkannt, dass Knowledge Management die Effektivität der Kanzleiarbeit steigern und somit auch die Effizienz der
Arbeitsleistung des einzelnen Anwalts erhöhen kann. Auch in mittelständischen
Kanzleien wird der Ruf nach effektiver Arbeit lauter. Gerade in der heutigen Zeit,
in der Anwaltszahlen größer und aufgrund höherer Mitbewerberzahlen die Um-
satzzahlen der einzelnen mittelständischen Kanzlei kleiner werden, ist es wichtig,
auch zukünftig die Wettbewerbsfähigkeit durch effektivere Nutzung des kanzleiin-
ternen Wissens zu sichern.

Mit relativ geregelten Arbeitszeiten ist die Nachfrage nach diesen Jobs sehr
groß. Beispielsweise für Juristinnen, etwa nach dem Erziehungsurlaub. Aber auch

für männliche Kollegen die nicht sieben Tage die Woche arbeiten möchten und lieber mehr für die Familie da sein wollen, eignet sich der Job hervorragend.

Als Voraussetzung werden erstklassige juristische Kenntnisse verlangt, eine voran gegangene Anwaltstätigkeit, aber auch verstärkt technisches Verständnis, um den elektronischen Zugriff mit den IT-Abteilungen zusammen optimal gestalten zu können.

Wer auf die Idee kommt eine solche Tätigkeit werde mager dotiert, fehlt. Bei *Freshfields Bruckhaus Deringer* kann ein Einsteiger schon mal 39.000 EUR Jahresgehalt verdienen.

Knowledge Management als Spezialisierung – eine neue Nische für Juristen? Hier lässt sich noch keine Prognose treffen. Denn: In Deutschland gibt es das Berufsbild erst seit knapp zwei Jahren und die Zukunft wird zeigen, ob sich die Wissens-Manager für Kanzleien auszahlen.

PR-Manager in Rechtsanwaltskanzleien

Bisher wurden Rechtsanwälte eher im Verborgenen tätig, doch bestimmen Wettbewerb und Globalisierung zunehmend die Arbeit vor allem großer Sozietäten. Somit wird auch der Kontakt zu den Medien immer wichtiger. Was bisher eher „miterledigt" wurde, entwickelt sich zu einem neuen Arbeitsfeld für Juristen, die Gespür für Kommunikation haben: Öffentlichkeitsarbeit oder *Public Relations* für Anwaltskanzleien als PR-Manager.

Public Relations (PR) für Großkanzleien ist in Deutschland nahezu unbekannt. Entweder machen die Anwälte „das bisschen Promotion" selbst oder sie stellen ihre Sekretärin dazu ab, diesen Teil der Außenkommunikation der Kanzlei mit zu übernehmen. Ganz anders in den USA, wo PR zum Business gehört wie die juristische Arbeit.

Wenn man eine Kanzlei vertritt, kann man das entweder mit den einzelnen *practice groups* tun, die sich etwa mit Insolvenzverfahren, Gesundheitswesen oder IT-Recht befassen, oder man kann einen speziellen Fall aufgreifen. Eine Kanzlei wendet sich an einen PR-Manager, wenn sie gute *Publicity* will.

So gibt es auch PR-Manager mit einem gewissen Schwerpunkt auf Anwaltskanzleien. Förderlich ist es dafür, wenn der PR-Manager selbst Jurist (und Journalist) ist; Anwälte arbeiten gerne mit Juristen zusammen, weil sie ihre Sprache sprechen und ihre Fälle und den juristischen Ablauf verstehen.

Konkret geht es um das Verschaffen eines positiven Images der Kernzielgruppen der Kanzlei in der Öffentlichkeit. Das beinhaltet auf jeden Fall die Platzierung von Artikeln in Veröffentlichungen aus Wirtschaft und Recht, die Organisation schriftlicher Präsentationen für zukünftige Mandanten und die Erarbeitung von Präsentationen – alles in enger Zusammenarbeit mit den Rechtsanwälten. Es bedeutet aber auch die Gestaltung und die Zusammenstellung von schriftlichem Marketing-Material wie Broschüren, Briefköpfen und Präsentationen.

In einer Zeitung erwähnt zu werden, hat einen interessanten Effekt. Mag es falsch oder richtig sein: Man geht intuitiv davon aus, dass die zitiere Person wissen muss, wovon sie spricht, ansonsten wäre der Reporter nicht auf sie zugekommen. Ob das nun der Realität entspricht oder nicht, so funktioniert es. Wenn Sie also immer wieder in wichtigen Veröffentlichungen zitiert werden, wird sich womöglich ein zukünftiger Mandant, der eine Kanzlei sucht, bei Ihnen melden, weil Sie gezeigt haben, dass Sie Ahnung haben.

Viele der Top 30 US-Kanzleien haben internes Marketing-Personal und einen eigenen PR-Manager. Es ist davon auszugehen, dass es auf die einzelne Kanzlei ankommt, ob man einen internen PR-Manager im Hause hat oder einen externen einsetzt. Das Budget dürfte dabei auch eine Rolle spielen.

📖 *Nischen auf dem juristischen Arbeitsmarkt.*
Chancen und Wege für den beruflichen Erfolg
von Lemke
Luchterhand Verlag
ISBN: 3472040300

6 Unternehmens- und Kanzleiprofile

Die hier nachfolgend vorgestellten Unternehmens- und Kanzleiprofile bieten Ihnen eine wichtige Entscheidungshilfe, bei welchen Kanzleien oder Unternehmen Sie sich gezielt vorstellen können.

Anhand der von den jeweiligen Kanzleien und Unternehmen selbst angefertigten Kurzportraits können Sie oftmals erkennen, ob eine Bewerbung für Sie im Hinblick auf Ihr persönliches und fachliches Qualifikationsprofil sinnvoll ist. Die Angabe der jeweiligen Ansprechpartner erleichtert Ihnen zusätzlich die Kontaktaufnahme.

Im Mittelpunkt der Darstellung stehen Unternehmen, die aufgrund ihrer Größe, Struktur und Philosophie auch und gerade Juristen einstellen.

Die weitgehend einheitliche Form der Unternehmens- und Kanzleiprofile soll Ihnen eine vergleichbare Betrachtung ermöglichen.

Nachfolgend wurden exemplarisch nur einige Beispiele von Jobqualifikationsprofilen diverser Kanzleien und Unternehmen ausgewählt.

Nähere Informationen zu dem Jobangebot erhalten Sie auch auf der jeweiligen angegebenen Homepage.

Die hier aufgelisteten Kanzleien und Firmen zeichnen sich für den Inhalt ihrer Profile selbst verantwortlich.

Allen & Overy

Name	Allen & Overy LLP, Taunustor 2, D-60311 Frankfurt am Main
Zahlen und Daten zum Unternehmen	Allen & Overy ist eine internationale Anwaltsgesellschaft mit über 4.800 Mitarbeitern einschließlich 450 Partnern an 25 Standorten in Europa, Asien und den USA.
	Allen & Overy ist in Deutschland an den Standorten Hamburg und Frankfurt mit über 130 Anwälten, darunter 28 Partner, vertreten. Die Anwälte beraten führende nationale und internationale Unternehmen vorwiegend in den Bereichen Bank-, Finanz- und Kapitalmarktrecht, Gesellschaftsrecht und M&A, Steuerrecht sowie in anderen Bereichen des Wirtschaftsrechts.
Haupttätigkeiten des Unternehmens	Alle Bereiche des internationalen Wirtschafts- und Finanzdienstleistungsrechts, z.B. Bank- und Finanzrecht, Kapitalmarktrecht, Gesellschaftsrecht, Mergers & Acquisitions, Handelsrecht, Immobilienrecht, Kartellrecht, Gewerblicher Rechtsschutz, Arbeitsrecht, Öffentliches Recht, Steuerrecht, Telekommunikationsrecht, Energierecht

Angebot für Referendare	Praktika in Deutschland, Referendarstationen (auch teilweise in ausländischen Büros möglich)
Einstellungsvoraussetzungen	Selbst wenn wir großen Wert auf Prädikatsexamina und sehr gute englische Sprachkenntnisse legen, sind wir davon überzeugt, dass die Entwicklung zur Anwaltspersönlichkeit nicht allein vom Fachwissen abhängt. Praktisch alle Transaktionen, bei denen wir beraten, überschreiten Landesgrenzen, manchmal sogar die Grenzen des eigenen Kulturkreises. Viel hängt von Ihrer grundlegenden Einstellung ab, von der Bereitschaft, sich mit ständig wechselnden Rahmenbedingungen umfassend auseinander zu setzen.
Ablauf des Bewerbungsverfahrens	Schriftliche Bewerbung mit Zeugnissen erforderlich; Gespräche mit Partnern und Associates
Einsatz- und Karrieremöglichkeiten	Wir bieten Ihnen ein angenehmes Arbeitsumfeld sowie alle Vorteile einer modernen Anwaltsgesellschaft. Wir zeichnen uns aus durch einen hohen Qualitätsanspruch der Arbeitsinhalte, die Möglichkeit eines regelmäßigen Informations- und Erfahrungsaustauschs in den Fachbereichen sowie eine eigenverantwortliche Mandatsbearbeitung. Im Rahmen unserer internationalen Karriereplanung bieten wir Referendaren und Anwälten intensive Trainingsprogramme sowie Auslandsaufenthalte an. Unser Ziel ist die Ausbildung hochqualifizierter junger Juristen zu unternehmerisch denkenden Beratern. Lebensqualität hat viele Aspekte – seinen Beruf mit Freude und Begeisterung auszuüben, gehört für uns dazu. Wir setzen alles daran, dies zu ermöglichen.
Höhe der Einstiegsvergütung	Berufseinsteiger 80.000 EUR zzgl. Bonus
Weiterbildungsmöglichkeiten	In-House-Seminare; standortübergreifende Workshops; Teilnahme an externen Schulungen; prämierte Trainings wie bspw. die „University of Finance" oder die „University of Corporate"; Associate-Development-Programme; strukturiertes Grundausbildungsprogramm
Erwähnenswerte Besonderheiten	Induction Programm, Möglichkeit zum Secondment, Sprachunterricht
Kontakt	Dr. Carsten Salger, LL.M., Taunustor 2, D-60311 Frankfurt, +49 (0) 69-2648-5922, *carsten.salger@allenovery.com*

Gleiss Lutz

Name	Rechtsanwälte Gleiss Lutz, *www.gleisslutz.com*
Zahlen und Daten zum Unternehmen	Mit über 200 Anwälten sind wir an sieben europäischen Standorten vertreten (Berlin, Frankfurt/M., München, Stutt-

gart, Brüssel, Prag, Warschau); wir beraten und vertreten ausschließlich Wirtschaftsunternehmen, Finanzdienstleister und die Öffentliche Hand. Zu unseren Mandanten gehören 20 der Dax-30-Unternehmen. In einer internationalen Allianz kooperieren wir mit den Kanzleien Herbert Smith (London) und Stibbe (Amsterdam, Brüssel). Kontinuierliche Arbeitsbeziehungen bestehen daneben zu ausgewählten US-Kanzleien (Cravath; Simpson Thacher; Paul Weiss)

Haupttätigkeiten des Unternehmens

Unsere Rechtsberatungsleistung erstreckt sich auf die Fachgebiete Arbeitsrecht, Bank-, Finanz- und Kapitalmarktrecht, Gesellschaftsrecht/M&A, Gewerblicher Rechtsschutz, Steuerrecht, Kartellrecht, Öffentliches Recht/Immobilien, Prozessführung/Schiedsgerichtsbarkeit.

Angebot für Referendare

Kanzleiweit beschäftigen wir im Jahr mehr als 50 Referendare. Betreut von einem Tutor profitieren die Referendare von internen und externen Weiterbildungsmöglichkeiten. Sie sind fest eingebunden in die Mandatsarbeit.

Einstellungsvoraussetzungen

Wir legen Wert auf anwaltliches Auftreten und die Fähigkeit, wissenschaftlich zu arbeiten. Zwei mindestens vollbefriedigende Examina, (bevorstehende) Promotion und sehr gute Englischkenntnisse gehören deshalb zu unseren Einsstellungsvoraussetzungen. Ein LL.M.-Abschluss ist gern gesehen. Teamfähigkeit, soziale Kompetenz und eine kommunikative Persönlichkeit runden das Bewerber-Profil ab.

Ablauf des Bewerbungsverfahrens

Einzelgespräche in mehreren Runden.

Einsatz- und Karrieremöglichkeiten

Unsere Karriere-Laufbahn ist transparent. Nach einem Jahr entscheidet sich die Aufnahme auf den Briefkopf, nach drei Jahren steht die Entscheidung über die assoziierte Partnerschaft an, nach fünf Jahren über die Vollpartnerschaft. Angebunden an einen Tutor arbeiten Sie bei früher Spezialisierung in einer der erfolgreichsten Kanzleien in Deutschland. Sie genießen frühen Mandantenkontakt.

Höhe der Einstiegsvergütung

Je nach Qualifikation zwischen 70.000 und 80.000 EUR.

Weiterbildungsmöglichkeiten

Sie nehmen im Rahmen der Gleiss-Lutz-Akademie an Fortbildungsprogrammen teil; hinzukommen externe Weiterbildungsmaßnahmen. Im Mittelpunkt steht die Ausbildung on the job durch einen erfahrenen Partner.

Erwähnenswerte Besonderheiten

Keine Angaben

Kontakt

Dr. Ulrich Baeck, Personalverantwortlicher Partner, Mendelssohnstraße 87, 60325 Frankfurt/M., T: 069/95514-634, Fax 069/95514-198, *ulrich.baeck@gleisslutz.com*

Lovells

Name	Lovells Rechtsanwälte, Kennedydamm 17, 40476 Düsseldorf, *www.lovells.com*
Zahlen und Daten zum Unternehmen	Lovells ist eine der zehn größten Anwaltssozietäten der Welt mit mehr als 1.600 Rechtsanwälten und 345 Partnern. Die Sozietät verfügt über 26 Büros in 18 Ländern Europas, Asiens und Nordamerikas. London ist das größte Büro der Sozietät und internationaler Hauptsitz. In Deutschland hat Lovells 81 Partner und rund 650 Mitarbeiter. Davon sind 290 Rechtsanwälte. Das größte Büro ist Frankfurt. Weitere Büros hat Lovells in Berlin, Düsseldorf, Hamburg und München.
Haupttätigkeiten des Unternehmens	Lovells ist eine full service firm und bietet Unternehmen, Finanzinstituten und der öffentlichen Hand Rechtsberatung auf höchstem Niveau. Das Beratungsangebot der Sozietät ist nach Spezialisierungen in 14 Praxisgruppen organisiert: Arbeitsrecht, Bankrecht, Gesellschaftsrecht M&A / Handelsrecht, Gewerblicher Rechtsschutz, Immobilienrecht, Infrastruktur-, Industrieanlagen- und Bauprojekte, Internationale Schiedsgerichtsbarkeit, Kapitalmarktrecht, Kartellrecht, Projektfinanzierung, Prozessführung, Restrukturierung und Insolvenzrecht, Steuern, Technologie Medien Telekommunikation.
	Die Mitglieder der Praxisgruppen tauschen grenzüberschreitend Erfahrungen aus und bilden sich gemeinsam fort. Auf diese Weise kann die Sozietät ein international einheitlich hohes Niveau der Beratung garantieren. Bei internationalen Mandaten stellt der verantwortliche Partner ein Team mit Spezialisten aus den jeweiligen Rechtsordnungen zusammen. Professional Support Lawyers gewährleisten, dass Musterdokumente immer auf dem Stand von Rechtsprechung, Gesetzgebung und sonstigen aktuellen Entwicklungen sind.
Angebot für Referendare	Alle deutschen Büros bilden laufend Referendare aus. Auslandaufenthalt und Nebentätigkeit sind ebenfalls möglich.
Einstellungsvoraussetzungen	Wir setzen voraus, dass Sie mindestens vollbefriedigende Examina und sehr gute Englischkenntnisse mitbringen. Zudem sollten Sie unternehmerisch denken und handeln, teamfähig, kommunikativ und belastbar sein. Promotion oder LL.M.-Abschluss werden gerne gesehen, sind jedoch keine Bedingung.
Ablauf des Bewerbungsverfahrens	Bewerbungen sind sowohl per Post als auch per E-Mail möglich. Unser Auswahlverfahren besteht aus zwei Gesprächen mit Partnern und Associates.

Einsatz- und Karrieremög-lichkeiten	Nach 5 bis 7 Jahren besteht die Möglichkeit, in die Partnerschaft aufgenommen zu werden.
Höhe der Einstiegs-vergütung	Marktüblich
Weiterbildungsmöglichkeiten	Bei Lovells werden junge Juristen durch intensives „Training on the Job" und Unterstützung eines Mentor-Partners mit den Herausforderungen des Anwaltsberufs vertraut gemacht. Hinzu kommt unser strukturiertes Fortbildungsprogramm, das Ihnen umfassende fachliche, methodische und sprachliche Kenntnisse und Fähigkeiten vermittelt. Darüber hinaus findet die Weiterbildung im Rahmen von internationalen Practice-Groups statt – vom lebendigen Erfahrungsaustausch ihrer Mitglieder bis hin zu Seminaren in unserem Londoner Büro.
Erwähnenswerte Besonderheiten	Aufenthalte in Auslandsbüros, vor allem in London, gehören zur Ausbildung dazu. Außerdem sollten Rechtsanwälte mehrere unserer fünf deutschen Büros kennen lernen.

Wir bei Lovells legen auch besonderen Wert auf motivierende Faktoren wie das „Sichwohlfühlen" in einer Arbeitsumgebung, offene Kommunikation und respektvollen Umgang miteinander. |
| *Kontakt* | Herrn Thorsten Ashoff, Personnel Manager Germany, Postfach 32 07 35, 40422 Düsseldorf, *thorsten.ashoff@lovells.com* |

Luther Menold

Name	Luther Menold Rechtsanwaltsgesellschaft mbH, Ludwigstraße 8, 50667 Köln
Zahlen und Daten zum Unternehmen	Wirtschaftskanzlei mit 13 Standorten in Deutschland und 250 Anwälten. Enge, multidisziplinäre Kooperation mit Ernst & Young, Mitglied im internationalen Netzwerk EYLAW, Standorte in Berlin, Dresden, Düsseldorf, Essen, Frankfurt, Hamburg, Hannover, Köln, Leipzig, Mannheim, München, Nürnberg, Stuttgart
Haupttätigkeiten des Unternehmens	Beratung in allen Bereichen des Wirtschaftsrechts
Angebot für Referendare	Werden an jedem Standort jederzeit nach Bedarf eingestellt
Einstellungsvoraussetzungen	Prädikatsexamen, nach Möglichkeit Promotion und/oder LL.M., verhandlungssichere Englisch-Kenntnisse
Ablauf des Bewerbungsverfahrens	Schriftliche Bewerbung, Einstellungsgespräche mit den zuständigen Partnern

Einsatz- und Karrieremöglichkeiten	Einstieg als Associate, nach 3 Jahren Senior Associate, nach weiteren 3 Jahren Partnerschaft möglich
Höhe der Einstiegsvergütung	Ab 55.000 EUR p.a., Bonuszahlungen
Weiterbildungsmöglichkeiten	Interne und externe Fortbildungsprogramme, internationale Trainings innerhalb des Netzwerks
Erwähnenswerte Besonderheiten	Keine Angaben
Kontakt	Uwe Doenges, Ludwigstraße 8, 50667 Köln, Fon 0221/2779500, E-Mail: *Uwe.Doenges@de.eylaw.com*

Gerling

Name	Gerling, Gereons Hof 14 – 16, 50670 Köln
Zahlen und Daten zum Unternehmen	Zentrale in Köln, Weltweit 6.800 Mitarbeiter, Prämienvolumen 4,3 Mrd. Euro
Haupttätigkeiten des Unternehmens	Versicherung
Angebot für Referendare	Einsatz möglich im Bereich Arbeitsrecht, Betriebliche Altersvorsorge, Haftpflicht, Konzernrechts-Abteilung
Einstellungsvoraussetzungen	Gute Studienleistungen, Praxiserfahrung, Fremdsprache-Kenntnisse, gute Kommunikations- und Teamfähigkeit
Ablauf des Bewerbungsverfahrens	Einzelgespräch, Assessment-Center
Einsatz- und Karrieremöglichkeiten	Konzernübergreifend
Höhe der Einstiegsvergütung	Nach Absprache
Weiterbildungsmöglichkeiten	Individuelle Personalentwicklungsmaßnahmen
Erwähnenswerte Besonderheiten	Gute Sozialleistungen
Kontakt	Klaus Fox, Gerling Personalmarketing, Fon 0221/144-7087, E-Mail: *Klaus.Fox@Gerling.de*

Auswärtiges Amt

Name	Auswärtiges Amt, Werderscher Markt 1, 10117 Berlin, *www.auswaertiges-amt.de/hohererdienst*
Zahlen und Daten zum Unternehmen	Auswärtiger Dienst, Zentrale in Berlin, 200 Auslandsvertretungen, 2.500 Mitarbeiter im Inland, 5.000 Mitarbeiter im Ausland

Haupttätigkeiten des Unternehmens	Pflege der auswärtigen Beziehungen, politische Analyse, Rechts- und Konsularwesen, Außenwirtschaftsförderung
Angebot für Referendare	Ableistung in der Zentrale und an Auslandsvertretungen möglich
Einstellungsvoraussetzungen	1. Staatsexamen, Englisch- und Französisch-Kenntnisse, politisches Interesse, Auslandserfahrung
Ablauf des Bewerbungsverfahrens	Schriftlich und mündlich, Assessment-Center, Einzelgespräch, psychologischer Einzeltest
Einsatz- und Karrieremöglichkeiten	Rotation zwischen In- und Ausland im Abstand von 2 bis 3 Jahren, Beförderung nach Leistung
Höhe der Einstiegsvergütung	A 13, ca. 3.000 EUR brutto, keine Boni
Weiterbildungsmöglichkeiten	Interne Fortbildungsseminare in IT, Rechts- und Konsularwesen, Medientraining, Rhetorik, Verhandlungstechnik
Erwähnenswerte Besonderheiten	Einjährige Ausbildung, Rotation zwischen In- und Ausland, Beamtenversorgung
Kontakt	Hans-Helge Sander, Gudenauer Weg 134 – 136, 53127 Bonn, Fon 01888/171139, Email: *1-AF-0-2@diplo.de*

Unter *www.forumrecht.de* findet sich eine Übersicht zu Kanzleien von A bis Z. Es stellt gewissermaßen das *Who is Who* der Anwaltsszene dar. Hier lässt sich nach Rechtsgebieten recherchieren.

Mehr als 600 Wirtschaftskanzleien, die nach Regionen und Rechtsgebieten sortiert sind finden sich unter *www.juve.de.*

📖 JUVE-Kanzleien in Deutschland.
Handbuch deutscher Wirtschaftskanzleien
Bestellen Sie per Email: handbuch@juve.de

7 Niederlassung als Rechtsanwalt

Moderne Anwaltskanzleien entwickeln sich unaufhaltsam zu Rechtsservice-Centern mit ganz neuen Herausforderungen für die Berufsträger. Deshalb erfreut sich anwaltspezifische Ratgeberliteratur bei Einsteigern und „alten Hasen" gleichermaßen reger Nachfrage. Allerdings bereiten viele Ratgeber lediglich die gängigen Alternativen und Möglichkeiten aus. Wichtige Weichenstellungen – etwa die Wahl zwischen Bürogemeinschaft, Einzelkämpfer oder Sozietät – bleiben von den Autoren unkommentiert. Selbstverständlich gibt es hier keine Patentrezepte. Aber es gibt eindeutige Erfahrungswerte, anhand derer die individuelle Entscheidung objektiviert werden kann.

Wir befinden uns inmitten einer Umbruchphase. Zahlreiche Konkurse bzw. Insolvenzen stehen einer unüberschaubaren Anzahl von Existenzgründungen gegenüber. Und dabei wird die alternative Existenzgründung noch immer – auch und gerade unter Juristen – als (letzter) Notanker genutzt. Aus der Not eine Tugend machen birgt aber ein Risiko, zumal dann, wenn nur eine ungenügende Vorarbeit (Planung) geleistet wurde.

Um denjenigen Kollegen, welche sich als Rechtsanwalt niederlassen wollen, eine Hilfestellung zu gewähren, beginnt hier eine fortlaufende Erörterung der wichtigsten Planungsschritte, welche mit Tipps aus der Praxis verbunden sind. Selbstverständlich kann nicht auf alle Widrigkeiten eingegangen werden. Auch gibt es keine Garantie für eine florierende Kanzlei. Doch dazu nun im Einzelnen:

7.1 Ausgangsbasis

Die jährlich durch die *Bundesrechtsanwaltskammer* (BRAK) erstellte Statistik zeigt für das Jahr 2003 einen weiteren Anstieg der Anwaltszahlen. Zum Stichtag 01.01.2005 waren in den 28 Rechtsanwaltskammern 132.569 Rechtsanwälte zugelassen. Gegenüber dem Vorjahresstichtag (01.01.2004: 126.799) bedeutet dies einen Anstieg um 5.770 Kollegen. Mit einer festgestellten Steigerung um 4,56 Prozent stagniert damit der Zuwachs auf hohem Niveau, wenngleich die hohen Zuwachsraten der vorangegangenen Jahre (1997: 7,99 Prozent) zurückgehen. Für Ende 2006 werden rund 150.000 Anwälte hochgerechnet.

Die größten Rechtsanwaltskammern sind weiterhin München (16.017), Frankfurt (14.257), Hamm (12.054), Köln (10.502), Berlin (10.213) mit entsprechenden Zuwachsraten. Die großen Städte und Ballungszentren bestätigen den damit seit Jahren zu beobachtenden Trend einer erhöhten Anwaltsdichte. Die Rechtsanwaltskammer mit den wenigsten Mitgliedern ist die RAK Saarbrücken mit 1.242 Mitgliedern.

Eine andere Statistik: Von 10.000 Juristen, die Jahr für Jahr das Zweite Staatsexamen bestehen, lassen sich ca. 70 Prozent als Rechtsanwalt zu, oftmals sicherlich nicht aus Neigung, sondern wegen der fehlenden beruflichen Alternative. Jahr für Jahr drängen also ca. 7.000 neue Rechtsanwälte auf einen Markt, der bereits jetzt von vielen Anwälten als überfüllt angesehen wird.

Dabei hat sich nicht nur die Zahl der Anwälte, sondern auch das Bild der Anwälte dramatisch verändert: Es reicht von vielen Wohnzimmerkanzleien mit einem Jahresumsatz von deutlich unter 50.000 EUR bis zu transatlantischen Megakanzleien: Während mancher Einzelanwalt im eigenen Wohnzimmer seine Schriftsätze noch selbst tippt, arbeiten Megakanzleien (z.B. Clifford Chance) zum Teil mit über 2.700 Rechtsanwälten in über 40 Büros weltweit und erzielen einen Honorarumsatz von über einer Milliarde Euro.

Aber immer mehr Jungjuristen hängen ihre Roben an den Nagel. 1.147 Rechtsanwälte zwischen 27 und 39 Jahren haben im Jahr 2003 ihre Zulassung zurückgegeben, so die BRAK. Damit stieg die Quote der „Handtuch-Werfer" von 15 auf 16 Prozent gegenüber dem Vorjahr. Gemessen an den 7.842 Neuzulassungen (2001 waren es noch 8.338) sei das eine außerordentlich hohe Zahl. Als Gründe für das frühe Aufgeben werden zum einen Misserfolg im Job, verlockendere Angebote aus der Industrie und nicht zuletzt die schlechten Verdienstmöglichkeiten in der Selbstständigkeit genannt. Denn wenn junge Rechtsanwälte nur über ein monatliches Nettoeinkommen von zwischen 1.500 und 2.000 EUR verfügen, dann kann dies nicht motivieren.

📖   Starthandbuch für Rechtsanwälte
Weichenstellung für die ersten drei Anwaltsjahre
von Axmann
Schmidt Verlag
ISBN: 350418969X

📖   *Risiko Rechtsanwalt*
von Wesel
Goldmann Verlag
ISBN: 3442152070

Einen Studienkurs „Einführung in den Anwaltsberuf" bietet die *Fern-Universität Hagen* zusammen mit der *Deutschen Anwaltakademie* an. Das Studium besteht aus einem einjährigen Gesamtprogramm und einem Zusatzprogramm, das die Einführung in verschiedene Rechtssprachen umfasst. Das Fernstudium im Gesamtprogramm besteht aus 22 Kurseinheiten, die selbstständig durchgearbeitet werden müssen und durch Einsendeaufgaben abgeschlossen werden. Nach erfolgreicher Teilnahme wird ein Zertifikat ausgestellt. Daneben werden Praxisseminare bei der Anwaltsakademie angeboten, an denen man freiwillig teilnehmen kann.

🖥   Fern-Universität Hagen
Studentensekretariat
58084 Hagen
Fon 02331 / 987 2466
Fax 02331 / 987 2460
www.fernuni-hagen.de

7.1.1 Selbstanalyse und Marktanalyse

Wer beabsichtigt, sich als Anwalt niederzulassen, sollte u.a. die Kanzleiform, die fachliche Ausrichtung und sämtliche Finanzierungsfragen sehr genau überdenken. Ein ganz entscheidendes Kriterium ist die Standortwahl. Besteht die Bereitschaft zu einem Umzug? Bekanntlich müssen Wohnsitz und Kanzlei an dem Ort des Gerichts liegen, an dem der Anwalt zugelassen ist. Geographische Flexibilität ist dabei immer von Vorteil.

Nach veröffentlichten Zahlen einer Auswertung der BRAK zum Stichtag 01.01.2004 sind die großen Wirtschaftsmetropolen und Ballungszentren in den alten Bundesländern die beliebtesten Standorte für Rechtsanwaltskanzleien. An erster Stelle der Beliebtheitsskala rangiert Frankfurt am Main (104 Einwohner je Anwalt), danach Düsseldorf (127), München (131), Köln (216), Stuttgart (251), Hamburg (260), Hannover (292), Nürnberg (402), Bremen (449), Essen (450) und Dortmund (617). In den neuen Bundesländern sind bei Rechtsanwälten jedenfalls im Hinblick auf die Anwaltsdichte am beliebtesten Potsdam (255), Leipzig (393) und Dresden (424). Berlin verzeichnet eine Anwaltsdichte von 366 Einwohnern pro zugelassenen Rechtsanwalt.

Der Aufbau einer eigenen Kanzlei ist mit Risiken und Chancen verbunden. Der selbstständige Rechtsanwalt muss sich als erfolgreicher Gründer im Wettbewerb beweisen. Dies kann er nur, wenn er wie ein gewerbetreibender Unternehmer in den Markt eintritt, dort entsprechend agiert und betriebswirtschaftliche Aspekte berücksichtigt.

Der formale Gründungsvorgang für die Ausübung eines beratenden Berufes ist sehr kostengünstig. Rechtsanwälte sind keine Gewerbetreibende und müssen – neben der Zulassung durch die Anwaltskammer – ihre Tätigkeit nur beim Finanzamt melden. Die Grundeinrichtung einer Kanzlei ist unterschiedlich teuer.

Durchschnittlich muss man mit einer Anfangsinvestition von ca. 16.000 EUR rechnen.

Im Mittelpunkt jeder Existenzgründung steht die Unternehmerpersönlichkeit. Dabei spielt nicht nur die fachliche, sondern auch die kaufmännische Qualifikation eine elementare Rolle. Beispielsweise sollten Sie sich über folgende Rahmenbedingungen Gedanken machen und informieren:

- Lange Arbeitszeiten und erheblicher Arbeitsdruck
- Buchhaltung
- Auswahl potenzieller Rechtsformen (z.B. Partnerschaften, Sozietäten) für die Kanzleigestaltung bzw. Zusammenschluss mehrerer Rechtsanwälte in einer gemeinsamen Rechtsanwaltskanzlei (z.B. Reduktion von Kosten durch Inanspruchnahme einer Sekretärin für alle)
- Abführung von Steuern und Sozialabgaben
- Richtiger Standort (z.B. Verkehrsanbindung, Fußläufigkeit, Park- und Stellplätze, räumliche Verhältnisse, allgemeine Infrastrukturanforderungen usw.)
- Kenntnisse über die Hauptkonkurrenzstrukturen

- Lang- und kurzfristiger Kapitalbedarf sowie Möglichkeiten der Inanspruchnahme von öffentlichen Fördermitteln, d.h. Informationsbeschaffung hinsichtlich Finanzierungsquellen und Aufstellung von Liquiditätsplänen
- Rentabilitäts- und Umsatzplanerstellung
- Kaufkraftermittlung bei der zukünftigen Mandantschaft
- Hohe Vertrauenswürdigkeit, Seriosität und Verschwiegenheit
- Abschluss von Versicherungen (z.B. Krankheit, Unfall usw.) für Selbstständige

Trotz zunehmender Konkurrenz gibt es für Junganwälte bei richtiger Ausrichtung der Tätigkeit gute Karrierechancen. Im Rahmen der Karriereplanung setzt dies aber voraus, Tätigkeitsbereiche mit Zukunftschancen zu ermitteln. Nur so kann schon im Referendariat oder spätestens beim Berufseinstieg die Ausrichtung auf ein Spezialgebiet vorgenommen werden.

Ohne individuelle Karriereplanung besteht die Gefahr, unvorbereitet in den Anwaltsberuf zu starten. Fehlende Orientierung kann zu Zeitverlust und hohen finanziellen Einbußen führen. Die Chance zur frühen Planung muss ergriffen werden, um die eigene Karriere erfolgreich zu gestalten und sich frühzeitig von der Konkurrenz abzusetzen.

In welche Faktoren lässt sich nun der spätere Erfolg als Rechtsanwalt zerlegen?

- *Start*
  Strategien in der Gründungsphase, Gründungskonzept, Standortwahl, Existenzgründungsberatung, -seminare und -literatur, Finanzierung, Zulassung, Praxiskauf

- *Top Level*
  Fachwissen, Prozesstaktik und Spezialisierung

- *Kontakte*
  Mandantenorientierung, Servicekonzepte, Akquisition, Marketing, Werbung, Honorargestaltung

- *Management*
  (Selbst-)Organisation, Mitarbeiter, Zusammenarbeitsformen, Berufsausübungsrecht, Gebührenrecht, Versicherungen, Steuern, betriebswirtschaftliches Know-how, Controlling

- *Facilities*
  Moderne Bürotechnik, Hardware, (Kanzlei-)Software, interne und externe EDV-Recherche, Fachliteratur (Neuerscheinungen, Marktübersichten, Rezensionen), Ratgeber

📖 *Marketing- Strategien für Rechtsanwälte*
von Mauer / Krämer
Verlag Verwaltungspr.
ISBN: 3807312323

📖 *Erfolgreich starten als Rechtsanwalt*
von Trimborn von Landenberg
Deutscher Anwaltverlag
ISBN: 3824003333

📖 *Der Einstieg in den Anwaltsberuf*
von Hommerich
Deutscher Anwaltverlag
ISBN: 3824005026

7.1.2 Generalist, Spezialist oder Fachanwalt

Die überwiegende Mehrzahl der zurzeit 132.569 Rechtsanwälte in Deutschland (Stand: 01.01.2005) praktiziert als Allgemeinanwalt bislang mit oder ohne Spezialkenntnisse kraft wettbewerbskonformer Selbsteinschätzung.

Gründer neuer Kanzleien müssen zunächst einmal entscheiden, in welcher Breite sie anwaltliche Dienstleistungen anbieten wollen. Diese Entscheidung ist vor allem vor dem Hintergrund zunehmender Spezialisierung der Rechtsanwälte von großer Bedeutung. Es ist daher stets bei Gründung einer Kanzlei zu fragen, ob jedes an die Kanzlei herangetragene Mandat angenommen werden sollte oder nur die Mandate, die in das geplante strategische Konzept der neu gegründeten Kanzlei passen.

Lassen sich Gründer auf breite Marktabdeckung ein, so müssen sie damit rechnen, dass sie zunächst in den unterschiedlichsten Feldern rechtlicher Beratung und Vertretung tätig werden müssen, was in aller Regel einen hohen Bearbeitungsaufwand nach sich zieht. Eine solche Verfahrensweise kann in der Gründungsphase sinnvoll sein, um zunächst unterschiedliche Erfahrungen zu sammeln. Darüber hinaus kann es aus existenziellen Gründen geboten sein, zumindest in der Anfangsphase jedes Mandat anzunehmen, um möglichst rasch die eigene Existenz zu sichern. Schließlich kann es aus Gründen der Marktstruktur geboten sein, den Gesamtmarkt zu bedienen.

Insgesamt ist aber von einer Tendenz zur höheren Spezialisierung auszugehen. Die Richtung einer eindeutigen Spezialisierung ist bei der Kanzleigründung häufig noch nicht abzusehen, sondern ergibt sich erst nach und nach aus der Strukturentwicklung einer Kanzlei. Unter solchen Vorzeichen ist die schrittweise Umsteuerung einer Kanzlei in Richtung einer Spezialisierung oder mehrerer solcher Spezialisierungen erforderlich.

An der Spitze der Spezialisierung ist zweifelsohne der Fachanwalt zu sehen, der auch in der Bevölkerung besondere Kompetenz genießt.

Die Entwicklung des Fachanwalts seit 1960 (damals insgesamt: 911 Fachanwälte) belegt einen deutlichen Zuwachs bei den Fachanwälten.

Von den über 132.000 in Deutschland zugelassenen Rechtsanwälten waren 2004 nur 14,53 Prozent Fachanwälte, hatten sich also auf ein bestimmtes Rechtsgebiet spezialisiert. Von den 18.424 Fachanwälten waren jeweils 3.570 Fachanwalt für Steuerrecht, 5.446 Fachanwalt für Arbeitsrecht, 5.648 Fachanwalt für Familienrecht, 1.111 Fachanwalt für Verwaltungsrecht, 733 Fachanwalt für Sozialrecht, 1.456 Fachanwalt für Strafrecht, 446 Fachanwalt für insolvenzrecht sowie 14 Fachanwälte für Versicherungsrecht.

Zum Stichtag 01.01.2005 beträgt der Anteil der Fachanwälte an der Gesamtzahl der zugelassenen Rechtsanwälte bereits 15 Prozent (Quelle: BRAK-Mitteilungen 2/2005, Seite 76).

Der Anstieg in der Fachanwaltschaft wird sicherlich über die nächsten Jahre noch zunehmen, zumal sechs neue Fachanwaltsgebiete seit Mitte 2005 hinzugekommen sind, nämlich für Bau- und Architektenrecht, Erbrecht, Medizinrecht, Miet- und Wohnungseigentumsrecht, Transport- und Speditionsrecht und Verkehrsrecht.

Im Auftrag der *BRAK* ermittelte das *Institut für Freie Berufe* in Nürnberg im Zusammenhang mit dem *Statistischen Berichtssystem für Rechtsanwälte* (STAR) die wirtschaftlichen Folgen der anwaltlichen Spezialisierung. Aus dem Vergleich der Gruppe der „Generalisten", die weder eine Zusatzqualifikation noch eine Spezialisierung angegeben haben, mit der Gruppe der „Spezialisten", die zwar einen oder mehrere Tätigkeits- bzw. Interessenschwerpunkte angegeben haben, aber keine weiteren Qualifikationen aufweisen, und der Gruppe der Fachanwälte ergibt sich, dass der persönliche Überschuss bei dem Fachanwalt am höchsten ist, gefolgt vom Spezialisten. Am Ende steht der Generalist. Im Wirtschaftsjahr 2001 betrug der durchschnittliche persönliche Überschuss aus selbstständiger Tätigkeit im Median – also dass, was mindestens 50 Prozent der Befragten erreichen – beim Fachanwalt umgerechnet 60.000 EUR, bei Spezialisten 28.000 EUR und beim Generalisten 22.000 EUR.

Aus diesem Vergleich folgt, dass sich mit dem zunehmenden Grad der Spezialisierung eine eindeutige Erhöhung des persönlichen Überschusses ergibt. Der Mandant ist aber auch gewillt, dem zum Fachanwalt ausgebildeten Rechtsanwalt ein höheres Honorar zu zahlen.

7.1.3 Einzelanwalt oder Großkanzlei

Die Entwicklung zur Fusionierung von Großkanzleien ist längst noch nicht abgeschlossen: Da die Märkte immer mehr zusammenwachsen und die Zahl der internationalen Fusionen immer größer wird, wächst auch der Bedarf nach einer Rechtsberatung, die über das nationale Recht hinausgeht. Größer werdende Unternehmen verlangen mehr und mehr größer werdende Kanzleien, die an vielen Orten präsent sind und innerhalb kurzer Zeit die nötige Personalstärke und Spezialisierung aufbringen, um komplexe Rechtsprobleme zu lösen. Hier wird also die personelle Quantität zum Qualitätsmerkmal: Nur durch die Personalstärke und die damit verbundene Spezialisierung sind diese Topkanzleien in der Lage, den betreuten Unternehmen einen Rund-um-Service zu bieten.

Dennoch dürfen Sie bei Ihrer Berufswahl eines nicht übersehen: Selbst wenn Großkanzleien fusionieren und am Ende hunderte, manchmal sogar tausende von Rechtsanwälten weltweit beschäftigen, arbeiten in den 50 größten deutschen

Kanzleien insgesamt nicht mehr als ca. 7.000 Rechtsanwälte. Diese 7.000 Rechtsanwälte fallen zumindest zahlenmäßig bei über 100.000 zugelassenen Rechtsanwälten mit sieben Prozent nicht sonderlich ins Gewicht, so dass nach wie vor die meisten Rechtsanwälte entweder allein oder in Sozietäten mit bis zu fünf Rechtsanwälten arbeiten.

Auch bei der Neueinstellung von Berufsanfängern spielen die Großkanzleien trotz ihrer Größe und des ungebrochenen Nachwuchsbedarfs keine dominierende Rolle: Von den ca. 6.000 bis 7.000 Juristen, die sich Jahr für Jahr als Rechtsanwalt zulassen, stellen die 20 größten Kanzleien insgesamt ca. 500 Rechtsanwälte pro Jahr, also nicht einmal acht Prozent eines jeden Jahrgangs, ein. Die restlichen gut 6.000 Berufsanfänger werden von kleineren Kanzleien beschäftigt oder machen sich selbstständig.

Bei den Großkanzleien sind aber nicht nur die Gehälter höher, sondern auch die Anforderungen an den Bewerber:

- *Examensnoten*
  Prädikatsexamina sollten es schon sein, wobei in manchen Fällen ein oberes „befriedigend" in einem Examen durch eine besondere Zusatzqualifikation wie eine Promotion, LL.M. oder besonders gute Sprachkenntnisse, sonstige Zusatzqualifikationen oder durch einen positiven Gesamteindruck während der Referendarstation ausgeglichen werden kann.

- *Sprachkenntnisse*
  Verhandlungssicheres Englisch ist nahezu zwingende Einstellungsvoraussetzung.

- *Auslandsaufenthalt*
  Ein langfristiger Auslandsaufenthalt zur Vertiefung der Sprachkenntnisse rangiert zwischen erwünscht und unerlässlich, wobei viele Kanzleien anbieten, dass ein Auslandsaufenthalt bei einer assoziierten ausländischen Kanzlei arrangiert werden kann.

- *Promotion / LL.M.*
  Gleiches gilt für eine Promotion oder eine ausländische Qualifikation wie LL.M. Zwingend sind derartige Qualifikationen nicht, aber ein einfacher Blick auf den Briefkopf einer Großkanzlei zeigt, dass dies mehr oder minder zum guten Ton gehört.

- *Einstiegsalter*
  Beim Alter der Bewerber spielt für manche Kanzleien das Alter des Bewerbers keine Rolle, doch soll eine sinnvolle Gestaltung des Studienverlaufs nachgewiesen werden. Andere Kanzleien hingegen gehen von einem Eintrittsalter von 28 bis 30 Jahren aus und legen bei ca. 32 Jahren eine Höchstgrenze an, die nur mit guten Gründen überschritten werden kann.

7.2   Kanzleigründung

Im Zuge der Entwicklung auf dem Arbeitsmarkt ist gerade im Bereich der Existenzgründung eine Menge geschehen, wovon Kanzleigründer profitieren können. So gibt es mehrtätige Existenzgründerseminare, die wenig oder gar nichts kosten. Inhaltlich geht es um Aspekte der Rechtsform, die Ausarbeitung eines Gründungskonzepts in Form eines Business-Plans, um Markt- und Standortanalyse sowie Starthilfen der öffentlichen Hand. Ansprechpartner sind hierfür die örtlichen Agenturen für Arbeit, bei denen weitere Informationen zu diesem Thema zu beziehen sind.

Nicht zu vergessen sind die Anwaltsakademien, die ebenfalls Informationsveranstaltungen anbieten.

📖 *Anwaltliche Kanzleigründung und Kanzleiorganisation*
von Aue / Reuter
Nomos Verlag
ISBN: 378907991X

📖 *Die moderne Anwaltskanzlei*
Gründung, Einrichtung und rationelle Organisation
von Brüning / Abel
Deutscher Anwaltverlag
ISBN: 3824004240

📖 *Buchführung, Steuern und Personal in der Anwaltskanzlei*
von Möller
Deutscher Anwaltverlag
ISBN: 3824003295

📖 *Anwälte im Netz*
Praktische und rechtliche Tipps für Kanzleien im Internet
von Hagenkötter / Härting
Deutscher Anwaltverlag
ISBN: 382400500X

7.2.1   Gesellschaftsform

Möglichst frühzeitig sollten die junge Kollegin und der junge Kollege sich mit den Formen beschäftigen, mit denen Anwälte zusammenarbeiten. Hier soll versucht werden, kurz und knapp aufzuzeigen, welche Arten der Zusammenarbeit es denn eigentlich gibt. Die nachfolgenden Erläuterungen sollen auch dazu beitragen, dass Gefahren erkannt werden und für die verschiedenartigen Formen die richtigen Begriffe verwendet werden.

Der Jurist sollte sich aber auch verdeutlichen, wie der Markt, dem er zukünftig angehören will, strukturiert ist. 52 Prozent der Rechtsanwälte sind in Sozietäten tätig.

Davon sind 42 Prozent als Sozien und zehn Prozent als Beschäftigte tätig. Insgesamt arbeiten in den 25 größten Kanzleien ca. drei Prozent der zugelassenen

Rechtsanwälte. Der Anteil der Einzelanwälte liegt, einschließlich der Einzelanwälte in Bürogemeinschaften, bei 42 Prozent. Dieser Wert enthält vier Prozent Rechtsanwälte, die bei Einzelanwälten beschäftigt sind. Die übrigen sechs Prozent sind als Syndikusanwälte tätig (BRAK: Stand 2000).

Untermietverhältnis

Da gibt es zunächst einmal das Untermietverhältnis, das eine junge Kollegin oder ein junger Kollege mit einem anderen Rechtsanwalt eingeht. Es werden einfach schlichtweg ein oder zwei Zimmer gemietet. Das ist zulässig. Gerade Berufsanfänger machen davon häufig Gebrauch. Es werden zwei – getrennte – Kanzleien betrieben. Sind die Büros auch tatsächlich auseinander zu halten, dann können beide Kanzleiinhaber auch gegeneinander prozessieren.

Bürogemeinschaft

Wenn neben den nackten Räumen noch mehr geteilt wird, z.B. die Telefonanlage, die EDV-Anlage, die Bibliothek oder die Kosten von Angestellten, ist das auch zulässig. Nach außen hin treten die Rechtsanwälte aber nicht gemeinsam in Erscheinung, also es gibt insbesondere keinen gemeinsamen Briefbogen. Wird dennoch ein gemeinsamer Briefbogen verwendet, so muss man sich mit der Lehre der „Scheingesellschaft" anfreunden. Bei einer Bürogemeinschaft kann aber nicht die Vertretung von Gegenparteien übernommen werden.

Freier Mitarbeiter

Der freie Mitarbeiter ist zulässig. Als freier Mitarbeiter arbeitet ein junger Kollege bei einem anderen Rechtsanwalt, stellt dafür selber Rechnung, ist selbst Unternehmer, zahlt Sozialabgaben und Steuern einschließlich Umsatzsteuer selbst. Die große Gefahr des freien Mitarbeiters liegt darin, dass in Wahrheit ein verdecktes Anstellungsverhältnis vorliegt und die freie Mitarbeit nur gewählt wurde, um Sozialabgaben (vermeintlich) zu sparen. Liegt nämlich ein verdecktes Anstellungsverhältnis vor, dann treten gegebenenfalls Kündigungsschutzbestimmungen nach dem Kündigungsschutzgesetz in Kraft und Sozialversicherungsbeiträge können nacherhoben werden.

Das führt häufig bei Kanzleien, die über längere Zeit mehrere freie Mitarbeiter beschäftigt haben, zu gigantischen Haftungsbescheiden der Sozialversicherungsträger. Wer also seine ganze Arbeitskraft ausschließlich einem anderen zur Verfügung stellt, gar Urlaub erhält u.ä., ist eben kein freier Mitarbeiter, sondern Angestellter.

Im Gesetz zur Förderung der Selbstständigkeit vom 20.12.1999 wird abgegrenzt, wer Selbstständiger, also freier Mitarbeiter, ist und wer Scheinselbstständiger ist, also Arbeitnehmer. Die gesetzliche Vermutung geht dahin, dass ein Mitarbeiter Arbeitnehmer ist, wenn mindestens drei der folgenden fünf Merkmale vorliegen:

- Der Mitarbeiter beschäftigt im Zusammenhang mit seiner Tätigkeit normalerweise keinen versicherungspflichtigen Arbeitnehmer, dessen Arbeitsentgelt aus diesem Vertrag regelmäßig 430 EUR im Monat übersteigt.
- Er ist auf Dauer und im Wesentlichen nur für einen Auftraggeber tätig.
- Der Auftraggeber oder ein vergleichbarer Auftraggeber lässt entsprechende Tätigkeiten regelmäßig durch von ihm beschäftigte Arbeitnehmer verrichten.
- Seine Tätigkeit lässt typische Merkmale unternehmerischen Handelns nicht erkennen.
- Seine Tätigkeit entspricht dem äußeren Erscheinungsbild nach der Tätigkeit, die er für denselben Auftraggeber zuvor auf Grund eines Beschäftigungsverhältnisses ausgeübt hatte.

Die Tätigkeit, die der freie Mitarbeiter ausübt, sollte möglichst genau beschrieben werden; die Weisungsabhängigkeit ist möglichst gering zu halten und es sollten keine Arbeitszeiten vereinbart sein. Es sollte vermieden werden, Rechenschaftspflichten des Mitarbeiters zu dokumentieren, die Leistungspflicht in Person des Mitarbeiters zu beschreiben, Urlaubsvereinbarungen zu treffen und sonstige arbeitnehmertypische Klauseln zu verwenden.

Anstellungsverhältnis

Der Arbeitgeber zahlt die Hälfte der Sozialabgaben, also Krankenkasse und Altersversorgung bei den berufsständischen Versorgungswerken oder der BfA (§ 168 SGB Vl). Ein solches Anstellungsverhältnis sollten Sie unbedingt anstreben.

Partnerschaft nach dem Partnerschaftsgesetz

Das *Partnerschaftsgesetz* (PartGG) wurde im Sommer 1998 geändert und enthält nun Sonderregelungen hinsichtlich der Haftung. Dadurch hat sich die Akzeptanz des Gesetzes in der Anwaltschaft und anderen freien Berufen erhöht.

Das PartGG eröffnet Anwälten mit der Partnerschaft eine ganz neue Gesellschaftsform. Nach § 8 Abs. 2 PartGG haftet bei Fehlern in der Berufsausübung grundsätzlich – neben der Partnerschaft – nur noch der handelnde Partner persönlich und unbeschränkt. Partnerschaften werden erst mit der Eintragung ins Partnerschaftsregister wirksam. Sie sind rechtsfähig, können im eigenen Namen klagen und haben ein eigenes Namensrecht.

Nach § 11 PartGG dürfen nur noch neu gegründete Partnerschaften den früher begehrten Namenszusatz „und Partner" tragen.

Anwalts-GmbH

Die Anwalts-GmbH ist eine weitere Form der Zusammenarbeit von Rechtsanwälten. Auch hier sind im Sommer 1998 neue Bestimmungen in die BRAO eingefügt worden. Der § 59 BRAO hat einige Erweiterungen erfahren, in denen Näheres zur Anwalts-GmbH geregelt ist. Insbesondere wurde festgelegt, dass Rechtsrat nur von einem Rechtsanwalt erteilt werden darf. Eine weitere zentrale Bestimmung betrifft die Pflicht des Anwalts zur Verschwiegenheit.

Gesellschafter und Geschäftsführer dürfen nur Rechtsanwälte und sozietätsfähige Personen sein. Die Anteilsmehrheit muss immer den Rechtsanwälten zustehen.

Eine Zusammenarbeit etwa mit Steuerberatern wird hierdurch im Vergleich zur BGB-Gesellschaft erschwert.

Die GmbH muss den Namen wenigstens eines Gesellschafters enthalten, eine reine Sachfirma ist unzulässig.

Der Hauptvorteil der Anwalts-GmbH wird durch die Abschlusspflicht einer Berufshaftpflichtversicherung mit einer Mindestversicherungssumme von 2,5 Mio. EUR in jedem Einzelfall ergänzt.

Sonstige Rechtsformen

Es sind aber durchaus auch noch weitere Formen der Zusammenarbeit denkbar z.b. in der Rechtsform einer *Anwaltsaktiengesellschaft* oder einer *Kommanditgesellschaft auf Aktien* (KGaA). Die Schwierigkeiten bestehen immer darin, dass Gesellschaftsanteile nicht auf Nichtanwälte übertragen werden dürfen und dass die Verschwiegenheit gewahrt ist. Es ist zu erwarten, dass der Gesetzgeber hier in Kürze weitere Klärungen herbeiführen wird.

Damit ist es aber immer noch nicht genug: Es gibt die *EWIV (Europäische Wirtschaftliche Interessenvereinigung)* nach einer EWG-Verordnung aus dem Jahre 1985. Die EWIV steht dem deutschen Freiberufler bereits seit 1989 offen. Eine EWIV ist aber keine Berufsausübungsgesellschaft, sondern eine Unterstützungsorganisation der einzelnen Mitglieder, und in welcher Rechtsform das nun geschieht, ist mit der EWIV allein noch nicht gesagt; zu denken ist durchaus daran, dass der einzelne Rechtsanwalt oder die einzelne Anwaltssozietät sich in der Form einer BGB-Gesellschaft in der Form einer EWIV mit anderen Rechtsanwälten verbindet. Jedoch darf die EWIV nicht die Tätigkeiten ihrer Mitglieder ersetzen oder den Zweck verfolgen, eigene Gewinne zu erzielen.

Ferner gibt es auch noch die *Kooperation*. Eine Kooperation ist weniger als eine Sozietät. Sie kann gebietsbezogen sein, sie kann für den Einzelfall gegründet werden. Man gibt zu erkennen, dass man mit einem bestimmten Kollegen in einer anderen Stadt umfassenden beruflichen Kontakt unterhält.

Schließlich gibt es noch zwei weitere Formen der Zusammenarbeit und nun taucht der Name *Sozietät* auf. Sozietät ist kein Rechtsbegriff. Sozietät ist der berufsrechtliche Ausdruck dafür, dass mehrere Rechtsanwälte gemeinsam auftreten. Die Sozietät erfreut sich nach wie vor großer Beliebtheit.

Bei der Sozietät der Stufe 1 ist der Eintretende entweder gar nicht beteiligt oder er ist nur an bestimmten Positionen beteiligt, sei es am Gewinn, sei es am Umsatz, aber mehr nicht. Er nimmt insbesondere nicht teil am Gesamthandsvermögen.

Deshalb liegt hier keine BGB-Gesellschaft vor, weil das Essentiale der GbR ist, dass die Gesellschafter am Gesamthandsvermögen teilnehmen. Tun sie das nicht, liegt keine echte BGB-Gesellschaft vor. Das hat dann bei der Auseinandersetzung natürlich gravierende Bedeutung; denn es gibt keine „Abschichtungsbilanz", im Regelfall kein „Auskunftsverlangen über schwebende Geschäfte" u.ä. Auf solche Gesellschaften ohne Gesamthandvermögen finden die Vorschriften des Gesetzes, die sich auf eben das Gesamthandvermögen beziehen, keine Anwendung.

Auf „vermögenslose" Gesellschafter finden also die Vorschriften der §§ 718 bis 720, 725, 730 bis 735 und 738 ebenso wie § 740 BGB keine Anwendung. Dass steuerrechtlich die Finanzämter solche Gebilde als „BGB-Gesellschaft" behandeln, spielt auch keine Rolle.

Die Sozietät der Stufe 2 ist berufsrechtlich und zivilrechtlich eine echte BGB-Gesellschaft. Der Eintretende beteiligt sich auch am Gesamthandsvermögen.

Firmenrecht ist wichtig für alle Formen der Zusammenarbeit von Rechtsanwälten, bei denen nach außen gemeinsam firmiert wird:

- Wenn gemeinsam nach außen firmiert wird, muss die Versicherungssumme der nach außen in Erscheinung tretenden Rechtsanwälten gleich hoch sein, weil sonst die Versicherungssummen zusammengezählt und durch die Anzahl der Köpfe geteilt werden.

- Wird nach außen gemeinsam aufgetreten, gilt es die Lehre der Scheingesellschaft beachten: Jeder haftet nach außen voll.

Versuche von Rechtsanwälten, durch interne Vereinbarungen über die gegenseitige Vertretungsmacht eine *GbR mbH* zu kreieren, dürfen spätestens seit dem BGH-Urteil vom 27.09.1999 (II ZR 371/98, DStR 1999, 1704) als gescheitert gelten.

📖 *Heidelberger Musterverträge*
Die Rechtsanwalts-GmbH
von Korts / Korts
Recht und Wirtschaft
ISBN: 3800541408

📖 *Anwaltspraxis, Anwaltsgesellschaften, m. CD-ROM*
von Heid
Deutscher Anwaltverlag
ISBN: 3824003112

📖 *Der Zusammenschluss von Rechtsanwälten*
Rechtsformwahl und Haftung
von Strotmann
Deutscher Anwaltverlag
ISBN: 3824051958

7.2.2 Businessplan

Ein wesentlicher Aspekt für ein erfolgreiches Bestehen der Kanzlei am Markt ist die Erstellung eines aussagefähigen und verständlichen Businessplanes.

Persönliche Fähigkeiten genügen allerdings nicht, um Investoren zu überzeugen. Oberstes Kriterium für den Einstieg ist der Businessplan. Doch gerade dabei wird häufig geschlampt. Mehr als 80 Prozent, so die Studie des Berliner Marktfor-schungsinstitutes *Market Lab*, zeigten erhebliche Schwächen beim Marketing. So kannten noch nicht einmal 20 Prozent der Gründer den potentiellen Markt und die zu erwartende Anzahl von Kunden für ihr Angebot. Die Existenzgründer in spe beschrieben ihr Produkt zwar bis ins Detail – doch nur wenige gaben eine Antwort darauf, welches Kundenproblem sie lösen wollen und welchen Nutzen sie damit letztlich bieten können.

Ein Business-Plan sollte klar strukturiert und gut lesbar sein. Es ist wenig sinn-voll Angaben zum Umfang zu machen, regelmäßig dürfte der Umfang jedoch bei 20 bis 60 Seiten liegen, je nach Kanzleivorhaben und Intensität der Darstellung.

Für den Aufbau von Business-Plänen werden verschiedene Aufbaumuster vor-geschlagen, die – wie alle Aufbaumuster – nicht verabsolutiert werden sollten. Für die Erstellung eines individuellen Business-Plans sollten 200 bis 300 Arbeitsstun-den kalkuliert werden. Ein individueller Business-Plan dürfte sich unter drei Mo-naten kaum solide erstellen lassen. Die Strukturierung hängt maßgeblich von der individuellen Konzeption ab.

Die Schwächen bei den Businessplänen erstaunen, gibt es doch eine Reihe von Initiativen, die beim Sprung in die Selbstständigkeit helfen, siehe:

- *www.dta.de*
- *www.tbgbonn.de*
- *www.business-angels.de*
- *www.bvk-ev.de*
- *www.mlp.de*
- *www.forumkiedrich.de*
- *www.wagniskapital.com*

7.2.3 Finanzierung

Das Fundament einer jeden Gründung ist die solide Finanzierung. Dabei kommt es auf den richtigen Mix an, denn keine Geldquelle für Gründer sprudelt so reichlich, dass sich damit der gesamte Finanzbedarf abdecken ließe.

Die Grundregel für konventionelle und kleinere *Start-ups* lautet: Rund 15 Pro-zent des benötigten Kapitals sollte der Gründer mit eigenen Mitteln abdecken können. Öffentliche Förderprogramme stocken das Eigenkapital bis zu 75 Prozent der Gesamtsumme auf. Für die dann noch offenen zehn Prozent muss dann ein Bankdarlehen her.

Ist der augenblickliche Zinssatz niedrig, so ist es vorteilhaft, die Zinsen lang-fristig fix zu binden. Dadurch sind Sie vor potenziellen Zinsänderungsrisiken langfristig abgesichert. Dies reduziert nicht nur Ihre Kosten, sondern erhöht auch die Kalkulationsgrundlage.

Danach kommt ein weiterer wichtiger Schritt bei der Vorbereitung der Kanzlei-eröffnung: Die Auswahl des richtigen Fremdkapitalgebers.

Haben Sie schon ein Privatkonto bei einem Kreditinstitut, dann kann es von Vorteil sein, dort auch Ihr Geschäftskonto zu eröffnen. Denn Sie sind bei diesem Kreditinstitut ja schon bekannt. Jedoch sollten Sie in Erwägung ziehen, ob Ihnen auch ein günstiger Kredit angeboten wird. Leider ist dies nicht immer der Fall. Allgemeine Such- und Auswahlkriterien für einen Kreditgeber sollten sein:

* Räumliche Nähe zur Hausbank
* Gute fachliche Beratung und Betreuung
* Guter persönlicher Kontakt zum Firmenkundenbetreuer

Beim Bankengespräch sollten Sie selbstbewusst und sachlich argumentierend auftreten. Ihr Vorhaben stellen Sie objektiv dar und präsentieren die Erfolgsaussichten der Kanzleieröffnung in einem glaubwürdigen Rahmen.

Daher dürfen etwaige – in der Anlaufphase – auftretende potenzielle Schwierigkeiten nicht verschwiegen werden. Die dadurch resultierende Transparenz Ihres Vorhabens dokumentieren Sie mit dem Zahlenmaterial Ihres Konzeptes. Das schafft schon im Vorfeld eine Vertrauensposition und kann sich positiv auf Ihre Kreditwürdigkeitsprüfung auswirken.

Denn Ihre Überzeugungskraft, Ihr Durchsetzungsvermögen und Ihre Zuverlässigkeit sind neben den prognostizierten betriebswirtschaftlichen Zahlen wichtige Faktoren bei der bankenmäßigen Prüfung Ihres Kreditantrages. Daher sollten Sie etwa auf folgende Fragen ohne langes Überlegen vorbereitet sein:

* Wo können Probleme auftreten?
* Wie schätzen Sie den erwarteten Umsatz und den daraus resultierenden Gewinn ein?
* Wie hoch werden die Kosten, einschließlich der Fremdfinanzierungskosten (Tilgung und Zinsbelastung des Kredites) sein?
* Besitzen Sie finanzielle Reserven?
* Besitzen Sie Sicherheiten?

Die zuletzt genannte Frage ist die Wichtigste, denn keine Bank verleiht Geld ohne banktübliche Sicherheiten. An diesem Tatbestand scheitern bisweilen die besten unternehmerischen Konzepte und Überlegungen. Denn die meisten Kreditinstitute haben keinerlei Interesse, Kredite mit einem zu kleinen Betrag zu gewähren. Die benötigte Kreditsumme ist den Kreditinstituten meist zu niedrig. Der Arbeitsaufwand auf Seiten der Banken ist im Verhältnis zu den Erträgen aus diesen betragsmäßig geringen Krediten zu hoch. Ferner wollen diese Kreditinstitute – Ausnahmen bestätigen die Regel – kein unternehmerisches Risiko in diesem Segment mehr eingehen. Jedoch benötigen Sie leider eine Bankverbindung. Daher sollten Sie sich Gedanken über potenzielle Kreditsicherheiten machen. Welche banküblichen Sicherheiten werden akzeptiert?
Dies könnten sein:

* Grundschulden bzw. Hypotheken
* Selbstschuldnerische Bürgschaften durch Dritte

- Ausfallbürgschaften von Bürgschaftsbanken oder Kreditgarantiegemeinschaften der Länder und des Bundes
- Lebensversicherungen und Bausparverträge (meist vom eigenen Kreditinstitut oder von einem Kooperationspartner angeboten)

Ihre Sicherheiten sollten gerade die Kreditsummenhöhe abdecken, denn zu hohe Sicherheiten nützen nur der Bank. Beim Kreditantrag müssen Sie diverse Unterlagen vorlegen. Diese können Sie bisweilen aus Ihrem Business-Plan, also Ihrem Konzept entnehmen. Neben den bekannten betriebswirtschaftlichen Zahlenwerken (z.b. Kosten-, Finanz-, Investitions-, Umsatz- und Rentabilitätsplan) sind auch beispielsweise Arbeits- und Prüfungszeugnisse, Sicherheitenübersichten, eine Verbindlichkeitentabelle und eventuelle Gesellschafterverträge darzulegen.

Zur Aufzeichnung der Gründungsinvestitionen können die aktuellen Firmenprospekte z.b. von der *Hans Soldan GmbH* herangezogen werden. Der Bedarf an Sachgütern dürfte unschwer zu ermitteln sein und wird von den Kreditinstituten auch meist ohne Beanstandungen akzeptiert. Es sollte darauf geachtet werden, die Mehrwertsteuer stets einheitlich anzugeben. Der Einfachheit halber können die Netto-Preise ohne Mehrwertsteuer aufgeführt werden, da es sich ohnehin um durchlaufende Posten handelt.

Fördermittel und Darlehen

Selbstverständlich kann der Existenzgründer auch Darlehen oder Fördermittel, sofern er dazu berechtigt ist, in Anspruch nehmen.

Der Staat bringt diese Fördermittel über die *KfW-Mittelstandsbank* im Zuge der Fusion von *Deutsche Ausgleichsbank* (DtA) und *Kreditanstalt für Wiederaufbau* (KfW). Ziel der Verschmelzung der beiden staatlichen Förderinstitute im Jahre 2003 ist eine transparentere und effizientere Förderung für Mittelstand und Gründer aus einer Hand.

In einigen Bundesländern werden zusammen mit der *KfW-Mittelstandsbank* spezielle Angebote in der Gründungs- und Wachstumsfinanzierung (GuW) offeriert.

Für alle Förderprogramme gelten folgende Voraussetzungen für den Antragsteller:

- kaufmännische und fachliche Qualifikation
- Antragstellung vor Beginn der Maßnahmen
- nachhaltig tragfähige Vollexistenz
- Eigenkapitaleinsatz von mind. 15 Prozent
- Antrag über die Hausbank
- es können nur betriebliche Investitionen und laufende, betriebliche Kosten finanziert werden, nicht aber Kosten für die private Lebensführung

Im Übrigen gibt es keinen Rechtsanspruch auf diese Förderungen.

Ausreichende Sicherheiten müssen immer für das gesamte Fremdkapital eingebracht werden. Allerdings können Existenzgründer nur selten die Fördermittel zu 100 Prozent durch Vermögenswerte absichern. Um aber dennoch die Hausbank zu motivieren, nämlich das Gründungsvorhaben mitzutragen, stellt die *KfW-Mittelstandsbank* die Hausbank von der Haftung zu 80 Prozent frei.

Mit dem *Mikro-Darlehen*, dem *Start-Geld* und dem *Unternehmerkapital* können sowohl die Gründung einer Anwaltskanzlei, die Beteiligung an einer bestehenden oder noch zu gründenden Sozietät, die Neugründung von Kapitalgesellschaften sowie der Beteiligung an dieser, wenn der Antragsteller zum Geschäftsführer bestellt wird, und der Kauf einer Anwaltskanzlei beglichen oder teilfinanziert werden.

Neben diesen Programmen gibt es weitere Programme, die aufgrund der Komplexität der Besonderheiten hier nicht näher betrachtet werden können.

Es besteht die Möglichkeit, sich an ein Beratungszentrum der *KfW-Mittelstandsbank* zu wenden, wobei Sprechtage meist in den örtlichen Industrie- und Handels- oder Handwerkskammern durchgeführt werden.

Der Besuch des Sprechtages vor der Kontaktaufnahme mit der Hausbank ist sehr zu empfehlen. Die Mitarbeiter der *KfW-Mittelstandsbank* geben hier bereitwillig Auskunft über ihre gesamte Produktpalette. Sie verstehen sich als Dienstleister und geben wertvolle Tipps in Bezug auf das Gespräch bei der Hausbank. Vorteilhaft ist es natürlich, wenn man bereits detaillierte Unterlagen erstellt hat und diese zur kurzen Prüfung schon vorlegen kann. Die Berater können dann mitteilen, an welcher Stelle noch Erklärungsbedarf besteht und worauf die Hausbanken besonders achten. Lücken in der Planung können dadurch vor dem Gang zur Hausbank geschlossen werden. Das Gesamtkonzept wird damit schlüssig erscheinen und erlaubt es dem Existenzgründer kompetent aufzutreten.

Die Hausbank ist generell frei wählbar. Zu beachten ist jedoch, dass die Vergabe von KfW-Krediten für Großbanken wegen des hohen Verwaltungsaufwandes insbesondere bei kleinen Kreditsummen äußerst unattraktiv sein kann. Vorteilhafter ist deshalb die Antragstellung über eine örtliche Sparkasse. Ist man dort schon langjähriger Privatkunde, so wird die Hilfe bei einem KfW-Kredit auch als Kunden-Service angesehen, die Summe spielt dann in der Regel keine Rolle. In Großstädten haben die Sparkassen oft eigene Existenzgründungsabteilungen eingerichtet, in denen erfahrene Mitarbeiter tätig sind.

Einzureichen ist ein Businessplan über das geplante Vorhaben. Befürwortet die Hausbank die vorgelegte Existenzgründung, so ist daneben noch das von der *KfW-Mittelstandsbank* ausgegebene Antragsformular auszufüllen. Zur Erstellung des Businessplans werden zahlreiche Formulare der Sparkassen und auch der Ausgleichsbank angeboten. Diese sind jedoch zumeist auf Gewerbebetriebe abgestimmt und für freie Berufe nicht immer optimal nutzbar. Eine einfache und von den Banken und Sparkassen ebenso akzeptierte Lösung besteht im Erstellen eines klar gegliederten Konzepts unter Einfügung von Excel-Tabellen, die jederzeit verbesserbar sind und die angegebenen Beträge stets übersichtlich automatisch summieren.

Eine Hilfestellung bietet auch das Kapitel „Der Businessplan" im *Ratgeber für junge Rechtsanwältinnen und Rechtsanwälte* des *Deutschen Anwaltvereins* (10. Auflage, 751 Seiten, erhältlich für 5 EUR unter *www.davforum.de*).

Normalerweise wird die fachliche Qualifikation des Gründers, der schließlich beide juristischen Staatsexamina bestanden hat, weder von der Hausbank noch von der *KfW-Mittelstandsbank* hinterfragt. Deshalb reicht es aus, einen ausführlichen Lebenslauf mit Zeugnissen beizufügen und auf die entsprechenden Fachgebiete und Spezialisierungen hinzuweisen.

Fazit: Es bleibt zu bemerken, dass es jedem Rechtsanwalt, der den Aufbau einer eigenen Kanzlei plant, ohne allzu großen Aufwand möglich ist, einen Kredit von der *KfW-Mittelstandsbank* zu erhalten. Man sollte sich insbesondere vor Augen halten, dass es sich um öffentliche Fördergelder handelt, die jedem Bürger, der eine Existenzgründung plant, gleichsam zustehen.

Im Internet ist die KfW-Mittelstandsbank unter der Adresse *www.kfw-mittelstandsbank.de* zu finden.

Überbrückungsgeld und Ich-AG

Gerade im Hinblick auf Hartz IV und das Arbeitslosengeld II wird es für viele interessant, den Schritt in die Selbstständigkeit zu wagen. Dabei bieten die Bundesagenturen Fördermöglichkeiten. Existenz gründende Rechtsanwälte können sich zwischen zwei Fördermöglichkeiten entscheiden, die in einem Ausschlussverhältnis zueinander stehen: nämlich dem Überbrückungsgeld nach § 57 SGB III oder der Ich-AG.

Junganwälte, die ihre Kanzlei als Ich-AG gründen wollen, werden feststellen, dass in der Praxis noch so manches unklar ist. Die Angebote, die dem Gründer über die anfängliche Durststrecke helfen soll, sind nämlich vielfältig.

Nachfolgende Erklärungen sollen die Ich-AG und das Überbrückungsgeld verdeutlichen:

* *Überbrückungsgeld*
  Eine clevere Variante der Gründerforderung ist das so genannte „Überbrückungsgeld" nach § 57 SGB III.

  Das Überbrückungsgeld muss nicht wie andere öffentliche Darlehen zurückgezahlt werden, sondern ist ein „geschenkter" Zuschuss. Seine Zielrichtung ist es nicht für Investitionen zu dienen, sondern dem Existenzgründer in der Startphase das „Überleben" zu sichern. Das Überbrückungsgeld kann bis zu sechs Monate gewährt werden. Jedoch hat niemand einen Rechtsanspruch auf die Leistung. Die Höhe des Zuschusses richtet sich nach der Höhe des Betrages, auf den man als Arbeitsloser zuletzt einen Anspruch hatte.

  Nicht gefördert werden Antragsteller, die das bisherige Beschäftigungsverhältnis in der Absicht beendet haben, sich anschließend selbstständig zu machen.

  Um einen positiven Entscheid über das beantragte Überbrückungsgeld zu erhalten, muss der Antragsteller bis zur Aufnahme seiner selbstständigen Tätigkeit beim Arbeitsamt arbeitslos gemeldet sein.

War der Antragsteller nun vier Wochen lang arbeitslos, sollte er möglichst bald beim zuständigen Arbeitsamt auf das eigentliche Thema „Existenzgründung" zu sprechen kommen, denn mit Antragstellung auf Überbrückungsgeld darf man noch lange nicht mit einer selbstständigen Tätigkeit beginnen. Vorbedingung ist, dass eine fachkundige Stelle die dauerhafte Tragfähigkeit der Existenzgründung bestätigen muss. In jeder größeren Stadt gibt es Informationsstellen, wo man Hinweise erhält, wie man das dazu nötige Konzept mit Rentabilitätsvorschau und Finanzplanung zu erstellen hat. Dort erhält man auch allgemein hilfreiche Tipps zur Existenzgründung.

Leider ist der Umgang mit den Behörden oft zermürbend. So muss beispielsweise sogar der nichteheliche Lebenspartner seine finanziellen Verhältnisse dem Arbeitsamt offen legen, damit der Partner anerkannter Arbeitsloser werden kann. Sofern man in einer nichtehelichen Lebensgemeinschaft zusammenwohnt, sollte man diese noch einmal hinterfragen: Wenn es sich doch nur um eine „Zweck-WG" handeln sollte, hat dies den Vorteil, dass sich der Partner nicht finanziell vor dem Arbeitsamt entblößen muss. Der Papierkrieg ist sonst immens. Lebensversicherungen des Partners müssen bewertet werden, Steuerfestsetzungen eingereicht, Dienstbescheinigungen beigebracht werden.

Wenn man schließlich die Stellungnahme der unabhängigen Stelle in der Hand hält, kann man diese beim Arbeitsamt einreichen. Dort wird es dann geprüft und stattgegeben oder auch nicht.

- *Ich-AG*
  Mit Wirkung zum 01.01.2003 wurde in § 421 Abs. 1 SGB III folgende Regelung übernommen, die als „Ich-AG" bekannt geworden ist:
  „Arbeitnehmer, die durch Aufnahme einer selbstständigen Tätigkeit die Arbeitslosigkeit beenden, haben einen Anspruch auf einen monatlichen Existenzgründungszuschuss."
  Anders als der Begriff der „Ich-AG" es vielleicht nahe legt, entsteht mit der Bezuschussung des Existenzgründers keine juristische Person in Form einer Aktiengesellschaft (AG). Rechtsanwälte bleiben also in der von ihnen selber gewählten Rechtsform, in aller Regel also Einzelanwalt, GbR oder Partnerschaft.
  Gründer einer Ich-AG müssen ab November 2004 zur Beantragung eine so genannte Tragfähigkeitsbescheinigung vorlegen. Die fachkundige Stellungnahme zum Businessplan soll den Gründern mehr Sicherheit geben und verhindern, dass Ich-AGs reihenweise scheitern. Außerdem soll einem Missbrauch der Förderung vorgebeugt werden. Die Tragfähigkeit des Geschäftsvorhabens können zum Beispiel Industrie- und Handelskammern, Handwerkskammern, Fachverbände oder Kreditinstitute bescheinigen. Ursprünglich sollte die neue Regelung erst im Dezember 2004 in Kraft treten.
  An die Bezuschussung knüpft § 421 Abs. 1 SGB III folgende sachliche Voraussetzungen: Der Antragsteller muss Bezieher von Arbeitslosengeld,

Arbeitslosenhilfe oder Unterhaltsgeld sein oder sich in einer Arbeitsbe-
schaffungs- oder Strukturanpassungsmaßnahme befinden. Eine Dauer von
vier Wochen ist nach Auskunft des Arbeitsamts hierfür ausreichend.

Die Ich-AG-Fördermöglichkeit ist damit auf Personen begrenzt, die einen Anspruch in der Arbeitslosenversicherung erworben haben. Folglich
sind verbeamtete Rechtsreferendare, die während des Referendariats keine
Arbeitslosenversicherung bezahlt haben, von vornherein grundsätzlich von
der Förderung ausgeschlossen. Alle sonstigen Referendare, insbesondere
solche in einem öffentlich-rechtlichen Anstellungsverhältnis, zahlen während ihrer Referendariatszeit in die Arbeitslosenversicherung ein und sind
somit anspruchsberechtigt.

Die anwaltliche Ich-AG darf kein höheres Jahreseinkommen als 25.000
EUR erzielen. Da § 15 SGB IV als Jahreseinkommen „den nach den allgemeinen Gewinnermittlungsvorschriften des Einkommensteuerrechts ermittelten Gewinn aus einer selbstständigen Tätigkeit" definiert, besteht hier
erheblicher Spielraum. Nur wenn der Gewinn vor Steuern die Grenze von
25.000 EUR überschreitet, wird die Förderung eingestellt. Geht der Existenzgründer neben seiner anwaltlichen Tätigkeit noch anderen Beschäftigungen nach, wird dieses Einkommen hinzugerechnet. Nachdem durch das
„Gesetz zur Förderung von Kleinunternehmensfinanzierung" das ursprüng-
liche Beschäftigungsverbot rückwirkend zum 01.01.2003 aufgehoben worden ist, gibt es hinsichtlich der Beschäftigung von Arbeitnehmern keinerlei
Beschränkungen.

Die maximale Förderdauer beträgt drei Jahre. Dabei wird der Zuschuss
jeweils für ein Jahr bewilligt. Vor einer erneuten Bewilligung muss der
Anwalt darlegen, dass er die Voraussetzungen auch weiterhin erfüllt.

Im ersten Jahr beträgt die monatliche Bezuschussung 600 EUR, im
zweiten Jahr 360 EUR und im dritten Jahr 240 EUR. Sie ist eine steuerfreie
Einnahme (§ 3 EStG) und unterliegt nicht dem Progressionsvorbehalt. Anders als beim Überbrückungsgeld erhält der Rechtsanwalt keine gesonderte
Bezuschussung zu den Sozialabgaben, die er als Selbstständiger zu entrichten hat. § 7 Abs. 4 SGB IV bestimmt unwiderlegbar, dass die Existenzgründer während der Zeit der Bezuschussung selbstständig sind und in keinem Fall in den Gefahrenbereich einer Scheinselbstständigkeit kommen.

Der Ich-AG-Rechtsanwalt ist automatisch in den gesetzlichen Sozialver-
sicherungssystemen versichert, er wird also Mitglied der gesetzlichen
Krankenversicherung. Bei Nachweis eines entsprechend geringen Einkommens muss der Existenzgründer nicht den vollen Beitrag entrichten,
sondern es werden nur 60 Prozent der monatlichen Bezugsgröße zu Grunde
gelegt (§ 240 SBG V).

Bei einem Beitragssatz von derzeit 14 Prozent ergibt dies beispielsweise
einen monatlichen Mindestbeitrag von etwa 170 EUR.

Der Rechtsanwalt kann sich jedoch auf Antrag von der gesetzlichen
Krankenversicherung befreien lassen und Mitglied einer privaten Krankenkasse werden.

Entsprechendes gilt für die Pflegeversicherung.

Als Ich-AG wird der Rechtsanwalt auch automatisch Mitglied der gesetzlichen Rentenversicherung. Durch seine Rechtsanwaltszulassung ist er gleichzeitig Pflichtmitglied im anwaltlichen Versorgungswerk. Wie in der gesetzlichen Krankenversicherung muss der Existenzgründer in den ersten drei Jahren nur einen reduzierten Beitrag (halbe monatliche Bezugsgröße gemäß § 165 SGB VI) leisten. Bei einem Beitragssatz von derzeit 19,5 Prozent entspricht dies einem monatlichen Betrag von etwa 230 EUR im Westen und etwa 195 EUR im Osten.

Ist absehbar, dass in der ersten Zeit keine Gewinne erwirtschaftet werden, so kann der Rentenbeitrag sogar auf den geringst möglichen Monatsbeitrag von 78,20 EUR reduziert werden. Monatliche Einkommen von unter 400 EUR sind nach § 5 SGB VI grundsätzlich versicherungsfrei. Im Regelfall ist es für den Rechtsanwalt günstiger, sich von der gesetzlichen Rentenversicherung befreien zu lassen und nur in das Versorgungswerk einzuzahlen.

Überschreitet der geförderte Rechtsanwalt die Jahreseinkommensgrenze, fällt die Bezuschussung für die Zukunft weg, und zwar auch dann, wenn er sie schon im laufenden Jahr überschreitet. Einmal gewährte Zuschüsse müssen demzufolge nicht zurückgezahlt werden.

Scheitert die Ich-AG, die ja eine echte Selbstständigkeit darstellt, so hat der Anwalt während der Zeit des Bestehens keine arbeitslosenversicherungsrechtlichen Ansprüche erworben. Ansprüche, die der Anwalt vor Aufnahme der Ich-AG-Tätigkeit erworben hat, werden zeitlich begrenzt aufrechterhalten. So kann das Arbeitslosengeld bis zu vier Jahre nach Entstehung des Leistungsanspruchs geltend gemacht werden, die Arbeitslosenhilfe bis zu drei Jahre nach dem letzten Bezugstag.

- *Fazit*
Der Vergleich zeigt, dass die Ich-AG für anwaltliche Existenzgründer sinnvoll ist, die ein entsprechend geringes Arbeitslosengeld erhalten, ein geringeres Jahreseinkommen als 25.000 EUR erwarten und deren Sozialversicherungsbeiträge durch die Zuschüsse annähernd gedeckt sind.

Das Überbrückungsgeld ist dagegen sinnvoll für anwaltliche Existenzgründer, die ein entsprechend hohes Arbeitslosengeld erhalten, ein höheres Jahreseinkommen als 25.000 EUR erzielen und deren relativ hohe Sozialversicherungsbeiträge nicht von dem Existenzgründungszuschuss gedeckt sind.

Bei rein finanzieller Betrachtung wird sich also in der Regel das Modell Ich-AG für junge Rechtsanwälte lohnen, die direkt aus dem (nicht verbeamteten) Referendariat kommen. Schon im ersten Jahr liegt hier die Förderungssumme mit 7.200 EUR höher als das Überbrückungsgeld von etwa 6.500 EUR.

Das wohl größte Problem war bislang, dass den zuständigen Mitarbeitern das neue Institut der Ich-AG weitestgehend fremd war. So wusste das anwaltliche Versorgungswerk hiermit nichts anzufangen, da gesetzlich versicherte Selbstständige vorher unbekannt waren, so dass einige Junganwälte prompt ihre Anträge auf Befreiung von der Versicherungspflicht kommentarlos zurückerhielten.

Doch sollte man sich vor solcher Unkenntnis und Ignoranz nicht entmutigen lassen. Erklärt man die Ich-AG, zeigt sich die Mehrheit der Sachbearbeiter verständig und kooperationsbereit.

Nur um die Agentur für Arbeit sollte man – bis auf die nicht vermeidbare Antragstellung – einen großen Bogen machen, denn hier erhält man oftmals veraltete oder gar falsche Auskünfte.

Kanzleikauf

Der Kauf einer Kanzlei kann den Start in die Selbstständigkeit erleichtern, weil es keiner grundlegenden Basisarbeit bedarf, um eine eigene Kanzlei aufzubauen.

Eine Anwaltskanzlei ist ein Wirtschaftsunternehmen und allein mit juristischen Fähigkeiten nicht zu führen. Sie benötigen daher Kenntnisse in der Personalführung, Buchhaltung, Marketing, usw. Diese Kenntnisse hat Ihnen weder das Studium noch das Referendariat näher gebracht. Sie sollten daher Ihre Fähigkeiten nicht überschätzen und sich beim Kauf einer Kanzlei auch von Ihren Möglichkeiten leiten lassen und nicht nur von der Aussicht, möglichst groß und damit ertragreich in das Berufsleben einzusteigen.

Als Vorteile des Kaufs werden immer wieder genannt: der bestehende Mandantenstamm, die Infrastruktur, eingearbeitetes Personal, ein von Anfang an vorhandenes und sicheres Einkommen. Dies kann im Einzelfall sogar stimmen, wenn alles so weiterlaufen würde, wie es der Verkäufer übergeben hat. Das ist jedoch selten der Fall. Es gibt einen erheblichen Planungsbedarf, und es sind wesentlich mehr Überlegungen anzustellen als bei der Gründung einer Kanzlei.

Es muss dem Käufer aber auch klar sein, dass er ein Unternehmen kaufen will, das der Verkäufer im Zweifel in den letzten Jahrzehnten selbst aufgebaut hat. Es stehen hier sehr viele Emotionen und Vorstellungen im Raum, die oft vollkommen unrealistische Beträge hervorbringen, vor allem dann, wenn der Verkäufer sich den Verkauf als Altersvorsorge vorgestellt hat. Dementsprechend vorsichtig sollten auch die diesbezüglichen Verhandlungen geführt werden. Der Käufer sollte sich bei einem Kauf nicht von Emotionen, sondern von rein wirtschaftlichen Überlegungen leiten lassen. Hierzu gehören auch Überlegungen zur möglichen Übernahme des Kanzleinamens, der Übernahme des Personals und des Inventars.

Auch wenn jeder Kanzleikauf ein Einzelfall ist, so haben sich doch bestimmte Berechnungsmethoden allgemein durchgesetzt. Ausgangspunkt jeder Berechnung ist der Bruttoumsatz im Jahr. Dieser wird ermittelt durch die Addition der Umsätze der letzten drei Jahre, wobei das letzte Jahr verdoppelt wird und die Gesamtsumme durch vier dividiert den Ausgangswert ergibt. Hiervon ist die Umsatzsteuer abzuziehen.

Weiter werden in Abzug gebracht: sämtliche Einnahmen, die nicht berufsbezogen sind (z.B. Politikerbezüge, Entgelt für Schriftsteller, Lehrtätigkeit, usw.) sowie anwaltsbezogene Vergütungen aus wahrscheinlich nicht wiederkehrenden Leistungen, insbesondere als Insolvenzverwalter, Pfleger, Testamentsvollstrecker, usw.

Dies ergibt die bereinigte Bemessungsgrundlage. Von dieser Bemessungsgrundlage werden regelmäßig die Kosten der Kanzlei, der Unternehmerlohn sowie ein Risikoabschlag von mindestens 20 Prozent für zu erwartende Mandatsverluste abgezogen. Hinzukommt ein Zuschlag für den Substanzwert der Kanzlei (Inventar, Bibliothek, EDV).

Zum Abschluss noch zwei Ratschläge, bevor Sie eine Kanzlei kaufen: Sie sollten sich beim zuständigen Amtsgericht und unter den Kollegen umhören, was man über diese Kanzlei so sagt. Zudem sollten Sie den Kaufvertrag vor der Unterzeichnung Ihrer zuständigen Rechtsanwaltskammer zur Prüfung der Angemessenheit vorlegen. Beides dient dem Selbstschutz, um nicht gleich zu Beginn Ihrer Tätigkeit maßlos überschuldet zu sein.

📖   *Anwaltspraxis, Kauf, Verkauf und Fusion von Anwaltskanzleien*
       von Möller
       Deutscher Anwaltverlag
       ISBN: 3824002825

📖   *Kauf und Bewertung einer Anwaltspraxis*
       Mit Vertragsmustern und Formulierungsbeispielen
       von Kaiser / Wollny
       Zap-Verlag für die Rechts- und Anwaltspraxis
       ISBN: 3927935786

Anwalts-Franchising

Vielen Rechtsanwälten ging aufgrund der gegenwärtigen Marktsituation (Anwaltsdichte) die Luft aus. Es wundert daher nicht, dass die Rechtsanwaltschaft nach neuen Wegen sucht, wie sie zusätzliche Mandanten gewinnen kann und gleichzeitig ihre Kosten senken kann. Erst kauften Amerikaner und Briten die großen deutschen Kanzleien auf, schließlich gingen Anbieter per Internet und Telefon-Hotline auf Mandantenfang. Und schon droht der nächste Aufstand: Zwei Anbieter, *Legitas GmbH* und *Janolaw AG*, wollen mit Beratungsketten für kleine Geldbeutel den deutschen Markt erobern.

Durch Franchising, wie es Fastfood-Ketten, Verbrauchermärkte oder Autohändler seit langem praktizieren, wollen sie in allen Bundesländern Fuß fassen.

Das Konzept richtet sich vor allem gegen kleine und mittlere Kanzleien, die als Generalisten sämtliche Rechtsbereiche abdecken. Günstige Erstberatung und rasche Bearbeitung sollen Kunden für neue Büros gewinnen. Kritiker sprechen bereits vom „McLaw-Anwalt" der Rechtsberatung.

Beim Anwalts-Franchising bleiben die einzelnen Kanzleien rechtlich selbstständig, treten aber unter einer gemeinsamen Marke auf und befolgen bestimmte Standards. Entsprechende Modelle gibt es seit Jahren in den USA. Chancen für Rechtsanwälte liegen vor allem im Kosten-Sharing und einem attraktiven Beratungsangebot. Offen ist allerdings, wie die neuen Ketten eine einheitliche Qualität der Beratung sicherstellen wollen.

Die Diskussion um das Thema Anwalts-Franchising hat in der deutschen Anwaltschaft gerade erst begonnen. Die Hamburger *Legitas GmbH* hat als Franchise-System für Anwälte bereits 2003 erste Erfahrungen gesammelt. Andere sind gefolgt oder werden noch folgen. So hat in der letzten Zeit auch die *Janolaw AG* aus Sulzbach/Taunus in Anwaltskreisen und in der Öffentlichkeit Aufsehen erregt.

Ein standardisierter Rechtsrat bei *Janolaw* (49,90 EUR pauschal für die Erstberatung) soll den Anwaltsbesuch für Mandanten erschwinglich machen. Die Wunschkandidaten sind Generalisten, die schnell arbeiten und mindestens zwei bis drei Jahre Berufserfahrung haben. Neueinsteiger sind chancenlos.

Die Zentrale führt den Rechtsanwälten Mandanten zu, indem sie Beratungswünsche an den nächstgelegenen Franchisenehmer weiterleitet, der dem potenziellen Mandanten örtlich am nächsten ist. Daneben sichert sie Gebietsschutz zu.

Legitas sieht sich als Kooperation selbstständiger Rechtsanwälte mit Zentralbüro, das Organisatorisches regelt und Mandanten vermittelt. Das Honorar für die Erstberatung liegt zwischen 35 und 65 EUR. Statt wie *Janolaw* den Massenmarkt abzugrasen, tritt *Legitas* gegen etablierte kleinere Kanzleien an. Via Zentrale und Legitas-Homepage werden potentielle Mandanten zum passenden Rechtsanwalt gelotst.

Die Wunschkandidaten bei *Legitas* sind erfahrene Rechtsanwälte, aber auch Einsteiger, die bereit sind, sich zu spezialisieren. *Legitas* will keine Feld- und Wiesen-Anwälte, jeder Rechtsanwalt deckt ein oder zwei Rechtsgebiete ab. Prädikatsexamina verlangen die Gründer nicht, Persönlichkeit schon. Sie wollen die Guten aus den 80 Prozent der Absolventen mit Zweitem Staatsexamen abschöpfen, die nicht in Justiz oder Großkanzlei landen.

Rechtsanwälte zahlen bei *Janolaw* rund 10.000 EUR Aufnahmekosten plus monatliche Gebühren von 250 EUR, auch zehn Prozent des Bruttoumsatzes gehen an die Zentrale. Dafür stellt die Zentrale ihre Datenbank und ein Verwaltungssystem zur Verfügung. Nach der Startphase sollen pro Rechtsanwalt 10.000 bis 12.500 EUR Ertrag nach Kosten übrig bleiben. Daneben gehen fünf Prozent des Umsatzes in einen Fonds, aus dem regionale Werbung gezahlt wird. Im Rahmen eines Mietkaufs zahlt der Rechtsanwalt in den ersten vier Jahren rund 560 EUR für Einrichtung und IT-Ausrüstung. In Kooperation mit einer Bank schnürt *Janolaw* Finanzierungspakete mit günstigen Krediten.

Anders *Legitas*: Die einmalige Eintrittsgebühr liegt bei einem Rechtsanwalt bei 2.000 EUR, jeder weitere zahlt 1.000 EUR, so dass bei vier Rechtsanwälten ein Betrag von 5.000 EUR zu entrichten wäre. Die Monatspauschale beträgt wiederum für den ersten Rechtsanwalt 150 EUR, für jeden weiteren Rechtsanwalt 80 EUR. Darin sollen umfangreiche Leistungen für Kanzleilogo, Homepage, Email-Einrichtung, Software-Lizenz, Schulung, Installationshilfe sowie diverse Unterstützungsleistungen und Werbematerialien enthalten sein. Gebietschutz wird gewährleistet. Ab 2005 will *Legitas* an Umsätzen über 4.000 EUR monatlich mit bis zu fünf Prozent beteiligt werden.

Während *Janolaw* bis 2007 rund 300 Franchise-Büros aus dem Boden stampfen will, setzt *Legitas* auf moderates Wachstum. Bis 2005 soll die Marke rund 70 Kanzleien mit rund 90 bis 100 Rechtsanwälten umfassen.

Beide Systeme bieten gegenüber Einzelkämpfern den Vorteil, dass die Zentralen ihren Büros gezielt Mandanten zuleisten. Auch die Anschaffung von Computern und Büromaterial fällt unter der Dachmarke günstiger aus als allein. Gerade jungen Rechtsanwälten könnte dies, einen Erfolg vorausgesetzt, höhere Gewinne bescheren.

Angesichts hoher Entwicklungskosten zeigen sich wirtschaftliche Vorteile von Franchise-Systemen naturgemäß ab Erreichen einer Mindestanzahl von Franchisenehmern.

Ein Franchise-Vertrag lässt sich leicht schließen und aufheben. Trennungsbedarf kann nach einer Erprobung der Zusammenarbeit durchaus schneller entstehen, als man denkt. Sicherlich ist dies in der Startphase nicht gerade erfreulich, doch ein problemloses Ende mit Schrecken ist besser als ein Schrecken ohne Ende.

Bei den Bundesrechtsanwaltskammern (BRAK) gibt man sich bedeckt. Gegenüber Marketingkonzepten sei man aufgeschlossen, solange die Qualität der Beratung nicht leide.

Ob das Franchising in Deutschland ein Erfolgsmodell wird, bleibt abzuwarten.

☐   Janolaw AG
     Otto-Volger-Str. 3c
     65843 Sulzbach / Ts.
     Fon 06196 / 767510
     Fax 06196 / 7675111
     www.janolaw.de

☐   Legitas GmbH
     Rappstrasse 16
     20146 Hamburg
     Fon 040 / 4149 5820
     Fax 040 / 4149 5822
     www.legitas.de

Doch durchaus nicht jedes innovative Marktkonzept, das auf eine standardisierte Rechtsberatung baut, gehört in die Schublade „Anwalts-Franchising". So distanzierte sich die Dortmunder Anwaltsfirma *juraXX* beim Aufbau einer bundesweiten Präsenz explizit vom Franchise-Modell.

Bei *juraXX* wird jeder Rechtsanwalt Partner und geschäftsführender Gesellschafter der *Eugen Boss Rechtsanwalts-Gesellschaft mbH* nach § 59 i BRAO. Bei geplanten 320 Partnern in 80 Niederlassungen kann der GmbH-Anteil allerdings nur sehr klein bleiben. Neben der Beteiligung an der GmbH gewährt jeder Partner der GmbH ein Gesellschafterdarlehen in einer bestimmten Höhe.

Dieses Gesellschafterdarlehen wird auf einem Kapitalkonto verbucht, von dem der jeweilige Partner zunächst seine garantierte in der Höhe fest gelegte Entnahme tätigen kann, solange er noch nicht von seiner Umsatzbeteiligung leben kann. Er verbraucht quasi sein Geld. Wenn der Rechtsanwalt ausscheiden will, hat er gegen die Gesellschaft einen Anspruch auf Rückzahlung seines Darlehens zuzüglich einer möglichen Abfindung. Der Auszahlungsanspruch wird nur um die Beträge gemindert, die der Partner zuvor für seine Lebensführung entnommen hat.

Alle Kosten der Kanzlei, von der Einrichtung über die Technik, von der Fortbildung (inkl. Fachanwaltskurs) und der Berufshaftpflichtversicherung über den Kammerbeitrag bis hin zum Mitgliedsbeitrag im örtlichen Anwaltverein oder der Anschaffung der Robe, werden von der GmbH getragen.

Das Beteiligungskonzept ist so gestaltet, dass es mit öffentlichen Mitteln in Form von Existenzgründerprogrammen mit Ausfallbürgschaften und Sonderkonditionen gefördert werden kann.

Nicht nur für Berufseinsteiger ist Fortbildung Pflicht. *JuraXX* ermöglicht und finanziert jedem seiner Partner die Weiterbildung zum Fachanwalt in dem von ihm gewünschten Fachgebiet.

Die gesamte Büroorganisation läuft in der Zentrale in Dortmund zusammen. Geldmittelkontrolle, Abrechnungen, Buchhaltung, Mahnwesen, Zwangsvollstreckung, Versicherungen, Einkauf, Personalführung, Kammerbeiträge usw. – alles, was von der eigentlichen Arbeit ablenkt, wird von erfahrenen Bürovorsteherinnen und Rechtsanwaltsfachangestellten zentral für alle Niederlassungen abgewickelt.

Die *juraXX-Akademie* kümmert sich um die Fortbildung. Jeder *juraXX*-Partner ist verpflichtet, sich mindestens einen Tag pro Quartal fortzubilden.

Bundesweit werden in allen Städten mit mehr als 100.000 Einwohnern Niederlassungen in fußläufigen Lagen mit durchschnittlich jeweils vier Rechtsanwälten gegründet.

⬚   juraXX
      Eugen Boss Rechtsanwaltsgesellschaft mbH
      Faßstr. 1
      44263 Dortmund
      Fon 0231 / 4257 850
      Fax 0231 / 4257 8510
      www.juraxx.com

7.2.4 Soziale Absicherung

Der Betrieb einer Anwaltskanzlei ist vielen Risiken ausgesetzt. Gegen die meisten kann man sich versichern. Versicherungen kosten Geld, doch ihr Abschluss bringt dem Anwalt viele Vorteile. Er kann sich sowohl gegen berufstypische als auch gegen unvorhergesehene Schäden absichern und darüber hinaus Vorsorge für den Fall treffen, dass ihm die Grundlagen seiner beruflichen Existenz entzogen werden. So verringert er das Risiko, in Liquiditätsschwierigkeiten zu geraten oder seinen finanziellen Verpflichtungen nicht mehr nachkommen zu können.

Allerdings sollten auch Rechtsanwälte vor dem Abschluss einer Versicherung sachkundige Beratung durch einen Versicherungsfachmann in Anspruch nehmen.

Denn in eigenen Angelegenheiten ist das anwaltliche Risikobewusstsein oftmals nicht hinreichend ausgeprägt. Zudem ist mittlerweile eine Vielzahl nur schwer vergleichbarer Versicherungsprodukte aus dem In- und Ausland auf dem Markt.

Berufsunfähigkeits-Versicherung

Wer seinen Beruf nicht mehr ausüben kann, sei es durch Krankheit oder Unfall, muss sich nach einem anderen Job umsehen. Derzeit beziehen etwa 1,9 Millionen Bundesbürger eine Rente wegen Berufs- und Erwerbsunfähigkeit. Nach Angaben der *Gesellschaft für Wirtschaft- und Finanzbetreuung* kommen jährlich 200.000 Fälle hinzu, allein 30.000 sind davon unter 40 Jahren. Das bedeutet, dass jeder fünfte Arbeitnehmer vorzeitig seinen Beruf an den Nagel hängen muss. Die finanziellen Folgen können dabei enorm sein. Denn im Laufe seines Berufslebens summiert sich der Wert der Arbeitskraft eines Akademikers leicht auf über 2,5 Mio. EUR.

Die bisherige Berufsunfähigkeits- und Erwerbsrente wurde zum 01.01.2002 gestrichen und durch eine Erwerbsminderungsrente ersetzt. Die bisherige Berufsunfähigkeitsrente wurde dann gezahlt, wenn jemand in seinem oder in einem vergleichbaren Beruf weniger als 50 Prozent tätig sein konnte. Wer nach Krankheit oder Unfall gar nicht mehr arbeiten konnte, erhielt die Erwerbsunfähigkeitsrente.

Jahrgänge ab 1961 können jetzt nur noch privat eine Berufsunfähigkeitsrente erwerben. Denn der Gesetzgeber zieht nicht die Berufsunfähigkeit (BU), sondern die Leistungsfähigkeit am allgemeinen Arbeitsmarkt als Maßstab heran. Können diese in ihrem Beruf aus gesundheitlichen Gründen nicht mehr tätig sein, erhalten sie statt der bisherigen Renten wegen „Berufsunfähigkeit" und „Erwerbsunfähigkeit" seit Januar 2002 Renten wegen „teilweiser" und „voller" Erwerbsminderung. Die Rente wegen teilweiser Erwerbsminderung beträgt laut *Bundesversicherungsanstalt für Angestellte* (BfA) die „Hälfte des erworbenen Rentenanspruchs".

Die „volle Rente" wird immer dann gewährt, wenn wegen Krankheit oder Behinderung eine Erwerbstätigkeit unter den üblichen Bedingungen des allgemeinen Arbeitsmarktes nur noch weniger als drei Stunden täglich ausgeübt werden kann.

Für die „halbe Rente" reicht es aus, mindestens drei, aber weniger als sechs Stunden täglich erwerbstätig zu sein. Ausschlaggebend ist dabei allerdings die zeitliche Leistungsfähigkeit. Die Renten wegen Erwerbsminderung werden grundsätzlich für drei Jahre gewährt. Diese Frist muss nach Ablauf verlängert werden.

Nur wenn ohne jeden Zweifel feststeht, dass die Leistungsminderung nicht mehr behoben werden kann, ist die Bewilligung einer unbefristeten Rente möglich. Wer länger arbeiten kann, geht dabei völlig leer aus. Vom Staat ist also kaum noch Hilfe zu erwarten. Ein Schicksal, das auch die meisten Freiberufler und Selbstständigen ereilt – sowie Berufsanfänger, die nicht mindestens fünf Jahre in die staatliche Rentenkasse eingezahlt haben. Ein Akademiker kann somit nach der Gesetzeserneuerung z.B. zugemutet werden, sich auch als Nachtwächter zu verdingen.

Der frühere Lebensstandard ist somit nur aufrecht zu erhalten, wenn zur staatlichen Leistung eine private Berufsunfähigkeitsversicherung hinzukommt. Jeder, der eine Ausbildung beendet hat, sollte deshalb eine private Berufsunfähigkeitsversicherung besitzen. Die Realität sieht aber anders aus: Während 40 Prozent der Haushalte in Deutschland auf eine Unfallversicherung vertrauen, haben nur zehn Prozent eine Berufsunfähigkeits-Police abgeschlossen. Ein trügerischer Schutz, denn Unfälle sind kaum die Ursache für Berufsunfähigkeit. Die Berufsunfähigkeitsversicherung ist somit die zweitwichtigste Versicherung nach der Haftpflichtversicherung.

Hinsichtlich der Berufsunfähigkeitsrente gibt es bei den Versicherungsgesellschaften größere Unterschiede, weshalb es sich lohnt zu vergleichen. Insbesondere gilt der Hinweis auf die „abstrakten und konkreten" Verweisungsrechte in den Policen. Konkretes Verweisungsrecht bedeutet, dass die Gesellschaft das Recht hat, die Leistung zu verweigern, wenn der Kunde im Berufsunfähigkeitsfall wieder einen neuen Beruf ausübt, welcher der bisherigen Lebensstellung entspricht und in der er ein annähernd ähnliches Einkommen erzielt, ohne dass dies für ihn eine Überforderung darstellt. Abstraktes Verweisungsrecht meint: Die Gesellschaft prüft die rein theoretische Möglichkeit, ob ein ähnliches Berufsbild möglich wäre, worin der Versicherte zu mehr als 50 Prozent arbeiten könnte. Jedoch kann nur auf die vorhandene Ausbildung und Erfahrung (bzw. Kenntnisse und Fähigkeiten) zurückgegriffen werden. Außerdem muss die bisherige Lebensstellung in materieller und sozialer Hinsicht gewährleistet sein. Ob der Versicherte in der Realität überhaupt einen neuen Arbeitsplatz findet, spielt keine Rolle,

Einige Gesellschaften verzichten ganz auf diese beiden Verweisungsrechte, also Augen auf.

Die Berufsunfähigkeit kann grundsätzlich als eigene Police abgeschlossen werden oder im Verbund mit einer Lebens- oder Rentenversicherung.

Kranken-Versicherung

Die alternde Gesellschaft treibt das Gesundheitssystem in die Krise, da sind sich die Experten einig.

In Deutschland gibt es zwei Krankenkassensysteme, nämlich die Gesetzliche Krankenkasse (GKV) und die Private Krankenkasse (PKV).

Ob Sie bereits am Berufsanfang ein Wahlrecht zwischen den beiden Systemen haben, hängt von Ihrem Status oder Ihrem Einkommen ab. Haben Sie den Status eines Selbstständigen, Freiberuflers oder Beamten, steht Ihnen die Türe zur PKV von vornherein offen. Anders sieht es beim Angestelltenstatus aus. Hier bestimmt Ihr Starteinkommen über das Wahlrecht. Die JAVG (Jahresarbeitsverdienstgrenze) liegt für das Jahr 2003 bei 45.900 EUR jährlich, und zwar einschließlich regelmäßiger Zuwendungen wie Urlaubs- und Weihnachtsgeld, vermögenswirksamen Leistungen, usw. Liegt Ihr Verdienst als Angestellter unter der JAVG, gilt für Sie die Versicherungpflicht der GKV. Ein Wahlrecht zwischen den beiden Systemen besteht dann nicht, wohl aber ein Wahlrecht zwischen den verschiedenen Anbietern der GKV. Da die Beitragssätze zwischen den einzelnen Kassen nicht unerheblich differieren, sollte die Entscheidung wohl überlegt sein.

Als pflichtversichertes Mitglied einer GKV haben Sie auch die Möglichkeit, durch private Zusatzversicherungen in für Sie wichtigen Leistungsbereichen (etwa stationäre Behandlung, Zahnersatz, Hilfsmittel, Lohnfortzahlung, Auslandsschutz) Ihren Schutz bei Krankheit zu ergänzen und auf diesem Wege den Status eines Privatpatienten zu erreichen.

Mit dem Überschreiten der JAVG kommen Sie in den Genuss des Wahlrechts zwischen freiwilliger Weiterversicherung in der GKV, dem Eintritt in eine PKV oder Verzicht auf jeglichen Versicherungsschutz. Augrund des hohen Risikos der letztgenannten Variante sollte diese aber nicht ernsthaft in Betracht gezogen werden, vielmehr sollte es abschrecken. Interessant ist insofern der Wechsel von der

GKV in die PKV. Doch auch beim Wechsel in die PKV lohnt ein Preis-Leistungs-Vergleich, da es große Unterschiede gibt.

Während die Krankenkassen feste Leistungen nach gesetzlichen Bestimmungen anbieten, sehen die privaten Krankenversicherungen eine Leistungsauswahl nach den individuellen Bedürfnissen des Mitglieds vor. Welchen Beitrag Sie dafür zu zahlen haben, wird in der GKV prozentual nach Ihrem monatlichen Brutto-Einkommen berechnet, in der PKV individuell nach dem Eintrittsalter, Geschlecht, Gesundheitszustand und Umfang des gewählten Versicherungsschutzes.

Die Mitversicherung von Angehörigen ist je nach System unterschiedlich geregelt. Während in der PKV jede Person gesondert eine Prämie zu zahlen hat, sind in der GKV sämtliche Angehörige (ohne eigenes Einkommen) beitragsfrei mitversichert.

Pflege-Versicherung

Für die Pflege-Versicherung gilt das Gleiche wie für die Krankenversicherung. In der gesetzlichen Pflegeversicherung hat der Anwalt mit Kosten von etwa 20 EUR pro Monat zu rechnen.

Hat sich der Existenzgründer privat versichert, kann er natürlich auch die Pflegeversicherung entsprechend privat abschließen.

Unfall-Versicherung

Die Unfallversicherung dient zur Absicherung von erheblichen Körperschäden in Folge eines Unfalls. Mit der Auszahlung pauschalierter Beträge für den Verlust von Gliedmaßen oder Sinnesorganen können die notwendigen Zusatzmaßnahmen zur Wiedereingliederung in den Beruf, bauliche Maßnahmen oder Umstellung von Arbeitsabläufen ermöglicht werden.

Rechtsschutz-Versicherung

Diese Absicherung stößt zu Beginn erst einmal auf Unverständnis: warum soll ich als Rechtsanwalt eine solche Versicherung benötigen, da ich mich doch selbst vertreten und meine Ansprüche durchsetzen kann?

Dies klingt an sich logisch, ist aber falsch. Grundsätzlich sollten Sie sich nämlich niemals selber vertreten, da Ihnen die notwendige Distanz fehlt. Zweitens entstehen auch beim Gegner Kosten, die Sie zu tragen haben und nicht jedes Gericht urteilt korrekt nach der Sach- und Rechtslage; dies ist jedoch ein anderes Thema.

Diese Versicherung ist daher zu empfehlen.

Private Altersvorsorge

Wer heute jung ist, zahlt doppelt für die Alterung der Gesellschaft: Er muss mehr in die Rentenkassen einzahlen und bekommt weniger heraus als vorhergehende Generationen. Ohne private Altersvorsorge sehen die Alten von morgen auch alt aus.

In der gesetzlichen Rentenversicherung sind alle Angestellten – ohne Möglichkeit zur Befreiung – pflichtversichert. Eine Ausnahme bildet hier das berufsständische *Versorgungswerk* u.a. für Rechtsanwälte. Damit wird eine Grundabsicherung für alle existenziellen Risiken gewährleistet, deren Höhe durch die Beitragsleistung während des Berufslebens abhängt.

Der jeweilige Beitrag bemisst sich prozentual von Ihrem monatlichen Bruttogehalt. Seit 2003 beträgt der Prozentsatz 19,5 Prozent, wovon der Arbeitgeber die Hälfte mitträgt.

Das Rentensystem basiert auf dem Generationenvertrag, der eine direkte Verwendung der Beiträge für die Rentenleistungen vorsieht. Insofern hängt die Rentenleistung von einem ausgewogenen Verhältnis zwischen Beitragszahlern und Rentenempfängern ab. Allerdings ist dieses System mittlerweile in Frage gestellt.

Der Grund ist, dass in Deutschland eine demographische Zeitbombe tickt. Die Bevölkerung schrumpft und altert und die Sozialsysteme sind nicht gewappnet. Schon heute ist jeder vierte Deutsche älter als 59 Jahre. Im Jahr 2040 werden es 40 Prozent sein. So wird bis zum Jahr 2050 die Zahl der über 60-jährigen in Deutschland um 9,9 Millionen zunehmen, der Anteil der 20- bis 60-jährigen aber um 16 Millionen zurückgehen. Für das Rentensystem, das über das Umlageverfahren finanziert wird (eingenommene Rentenbeiträge werden direkt und ohne zeitliche Verzögerung für die Rentenauszahlungen verwendet), ist das ein großes Problem. Heute werden die Ausgaben für einen Rentner auf 2,5 Erwerbstätige umgelegt. In Zukunft kommt auf einen Rentner nur noch ein Arbeitnehmer.

Aber auch die Leistungen werden sinken. Nach einer Untersuchung des *Deutschen Instituts für Altersvorsorge* (DIA) bekommt ein Mann, der heute 30 Jahre alt ist, später nur noch 59 Prozent seines letzten Nettolohns an Rente, auch wenn er 40 Versicherungsjahre voll macht. Eine 25-jährige Frau, die es auf 35 Versicherungsjahre bringt, bekommt später sogar nur 51,7 Prozent.

Auch hinsichtlich der Kosten ist noch einiges zu erwarten. Die Bundesregierung geht zwar davon aus, dass der Beitragssatz von heute 19,5 Prozent nur auf 22 Prozent im Jahr 2030 (2040: 23 Prozent) steigen wird. Die DIA-Forscher erwarten aber, dass 2030 für die Rentenversicherung 27,4 Prozent fällig werden (2040: 28,8 Prozent).

Die bereits heute oft nur auf dem Papier existierende Renteneintrittszeit von 65 Jahren wäre demnach in der Zukunft die untere Latte des Renteneintrittsalters, darunter ginge nichts. Vorruhe mit 58 Jahren oder gar Austritt aus dem Arbeitsleben mit 55 Jahren bei entsprechender Abfindung und anschließender Vorruhestandregelung, wie heute von Unternehmen und Staat vielfach praktiziert, wären dahin. Weil sich das deutsche Volk keineswegs aus eigenem Antrieb heraus verjüngen kann, müssten junge Einwanderer ins Land, um die Renten zu sichern. Insgesamt 188 Millionen Menschen müssten bis 2050 nach Deutschland einwandern, um den Anstieg des Altersquotienten zu stoppen, so die Zeitschrift *Spiegel*.

Als Fazit ist festzuhalten: Die Leistungen können also nur noch bezahlt werden, wenn sich entweder die Beiträge drastisch erhöhen oder das Rentenniveau sinkt.

Die gesetzliche Rentenversicherung darf daher immer nur als eine Grundversorgung gesehen werden, die aber in keinem Fall zur Absicherung großer Einkommen im Fall der Berufsunfähigkeit oder im Alter tauglich ist.

Damit steht aber schon heute fest, dass die vor knapp 150 Jahren zu Bismarcks Zeiten eingeführte Rentenversicherung faktisch tot ist. Da die gesetzliche Rentenversicherung auf dem Generationenvertrag basiert, reißt die Tatsache, dass die Menschen auch aufgrund des medizinischen Fortschritts länger leben und Rente beziehen, eine finanzielle Lücke.

Umso wichtiger ist daher die private Altersvorsorge.

Vermögensschaden-Haftpflichtversicherung

Bekanntlich verpflichten die einschlägigen Vorschriften der BRAO Rechtsanwälte zum Abschluss einer Vermögensschaden-Haftpflichtversicherung mit einer Mindestversicherungssumme von 250.000 EUR.

Selbstverständlich können auch höhere Versicherungssummen abgeschlossen werden.

Bürohaftpflicht-Versicherung

Die Höhe der eigenen Versicherungssumme sollte man hin und wieder überprüfen und gegebenenfalls anpassen. Da die Berufshaftpflicht-Versicherung Personen- und Sachschäden, die sich aus dem Kanzleibetrieb als solchem ergeben können, nicht erfasst, empfiehlt sich für Kanzleiinhaber der zusätzliche Abschluss einer Bürohaftpflicht-Versicherung.

Betriebsunterbrechungs-Versicherung

Trotz rascher Entschädigungsleistungen wird der Geschäftsbetrieb einer Kanzlei leiden, wenn als Folge eines Schadensereignisses wesentliche Störungen im Betriebsablauf eintreten. Wenn bei fortlaufenden Kosten die Einnahmen fehlen, können die entsprechenden Verluste die Höhe der zugrunde liegenden Sachschäden rasch übersteigen. In solchen Fällen ist eine Betriebsunterbrechungs-Versicherung geeignet, die fortlaufenden Kosten (z.B. Gehälter und Mieten) sowie den entgehenden Betriebsgewinn auszugleichen.

Versorgungswerk

Mit den Rechtsanwaltsversorgungswerken wird die Alters-, Invaliditäts- und Hinterbliebenenversorgung sichergestellt. Die Versorgungswerke sind eigene Einrichtungen der Anwaltschaft, die dies in eigener Verantwortung und ohne Zuschüsse von Staat oder Dritten selbst verwaltet.

Um den Versorgungsauftrag zu erfüllen, ist jeder zugelassene Rechtsanwalt kraft Gesetzes Mitglied beim Rechtsanwaltsversorgungswerk. Darüber hinaus ist diese Pflichtmitgliedschaft unabdingbare Voraussetzung für die Befreiung der im Angestelltenverhältnis tätigen Rechtsanwälte bei der *Bundesversicherungsanstalt für Angestellte* (BfA). Die Mitgliedschaft im Versorgungswerk endet mit Beendigung der Kammerzulassung. Sie kann aber als freiwillige Mitgliedschaft fortgeführt werden.

Als angestellter Rechtsanwalt sollten Sie sich sofort bei Antritt einer Arbeitsstelle von der Versicherungspflicht in der BfA befreien lassen, sonst finden Sie sich als Pflichtmitglied beider Systeme (Versorgungswerk und BfA) wieder.

Der Beitrag zum Versorgungswerk richtet sich nach dem Einkommen und beträgt den Regelprozentsatz aus dem Betrag der *Beitragsbemessungsgrenze* (BMG). Der selbstständige Rechtsanwalt hat den Beitrag in voller Höhe zu zahlen, wenn das Versorgungswerk, dem er angeschlossen ist, nicht den Betrag um die Hälfte, jedoch auf Kosten der Leistungen, reduziert. Der angestellte Rechtsanwalt teilt sich diesen Betrag mit seinem Arbeitgeber, § 172 Abs. 2 SGB VI.

Von dieser nicht unerheblichen Zahlungslast sehen die Versorgungswerke in den ersten drei Berufsjahren ab und erheben nur den hälftigen Betrag, selbstverständlich auf die Kosten und Leistungen.

Grundsätzlich sind sämtliche Leistungen aus den eingezahlten Beträgen und bestimmten Wartezeiten, sprich Einzahlungsräumen, abhängig.

Das Regelalter für die Auszahlung der Altersrente ist derzeit mit 65 Jahren erreicht, unter der Voraussetzung, dass mindestens fünf Jahre Beiträge gezahlt wurden. Der Bezug der Altersrente kann zwischen dem 60. und 68. Lebensjahr hin- und hergeschoben werden, mit den entsprechenden Zu- bzw. Abschlägen.

Genauere Informationen erhalten Sie bei Ihrem zuständigen Versorgungswerk.

Sonstige Versicherungen

Selbstverständlich ist die Auflistung der möglichen Versicherung nicht abschließend. Ebenfalls von Bedeutung sind:

- Einbruchdiebstahl- und Raub-Versicherung
- Gebäude-Versicherung
- Feuer-Versicherung
- Leitungswasserschaden-Versicherung
- Sturm- und Hagel-Versicherung
- Elementarschaden-Versicherung
- Versicherung der Kanzlei-EDV

7.2.5   Location

Mehr denn je sollte eine Kanzlei auch repräsentativ sein. Die schönsten Kanzleiräume nutzen aber nichts, wenn die notwendige Infrastruktur fehlt. Bedauerlicherweise lassen sich die Entscheidungskriterien für einen Standort nicht abschließend ermitteln. Zu viele Faktoren sind damit verbunden. Vor einer Entscheidung sollte aber immer zwischen verschiedenen Alternativen abgewogen werden. Als Anhaltspunkte für die Standortwahl können folgende Kriterien dienen:

Mietkosten

Büroraum ist teuer. Wer über keinen festen Mandantenstamm verfügt, der einen regelmäßigen Mindestumsatz garantiert, sollte sich im Rahmen seiner Kostenkalkulation ein Limit setzen, das nicht überschritten werden darf. Die immer entstehenden unvorhersehbaren weiteren Kosten können in Verbindung mit den Fixkosten oftmals zur finanziellen Selbstüberschätzung schon von Beginn an führen.

Kanzleiräume

Büroräume sollten allerdings immer so bemessen sein, dass zukünftig einzustellendes Personal untergebracht werden kann. Eine Ein-Zimmer/Raum-Kanzlei kann daher schnell zu einem Handicap werden.

Aus Kostengesichtspunkten ist eine solche Wahl aber sicherlich nicht verkehrt. Da Gewerberaum in dieser Größe nicht einfach zu beschaffen ist (viele Bürogebäude sehen solche Alternativen gar nicht vor), bietet sich der Einstieg in die Arbeitswelt als Untermieter eines bestehenden Gewerbes an. Dadurch können auch wichtige Synergieeffekte entstehen, welche die Eingliederung in den Markt beschleunigen.

Zu bedenken ist, dass an solche Untermietverhältnisse seitens der Berufsordnung hohe Anforderungen gestellt werden. Eine Sozietät kann nur mit sozietätsfähigen Berufsträgern (Wirtschaftsprüfer, Notare, Steuerberater) eingegangen werden. Gleiches gilt für eine Bürogemeinschaft.

Ein Untermietverhältnis, z.B. mit einem Makler, kann demgegenüber dann legitim sein, wenn u.a. gewährleistet ist, dass die potentielle Mandantschaft mit den bestehenden Gewerbetreibenden (bzw. deren Kunden) nicht in Kontakt gerät. Sicherheitshalber kann die zuständige Rechtsanwaltskammer vorab befragt werden.

Anwaltliches Einzugsgebiet

Die Anzahl der an einem bestimmten Einzugsgebiet niedergelassenen Rechtsanwälte sollte ermittelt werden (und wenn möglich derjenigen, die sich erst noch niederlassen möchten). Deren Image, Kanzleityp, Altersstruktur und Spezialisierung sind wichtige Kriterien der Standortwahl. Jedoch sollten sie nicht überbewertet werden. Je nach Spezialisierung bieten selbst mehrere Kanzleien in einem Bürogebäude nicht notwendigerweise Überschneidungspunkte. Wer eine bundesweite Recherche anstellt, um ein besonders interessantes Verteilungsverhältnis (Anzahl der Einwohner pro Rechtsanwalt) zu ermitteln, erlangt einen wichtigen Indikator bezüglich des möglicherweise bestehenden Bedarfs nach anwaltlicher Tätigkeit.

Wer sich die Mühe machen möchte, kann die Konkurrenzsituation auch auf einem Stadtplan mit Markierungsnadeln abbilden. Da mittlerweile in den Anwaltsverzeichnissen die Spezialisierung in Interessen- und Tätigkeitsschwerpunkte angegeben wird, können entsprechende farbige Pins angebracht werden. Diese sollten aber in Relation zu den eigenen Schwerpunkten stehen, da es andernfalls ein heilloses „Nadelmeer" geben kann. Wer über diese Methode lächelt, unterschätzt deren Vorteil: mit einem Blick kann die Konkurrenzsituation abgeschätzt werden.

Vorhandene Unternehmen

Informationen über Anzahl und Größe der am potentiellen Standort vorhandenen Unternehmen (Handel, Dienstleistung und Gewerbe) einholen. Das Ergebnis kann den Bedarf an spezifischen Fachkenntnissen widerspiegeln. Man sollte sich auf Rechtsgebiete spezialisieren, nach denen eine spürbare Nachfrage besteht. Naturgemäß hat es ein reiner Scheidungsanwalt in einem Industriegebiet schwer. Alteingessene Gewerbetreibende haben allerdings in der Regel ihren Hausanwalt. Besonders interessant sind daher Gewerbegebiete und Kreativcenter, die ein Potential für Neuansiedlungen aufweisen (und die weiteren Voraussetzungen erfüllen).

Aus dem gleichen Grund sind Daten zur Altersstruktur, Arbeitslosenquote/Anzahl der Erwerbstätigen, durchschnittliches Einkommen, Eheschließungen und Anzahl der Geburten in einem Gebiet wichtig. Es versteht sich von selbst, dass die Rentabilität einer Anwaltskanzlei auch von der vorhandenen Bevölkerungsstruktur abhängt, was sich auf die jeweilige Spezialisierung auswirken sollte.

Kooperation mit Kollegen

Weiterhin ist der Standort im Hinblick auf eine etwaige Kooperation mit Kollegen und auf die eigene persönliche Situation hin zu überdenken.

Gerichtsnähe und Verkehrsanbindung

Natürlich sollte auch die Erreichbarkeit zu den Gerichten nicht unterschätzt werden. Da der Zeitfaktor in der späteren Berufstätigkeit entscheidende Bedeutung hat, sollten die notwendigen Fahrzeiten (bei unterschiedlichen Verkehrssituationen) festgestellt werden.

Der Entschluss, sich an einen bestimmten Ort niederzulassen, sollte in jedem Fall auch davon abhängen, ob u.a. eine Anbindung an die Hauptverkehrsadern besteht und Parkplätze bzw. Haltestellen des öffentlichen Nahverkehrs vorhanden sind.

Gebäudezustand

Die Kanzleiräume sollten sich in einem Gebäude mit annehmbarer Repräsentationsfähigkeit befinden. Stehen an der Fassade etc. Außenarbeiten an? Soweit es möglich ist, sollte ein Blick auf die vorhandenen Mieter geworfen werden. Dies gilt natürlich auch für ansässiges Gewerbe. Auf diese Art können von vornherein Reibungspunkte vermieden werden.

Wer Räume ab dem zweiten Stockwerk besichtigt, sollte darauf achten, dass ein Fahrstuhl vorhanden ist. Älteren Personen bzw. Gehbehinderten muss ein unproblematisches Betreten der Kanzleiräume ermöglicht werden.

Die Werbewirksamkeit des Gebäudes ist ein weiteres wichtiges Kriterium. Das anzubringende Kanzleischild sollte gut lesbar angebracht werden können. Es gilt als Visitenkarte einer Kanzlei. Im Zweifel laufen die potentiellen Mandanten bei schlechter Sichtbarkeit an der Kanzlei vorbei.

Bei den Kanzleiräumen sind Zeitaufwand und Kosten für etwaige Renovierungs- und Umbaumaßnahmen abzuschätzen. Besonderes Augenmerk verdienen die sanitären Anlagen. Eine Kaffeeküche sollte vorhanden sein. Die Raumaufteilung sollte von vornherein Personalfragen berücksichtigen.

7.3 Büromanagement

Das englische *to manage* heißt „handhaben" und stammt vom lateinischen *manus*, die Hand. Management bedeutet somit zunächst handeln. Management-Komitees in Großkanzleien sind nur dann wertvoll, wenn sie für einen zielstrebigen Entscheidungsprozess sowie eine reibungslose und zügige Umsetzung strategischer und operativer Entscheidungen sorgen.

Gleiches gilt für die kleinen bis mittleren Sozietäten, die eine wirkungsvolle Professionalisierung der Kanzleiführung anstreben: Ergebnisorientiertes Handeln sollte beim Kanzleimanagement stets Punkt Eins der Tagesordnung sein.

7.3.1 Büroorganisation

Wenn Sie sich bei der Büroorganisation allein auf das Fachpersonal verlassen, sind Sie nicht nur bequem, sondern auch mutig. Unter Haftungsgesichtspunkten wäre es grob fahrlässig, sich nicht um die Führung des Termin- und Fristenkalenders zu kümmern. Sie sollten außerdem wissen, wie die ein- und ausgehende Post zu behandeln ist. Nicht zu vergessen ist natürlich auch die Rechnungsstellung an die Mandanten und deren Durchsetzung.

Sie begeben sich in eine gefährliche Abhängigkeit, wenn Sie sich nicht für die Aktenführung und -aufbewahrung interessieren.

Sofern Sie in der Ausbildung keine Gelegenheit hatten, dem Bürovorsteher über die Schulter zu schauen, sollten Sie sich nicht scheuen, sich ein Fachkundebuch für die Rechtsanwaltsfachangestellte zu besorgen.

7.3.2 Zeitmanagement

Nachdem Sie nunmehr Ihren ersten Fall bearbeitet und abgeschlossen haben, gelangen Sie zu der Erkenntnis, wie kostbar doch eigentlich Ihre Arbeitszeit ist.

Deshalb ist es sehr wichtig, sich so früh wie möglich das Einmaleins des Zeitmanagements anzueignen, da Sie sonst nicht mir Ihrer Arbeit fertig werden.

Hier kann die nachfolgende Lektüre empfohlen werden, um ein individuelles Zeitmanagement zu gestalten.

📖 *Zeitmanagement für Rechtsanwälte*
Mehr Erfolg und Lebensqualität
von Seiwert / Buschbell
Deutscher Anwaltverlag
ISBN: 3824002795

📖 *Wenn du es eilig hast, gehe langsam*
Das neue Zeitmanagement in einer beschleunigten Welt
von Seiwert / McGee-Cooper / Küstenmacher
Campus Verlag
ISBN: 3593372231

📖 *Time- Management für Anwälte*
Palm-Tops, Zettelsystem, Checklisten
von Heussen
C.H. Beck Verlag
ISBN: 3406483992

7.3.3 Büroausstattung

Die Büroausstattung hängt selbstverständlich von dem eigenen Geschmack, vor allem aber auch von dem eigenen Geldbeutel ab. So können Sie sich mit IKEA-Büromöbeln einrichten oder aber einen professionellen Büroausstatter beauftragen, wie etwa die *Hans Soldan GmbH* in Essen, die deutschlandweit für Rechtsanwälte tätig ist (siehe unten).

Zur Büroausstattung gehören neben den Möbeln natürlich auch die Robe, Kanzlei- und Praxisschilder, sowie Briefpapier, Stempel, Aktenordner, Visitenkarten, Formulare usw.

Natürlich gehören auch neueste Fachliteratur, Fachzeitungen und Ratgeber in Ihre Kanzlei.

Nicht vergessen werden darf die Technik für das Büro, angefangen von der Telefonanlage über das Computernetzwerk, Drucker, Fax, Leuchtmittel bis hin zum Diktiergerät.

Alles in allem eine enorme Wertanlage. Durch teure (Kanzlei-) Software wird dieser Kostenpunkt noch erheblich gesteigert. Erkundigen Sie sich also genau und vergleichen Sie die Preise. Gerade in der Anfangszeit Ihrer Anwaltstätigkeit ist jeder Euro kostbar.

Bestellen Sie z.B. den umfassenden und kostenlosen Kanzlei-Katalog der *Hans Soldan GmbH.*

✉ Hans Soldan GmbH
Bocholder Str.259
45356 Essen
Fon 0201 / 8612 102
Fax 0201 / 8612 108
www.soldan.de

7.4 Fortbildung und Seminare

Als Rechtsanwalt müssen Sie nach besten Kräften Ihr Wissen auf dem neusten Stand halten. Dies ist nur durch Fortbildung möglich. Neben fleißiger Lektüre einschlägiger Zeitschriften und Bücher sollten Sie die Möglichkeit wahrnehmen, an Kursen, Seminaren und Lehrgängen teilzunehmen.

Die *Deutsche Anwalt Akademie* ist als Fortbildungseinrichtung des DAV mit über 600 Veranstaltungen jährlich der mit Abstand größte Anbieter für anwaltliche Fortbildung. Bei den meisten Veranstaltungen handelt es sich um Tagesseminare, die samstags stattfinden. Daneben werden Wochenendkurse, Sommer-Intensiv-Kurse und Lehrgänge zum Erwerb eines Fachanwaltstitels angeboten. Das Angebot steht auch schon Referendaren offen.

☞   Deutsche Anwalt Akademie
      Ellerstraße 48
      53119 Bonn
      Fon 0228 / 9866677
      Fax 0208 / 9836666
      www.anwaltakademie.de

Das *Deutsche Anwaltsinstitut* (DAI) ist eine Einrichtung der Bundesrechtsanwaltskammer und bietet hauptsächlich Fachanwaltslehrgänge an.

☞   Deutsches Anwaltsinstitut e.V.
      Universitätsstraße 140
      44799 Bochum
      Fon 0234 / 15081
      Fax 0234 / 703507
      www.brak.de

7.5   Nebentätigkeit

Anwaltliche Existenzgründer müssen ihren Lebensunterhalt anderweitig bestreiten, bis die Kanzlei ausreichende Überschüsse erwirtschaftet. Selbst wenn ein Anspruch auf das staatliche Überbrückungsgeld besteht, ist er auf sechs Monate begrenzt - in der Regel bevor der *Break-Even-Point* erreicht wird.

Ohne Unterstützung von dritter Seite gibt es in der Situation eines Existenzgründers nur zwei Möglichkeiten: Entweder der Lebensunterhalt wird kreditfinanziert, oder man ist auf eine weitere und sichere Einnahmequelle angewiesen. Bei der ersten Variante muss eine Bank von einem fast todsicheren Geschäftskonzept überzeugt werden, dessen prognostizierter wirtschaftlicher Erfolg in ein bis spätestens zwei Jahren bereits den Lebensbedarf abgedeckt. Unter den kritischen Augen der Banker bestehen deshalb nur ausgereifte und außergewöhnliche Konzepte, die in eine Marktlücke mit hohem Beratungsbedarf stoßen.

Wollen die meisten Junganwälte die Anlaufphase mit einem Darlehen überbrücken, werden sie bei den Kreditinstituten auf taube Ohren stoßen. Ihnen bleibt nichts anderes übrig, als sich ein zusätzliches Arbeitseinkommen zu sichern.

Viele Nebenjobs eignen sich darüber hinaus hervorragend für die langfristige Mandantenakquise. Herausgehobene Tätigkeiten in Vereinen, Verbänden oder Institutionen, die am Rande des Rechtsberatungsgesetzes operieren, stellen fortlaufend Kontakte zu potentiellen Mandaten her. Der eigene Bekanntheitsgrad wird dabei in jedem Fall gesteigert.

Ein weiteres Motiv für Nebentätigkeiten abseits vom Anwaltsberuf können auch starke außerjuristische Interessen sein. Hier ist die nicht verschwindend kleine Zahl an Anwälten angesprochen, die ihre Hauptbeschäftigung lediglich als Brotberuf sehen und im – nicht tragfähigen Nebenberuf etwa als Galerist oder Journalist – ihren persönlichen Neigungen nachgehen. Diese Konstellation ist nur insoweit Thema des Beitrages, als sich die Frage der rechtlichen Zulässigkeit auch in diesen Fällen stellt.

Der BGH hat in ständiger Rechtsprechung jeden Zweitberuf für Rechtsanwälte untersagt. Wie so oft musste das Verfassungsgericht eingreifen und der Berufsfreiheit auch in diesem Bereich zum Recht verhelfen (BVerfG NJW 1993, 317).

Das Verbot ist heute auf Betätigungen beschränkt, die tatsächlich und bezogenen auf das konkrete Aufgabengebiet des Rechtsanwalts im Zweitberuf Zweifel an der Unabhängigkeit des Berufsträgers aufkommen lassen.

Grundsätzlich steht es zugelassenen Rechtsanwälte völlig frei, nebenher noch einem weiteren Beruf nachzugehen, auch im Angestelltenverhältnis. Sie müssen lediglich Tätigkeitsaufnahmen der Rechtsanwaltskammer mitteilen.

Nur in Ausnahmefällen ist es begründet, dass der Rechtsanwalt seinen Pflichten nicht ohne Interessenskollision nachkommen kann. Dies wird von der Rechtsprechung vor allem bei gewerblichen Tätigkeiten angenommen, bei der sich die Gefahr der mangelnden Unabhängigkeit des Rechtsanwalts deutlich abzeichnet wie etwa bei Versicherungs- oder Immobilienmaklern. Etwas anderes gilt nur, wenn der im Anstellungsvertrag genau bezeichnete Aufgabenbereich des Rechtsanwalts eine Maklertätigkeit ausschließt.

Bei einer zweiten Gruppe ist zwar der Zweitberuf zulässig, die Anwaltsbetätigung ist jedoch Beschränkungen unterworfen ohne die Zulassung als solche zu berühren. Für die Dauer nicht nur vorübergehender und nicht nur ehrenamtlich ausgeübter öffentlicher Ämter oder im öffentlichen Dienst greift das Berufsausübungsverbot des § 47 BRAO. Hier sind jedoch Befreiungen zulässig.

Für Rechtsanwälte, die für Ihren Arbeitgeber rechtsberatend tätig sind (Syndizi), ist lediglich die Vertretung des Arbeitgebers vor Gericht ausgeschlossen (§ 46 BRAO).

Generell ist ein Zusatzverdienst vorzuziehen, der mit anwaltlichen Aufgabenstellungen möglichst viele Berührungspunkte aufweist. Am ehesten ist dies bei den anwaltlichen Nebengebieten der Fall, denen Junganwälte in der Orientierungsphase oft nicht die nötige Aufmerksamkeit schenken: Diese Nebengebiete sind gekennzeichnet durch Rechtsberatung, die entweder in spezialgesetzlich vorgeschriebenen Verfahren operiert oder in die Strukturen von Körperschaften, insbesondere Vereinen und Verbänden eingegliedert ist. Ferner lässt das mittlerweile gelockerte Standesrecht innovative Formen der Rechtsberatung zu, die den eigenen Mandatsaufbau sehr gut ergänzen können.

Der Anwaltsmarkt bietet auch ein gewisses Potenzial an freier Mitarbeit im Halbtagesbereich, seltener auch unterhalb dieser Schwelle an. Arbeitet man bereits 20 oder realistischerweise eher doch bis zu 30 Wochenstunden in Fremdarbeit zu, muss man allerdings schon ein gehöriges Maß an Disziplin aufbringen, um sich in der restlichen Zeit noch intensiv genug um die Pflege und Weiterentwicklung der eigenen Mandate und des eigenen Kanzleikonzepts zu widmen. Weniger belastend, aber auch einträglich ist es, stundenweise freie Mitarbeit anzunehmen, die andere Anwälte bei Kapazitätsengpässen vergeben.

Eine beliebte Einstiegsnebenbeschäftigung ist sicherlich die universitäre Assistententätigkeit (halbe und Drittelstellen), möglichst im Rahmen einer Promotion. Die Zeiteinteilung ist in der Regel sehr flexibel, so dass die Pflichten eines Anwalts nicht zu kurz kommen.

Stets muss der wissenschaftliche Mitarbeiter allerdings bei seinem Dienstherrn eine Nebentätigkeitsgenehmigung für die Anwaltstätigkeit beantragen, die aufgrund der Vorschriften im öffentlichen Dienst zeitlich nur sehr beschränkt erteilt werden. Bei Teilzeitstellen ist die Genehmigung von 20 Wochenstunden für die Anwaltsbetätigung möglich und berufsrechtlich ausreichend. Acht Wochenstunden reichen dagegen keinesfalls aus. Der BGH hat in diesem Fall die Anwaltszulassung einer universitären Vollzeit-Wissenschaftskraft versagt.

8 Adressen und Links

Nachfolgend sind umfassende Internet-Adressen zu den weiten juristischen Bereichen sortiert nach Themen aufgelistet:

8.1 Institutionen

Bundesministerium der Justiz
Auf dieser Website werden aktuelle Gesetzesreformen ausführlich dargestellt (e.g. Familienrechtsreform, Strafrechtsreform, Reform des HGB), außerdem kann man umfangreiches Informationsmaterial des Ministeriums anfordern.
www.bmj.bund.de/inhalt.htm

Bundesministerium für Arbeit und Sozialordnung
Das BMA präsentiert sein www-Angebot: Es hat ein umfassendes Informationsangebot aus dem Arbeits- und Sozialrecht geschaffen, das sich von den sonstigen Angeboten der Bundesministerien deutlich abhebt. Beispielhaft hierfür sind die aktuellen Informationen zu Gesetzesänderungen und Vorhaben, wie etwa dem Sofortprogramm zum Abbau der Jugendarbeitslosigkeit.
www.bma.de

Bayerisches Landesjustizprüfungsamt
Website des Bayerischen Landesjustizprüfungsamts. Hier gibt es einige nützliche Informationen rund um die beiden Staatsexamina.
www.justiz.bayern.de/ljpa/

JURIS
Juristischer Server – über das Internet ohne Anmeldung jedoch nicht sehr ausgiebig zu nutzen.
www.juris.de

Bundesrechtsanwaltskammer (BRAK)
Viele Informationen für und um den Anwalt finden sich auf der übersichtlichen Seite der Bundesrechtsanwaltskammer. Angeboten wird u.a. das neue Berufsrecht für Anwälte, die Fachanwaltsordnung sowie die Standesregeln für Rechtsanwälte in Europa.
www.brak.de

Patentanwaltskammer
Bundesunmittelbare Körperschaft des öffentlichen Rechts, der per Gesetz alle deutschen Patentanwälte angehören.
www.patentanwalt.de

8.2   Öffentlich-rechtliche Internet-Links

Bundesverfassungsgericht
Umfangreiche Entscheidungssammlung (Volltext) mit Entscheidungen des BVerfG seit 1951.
http://www.bverfg.de/
Die Universität Würzburg bietet unter folgender Adresse unter dem Punkt „BVerfG" einen Großteil der Entscheidungen zum Download an, so dass die Entscheidungen auch offline nutzbar sind.
www.uni-wuerzburg.de/glaw/index.html

Bundesverfassungsgericht
Aktuelle Pressemitteilungen des Bundesverfassungsgerichts, die aktuelle Urteile zusammenfassen und Aktenzeichen und Datum des Urteils angeben.
www.jura.uni-sb.de/Entscheidungen/Bundesgerichte/BVerfG

Bundesverfassungsgericht
Aktuelle Entscheidungen des Bundesverfassungsgerichts im Volltext.
www.uni-passau.de/jurf/fakultaet/lehrstuehle/Bethge/OEFFRECHT.html

Bundesgerichtshof (BGH)
Auf der Homepage des BGH finden sich umfassende Informationen zum BGH an sich – außerdem gibt es die neusten Entscheidungen sortiert nach Aktenzeichen zum Download.
http://www.bundesgerichtshof.de/

Bundesgerichtshof
Aktuelle Pressemitteilungen des Bundesgerichtshofs, die aktuelle Urteile zusammenfassen und Aktenzeichen und Datum des Urteils angeben.
www.jura.uni-sb.de/Entscheidungen/Bundesgerichte/BGH/

Bundesgerichtshof
Informationen über die Struktur und die Arbeit des BGH.
www.uni-karlsruhe.de/~bgh/

Bayerisches Oberstes Landgericht
Entscheidungen des Bayerischen Obersten Landgerichts.
http://www.justiz.bayern.de/bayoblg/
www.jura.uni-muenchen.de/Gerichtsentscheidungen/BayObLG/

Europäischer Gerichtshof
Aktuelle Entscheidungen, Veröffentlichungen und Pressemitteilungen des Europäischen Gerichtshofs in deutscher Sprache.
europa.eu.int/cj/de/index.htm

Bundesverwaltungsgericht
http://www.bverwg.de/

Bundesarbeitsgericht
http://www.bundesarbeitsgericht.de/

Bundessozialgericht
http://bundessozialgericht.de/

Bundesfinanzhof
http://www.bundesfinanzhof.de/

Bundesgesetzblatt
www.bundesanzeiger.de
www.jura.uni-sb.de/BGBl/index.html (Anmeldung erforderlich)

8.3   Private Internet-Links

intellex.de – Die intelligente Jura-Hilfe
Bei Intellex, einer rein privaten juristische Homepage, findet sich stichwortartige Hilfe zu einzelnen Paragraphen und Rechtsgebieten auf Examensniveau, die sich vorwiegend an Studenten und Referendare richtet.
www.intellex.de

Tutorial zur Relationstechnik der Juristen
Umfangreiches Tutorial, das grafisch sehr gut aufbereitet, die Relationstechnik im Urteil und im Gutachten anhand vieler Fall-Konstellationen darstellt.
www.jura.uni-sb.de/Methodik/einstieg.htm

Verein der Rechtsreferendare in Bayern e.V.
Auf den Seiten des bayerischen Referendarverbandes gibt es aktuelle Veranstaltungstermine, Jobinfos und viele nützliche Infos rund um das Referendariat in Bayern. Ein „Muss" für bayerische Referendare.
www.refv.de

Jura-Lotse
Einer der besten Linkseiten für Studenten und Referendare im Net
www.jura-lotse.de/

JU§LINE
Kommerzielle Web-Site. Viele Vertragsmuster, sowie Gebührenberechnung für Anwälte.
www.jusline.de

FindLaw – Internet Legal Resources
Der Einstiegspunkt weltweit für Juristen überhaupt. Der systematische Katalog, der wie die klassischen WWW-Kataloge (z.B. Yahoo) aufgebaut ist, ermöglicht

einfache Recherche in allen Kategorien. Eine Volltextsuchmaschine rundet das
Angebot ab. (englisch)
www.findlaw.com

Examensvorbereitung Online
Seiten der Uni Münster.
http://www.jurlink.net

Jurathek
Kommentierte Linksammlung; nach eigenen Angaben eine der größten privat organisierten juristischen Internetseiten; beeindruckender Umfang an verfügbaren
Informationen, aber umständliche Handhabung und zum Teil unsaubere Pro-
grammierung
www.jurathek.de

Jura.de
Linksammlung und Newsticker; Der Name ist Programm: juristische Informationen rund um das Wissen im www und das Lernen mit Hilfe des Internets; leider
noch spürbar im Aufbau befindlich
www.jura.de

Jurawelt
Umfangreiches Angebot für Rechtsreferendare, Rechtsanwälte und Studenten mit
aktuellen Informationen, Aufsätzen, Linkportal, Mailinglisten und Diskussionsfo-
ren; insbesondere: „Referendarswelt„
www.jurawelt.com

Referendarausbildung
Auf dieser Site (Kooperation von Referendaren und Ausbildern am LG Karlsruhe)
findet man neben Informationen zum Referendariat auch Skripten, die von Richtern für das zweite juristische Staatsexamen erstellt wurden.
www.referendarausbildung.de

Juramail
Guter juristischer Server mit vielen Angeboten für Studierende und Referendare.
www.juramail.de

Jurastudium
Seite im Aufbau mit Materialien zur Examensvorbereitung – Online-Repetitorium.
www.jurastudium.de

Referendare
Umfassende Seite für Studenten und Referendare mit Infos, Materialien und Kon-
taktmöglichkeiten.
www.referendare.net

8.4   Server juristischer Fakultäten

Universität Augsburg
www.jura.uni-augsburg.de

Universität Bayreuth
www.uni-bayreuth.de/students/elsa/jura/spezial/

Freie Universität Berlin
www.fu-berlin.de/jura/

Humboldt-Universität Berlin
www.rewi.hu-berlin.de

Universität Bielefeld
www.jura.uni-bielefeld.de

Ruhr-Universität Bochum
www.rz.ruhr-uni-bochum.de/jura/

Universität Düsseldorf
www.jura.uni-duesseldorf.de

Albert-Ludwigs-Universität Freiburg
www.jura.uni-freiburg.de

Universität Göttingen
www.uni-goettingen.de/FB/Jura/

Universität Hamburg
www.jura1.uni-hamburg.de

Ruprecht-Karls-Universität Heidelberg
www.urz.uni-heidelberg.de/institute/fak2/

Universität Köln
www.rrz.uni-koeln.de/jur-fak/

Universität Leipzig
www.uni-leipzig.de/~jura/

Universität Mannheim
www.uni-mannheim.de/fakul/jura/

Ludwig-Maximilians-Universität München
www.jura.uni-muenchen.de

Westfälische Wilhelms-Universität Münster
www.uni-muenster.de/Jura/

Universität Osnabrück
www.jura.uni-osnabrueck.de

Universität Passau
www.uni-passau.de/jurf/index.html

Universität Regensburg
www.uni-regensburg.de/Fakultaeten/Jura/index.html

Universität Rostock
www.uni-rostock.de/fakult/jurfak/fakt.htm

Universität Saarbrücken
www.jura.uni-sb.de

Universität Tübingen
www.jura.uni-tuebingen.de

Universität Würzburg
www.jura.uni-wuerzburg.de

Eine umfassende Auflistung findet sich zudem unter
http://www.uni-konstanz.de/FuF/Jura/Links/jurafakdeu.htm

8.5   Zeitschriften und Magazine

Jumag/advonet
www.jumag.de

Justament-online
www.justament.de

Stud-jur Online
www.studjur-online.de/stud_rl/ref/ref.lasso

Jurcafe
www.juracafe.de/ausbildung/referendar/referendar.htm

Juraservice
www.juraservice.de/referendariat/

Referendare.Net
www.referendare.net/index.html

Unicum
www.unicum.de

Audimax
www.audimax.de

8.6   Verlage

Springer Verlag
www.springeronline.com

Verlag C. H. Beck
www.beck.de

Walter de Gruyter Verlag
www.degruyter.de

Carl Heymanns Verlag
www.heymanns.com

Luchterhand Verlag
www.luchterhand.de

Mohr & Siebeck Verlag
www.mohr.de

Nomos Verlag
www.nomos.de

Verlag Recht und Praxis
www.vrp.de

RWS Verlag
www.rws-verlag.de

Otto Schmidt Verlag
www.otto-schmidt-verlag.de

8.7   Juristische Vereinigungen (JV)

Deutsch-Amerikanische JV
Sehr gute Organisation, die allen Interessierten nur empfohlen werden kann! Geboten werden jede Menge Seminare, Hilfen und ein Newsletter.
   Bietet unter anderem Informationen über Austauschprogramme für Studenten und junge Juristen.
www.dajv.de

Deutsch-Australische JV
Dr. Nerlich, Pauliplatz 5. 50933 Köln
Fon 0221 / 4703963

Deutsch-Britische JV
Neuer Wall 42, 20354 Hamburg
Fon 040 / 378687 – 11
Fax 040 / 378687 – 20

Deutsch-Italienische JV
Augustinergasse 9, 69117 Heidelberg
Fon 06221 / 542242
Fax 06221 / 542201

Deutsch-Spanische JV
c/o Leonhardt & Partner
c./Balmes. 129 bis 1, E-08008 Barcelona
Fon 0034 / 3 . 4514944
Fax 0034 / 3 . 4517331

ELSA@
European Law Students' Association
ELSA Deutschland e.V.
Rohrbacher Str. 20
69115 Heidelberg
Fon 06221 / 601458
Fax 06221 / 601459
www.elsa-germany.org/
vpstep@elsa-germany.org

8.8   Repetitorien (Auswahl)

Alpmann & Schmidt Juristische Lehrgänge
Annette-Allee 35
48149 Münster
Fon 0251 / 981090

Interessante Homepage des größten deutschen Repetitoriums. Neben diversen Demos gibt es hier auch die Möglichkeit die Produkte des Hauses wie Skripten, Zeitschriften und CD-ROMS online zu bestellen. Ferner kann man hier die Klausuren des Klausurenkurses beziehen, die Musterlösungen hierzu kosten allerdings jeweils ca. 5 EUR (vorherige Anmeldung erforderlich).
www.alpmann-schmidt.de

Juristisches Repetitorium Hemmer
Mergentheimer Straße 44
97082 Würzburg
Fon 0931 / 83975

Homepage des bekannten Repetitoriums Hemmer. Vor allem viel Eigenwerbung (bekannt aus den Skripten), wenig Informationen, aber man kann immerhin ein Skript als PDF-File herunterladen, das man mit dem Programm Adobe Acrobat Reader prima lesen oder auch ausdrucken kann.
www.hemmer.de

Repetitorium Jura Intensiv
Alter Steinweg 42
48143 Münster
Fon 0251 / 48244 – 0

Homepage eines überregionalen Repetitoriums. Informationen rund um das eigene Programm mit drei Beispielsfällen aus den drei großen Rechtsgebieten und hierzu exemplarischen Übersichten, ferner Auszüge aus älteren Ausgaben der hauseigenen Zeitschrift JURISSIMUS.
www.jura-intensiv.de

Abels & Langels, Juristische Intensivlehrgänge
Basteistraße 28 b
53173 Bonn
Fon 0228 / 9563403

Gut gestaltete Seiten des Repetitoriums. Für Interessierte gibt es Leseproben zum Download aus AL-Skripten, Musterklausuren und Kursmaterial ebenso wie AL-Aktuell über die letzten Gesetzesreformen.
www.al-online.de

Repetitorium Lamadé
Hauptstraße 15
69151 Neckargemünd
www.lamade.de

Bohnen – Montag – Rohde
Ludwigstraße 7
55116 Mainz
Fon 06131 / 231833
www.mbr-jura.de

Juristisches Repititorium Berlin
Examensvorbereitung in Berlin
http://freenet.meome.de/app/fn/portal_bookmarksub.jsp/49699.html

8.9   Weiterbildungsmöglichkeiten

Deutsche Anwalt Akademie
Ellerstraße 48
53119 Bonn
Fon 0228 / 983 66 77
Fax 0228 / 983 66 66
www.anwaltakademie.de

Forum-Institut für Management GmbH
Seminare für Fach- und Führungskräfte
Vangerowstraße 18
69115 Heidelberg
Fon 06221/500500
Fax 06221/500505
www.forum-institut.de

Deutsches Anwaltsinstitut
Universitätsstrasse 140
44799 Bochum
Fon 0234 / 970 640
Fax 0345 / 703 507
www.anwaltsinstitut.de

Republikanische Anwältinnen- und Anwälteverein
RAV Geschäftsstelle
Hohenzollernstrasse 7
30175 Hannover
Fon 0511 / 312 809
Fax 0511 / 348 1659
www.rav.de

Institut für Anwaltsrecht an der Universität Köln
c/o Prof. Dr. Martin Henssler
Am Justizzentrum 7
50939 Köln
Fon 0221 / 445002 oder 421522
Fax 0221 / 4200645

Institut für Anwaltsrecht der Universität Hannover
Lehrstuhl für Bürgerliches Recht, Internationales Privatrecht, Rechtsvergleichung
und Anwaltliche Berufspraxis
c/o Prof. Dr. Thomas Abeltshauser, LL.M.
Königsworther Platz 1, 30167 Hannover
Fon 0511 / 762 8155

Institut für Anwaltsrecht an der Universität Leipzig
Juristische Fakultät
Lehrstuhl für Bürgerliches Recht und Zivilprozessrecht
c/o Prof. Dr. Becker- Eberhard
Otto- Schill- Str. 2, 04109 Leipzig
Fon 0341 / 9735160

Institut für Anwaltsrecht an der Universität München
Prof. Dr. Peter Schlosser
Ainmillerstraße 11, München
Fon 089 / 340294 – 76
Fax 089 / 340294 – 78

Bielefelder Kompaktkurs
Anwalts- und Notartätigkeit – Prozessführung – Rechtsberatung – Rechtsgestaltung
Institut für Anwalts- und Notarrecht an der Universität Bielefeld
Prof. Dr. S. Barton / Prof. Dr. F. Jost
Postfach 100131, 33501 Bielefeld
Fon 0521 / 1063178 – 3173
Fax 0521 / 1063175
www.kompaktkurs.de

Verwaltungsakademie Speyer
Hörersekretariat der Hochschule für Verwaltungswissenschaften
Freiherr-vom-Stein-Strasse 2
67346 Speyer
Fon 06232 / 654 – 227

Bucerius Law School
Hochschule für Rechtswissenschaft
Jungiusstr. 6
20355 Hamburg
Fon 040 / 307 06 – 0
Fax 040 / 307 06 – 145
www.law-school.de

Central
Center for transnational law an der Westfälischen Wilhelms- Universität Münster
c/ o Prof. Dr. Klaus Peter Berger
Universitätsstraße 14 – 16, Münster
Fon 0251 / 832 2781
Fax 0251 / 832 3558

Gabler Management Institut
GWV Fachverlage GmbH
Abraham-Lincoln-Str. 46
65189 Wiesbaden
Fon 0611 / 78 78 – 0
Fax 0611 / 78 78 – 400
www.gabler-seminare.de

Allfinanzakademie
Fernlehrgang zum MBA an der University of Wales gemeinsam mit der FU Hagen
Birkenstieg 4
22359 Hamburg
Fon 040 / 609 – 5779
Fax 040 / 609 – 5679
www.allfinanzakademie.de

C. H. Beck-Seminare
Das Seminarangebot des C. H. Beck Verlages
Wilhelmstraße 9
80801 München
Fon 089 / 3 81 89 – 749
www.seminare.beck.de

Treu Wert Computer-Seminare
Internet- (tages-) Seminare für Juristen
Schloßbergring 9
79098 Freiburg i. Brsg.
Fon 0761 / 387 070
Fax 0761 / 234 22
www.twc.de

Behr-Seminare
Juristische Seminare in Berlin
Rackebüller Weg 2B
12305 Berlin
Fon 030 / 743 1936
www.behr-seminare.de

Juristische Fachseminare
Institut für angewandtes Recht
Fachanwaltslehrgänge und Fortbildungsseminare für RAe
Rudolf-Stöcker-Weg 5
53115 Bonn
Fon 0228 / 914 – 08 19
Fax 0228 / 210 089
www.jetzt-fachanwalt-werden.de

MSA-Lehrgänge
Münchener Steuerakademie e.V
Fachanwaltslehrgänge zum SteuerR
Fon 089 / 283 285
Fax 089 / 280 2265
www.msa.de

Fern-Universität Hagen
Institut für juristische Weiterbildung
Universitätsstraße 21 / AVZ I
58084 Hagen
Fon 02331 / 987 – 2466
Fax 02331 / 987 – 2460
www.fernuni-hagen.de

Akademie Knoll
Gesellschaft für Fortbildung mbH
Eintägige Seminare zur aktuellen Entwicklung im Steuerrecht
Adelsbergstraße 10a
81247 München
Fon 089 / 891 990 – 10
Fax 089 / 891 144 – 44
www.knoll-akademie.com

RB-Institut
Seminare in verschiedenen Rechtsgebieten
Institut zur Fortbildung von Fach- und Führungskräften
Bremer Heerstr. 291
26135 Oldenburg
Fon 0441 / 206 767
Fax 0441 / 206 755
www.RB-Institut.de

Carl Heymanns Verlag
Tagesseminare des Heymanns Verlages
Luxemburger Straße 449
D-50939 Köln
Fax: 0221 / 943 73 – 122
http://seminare.heymanns.com

Verlag Otto Schmidt
Seminare u.a. zu Mietrecht und Konfliktmanagement
Haus Unter den Ulmen (Haupthaus)
Unter den Ulmen 96-98
50968 Köln (Marienburg)
Fon 02 21 / 937 38 – 01
www.otto-schmidt.de

8.10 Stiftungsverbände

Deutscher Akademischer Austauschdienst (DAAD)
Postfach 200404
53134 Bonn
Fon 0228 / 882 267
www.daad.de

Fulbright Kommission
Oranienburger Straße 13 – 14
10178 Berlin
Fon 030 / 284 443 – 0
Fax 030 / 284 443 – 42
www.fulbright.de

Studienstiftung des Deutschen Volkes
Mirbachstr. 7
53173 Bonn
www.studienstiftung.de

Haniel-Stipendienprogramm
Mirbachstraße 7
53173 Bonn
www.studienstiftung.de/offen/haniel.html

Walter Oppenhoff Stiftung
Herrn RA Dr. Stephan König
Oppenoff & Rädler
Postfach 100541
50445 Köln

Mueller-Weitzel-Weisner-Stiftung
Stiftungsvorstand: RA Dr. Martin Heidenhain
C/o Hengeler Mueller Weitzel Wirtz
Charlottenstraße 35 / 36
10117 Berlin

Friedrich-Ebert-Stiftung (SPD-nah)
Godesberger Allee 119
53170 Bonn
Fon 0228 / 883 – 0
Fax 0228 / 833 – 396
www.fes.de

Konrad-Adenauer-Stiftung (CDU-nah)
Rathausallee 12
53757 Sankt Augustin
Fon 02241 / 246 – 0
Fax 02241 / 246 – 591
www.kas.de

Hanns-Seidel-Stiftung (CSU-nah)
Lazarettstr. 33
80636 München
Fon 089 / 1258 -0
www.hss.de

Friedrich-Naumann-Stiftung (FDP-nah)
Begabtenförderung
Königswinterer Straße 409
53639 Königswinter
Fon 02223 / 701 – 0
www.fnst.de

Heinrich-Böll-Stiftung (Grüne-nah)
Studienwerk
Hackesche Höfe
Rosenthaler Str. 40/41
10178 Berlin
Fon 030 / 28534400
www.boell.de

Cusanuswerk (katholisch)
Bischöfliche Studienförderung Baumschulallee 5
53115 Bonn
Fon 0228 / 631407
www.cusanuswerk.de

Evangelisches Studienwerk
Haus Villigst
Iserlohner Straße 25
58239 Schwerte
Fon 02304 / 755 – 0
www.evstudienwerk.de

Stiftung der Deutschen Wirtschaft
Studienförderwerk Klaus Murmann
Uhlandstr. 29
10179 Berlin
Fax 030 / 8823027
www.sdw.org/

Hans-Böckler-Stiftung
Studienförderung des DGB
Studienförderung
Bertha-von-Suttner-Platz 3
40227 Düsseldorf
www.boeckler.de

e-fellows.net GmbH & Co. KG
Das Online-Stipendium
Sendlingerstr. 27
80331 München
Fon 089 / 23232 – 300
Fax 089 / 23232 – 222
www.e-fellows.net

Heinrich-Kaufmann-Stiftung
c/o Revisionsverband Deutscher Konsumgesellschaften e.V.
Adenauerallee 21
20097 Hamburg
Fon 040 / 24191 – 0
Fax 040 / 24191 – 51

Allgemeine Treuhand in Hamburg-Stiftung
c/o RA Karl Brinckmann
Kastanienallee 16
21521 Wohldorf
Fon 04104 / 2998
Fax 04104 / 7733

Dr. Wilhelm-Westhausen-Stiftung
Kölner Tor 22
40625 Düsseldorf
Fon 0201 / 289300

8.11 Sonstiges

BSW Verbraucher-Service (Zentrale)
Mainstr. 5, 95401 Bayreuth
Fon 0921 / 802320

Stichwortverzeichnis